Im fernen Osten

Forscher und Entdecker in Tibet, China, Japan und Korea

1689 — 1911

Neu herausgegeben
von
Georg Adolf Narciß

mit 43 doppelseitigen Abbildungen

HORST ERDMANN VERLAG

Abbildung auf dem vorderen Vorsatz:
Karte von China aus dem Atlas von
Martin Martini, Amsterdam 1655

Abbildung auf dem hinteren Vorsatz:
Reise auf der Ostmeerstraße in Japan
(Ausschnitt eines Farbholzschnittes)

CIP-Kurztitelaufnahme der Deutschen Bibliothek

IM FERNEN OSTEN:

Forscher und Entdecker in Tibet, China, Japan u. Korea; 1689 — 1911
neu hrsg. von Georg Adolf Narciß.
— Tübingen: Erdmann, 1978.
   (Alte abenteuerliche Reiseberichte)
   ISBN 3-7711-0304-5
NE: Narciß, Georg A. (Hrsg.)

Alle Rechte vorbehalten
© 1978 by Horst Erdmann Verlag
für Internationalen Kulturaustausch, Tübingen und Basel
Umschlag und Einband: Hilda und Manfred Salemke
Satz, Reproduktion und Layout: Layer, Ostfildern 2
Druck: Becht-Druck, Ammerbuch-Pfäffingen
Bindearbeiten: Großbuchbinderei Josef Spinner, Ottersweier

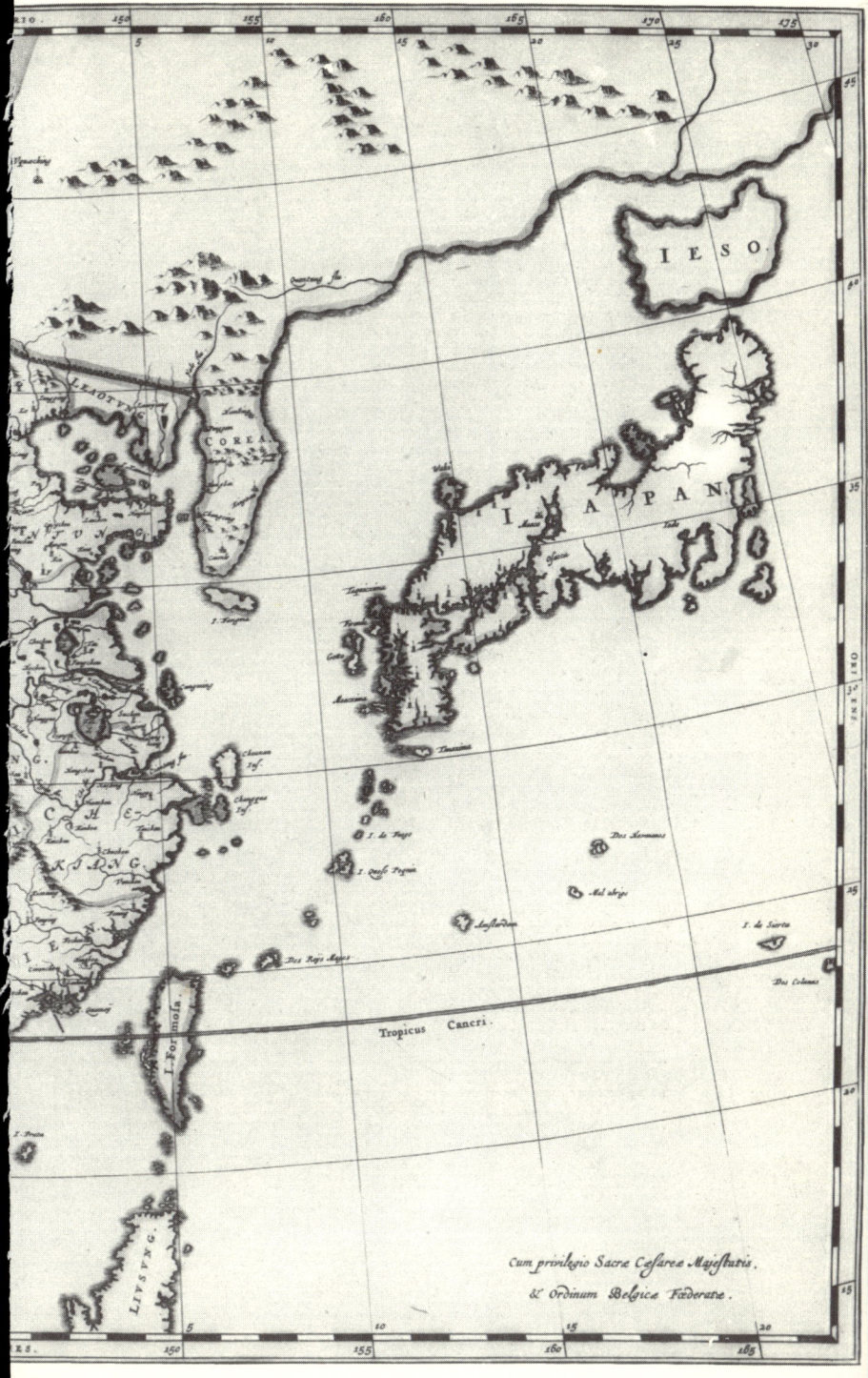

ALTE ABENTEUERLICHE REISEBERICHTE

Inhalt

CHINA Einführung 9

Europäer in China 1517 - 1800

FERDINAND FREIHERR VON RICHTHOFEN (1833 - 1905) 27
Von der Ankunft der Portugiesen in Kanton im Jahr 1517 bis 1800 — Schiffsverkehr und Gesandtschaftsreisen

DR. HIERONYMUS MÜNZER (? bis 1508) 36
Der Nürnberger Arzt Dr. Hieronymus schreibt einen Brief an König Johann II. von Portugal am 14. Juli 1493

FERDINAND FREIHERR VON RICHTHOFEN 40
Katholische Missionen in China bis 1800 — Verdienste der Missionare um die Kenntnis von China bis 1800 — Reisen in Tibet — Geographische Arbeiten über China im 17ten Jahrhundert

JOSEPH MARIA VON RADOWITZ (1839 - 1912) 56
Katholische Mission in China 1863

BRIEF AUS CHINA VOM 18. OKTOBER 1702 62
Der Jesuitenpater H. Franchi berichtet über seine Reise von Kanton nach Nantschang auf der alten Verkehrsstraße nach Peking — Verfolgung und Drangsale

Europäer in China 1800 - 1870 85
Engländer, Franzosen und Amerikaner erzwingen die Öffnung der Häfen und des Landes — Wo blieben die Deutschen?

Von Häfen, Städten und von Formosa

Makao   95
KARL RITTER VON SCHERZER (1821 - 1903)
Gefährliche Überfahrt — Am Grab des größten portugiesischen Renaissancedichters — Menschenhandel — Rache der Geister ? — Flirt in »Sedan-Chairs« und »singende Steine«

Kanton   116
KARL RITTER VON SCHERZER
Kanton 1858

JOSEPH MARIA VON RADOWITZ   127
Fünf Jahre später — Die Tempel von Kanton

GUSTAV SPIESS (1862)   136
Kanton, der älteste Sitz des europäischen Handels — Die Konkurrenz von Hongkong

Hongkong
GUSTAV SPIESS (1862)   143
Die britische Hafenstadt im Delta des Perlflusses

Shanghai
JOSEPH MARIA VON RADOWITZ   151
Kein Obdach für den neuen Vertreter des Königs von Preußen im Chinesenlande — Von dem unerschöpflichen Talent der Chinesen, Schwierigkeiten aus Dingen herzuleiten, von denen niemand etwas ahnt — Der Vertrag zwischen Preußen und China vom 2.9.1862 wird ratifiziert

Peking
Verstopfte Straßen um 1859   174

MARIE VON BUNSEN (1860 - 1941)   178
Auf der Stadtmauer

GERHARD VON MUTIUS (1872 - 1934)   180
Im Himmelstempel von Peking — Zehntausend Jahre alter Buddhatempel — Die große, grausame Kaiserin

Nanking

GERHARD VON MUTIUS   189
Die südliche große Hauptstadt

Chefu

REINHOLD VON WERNER (1825 - 1909)   194
Der Hafen hinter den Bergen — Der Kaiser starb an Delirium tremens — 15000 Rebellen reiten gegen Chefu, aber die mutigen Helden sind in Deckung gegangen

Formosa

REINHOLD VON WERNER   208
Wir segeln von Hongkong Richtung Japan — Ein Nordoststurm drückt uns zurück — Im Schutz der Südostspitze von Formosa — Scharmützel mit den Eingeborenen — Das Reispapier und andere Schätze — Malaien, Chinesen und Europäer im Kampf um die Insel

Reisen ins Innere des Landes

NORBERT JACQUES (1880 - 1954)   223
Abenteuerliche Hausbootreise durch die Schnellen des Jangtsekiang

MARIE VON BUNSEN   273
Die Flutwelle von Hang-Tschau

In Tibet

KARL JOSEPH FUTTERER (1866 - 1906) — 279
Tangutenhäuptlinge und Hirtenhunde am Baa-Fluß — Die Kosaken verlassen uns — Am großen Sche-Tsche-Fluß — Ein Vergiftungsversuch — Die Mönche im Kloster Schin-se — Raubüberfall auf unser Lager

KOREA Einführung — 303

ERNST JAKOB OPPERT (1832 - 1903) — 307
Das Abenteuer der ersten Reise —
Die zweite abenteuerliche Reise

JAPAN Einführung — 351

ENGELBERT KÄMPFER (1651 - 1716) — 360
Die Reise von Nagasaki nach dem kaiserlichen Hof in Jedo

GEORG FREIHERR VON LANGSDORFF (1774 - 1852) — 413
Aufenthalt in Nagasaki und »Audienz« beim Gouverneur von Nagasaki

PHILIPP FRANZ VON SIEBOLD (1796 - 1866) — 435
Einleitung zur Reise nach Jedo (1826) — Überfahrt von Kokura nach Shimonoseki

REINHOLD VON WERNER — 478
Dramatisches Ende der preußischen Expedition nach China, Japan und Siam in den Jahren 1860 - 1862

Quellen der Texte — 487

Bildquellen — 488

CHINA

Einführung

Das alte Stammland der Chinesen reicht nach der Darstellung ihrer Geographen seit vielen tausend Jahren »im Norden bis Yu-ling (etwa in der Nähe von Peking), im Süden bis zu den Kiao-chi (den Annamiten, Südvietnam), im Westen bis zum fließenden Sand und im Osten ans Meer«. Die längste natürliche Grenze bildet im Osten und Süden die reich gegliederte Küste des Stillen Ozeans, von der Korea-Bucht im Nordosten bis zum Golf von Tonking im Südwesten. Häufige Wirbelstürme und für Segelschiffe schwer überwindbare Strömungen machen dieses Chinesische Meer zu einem gefürchteten, ungastlichen Element, das eher trennt als verbindet. Dazu kommt, daß die natürlichen Häfen an der chinesischen Küste meist seicht und mit wandernden Sandbänken durchsetzt sind, und daß die Flut in den Mündungsgebieten der Flüsse oft stärker ist als die Strömung. Mit aus diesen Gründen kam es zwischen den drei Nachbarn China, Japan und Korea im Laufe der Jahrtausende nur verhältnismäßig selten zu gegenseitigen Unterwerfungsversuchen. Sie scheiterten meist schon im ersten Anlauf, weil die rückwärtigen Verbindungen des Angreifers nicht ausreichten oder die Landgewinne nur kurze Jahre gehalten werden konnten. Den Großangriff einer chinesischen Flotte auf Japan verhinderte 1281 ein Taifun, ein Götterwind (Kamikadse), der die ganze Armada vernichtete. Im übrigen schlossen sich alle drei Staaten lange Jahrhunderte planmäßig gegen Einflüsse von außen ab. Die drei verschlossenen Reiche im Fernen Osten gaben ihre Isolierung erst in der zweiten Hälfte des 19. Jahrhunderts unter internationalem Druck auf.

Die große chinesische Mauer

Nomaden sperren den Landweg nach Westen

Im Norden und Westen sind dem chinesischen Stammland riesige Außenländer vorgelagert: die Mandschurei, die Äußere Mongolei, Sinkiang und Tibet. Sie machen China zum drittgrößten und volkreichsten Staat der Erde, mit 9 500 000 qkm und mit 840 000 000 Einwohnern (Stand 1976). Diese Vorländer des chinesischen Reiches liegen im Norden zwischen dem »Land der Mitte« und Russisch-Sibirien und im Westen in Hochasien. Sie gehen im Laufe der Jahrtausende wiederholt an die Nomaden- und Jägervölker verloren, die jenseits der Nordgrenze des chinesischen Stammlandes in vier riesigen Landbecken hausen: in der Mandschurei, die sich zum Gelben Meer hin öffnet, in der Mongolei, deren größten Raum die Wüste Gobi einnimmt, in der vom Altai- und Tienchan-Gebirge umrahmten Dsungarei und weiter südlich im Tarimbecken. Schon lange vor der Zeitenwende drängen diese Reitervölker in die reichen, kultivierten Lande der Chinesen. 1050 vor Christus fallen Turkstämme von Westen her ein und verdrängen die Shang-Dynastie, die fünf Jahrhunderte an der Herrschaft war. Die nachfolgende Dschou-Dynastie regierte fast neun Jahrhunderte (1100 bis 256 v.Chr.), mußte aber in der »Epoche der Streitenden Reiche« (475 - 221 v.Chr.) die königliche Macht an über 1000 Brüder und Getreue abgeben. Die Zeit der Feudalherrschaft begann. Zugleich verloren die Eroberer ihre Eigenart, ihr Gesicht an das ältere Kulturvolk, das sie umwandelte und restlos in sich aufnahm. China hat alle asiatischen Völkerschaften, die sich in seinem Bereich festsetzten, schließlich absorbiert. Es ist kein Zufall, daß gerade König Wen, der Ahnherr der Dschou-Dynastie und sein Sohn Dschou die Spruchweisheiten der Chinesen studierten und mit kurzen, klärenden Urteilen versahen (um 1000 v.Chr.); denn nach dieser 3000 Jahre alten Spruchsammlung bestimmen Wandel und Übergang in der Welt der Gegensätze, dauernder Umschlag vom Dunkel zum Licht, das Dasein. Ständig wechseln trübe Wolken (Yin) mit »in der Sonne wehenden Bannern« (Yang). Konfuzius (551 - 479 v.Chr.) hat später den Text neu bearbeitet und kommentiert. Sein Werk war maßgebend für alle späteren Ausgaben des Buches, das unter dem Titel »Buch der Wandlungen« in die Weltliteratur eingegangen ist.

Hunnen zwingen die »Streitenden Reiche«, sich gegen äußere Feinde zu einigen

In der Periode der »Streitenden Reiche« wurde die Mehrzahl der kleinen Fürstentümer aufgerieben. Einige Vasallen riefen Nomaden als Hilfstruppen ins Land. Schließlich gab es nur noch vierzehn Lehensherren, die sich bekämpften und die sich nur zur Abwehr der Nomaden von Fall zu Fall verbündeten. 221 v.Chr. annektiert der König des straff geführten Grenzstaates Chin die sechs letzten noch bestehenden »Reiche« und übernimmt als »Erster Erhabener Herrscher der Chinesen« die Zentralgewalt über einen Einheitsstaat, den er nach der Ausschaltung der Feudalherren von Beamten verwalten läßt. Er legte damit den Grund für den Beamtenapparat, der in abgewandelten Formen bis zum Ende der letzten Ching-Dynastie im Jahr 1912 bestand. Der Kaiser verfügte die Vereinheitlichung der Schrift, der Maße, der Münzen und Gewichte. Er baute Land- und Wasserstraßen, bestimmte die Spurweite der Wagen und bewaffnete die neu aufgestellte Reiterei mit eisernen Waffen. Dann stieß er nach Norden vor, um die andrängenden, vereinigten hunnischen Stämme (Hsiung-Nu) aufzuhalten. Unter seiner Regierung wurde 214 v.Chr. das gigantische Werk der chinesischen Mauer vollendet. Sie wurde später bis zu rund 2500 km verlängert und im 14. und 15. Jahrhundert durch Steinbauten verstärkt und auf 9 bis 12 Meter erhöht. Die Hunnen rannten lange Zeit vergeblich gegen diesen Grenzwall an. Seinem Bau wurden viele Menschenleben geopfert, und der Kaiser verlor dabei die Zuneigung der fronenden Bauern, die ihre Felder nicht bestellen konnten.

Dem Sohn des Kaisers gelang es nicht, der schweren Unruhen Herr zu werden. Der Anführer der rebellierenden Bauern besiegte ihn und errichtete die Han-Dynastie, die von 206 v.Chr. bis 220 n.Chr. regierte. Erst die Han-Kaiser vertrieben die Hunnen vollends aus China, Turkestan (102 v.Chr.) und aus der Dsungarei (36/35 v.Chr.). Im Laufe der ersten fünf Jahrhunderte n.Chr. wichen die Hunnen immer weiter nach Westen aus, brachen im vierten und fünften Jahrhundert zwischen Wolga und Don in die südrussische Steppe ein und ritten von dort aus weiter nach Westen. Römer und Westgoten konnten sie erst in Nordfrankreich, in der Schlacht auf den Katalaunischen Feldern, abfangen (451). Der

»Weltherrscher« Attila, der »Nabel der Welt«, unternahm noch einen Raubzug über die Alpen bis in die Poebene, der keine nachhaltige Wirkung hatte. Der Traum des hunnischen Weltreiches starb mit Attila 453, im Bett einer germanischen Prinzessin. Im Zusammenhang mit diesen großen, weiträumigen Völkerbewegungen gelangten um 300 v.Chr. die ersten, noch sehr ungenauen Nachrichten über China nach Europa.

Die Seidenstraße

Die von Richthofen so genannte »Seidenstraße« wurde etwa 114 v. Chr. frei. Die Kämpfe mit den Hunnen hörten erst auf, nachdem es dem Han-Kaiser Wu (141 - 86 v. Chr.) gelungen war, sein Reich auch nach Westen planmäßig auszudehnen. Er eroberte das über 3000 km entfernte Fergana (im heutigen Usbekistan) und machte sich die Staaten im Tarimbecken und in West-Turkistan tributpflichtig. Seit dieser Zeit holen sich die chinesischen Kaiser ihre »Himmlischen Pferde« in Fergana. Wu schickte mindestens zehn Gesandtschaften in die »Westgebiete« mit dem Auftrag, Informationen über Mittelasien einzubringen. Seine Diplomaten waren bis zu zehn Jahre unterwegs. Sie führten in ihrem Gepäck neben anderen Waren vor allem Seide mit, um ihre Verhandlungspartner damit zu beschenken oder zu bestechen. Auf diese Weise wurde die Seide in Europa bekannt. Sie nahm bald den ersten Rang im Handel mit Ostasien ein. Einige Historiker meinen, daß sie zu viel Gold und gemünztes Geld aus dem Römerreich abzog. Sie geben dem Seidenhandel mindestens die Mitschuld an dem Niedergang der römischen Wirtschaft im 2. und 3. Jahrhundert n.Chr. Erst 552 n. Chr. gelang es zwei Mönchen, Eier von Seidenraupen nach Byzanz zu schmuggeln. In »jener Zeit begann die Kunst der Seidenerzeugung im Römischen Reich« (Prokop).

Die von Kaiser Wu geöffneten Karawanenwege über Mittelasien blieben nur knapp hundert Jahre frei. Unruhen und Aufstände im Tarimbecken verschütteten sie wieder. 23 v.Chr. hörte der regelmäßige Verkehr ganz auf. Zwischen 87 und 105 n.Chr. gelang es dem chinesischen Heerführer und Statthalter in den »Westgebieten« noch einmal, den Handel mit dem Westen auf den Überland-

wegen zu sichern. Im Auftrag des Han-Kaisers Hoti (88 - 105 n.Chr.) suchte er freundschaftliche Handelsbeziehungen mit dem römischen Reich anzuknüpfen. Zwischen den beiden Imperien lag damals nur noch ein Pufferstaat, das Reich der Parther, die den gewinnbringenden Seidenhandel in keinem Fall verlieren wollten. Sie hinderten den Gesandten Pantschous im Jahr 98 n.Chr., über den Euphrat und übers Meer nach Rom zu reisen. Nach chinesischen Aufzeichnungen sagten sie zu ihm:
»Das Meer ist weit und groß; bei günstigem Wind kommt man in drei Monaten nach Ta-tsin (Rom). Sind aber die Winde ungünstig, so kann die Reise zwei Jahre dauern. Unsere Schiffe werden deshalb mit Proviant auf drei Jahre versehen. Dann ist auf dem Meere etwas, was den Menschen veranlaßt nach seiner Heimat zu verlangen. Wer sich aufs Meer begibt, wird von melancholischen Gefühlen ergriffen. Möge der Gesandte nur gehen, wenn ihm seine Eltern und Weib und Kind gleichgültig sind.« Nach diesen Worten gab der Gesandte Kan-Ying die Weiterreise auf. Wir wissen nicht, was sein Befehlshaber zu diesem Entschluß gesagt hat. Es hätte eine der folgenreichsten Gesandtschaften der Weltgeschichte werden können. »So geschah es, daß die Chinesen und die Römer nicht in Verbindung miteinander traten, und die einzige Gelegenheit, die sich im Altertum zu einem engeren, grenznachbarlichen Verkehr zwischen den Chinesen und einem europäischen Kulturvolk geboten hat, verloren ging« (v. Richthofen).
Im Jahr 105 brachen neue Unruhen im Tarimgebiet aus, und im Jahr 127 rissen alle gesicherten Verbindungen über die transasiatischen Karawanenwege mit Europa ab. Erst 500 Jahre später kommt es wieder zu unmittelbaren Kontakten mit den Völkern um das Mittelmeer. Die seefahrenden Völker des Nahen Ostens behielten vorerst den Umschlag der Handelsgüter zwischen Ostasien und Europa in der Hand. Die Chinesen selber segelten erst um 100 v. Chr. nach Vorderindien, weil ihnen die Hunnen auch den Landweg nach Indien verlegt hatten. Im übrigen überließen sie die Fahrten über die großen Ozeane anderen Völkern.

Die vier Jahrhunderte der Han-Dynastie gehören zu den kulturellen Glanzzeiten des alten China. Sie wirken sich auch noch in den folgenden Jahrhunderten des Zerfalls aus. Im Jahr 220 wurde der Staat in drei Reiche aufgeteilt; ein halbes Jahrhundert später zersplitterte er in 18 Teile, von denen im Norden sechs von barbarischen Nomaden beherrscht wurden. Nach langen, schweren Kämpfen gelang es dem ersten Herrscher der Sui-Dynastie, dem Kaiser Wen (581 - 618), das Reich zu einen und unter anderem auch die Seidenstraße wieder zu öffnen. Seinem Sohn Yang (605 - 618) verdankt China den Bau des »Kaiserkanals«, der den Yangtsekiang mit dem Flußsystem des Hoang-Ho verbindet, so daß ein 1500 km langer Wasserweg entsteht, den damals schon Kähne mit einem Ladegewicht von 800 Tonnen passieren konnten. Yang hat auch die bis ins 20. Jahrhundert vorgeschriebene literarische Prüfung der Beamten eingeführt.

Ein Heerführer der Sui stürzte 618 die Dynastie und erhob seinen Vater zum ersten Kaiser der Tang-Dynastie (618 - 907). Der von 627 - 649 regierende große Kaiser Tai-tsung brach 630 den letzten türkischen Widerstand. Aus Angst vor den fanatischen Mohammedanern und vor den Sarazenen unterwarfen sich alle 88 kleinen Fürsten Innerasiens dem chinesischen Kaiser. Chinas Außenländer reichten damals fast bis an die Wolga, und um 700 hatten sie am Syr Darja eine gemeinsame Grenze mit dem jungen, rasch aufblühenden arabischen Weltreich. Agrar- und Steuerreformen brachten eine Blüte der Wirtschaft und des chinesischen Außenhandels über die Seidenstraße und den arabischen Seehandel. Zahlreiche westliche Ausländer ließen sich in den ihnen zugewiesenen Quartieren der großen Städte nieder und bildeten dort einflußreiche Fremdenkolonien. Auch der Handel mit Japan florierte. Die chinesischen Kaufleute waren lange Jahre die einzigen Fremden, denen gestattet wurde, die begehrten Waren des Festlandes in Nagasaki umzuschlagen.

China hat damals als Weltmacht und Kulturvolk den Höhepunkt seiner Geschichte erreicht. Am folgenreichsten waren die Reformen der Verwaltung und des Heeres. Die Militärgouverneure der Provinzen erhielten außerordentliche Machtbefugnisse, die ihnen dreihundert Jahre später die Gelegenheit gaben, sich selbständig zu machen und die Einheit des Reiches zu sprengen.

Konfuzius und Laotse

Das Zeitalter der Tang-Dynastie brachte eine Blüte chinesischer Kunst und Prosa. Zur Sammlung der sogenannten Tang-Gedichte haben 2200 Lyriker 48900 Gedichte beigetragen. Umfangreiche Enzyklopädien dokumentierten das historische und geographische Wissen der Zeit. Schauspieler und Musiker wurden auf Staatskosten ausgebildet. In den Malerakademien wurde der für die Ahnenbilder verbindliche Stil entwickelt, der noch im 19. Jahrhundert gepflegt wird. Die strenge Lehre des Konfuzius galt als verpflichtendes Gesetzbuch für die regierende Oberschicht, deren moralische Überlegenheit nicht mehr durch ihre Herkunft bestimmt wurde. Konfuzius suchte den Frieden in der strengen Ordnung der Ränge und Pflichten, während sich der Mensch im Taoismus aller Wünsche entledigen soll, um »leer« zu sein, frei und aufgeschlossen für den eigentümlichen Lauf der Dinge. Das namenlose Tao ist »die Mutter der 10000 Dinge«. Es ist im Grunde nur der mythischen Erfahrung zugänglich, ist aber zugleich in der ständigen Gefahr, als Magie verkannt, und Aberglaube zu werden. Es verliert dabei gleichsam die Tiefe. Was bleibt, ist primitiver Animismus, nach dem Geister und geisternde Seelen in der belebten und unbelebten Welt wohnen und das Verhalten der Menschen bestimmen. Es bestand unbehindert neben dem Konfuzianismus der Oberschicht als eine Weltanschauung, die zur Bändigung der großen Massen gerade gut genug war. Konflikte zwischen Konfuzianismus und Taoismus sind politisch motiviert. Kaiser Chin verbrannte 213 v.Chr. die Schriften des Konfuzius, um die feudalen Lehensträger zu treffen, die sich auf seine Staatslehre beriefen. Nach der Übernahme der Verwaltung und der Wirtschaft durch die neue Oberschicht der Beamten und Kaufherren konnte der Konfuzianismus zur Staatsreligion erhoben werden.

Die vergeblichen Versuche, China zu christianisieren

Der Buddhismus, der Islam und das Christentum waren für die Chinesen immer fremde Religionen. Mit Ausnahme des Buddhismus sind sie das heute noch. Es ist charakteristisch für den Chinesen, daß er oft mehreren Religionen anhängt. Aus diesem Grund lassen sich Taoismus und Buddhismus statistisch nicht eindeutig unterscheiden. Der Buddhismus kam schon im ersten Jahrhundert über Nordindien und die Seidenstraße nach China. Er steht trotz wiederholter Verfolgungen auch heute noch an zweiter Stelle neben dem Konfuzianismus. Der Buddhismus stellte den ersten Kontakt mit der Kultur tragenden Schicht des Nachbarvolkes her, und bald reisten neben den Kaufleuten auch Pilger nach Indien.

Der erste christliche Missionar war ein Nestorianer, der wahrscheinlich aus Syrien kam. Er reiste im 7. Jahrhundert nach China, während der Regierung des Kaisers Tai-tsung (626 - 649), der die christliche Lehre für »richtig und wahr« hielt. Er förderte den neuen Glauben im ganzen Reich, sorgte für den Bau christlicher »Kirchen in allen Städten«, ließ sich selbst aber nicht taufen. Das Vorbild des Himmelssohnes hätte sicher viele seiner Untertanen veranlaßt, sich taufen zu lassen. Es gibt später auch in China Beispiele für den gleichzeitigen Religionswechsel von Fürst und Volk. Die Blüte des nestorianischen Christentums in China überdauerte nicht ganz 200 Jahre. Um 840 werden 260000 Christen gezählt, darunter viele Minister. Fünf Jahre später erließ der fremdenfeindliche Kaiser Wu-sung (841 - 846) ein Edikt gegen alle fremden Religionen und ihre Priester. Manichäismus, Buddhismus und Christentum wurden ausdrücklich verboten, die Priester des Landes verwiesen, die Gläubigen verfolgt, die Kirchen zerstört.

Die wiederholten Buddhisten- und Christenverfolgungen in China hatten auch wirtschaftliche Gründe. Das hochkultivierte Land der Klöster und die jungen arbeits- und kampffähigen Mönche brachten keine Steuern ein. Außerdem wurde das klösterliche Zölibat von den der Sippe verpflichteten Chinesen als gesellschaftsfeindlich empfunden. Der buddhistische Mönch Ennin kam 838 aus Japan nach China und reiste über neun Jahre durch das Land der Mitte. Er berichtet über die damalige Buddhistenverfolgung:

Mönche und Nonnen, die Geld, Getreide, Felder und Güter besitzen, müssen diese der Regierung übergeben. Wenn sie den Verlust ihres Besitzes bedauern und ins Laienleben zurückzukehren wünschen (um ihn behalten zu können), müssen sie ihrem Wunsch entsprechend gezwungen werden, ins weltliche Lager zurückzukehren, die doppelte Steuer zu bezahlen, und die Dienstleistungspflichten zu verrichten.

Ein kaiserlicher Erlaß hat verboten, den Zähnen Buddhas Opfer darzubringen. Wenn jemand einem Kloster nur eine einzige Münze gibt, soll er zwanzig Rohrstockschläge auf den Rücken erhalten, und wenn ein Mönch oder eine Nonne an diesen Stätten nur eine einzige Münze annimmt, soll er oder sie zwanzig Rohrstockschläge auf den Rücken erhalten. Sollte es in den verschiedenen Provinzen, Präfekturen und Unterpräfekturen Leute geben, die Opfer darbringen, so sind sie auf der Stelle zu verhaften, und mit zwanzig Rohrstockschlägen auf den Rücken zu bestrafen.
Selbst an abgelegenen Orten gibt es bei der Anwendung des Erlasses auf die Mönche und Nonnen, der Zerstörung der Klöster, dem Verbot der Schriften, dem Zerschlagen der Statuen und der Wegnahme des Klostereigentums keine Unterschiede zu der Hauptstadt. Man hat darüber hinaus Gold von den Buddhas abgeschält und ihr Gewicht aufgeschrieben. Welch ein Jammer! Wie unendlich viele Bronze-, Eisen- und Gold-Buddhas gab es doch in diesem Lande! Und dennoch hat man gemäß dem kaiserlichen Erlaß alle zerstört.

Erst unter der Mongolenherrschaft im 13. und 14. Jahrhundert konnten Buddhisten und Christen wieder im Land der Mitte Fuß fassen. Die Brüder Polo waren wohl die ersten römisch-katholischen Christen, die chinesischen Boden betraten (1275). Sie übergaben dem Mongolenkaiser Kublai-Chan ein persönliches Sendschreiben des Papstes. Der Kaiser stand dem Christentum durchaus wohlwollend gegenüber. Aber als die beiden Poli in Peking lebten, gab es dort keinen einzigen katholischen Priester, und als 1293 endlich der vom Papst zum Erzbischof von Peking bestimmte Johannes von Montecorvino in der Hauptstadt des Reiches ankam, war Marco Polo schon ein Jahr auf der Rückreise, und Kublai-Chan starb wenige Monate später. Montecorvino mußte seine Mission ohne die aktive Hilfe einflußreicher Männer beginnen und sich zugleich gegen Feindseligkeiten und Intrigen der Nestorianer behaupten. Er und sein Begleiter Peter von Lucalongo blieben lange Jahre die einzigen christlichen Europäer in Peking. Sie konnten in 12 Jahren nur 5000 Einheimische taufen. Als der buddhistische Mönch Tschu Yün-tschang 1368 den letzten Mongolenkaiser aus Peking vertreibt, beginnt wieder eine fremdenfeindliche Periode, in der alle christlichen Einflüsse verlorengehen. Die jesuitischen Missionare des 17. Jahrhunderts müssen wieder neu anfangen.

Die Herrschaft der Mongolen 1264 - 1368

Aber noch einmal kurz zurück in die zweite Hälfte des 9. Jahrhunderts: die unterdrückten, völlig verarmten Bauern stehen wieder auf und stürmen die Zentren der Macht. Militärgouverneure nützen die Gelegenheit, sich selbständig zu machen. Das Reich zerfällt. Dem 907 ermordeten letzten Tang-Kaiser folgen im Norden »Die fünf Dynastien« und im Süden die Südliche Sung-Dynastie. Sie erhalten sich ihre Selbständigkeit nur durch Tributzahlungen an die überall vordringenden Nomadenvölker. Schließlich rufen sie 1233 selbst die Mongolen zu Hilfe. Diese setzen sich nun in China fest und beginnen im Jahr 1267, auf dem Platz des heutigen Peking ihre »große Hauptstadt« Ta-Tu zu bauen, die Vorläuferin der späteren Kapitale der Ming- (1368 - 1644) und der Chin-Dynastie (1644 - 1912). Sie hatte damals schon einen Umfang von 28 600 Metern und die Stadtmauer erreichte an der Basis eine Dicke von 24 Metern. Vier Jahre später erhob sich Kublai-Chan (1214 - 1294) selbst zum Kaiser von China. Er entließ alle Chinesen, die verantwortliche Posten innehatten, verbot ihnen, Handel zu treiben und Mongolisch oder eine andere Sprache zu lernen. Weil es aber unter den Mongolen nicht genug Leute gab, die sich für die frei gewordenen Stellen eigneten, vergab Kublai-Chan die hohen Ämter an Ausländer. Auf diese Weise wurde auch Marco Polo an den kaiserlichen Hof berufen. Er bereiste im Auftrag des Kaisers fast alle Provinzen des Reiches und sah und erlebte mehr, als er in seinem faszinierenden Reisebericht aufzeichnen konnte. Seine aufschlußreichen und zuverlässigen Erzählungen erschütterten das mittelalterliche Weltbild der Europäer, die sich nun damit abfinden sollten, daß es neben ihnen noch andere Kulturvölker gab. Europa war mit einem Mal nicht mehr der einzige Mittelpunkt der Erde, von dem aus man die Welt sehen und regieren konnte. Und neben dem Weltreich der Mongolen, dem größten Reich der ganzen Weltgeschichte, waren die europäischen Staaten Zwerge. Man wollte den Angaben Marco Polos nicht glauben; denn man wollte die europäische Vormachtstellung in keinem Fall aufgeben.

Marco Polo reiste auf seiner zweiten Reise über Bagdad zum Persischen Golf und von Ormuz aus durch den Iran zum oberen Oxus und bog erst dann in die alte Seidenstraße ein. Zur Zeit der Mongolenherrschaft standen diese Karawanenwege unter dem besonderen Schutz der Mongolenfürsten; denn sie beherrschten seit 1236 die riesige Länderbrücke vom chinesischen Meer bis an die Grenzen Rußlands. Die Seidenstraße war für sie die unentbehrliche innere Verbindung zwischen ihren Reichen im Westen und im »äußersten Osten«. Sie stand als Handelsweg allen Völkern offen. Die Gesandtschaften der Könige und des Papstes und die Agenten der Kaufherren zogen auf ihr in das Land der Mitte, um die Gunst des Groß-Chans zu gewinnen und neue, vorteilhafte Geschäftsverbindungen anzuknüpfen.

Aber diese günstige Verkehrslage änderte sich schon unter den Nachfolgern und Enkeln des Groß-Chans. Das waren schwache, ungebildete, kurzsichtige und dem Wohlleben ergebene Männer, die ihren Aufgaben in keiner Weise gewachsen waren. Die Hungersnot von 1325, bei der mindestens acht Millionen von 45 Millionen Chinesen umkamen, Mißernten, Überschwemmungen und Aufstände der Bauern beschleunigten den Zerfall des Reiches. 1351 erhob sich das Volk gegen die unwürdige Fremdherrschaft des letzten Kaisers der Yüan-Dynastie. Ein einfacher Buddhisten-Priester, Tschu Yuen-tschang, rief zum Kampf auf, eroberte Nanking und, nach einem langen, blutigen Bürgerkrieg, Peking. Der inzwischen geflohene Kaiser Schun-ti wurde abgesetzt, und der Mönch bestieg als Kaiser Tai-tsu den Thron. Damit gründete er 1368 die Ming-Dynastie, die bis 1644 regierte. Die mit diesem Umbruch verbundene Reaktion sorgte für den Abbruch aller Beziehungen mit Westeuropa und für die erneute Ausrottung des Christentums. China schloß sich für mehrere Jahrhunderte nach außen ab, um sich ein für alle Mal gegen Mongolen, japanische Seeräuber und Europäer zu sichern.

Die turbulenten Zeiten der politischen Ohnmacht zwischen 900 und 1264, und die anschließende Fremdherrschaft der Mongolen bis 1368 haben die kulturelle Entwicklung in China nicht aufhalten können. Man entwickelte mit Wasserkraft betriebene Maschinen, lernte die Verwendung der Kohle, erfand ein einfaches Schießpulver und die Raketen dazu, druckte Bücher im Blockdruck und gab damit dem gedruckten Wort eine ungeahnte Breitenwirkung. Die Qualität des Porzellans wurde ständig verbessert. Die Europäer aber lernten von den Chinesen außer der Seidenzucht, Bäume neben die Landstraßen zu pflanzen und ihre Untertanen mit Papiergeld abzufinden. Daneben wurden die Malschulen, die Dichtkunst, das Schauspiel und die Oper weiter gepflegt; und die vom Mongolenkaiser entlassenen Beamten schrieben Volksromane.

Die Ming- und die Mandschu-Dynastie

Die Ming-Dynastie stellte dem Reich in zweieinhalb Jahrhunderten 16, fast ausnahmslos tüchtige Regenten. Kaiser Yung-Lo (1403 bis 1424) versuchte unter anderem auch die auswärtigen Verbindungen zu intensivieren. Er ernannte den Palasteunuchen Chong-Ho zum Kommandanten eines Expeditionskorps, das 1405 mit 62 Schiffen und 28000 Mann nach Westen segelte, um unmittelbare Beziehungen mit Indien, Arabien und Ostafrika anzuknüpfen. Die Flotte besuchte auf sieben Fahrten über 30 Länder, konnte aber auf die Dauer die alt eingeführten arabischen und indischen Zwischenhändler nicht ausschalten. Die Unternehmungen wurden der hohen Kosten wegen schon 1433 langsam abgebaut und schließlich ganz eingestellt. Auch die von China abhängigen Staaten in Hinterindien und der Inselwelt (wie Malakka und Ceylon) zahlten keinen Tribut mehr. China wurde keine Seemacht. 80 Jahre nach der letzten Fahrt des Chon-Ho begann der erbitterte Kampf mit den europäischen Nationen um die Vormacht im chinesischen Außenhandel, der für die Portugiesen und ihre unmittelbaren Nachfolger zunächst auf Kanton und Makao beschränkt blieb.

1581 beginnt die Mission der Jesuiten in China zu wirken. Die Zahl der Taufen ist gering. Die Jesuiten versuchen aber, sich am Kaiserhof als Mathematiker, Astronomen, Techniker, und zuweilen auch als Diplomaten unentbehrlich zu machen, um auf diese Weise eine tragfähige Ausgangsbasis für ihre Missionsarbeit zu gewinnen.

Um dieselbe Zeit, in der in Europa der 30jährige Krieg ausbricht, stehen in China wieder einmal die Bauern auf; die Geheimsekte »Vom weißen Lotos« rebelliert und kündigt einen »Erleuchteten« an. Im Nordosten des Reiches, jenseits der »Großen Mauer«, haben sich die Stämme der Tungusen unter der straffen Führung der Mandschu zusammengeschlossen, Mukden und Korea erobert, und ein neues Kaiserreich ausgerufen. Truppenführer der Ming rufen die Mandschu zu Hilfe gegen die Rebellen. Diese erobern Peking, den Süden und schließlich das ganze Reich. 1644 gründen sie die neue Dynastie der Mandschu, die bis 1911 am Ruder bleibt. Kaiser Kang-tsi (1632 - 1722) erobert 1683 Formosa, das damals noch von Anhängern der Ming besetzt ist; er macht die ganze Mongolei und Tibet von China abhängig. Der Kaiser duldet die Jesuiten an seinem Hof in Peking. Pater Ferdinand Verbiest gilt als sein Lehrer. Die 16 Regeln des kaiserlichen »Heiligen Edikts« halten sich eng an jesuitische Vorbilder. Aber schon sein Sohn verbannt 1724 die Christen, und sein Enkel Kien-long (1736 - 1795) läßt sie verfolgen. Dieser hinterläßt seinem Sohn Chia-Ching einen durch Kriege, Aufstände, teure Inspektionsreisen (mit 10 000 Teilnehmern) und seinen korrupten ersten Minister Ho Schen schwer erschütterten Staat. Ho Schen wurde hingerichtet. Er hinterließ nach 20 Regierungsjahren ein Vermögen, das genau 20 Jahreseinnahmen des Staates entsprach! Kaiser Chia-Ching ließ dem König von England mitteilen, daß China alles selbst besitze, was es brauche. Es müsse also keine europäischen Waren einführen. Es sei aber bereit, den europäischen Staaten Gegenstände zu verkaufen, die sie dringend benötigen, z.B. Porzellan. Der europäische Handel wurde in China noch bis in die Mitte des 19. Jahrhunderts streng überwacht. Er mußte über bestimmte chinesische Vermittler, sogenannte Hong-Kaufleute abgewickelt werden.

Europäer in China
1517 bis 1800

FERDINAND FREIHERR VON RICHTHOFEN
(1833 - 1905)

Ferdinand Freiherr von Richthofen aus Carlsruhe in Oberschlesien begann seine wissenschaftliche Laufbahn mit der geologischen Aufnahme der südöstlichen Tiroler Alpen und der Karpaten Siebenbürgens. 1860 begleitete er eine preußische Gesandtschaft nach Ostasien und besuchte bei dieser Gelegenheit Ceylon, Taiwan, Siam, Japan, Manila und die holländischen Besitzungen auf Java, den Philippinen und Celebes. Er erkannte bei seinen Beobachtungen, daß der Charakter der Erdoberfläche sowohl von den Naturgegebenheiten, wie von dem Ausmaß menschlicher Eingriffe geprägt wird; daß Naturkräfte und Mensch aufbauend und zerstörend wirken können. Er begnügte sich nicht mehr mit rein geologischen Daten, sondern versuchte die inneren Lebenselemente eines Landes, ihre Wechselwirkungen und Dynamik zu erfassen und darzustellen. Der Kreislauf des Wassers, die klimatischen Verhältnisse, die Tier- und Pflanzenwelt gehörten also ebenso in sein Forschungsprogramm wie die Problematik der Umbildung einer Naturlandschaft in eine Kulturlandschaft durch den Menschen.

Richthofen hat mit diesen geomorphologischen Grundsätzen der gesamten Geographie eine neue, fruchtbare Basis gegeben. Er erprobte die neue Form der Forschung in den Jahren

1868 bis 1872 in China, das er damals auf sieben verschiedenen Wegen durchquerte, ohne sich durch die zeitweise sehr kritischen Verhältnisse in den rebellierenden Provinzen einschüchtern zu lassen. Sein großes Werk »China. Ergebnis einiger Reisen« (1877 – 1911) gibt ein umfassendes, außerordentlich interessantes Bild vom »Land der Mitte«. Die folgenden Abschnitte sind diesem Buch entnommen.

Richthofen kehrte 1875 nach Deutschland zurück, wurde als ordentlicher Professor nach Bonn, Leipzig und Berlin berufen und sammelte einen sehr anregenden Kreis von Forschern um sich, zu dem z.B. Sven Hedin, Eduard Süeß und Arnim Vambery gehörten. Albert Tafel, der den Leutnant Wilhelm Filchner auf seinem »Ritt über den Pamir« begleitete und Wilhelm Filchner waren nur zwei seiner namhaften Schüler.

Von der Ankunft der Portugiesen in Kanton im Jahr 1517 bis 1800

Wie bei den Erscheinungen des Vulkanismus die vollkommenste Ruhe der intensivsten Tätigkeit vorherzugehen pflegt, so war es in der Geschichte des Verkehrs der Westvölker mit China der Fall. Schwächer und schwächer hallten die Nachklänge des Rufes, welcher früher so laut aus dem fernen Land Cathay erschollen war. Man wußte kaum mehr, was er bedeute. Konnte man auch auf den Landkarten noch immer die stereotype Notiz hic stat magnus Canis für die Residenz des Groß-Khan und nicht weit davon den Namen Cathay lesen, so waren es doch Gestalten einer Märchenwelt, gleichbedeutend mit den Pygmäen, den Greifen, den Menschen mit Vogelgesichtern, den Langohrigen, den Einbeinigen und anderen Fabelwesen, mit denen die rege Phantasie jene Namen in bildlicher Darstellung umgab. Noch weniger wußte man von dem maritimen China. Selbst die unverstandenen Ausdrücke Cin und Macin, welche venetianische Reisende in Persien hörten, kamen zur Kenntnis weniger in Europa, und man war auf das beschränkt, was man den Reiseberichten entnehmen konnte. Allein je dichter die Nebel waren, die sich über den fernen Orient ausbreiteten, je größere Schwierigkeiten sich dem Problem entgegenstellten, die Namen der Länder und Völker und Ortschaften, die sich aus den Schriften der Alten und den Reisebeschreibungen angesammelt hatten, in richtiger Weise nebeneinander zu setzen, desto mehr erwachte der Drang nach richtiger Erkenntnis, und mit Gier bemächtigte man sich der Nachrichten, die aus weiter Ferne kamen.

Zur selben Zeit, als das geographische Interesse in Europa sich zu einer fieberhaften Aufregung steigerte, ruhte es in China vollständig. Selbst die Fahrten nach Ceylon waren um 1450 eingestellt worden; und wenn Kaufleute einen Verkehr nach Samarkand und Persien unterhielten, so war dies ihre Privatangelegenheit. Es war keiner in China, dem daran gelegen gewesen wäre, die Information derselben zu sammeln und zu ordnen. Selbst der diplomatische Verkehr mit Persien änderte nicht diese Lethargie. Die Ming-Dynastie hatte keine Macht über die Grenze von China hinaus; was war also an der Kenntnis des Westens gelegen?

Der Umstand, daß sie praktisch für die regierenden Kreise nicht benutzbar war, war für ihren Wert entscheidend.

Seitdem ist zwar unter zwei Regenten der gegenwärtigen Dynastie (1877) das Bestreben nach Machterweiterung, und damit nach ausgedehnterem Verkehr zu Land, wieder erwacht, und gleichzeitig wurde auch das Interesse nach der Ausdehnung der Kenntnis einigermaßen belebt. Aber selbst wenn dasselbe dem Grade nach nicht viel geringer gewesen sein sollte, als in jenen längst vergangen Glanzperioden der Dynastien der Han und der Tang, so ist es doch verschwindend gegen die Tätigkeit, welche die Europäer in China ausübten. Die Chinesen waren nicht mehr die Herren der Umstände, und die Phasen des Verkehrs hingen nur wenig von den Grenzen ihrer Herrschaft ab. Die Europäer lenkten die Verkehrsbeziehungen, und ihre aktive Rolle dabei überragt außerordentlich weit diejenige der Chinesen. Sie bringen einen mächtigen Umschwung hervor, erschließen der Kenntnis in kurzer Frist das volkreichste Land der Welt, und zwingen den Chinesen das unwillkommene Interesse an europäischer Kultur auf. Der Umfang des Stoffes verbietet uns, an dieser Stelle ihre Tätigkeit nach allen Richtungen ins Auge zu fassen; wir beschränken uns auf eine kurze, und lediglich nur andeutende Darstellung der Gesandtschaften, des Handels, welchem dieselben Eingang verschafften, und des allgemeinen Ganges der Missionen, um wesentlich die Art und die Richtungen zu betrachten, in welchen die Kenntnis von China fortgeschritten ist.

Schiffsverkehr und Gesandtschaftsreisen

Als die Portugiesen Goa in Besitz genommen und im Jahr 1511 unter dem grausamen Alphonso Malakka gestürmt hatten, war für sie nur noch ein Schritt nach China. Im Jahr 1514 kam zum ersten Mal eines ihrer Schiffe in Sicht der chinesischen Küste, durfte aber nicht landen. Dies gelang erst 1517, als vier portugiesische und vier malaiische Schiffe, unter Führung von Fernao Perez de Andrade, an den Inseln vor der Mündung des Perlflusses anlangten. Andrade ging mit zwei Schiffen nach Kanton, mußte aber bald umkehren, da die anderen sechs von Piraten genommen worden waren. Im folgenden Jahr traf sein Bruder Simon de Andrade, ein grausamer und herrschsüchtiger Mann, ein. Er setzte sich auf der Insel Santshwan, die die Portugiesen Sancian oder Tamao (das St. Johns I. der Seekarten) nannten, fest und baute ein Fort, mußte aber 1521 wegen seines unbesonnenen Benehmens weichen. Mit ihm war Georg Mascarenhas gekommen. Dieser fand in Tamao ein Schiff von den Liukiu-Inseln, fuhr mit demselben an der Küste nordwärts hinaus und bereitete den Weg für die folgenden Unternehmungen. Denn da die Portugiesen sich für mehrere Jahre im Süden nicht sehen lassen durften, gingen sie nördlicher, nach Ning-po, das sie Liampo nannten. Seit langer Zeit war diese Stadt durch die Seetüchtigkeit, das kaufmännische Talent und die Betriebsamkeit der Bewohner blühend gewesen. Sie war jetzt der Haupthafen für die Schiffe von China, Borneo, Siam und Liukiu, und teilte sich offenbar mit Kanton in die Rolle des früheren Zayton. Nun kamen dazu die Portugiesen, welche durch die seltsamen Waren, die sie brachten, wie durch die Bedürfnisse für den Export nach Europa, einen gewinnbringenden Handel versprachen, und vom Jahr 1542 an entwickelte sich überdies von Ning-po aus ein lebhafter Verkehr mit Japan. Die Portugiesen mochten nun etwas mehr Klugheit gewonnen haben; denn es gelang ihnen, eine Niederlassung zu gründen, welche schnell anwuchs und nach zwanzig Jahren zwei Kirchen, ein

Rathaus, zwei Hospitäler und einige hundert Privathäuser gezählt haben soll. Obgleich China unterworfen, hatte die neue Kolonie ihre eigene Munizipalität. Allein ihre Bewohner waren großenteils rohe Abenteurer, welche von vorn herein den durch ihre Sanftmut ausgezeichneten Bewohnern von Ning-po den ungünstigsten Begriff von dem Charakter ihrer neuen Handelsfreunde beibrachten. Der vielgelesene Bericht von Fernand Mendes Pinto, ein Meer von Lügen, in dem man einige Inseln von Wahrheit erspäht, gibt den besten Begriff von dem moralischen Standpunkt eines gewiß nicht unbedeutenden Teiles derjenigen, welche damals nach China gingen. Dazu kamen vielfache Klagen und Betrügereien; die Unzufriedenheit der Eingeborenen wuchs, bis sie die von den Portugiesen gebotenen Handelsvorteile überwog und darin gipfelte, daß der Provinzialgouverneur die Zerstörung der Niederlassung anordnete. Das Ereignis wird verschieden in die Jahre 1542 und 1545 versetzt. Wenn gesagt wird, daß dabei 12 000 Christen umgekommen seien, unter denen sich 800 Portugiesen befunden hätten, so ist es schwer, diesen Zahlen, insbesondere der ersteren, Glauben zu schenken; auch sollen 25 Schiffe verbrannt worden sein.

Schon Mascarenhas hatte die Aufmerksamkeit auf Tshin-tshu (Tsüen-tshóu-fu) gerichtet, und dorthin wurde nun die nördliche portugiesische Niederlassung verlegt. Sie hatte bei den zu Akten der Roheit stets aufgelegten Bewohnern dieses Teils der Provinz Fo-kiën einen weit schwierigeren Boden als in Ning-po. Daher war ihre Existenz kurz bemessen. Bereits im Jahr 1549 erfolgte ein Überfall, wobei fünfzehn Schiffe verbrannt und von 500 Portugiesen nur 30 entronnen sein sollen. Diese flüchteten und landeten auf der Insel Lampacao (Lang-pe-kóu) in der Nähe von Makro. Schon vorher hatten die Portugiesen es möglich gemacht, in der Nähe von Kanton, dessen Bewohner dem Fremdhandel besonders zugeneigt waren, wieder festen Fuß zu fassen, und im Jahr 1537 besaßen sie drei Niederlassungen: auf Tamao oder Sancian, auf Lampacao und in Makao. Letzterer Ort kam in der Folge, seiner günstigen Lage wegen, mehr und mehr in Aufnahme. Die Portugiesen erwarben sich daselbst gewisse Freiheiten und erlangten durch Zahlung einer Grundrente das Recht zum Häuserbau. In der Folge wurde dies ihre einzige Niederlassung, und noch heute (auch noch 1977) betrachteten sie diese Stadt als ihre Besitzung.

Wie die Portugiesen ihre große Rolle in der Geschichte der Entdeckungen schnell ausgespielt hatten, so hören sie auch in China nach diesen ersten Phasen der Entwicklung auf, unser Interesse in Anspruch zu nehmen. An dem Besitz von Makao hielten sie mit Geschick fest, indem sie es verstanden, mit den Lokalbehörden auf gutem Fuß zu bleiben. Ein anderes Feld für ihren Handel suchten sie nicht mehr. Mit Peking traten sie wiederholt in Unterhandlung; aber ihre Gesandtschaften sind ohne Interesse, da sie nie zu belehrenden Berichten über das Land benutzt wurden.

Von geringerer Wichtigkeit in der Geschichte des diplomatischen und Handels-Verkehrs mit China sind die Spanier, welche es nie verstanden haben, von ihrer herrlichen Kolonie Manila den Vorteil zu ziehen, welchen sie durch ihren Reichtum an Produkten und durch ihre Lage in der Nähe der chinesischen Küste bietet. Im Jahr 1520 starb ihr Entdecker Magalhães; 1543 wurden die Inseln durch Lopez de Villalobos wieder besegelt, und erst im Jahr 1564 der Krone Spanien völlig unterworfen. Katholische Missionare, erst die Augustiner Herrada und Marino, dann Franziskaner, begannen bald ihre Bekehrungen, wurden aber gewahr, daß ein viel größeres Feld für ihre Tätigkeit in China winkte. Der Plan einer Expedition mit Handels- und Missions-Zwecken wurde im Jahr 1573 in Manila gefaßt und König Philipp unterbreitet. Dieser ging lebhaft darauf ein. Der Reise im Jahr 1577, an welcher die genannten beiden Augustiner teilnahmen, folgten in 1579 und 1581 andere Expeditionen, welche von Franziskanern begleitet wurden. Wir verdanken ihnen die erste umfassende Beschreibung von China. Diese wurde bald in mehrere europäische Sprachen übersetzt, und man darf sagen, daß von jetzt an die wirkliche Kenntnis des Landes China begann. Im Handel haben sie nichts Nennenswertes geleistet. Sie gingen mit ihren Schiffen nach Kanton und Makao, wo sie von den Portugiesen geduldet wurden, spielten aber immer eine untergeordnete Rolle.

Umgekehrt ist die Tätigkeit der Holländer gewesen. Sie haben sich um die Mission niemals gekümmert, aber ihre Handelsinteressen mit Meisterschaft verfolgt und zuverlässige Beobachtungen mitgeteilt, wo sie sich ihnen ohne besonders dahin gerichtete Anstrengungen darboten. Sie begannen ihre Laufbahn in China mit einzelnen durch die Eifersucht der Portugiesen vereitelten Versuchen sich einen Handel zu eröffnen, und gründeten daher mit der ihnen eigentümlichen Umsicht in kolonialen Beziehungen im Jahr 1624 eine Niederlassung auf Formosa, das sie zu einer Kolonie umzugestalten hofften. Doch war der Lauf der Ereignisse gegen sie. Die Kämpfe, welche der Thronbesteigung der Mantschu (1644) folgten, veranlaßten große Scharen von Chinesen zur Auswanderung nach Formosa; und als die neue Dynastie siegreich gegen Kwo-shing (besser unter der portugiesischen Schreibart Koxinga bekannt), den Anführer der altchinesischen Partei im Süden, war, warf dieser sich ebenfalls auf die Insel und zwang die Holländer im Jahr 1662, mit großen Verlusten (angeblich 1600 Mann) abzuziehen. Eine andere Niederlassung, auf den Pescadores, hatten sie schon vorher aufgegeben. Mochte auch von Formosa aus ein Schmuggelhandel nach einzelnen chinesischen Häfen getrieben werden, so wurden doch die Holländer offiziell nicht zugelassen. Zu einem Versuch, sich das Recht des Zugangs zu verschaffen, wurden sie veranlaßt, als um das Jahr 1650 der Pater Martin Martini nach zehnjährigem Aufenthalt in China durch Batavia kam. Er erzählte dort von dem Erfolg der Mandschurischen Fürsten, und daß der neue Kaiser den Schiffen aller Nationen Zugang in Kanton gewähre. Sofort schickten die Holländer den Kaufmann Friedrich Schedel dorthin; aber seine Zwecke wurden durch die Portugiesen vereitelt. Auf einer zweiten Reise hatte Schedel keinen besseren Erfolg; doch konnte er, durch ziemlich harte Erfahrungen belehrt, den Rat geben, eine Gesandtschaft mit reichen Geschenken an den Kaiser von China zu schikken. Im Jahr 1655 brachen die Kaufleute Peter Goyer und Jacob Keyser als Gesandte der holländischen Maatschappij auf. Sie hatten zwar wenig Erfolg; denn der Kaiser gestattete den Holländern nur, einmal in je acht Jahren nach Kanton zu kommen, mit der Verpflichtung, ihre Waren an Land zu verkaufen und jedesmal eine Deputation von zwanzig Mann an den Hof zu schicken (jedenfalls um Tribut zu bringen). Aber die Gesandtschaft nimmt eine hervorragende Stellung durch die reiche Belehrung ein, welche sie mitbrachte; denn der Bericht, welchen der Hofmeister derselben, Johann Neuhof, verfaßte, gehört zu den besten beschreibenden Werken, welche wir über China besitzen.

Eine zweite, nicht minder wichtige Gesandtschaft schickten die Holländer in den Jahren 1794 und 95 an den Hof in Peking. Sie wurde von Titsing geleitet. Die Reise ist von Interesse, weil sie durch einige sonst nur wenig beschriebenen Gegenden führte.

Als die Engländer nach den ostasiatischen Gewässern kamen, hatten sie mit drei Feinden zu kämpfen; denn die Portugiesen wie die Holländer, sonst gegen einander gekehrt, vereinigten sich in dem Bestreben, den neuen Konkurrenten auf dem gewinnbringenden Feld nicht zuzulassen, und beide taten, was in ihren Kräften lag, um die Chinesen gegen denselben einzunehmen. Die älteste Nachricht von englischen Versuchen zu einem Verkehr in China stammt aus dem Jahr 1637, als eine Flotte von vier wohl bemannten und armierten Schiffen unter Cap. Weddel nach Kanton kam »um mit den Chinesen in friedlichen und freundschaftlichen Verkehr zu treten, Handel zu treiben wie die Portugiesen, und sich gegen Bezahlung zu approvisionieren«. Die portugiesischen Intrigen gaben den Engländern die vielleicht nicht unerwünschte Gelegenheit, sich gegen einen Angriff der Chinesen zu verteidigen und durch eine kühne Waffentat Achtung zu verschaffen. Dennoch scheint erst vom Jahr 1664 an ein Handel mit Kanton, der endlich auch zu einer Niederlassung daselbst führte, begonnen zu haben. Von Makao blieben die Engländer ausgeschlossen. Langsam und mit manchen Unterbrechungen schritt der Handel fort. Die hohen Zölle und Tonnengebühren machten ihn oft unmöglich, und alle Versuche, ähnliche Beziehungen an anderen Orten anzuknüpfen, waren vergeblich. Im Jahr 1734 kam nur ein Schiff nach Kanton, während 1736, als Kiënlung die Zölle herabsetzte, deren zehn einliefen (4 englische, 2 französische, 2 holländische, 1 dänisches und 1 schwedisches). Obgleich die Engländer von ihrem ersten Erscheinen an ihr Selbstgefühl in allen Transaktionen zeigten, den Behörden häufig schroff gegenübertraten und sich nie zu den von den Chinesen geforderten, die Würde beeinträchtigenden Ehrfurchtsbezeugungen erniedrigten, wie es die Vertreter anderer Nationen nach ihren eigenen Zugeständnissen vielfach getan haben, traten doch ihre Handelsinteressen mehr und mehr in den Vordergrund. Insbesondere gab ihnen die beginnende Opiumeinfuhr aus Indien eine dominierende Stellung, so daß es endlich im Jahr 1788 für zweckmäßig erachtet wurde, eine Gesandtschaft an den Kaiser zu schicken, um die Regierung zur Eröffnung anderer Hafenplätze außer Kanton zu bewegen. Der Chef derselben (Colonel Cathcart) starb 1788 auf der Reise. Daher kam der Plan erst im Jahr 1792 zur Ausführung, und zwar unter Leitung des Lord Macartney. Bisher hatten die Handelsinteressen die Engländer allein beschäftigt, und wir verdanken ihnen bis 1792 keine nennenswerte Vermehrung unsrer Kenntnis von China und den Chinesen. Zum ersten Mal gaben sie nun einen Beitrag dazu, und so sehr wurde das Interesse für China geweckt, daß wir von nun an die Engländer in erster Linie unter denjenigen finden, denen wir die Erweiterung der Kenntnis des Landes verdanken.

Andere Nationen, wie die Franzosen, Italiener, Deutschen, Belgier, Schweden u.s.w., nahmen bis zum Jahr 1800 in dem Seeverkehr mit China eine so untergeordnete Stelle ein, daß wir sie übergehen können. Und dennoch war die Tätigkeit der vier erstgenannten für die Vermehrung der Kenntnis von China eine sehr viel bedeutendere und wichtigere, als diejenige der Spanier, Holländer und Engländer; denn ihnen gehörten die hervorragendsten Mitglieder der Jesuitenmissionen dasselbst an, und auf diese haben wir den außerordentlich reichen Schatz von Nachrichten über China und die Chinesen, welcher bis zum Jahr 1800 aufgespeichert wurde, zurückzuführen. Selbst die umfassenden Studien französischer Gelehrter über denselben Gegenstand beruhen in erster Linie auf den Materialien, welche die Missionare ihnen zu Gebote stellten. Wir müssen daher dieses wichtigste Element in der Geschichte der Kenntnis von China einer besonderen, wenn auch flüchtigen Betrachtung unterwerfen.

HIERONYMUS MÜNZER
(Monetarius, bis 1508)

Der Dr. Hieronymus Münzer lebte seit 1478 in Nürnberg und starb dort 1508. Herkunft und Geburtsjahr sind nicht bekannt. Er war mit dem Nürnberger Patrizier, Kaufmann und Gelehrten M. Behaim befreundet. Behaim galt als einer der bedeutendsten Mathematiker und Astronomen seines Jahrhunderts. Er reiste in »Kaufmannsgeschäften« nach Antwerpen und 1484 auch nach Lissabon, wo man ihn bald in die von Heinrich dem Seefahrer gegründete »Junta der Mathematiker« aufnahm. Er begleitete den portugiesischen Kapitän Diego Cao (? - 1486) auf seiner zweiten Entdeckungsreise entlang der afrikanischen Westküste (1485/6) bis in die Höhe der Walfischbai. Später lebte er lange Jahre als Schwiegersohn des dortigen Residenten auf den Azoren.

H. Münzer ist wohl auf Anregung von Behaim 1494 von Nürnberg nach Lissabon gefahren und hat später zwei Schriften über die Entdeckung der afrikanischen Westküste verfaßt. Sein Brief an den portugiesischen König wurde vier Monate nach der Rückkehr des Columbus von seiner Entdeckungsfahrt geschrieben. Diese neue Nachricht hatte Nürnberg damals offensichtlich noch nicht erreicht. Wahrscheinlich waren die Landverbindungen nach Portugal im Zusammenhang mit dem Krieg zwischen Maximilian I. und Karl VIII. von Frankreich gesperrt. Der Brief ist aber ein Beweis dafür, wie sehr die deutschen Kaufherren damals an der Entdeckung eines kurzen Seeweges von Westeuropa nach Ostindien interessiert waren.

Die Grönländer standen natürlich nie unter der Herrschaft des »Großen Herzogs von Moskau«. Der Irrtum entstand dadurch, daß die Eskimos falsch als Karelier bezeichnet worden sind.

Der Nürnberger Arzt Dr. Hieronymus Münzer schreibt einen Brief an König Johann II. von Portugal am 14. Juli 1493

Der Brief, den Hieronymus Münzer, deutscher Doktor der Stadt Nürnberg in Deutschland, an den gnädigsten König Dom Joao II von Portugal über die Entdeckung des Meeres, des Ozeans und der Provinz des großen Khan von Catay sandte, aus dem Lateinischen in die Landessprache übersetzt von Mag. Alvaro da Torre, Magister der Theologie aus dem Orden des Heiligen Dominicus, Prediger des genannten Königs.

Dem gnädigsten und unbesiegbaren Johann, König von Portugal und Algarve, des an der See gelegenen Mauretanien, und ersten Entdecker der glücklichen kanarischen Inseln, Madeiras und der Azoren, empfiehlt sich ehrerbietigst Hieronymus Münzer, Doktor der Arzneiwissenschaft in Deutschland.

Nachdem du bisher das Lob des gnädigsten Infanten Don Henrique, deines Oheims, geerbt hast, daß du niemals weder Mühen noch Kosten gescheut hast, um den Erdkreis zu erschließen, daß du durch deine Taten sogar die Meeresvölker Äthiopiens, das Meer von Äthiopien und Spanien sowie die Küstenvölker bis zum Wendekreis des Steinbocks mit seinen Handelsprodukten Gold, Paradieskörnern, Pfeffer, Sklaven und anderen Schätzen zinsbar gemacht hast (eine Bestrebung, mit der du dir Lob, Unsterblichkeit und Ruhm wie auch großen Gewinn erworben hast), so besteht kein Zweifel, daß in naher Zukunft die Leute Äthiopiens, die, nahezu Tiere in Menschengestalt, dem Dienste Gottes fremd sind, durch dein Verdienst ihre Bestialität ablegen und dazu gelangen werden, die katholische Religion zu bekennen.

In Anbetracht dieser Umstände hat Maximilian, der unbesiegbare römische König, der durch seine Mutter selber portugiesischer Abkunft ist, durch meinen wenn auch noch so schmucklosen Brief deine Majestät auffordern lassen wollen, das östliche Land des reichen Cathay aufzusuchen. Da Aristoteles am Ende des zweiten Buches vom Himmel und der Welt es zugibt wie auch Seneca im fünften Buch seiner Naturgeschichte und Petrus Alliacus, der hochgebildetste Kardinal seines Zeitalters, und noch viele andere erleuchtete Männer, so behaupte ich, daß der Anfang des bewohnten Ostens der Erde dem Ende des bewohnbaren Westens sehr nahe liegt. Beweise hierfür sind die Elefanten, deren es an diesen beiden Stellen sehr viele gibt, sowie auch die Rohre vom Gestade des Ostens, die der Sturm an die Küsten der Azoren antreibt. Auch sind die Beweise zahllos, ja, ich darf sagen, sicher, aus denen sich klar ergibt, daß man jenes Meer in der Richtung auf das östliche Cathay in wenigen Tagen durchfahren kann. Und es mag dich nicht Alfraganus stören noch andere Leute ohne Erfahrung, die behauptet haben, nur ein Viertel der Erde sei vom Meere frei und die andren drei Teile der Erde seien unter dem Meer ausgebreitet, denn in Dingen, die sich auf die Besiedlung der Erde beziehen, muß man der Erfahrung und vertrauenswürdigen Berichten mehr glauben als phantastischen Einbildungen.

Gewiß weißt auch du, daß viele angesehene Astronomen das Vorhandensein bewohnbaren Landes in den Tropen und unter den Äquinoctien leugneten. Daß diese Behauptungen eitel und falsch waren, hast du aus eigner Erkundung herausgefunden. Es soll nicht bezweifelt werden, daß die Erde sich unter dem Wasser ausbreitet, im Gegenteil, das Meer liegt tiefer. Hierzu kommt noch ihre kreisförmige Rundung.

Du hast Mittel und Reichtum in Fülle, du hast sehr gute Seeleute, die selber gern Unsterblichkeit und Ruhm erlangen möchten. Welchen Ruhm wirst du erwerben, wenn du es dahin bringst, daß der bewohnte Osten deinem Westen bekannt wird, und welchen Gewinn wird dir dann der Handel eintragen! Du wirst Inseln des Ozeans zinsbar machen, und oft werden sich erstaunte Könige deiner Herrschaft unterwerfen! Schon preisen dich als großen Fürsten Deutsche, Italiener, Ruthenen, Polen, Skythen und diejenigen, die mit dem großen Herzog von Moskau unter dem trockenen Stern des arktischen Pols wohnen. Wurde doch unter dem Schutze dieses Sterns vor wenigen Jahren die große Insel Grönland neu bekannt, deren Küste sich 300 Meilen weit hinzieht, und auf der eine sehr große Siedlung von Untertanen des genannten Herrn Herzogs lebte.

Wenn du aber jene Expedition durchführst, wird man dich, wie Gott, preisen oder wie einen zweiten Hercules. Du sollst für diese Fahrt, falls du es wünschst, auch einen von unsrem König Maximilian abgesandten Landsmann erhalten, Herrn Martin Behaim, der beauftragt worden ist, ganz besonders jenes auszuführen, und viele andere erfahrene Seeleute, welche die Breite des Meeres durchsegeln werden, indem sie ihren Weg mit kühnem Unternehmungsgeist von den Azoren aus nehmen werden unter Mitnahme ihrer Zylinder (Sonnenuhren), ihrer Quadranten, Astrolabien und anderer Instrumente. Weder Kälte noch Hitze wird sie belästigen; vielmehr werden sie in gemäßigten Temperaturen von Luft und Meer zur Küste des Ozeans hingelangen. Unendlich viele Gründe gibt es, um derentwillen deine Majestät hochgeachtet werden wird. Den, der läuft, mag Gewinn anspornen; du selber untersuchst alles bis ins Innerste mit deinem Unternehmungsgeist. Vieles darüber schreiben, heißt nur den Laufenden hindern, daß er ans Ziel kommt.

Der Allmächtige erhalte dich in deinem Vorsatz, und wenn der Weg deiner Ritter übers Meer zu Ende geführt worden ist, wirst du mit Unsterblichkeit verherrlicht werden.

Leb wohl! Aus Nürnberg, einer Stadt Oberdeutschlands, am 14. Juli im Jahre des Heils 1493.

FERDINAND FREIHERR VON RICHTHOFEN
(1833 - 1905)

Die katholischen Missionen in China bis 1800.

Handel und Mission, so weit auch ihre Motive auseinanderliegen und ihre Zwecke divergieren, gehen häufig eng zusammen. Der Welthandel sucht die großen Wege zur See und zu Lande auf: die Politik ebnet ihm die Pfade und öffnet ihm die Pforten der Länder, in denen sich eine Gelegenheit zu seiner Entfaltung bietet; die Mission folgt ihm auf dem Fuß. Während sich aber jener an einzelne bestimmte, durch die Natur begünstigte Plätze hält, dringt diese in das Innere der Länder und entgilt dem Handel was sie von ihm empfing, indem sie ihm die Ausbreitung von seinen Sitzen aus erleichtert. Der Kaufmann macht uns mit den nutzbaren Produkten der Länder bekannt; der Missionar, wenn er seinen Beruf nicht zu eng faßt, erforscht den Charakter des Volkes, seine Sitten und religiösen Gebräuche. Indem er die Sprache des Landes lernt, erhält er die Gelegenheit, dessen Literatur, Geschichte, Wissenschaften und Regierungsformen zu studieren, und auf seinen Wanderungen ist ihm Gelegenheit geboten, sich mit der Geographie desselben vertraut zu machen. In keinem Land haben die christlichen Missionare diese über ihren Beruf hinausgehenden Aufgaben in größerem Maße erfüllt, in keinem sich ein weiteres Gesichtsfeld geschaffen und der Wissenschaft größeren Gewinn gebracht, als in China. Vor allem sind es die Jesuiten des 17ten und 18ten Jahrhunderts, ohne deren umfassende und gründliche Tätigkeit China heute noch, mit Ausnahme der Küste, eine terra incognita sein würde, während im gegenwärtigen Jahrhundert die katholischen Missionare die Art der Tätigkeit fast gänzlich eingestellt, und die protestantischen sie, wenn auch bisher in weniger intensiver und sehr veränderter Weise, übernommen haben. Die Übersicht der diplomatischen und Handelsbeziehungen des Westens mit China seit Entdeckung des Seeweges hat uns gezeigt, daß durch diese Agentien nur spärliche und unvollkommene geographische Kenntnisse in bezug auf China nach Europa gekommen sind; die Geschichte der Missionen dagegen gibt uns eine fortlaufende Entwicklung derselben. Sind auch nur einzelne hervorragende Männer die Träger dieses Fortschrittes gewesen, so ist es doch nicht möglich, deren Tätigkeit für sich abgesondert zu verstehen, und ich stelle daher der Übersicht ihrer wissenschaftlichen Leistungen einen kurzen Abriß der Geschichte der katholischen Missionen voran. Dieselbe ist nicht nur einer der wichtigsten Abschnitte in der Geschichte des Verkehrs mit China überhaupt; ein Einblick in sie ist auch erforderlich, um zu verstehen, weshalb die glänzende Tätigkeit der Jesuiten nicht noch mehr Früchte getragen hat.

Im Jahr 1540 war der Jesuitenorden gestiftet worden. Ein großes Feld für seine Aufgaben bot sich ihm in den Ländern des südlichen und östlichen Asien, welche die Umschiffung von Afrika zugänglich gemacht hatte, und er ging ohne Verzug an deren Lösung. Schon im nächsten Jahr reiste einer der größten Jünger des Ordens, Francesco Xavier, mit den Portugiesen nach Goa. Einige Jahre später kam er nach Japan, wo er von 1548 bis 1551 eine glänzende Tätigkeit ausübte und in edlem Eifer den Boden für jene Mission vorbereitete, welche im folgenden Jahrhundert durch die Schuld ihrer von den idealen Zielen abgehenden und politischen Zwecken sich zuneigenden Glaubenslehrern einen jähen Untergang fand. Xavier erkannte, daß der größte Widerstand, dem er in Japan begegnete, in der hohen Autorität der in China erwachsenen und von dort nach Japan verpflanzten Lehren des Altertums begründet sei, und kam zu der Überzeugung, daß China ein wichtigeres Feld für die Mission sei, und daß, wenn nur erst dieses für die Kirche gewonnen wäre, Japan ihr von selbst zufallen würde. Aber seine eigenen, Handel treibenden Landsleute verhinderten seine Ankunft in Makao oder Kanton, und er starb im Jahr 1552 auf der Insel Sancian. Nach ihm machten Dominikaner, Franziskaner, Augustiner und Kapuziner Versuche, nach China zu kommen, wurden aber stets von dem damals sehr rohen Volk der fremden Kaufleute und Schiffer zurückgedrängt. Der erste erfolgreiche Pionier des Missionswerkes war der italienische Jesuit Miguel Ruggiero, welcher 1579 nach Makao kam, sich sofort auf das Studium der chinesischen Sprache warf und 1581 nach Kanton ging, wo er die ersten Bekehrungsversuche machte. Schon im nächsten Jahr folgte ihm sein größerer Landsmann Matteo Ricci, eine der hervorragendsten Gestalten in der östlichen Missionsgeschichte. Er war, wie er uns geschildert

Chinesischer Tempel

wird, ein Mann von ungewöhnlicher Gewandtheit, liebenswürdig im Umgang, und in besonderem Maß geeignet, die Gunst der Großen zu gewinnen. Diplomatische Klugheit hielt seinen lebhaften Missionseifer in gemessenen Grenzen, und er hatte die Gabe einer weisen Berechnung des Erfolges. Auch seine wissenschaftlichen Kenntnisse, insbesondere in der Mathematik und Physik, waren bedeutend. Kurz, er besaß in hohem Grad die Eigenschaften, welche nötig sind, um unter den Chinesen dauernden Erfolg zu sichern; er vermochte sich ihrem Geist anzuschmiegen und eine geachtete Stelle unter den Höchstgebildeten einzunehmen. Es ist wohl noch kaum gebührend hervorgehoben worden, wie sehr der große Erfolg, den die Missionen weiterhin hatten, diesen besonders angemessenen Charaktereigenschaften ihres eigentlichen Begründers zu verdanken ist. Im östlichen Asien bahnen sich Neuerungen jeglicher Art nur langsam ihren Weg und haben mit fortdauernden Hindernissen zu kämpfen, wenn sie von den untersten Schichten des Volkes beginnen. Siegreich werden sie dann, wenn sie sich von Anfang an in den Kreisen der Macht und der Bildung einbürgern oder ein Ansehen verschaffen und in der dadurch privilegierten Gestalt den Massen geboten werden. Die Weltklugheit der Jesuiten hat dieses Element der Macht von Anfang an erfaßt, und Ricci war der Mann, um es zur Geltung zu bringen. Erst lernte er die chinesische Sprache, und zwar, auf besonderen Befehl des Papstes, den Mandarinendialekt. Dann ging er in der Kleidung eines buddhistischen Priesters nach Shau-king-fu, im Inneren der Provinz Kwangtung, wo ihm zum ersten Mal die Niederlassung gestattet wurde. Durch seine Liebenswürdigkeit gewann er sich aller Herzen; durch seine Gewandtheit in der Experimentalphysik unterhielt er das Volk und durch seine Kenntnisse in der Mathematik die Gelehrten. Er brauchte allerdings mehrere Jahre, um die Verehrung des Konfuzius und den Ahnenkult als Staatsgebräuche und weltliche Ehrenbezeigungen, und deshalb gänzlich vereinbar mit der christlichen Religion zu erklären.

Riccis Ansehen war so gewachsen, daß er im Jahr 1600 seinen folgenreichsten Schritt tun und eine Reise zu Hofe antreten konnte. Empfehlungen von hohen Personen verschafften ihm die Erlaubnis, dem Kaiser europäische Geschenke zu überbringen. Der Kaiser Wan-li empfing ihn huldvoll, wies ihm ein eigenes Wohnhaus an und ließ Ricci ein jährliches Stipendium auszahlen. Im Jahr 1610 starb der große Missionar im Alter von 80 Jahren. Viele Priester seines Ordens waren ihm nachgefolgt und hatten weitere Stationen entlang Riccis Reiseweg vom Süden nach dem Norden des Reiches gegründet. Die Macht der katholischen Religion wuchs zusehends, und nicht ohne Besorgnis konnten die Anhänger der alten Zustände Zeugen dieses Eindringens eines fremden Elementes sein. Riccis unmittelbare Nachfolger besaßen nicht seine Autorität und hohe geistige Bildung; daher vermochten sie dem Einfluß ihrer Gegner bei dem Kaiser nicht das Gleichgewicht zu halten, und so geschah es, daß am 14ten Februar 1617 ein kaiserliches Dekret allen Jesuiten befahl, nach Kanton und von dort in ihre Heimat zurückzukehren. Sie fanden jedoch Schutz in christlichen Familien, und es gelang deren Einfluß bei dem Kaiser, schon nach vier Jahren eine Widerrufung des Ediktes zu veranlassen.

Unter den neuen Ankömmlingen zeichneten sich drei Deutsche aus: Faber, durch den außerordentlichen Erfolg seiner Missionstätigkeit in der Provinz Shensi; Martin Martini, ein Tyroler, durch seine ausgedehnten Reisen und die vortrefflichen Beschreibungen, die er davon gab, durch welche er als der Begründer der geographischen Kenntnis des inneren China betrachtet werden darf; endlich der Kölner Johann Adam Schaal, durch seine bedeutenden mathematischen Kenntnisse; etwas jüngeren Datums ist der Belgier Verbiest. Die ersten drei hatten alle die Schrecknisse mit durchzumachen, welche die Dynastienwechsel in China begleiten. Sie hatten den guten Takt, die Macht der Mandschu zu erkennen und sich ihnen noch vor der Thronbesteigung anzuschließen. Daher standen sie bei Shun-tshi, dem ersten Kaiser der neuen (Ta-tsing)-Dynastie, welcher 1644 den Kaisertitel annahm, in hoher Gunst. Schaal erhielt den Auftrag, den Kalender umzugestalten, und entledigte sich desselben so gut, daß er zum Präsidenten des Tribunals der Astronomie ernannt wurde. Verbiest war ihm zur Seite gestellt. Der Einfluß der Jesuiten in Peking stieg. Ricci hatte eine kleine, dem heiligen Joseph geweihte Kirche gebaut; es wurden nun zwei neue errichtet.

Allein es erwuchs der Mission ein verhängnisvoller Feind. In Folge einer vom Papst gewährten Konzession hatten Mönche anderer Orte in China Zutritt erhalten. Insbesondere kamen seit dem Jahr 1630 Dominikaner und Franziskaner in Menge an. Ihnen fehlte die Weltklugheit der Jesuiten. In der Bücherweisheit jener Zeit befangen, wohl kaum vom Aberglauben frei, aber von reinem Missionseifer beseelt, verlangten sie die Einführung der katholischen Lehre in derselben Form wie sie in Rom vorgeschrieben war. Die Verehrung des Konfuzius, der Ahnenkultus, und die Bezeichnung Gottes durch die Worte Shan-ti (der erhabene Herrscher über das was über der Erde ist) und tiën (Himmel), wie sie in China vor der Einführung des Buddhismus bestanden hatte und von den Jesuiten wieder angenommen wurde, waren für sie die Steine des Anstoßes, welche sie aus der christlichen Lehre entfernt wissen wollten. Die Eifersucht gegen die Jesuiten, welche sich der Hofgunst erfreuten und alle anderen von derselben fernzuhalten verstanden, mochte wohl nicht die geringste Triebfeder für die Bitterkeit sein, mit welcher der Streit bald geführt wurde. Die Dominikaner schickten einen Abgesandten an den Papst Innocenz X. und erwirkten von ihm ein in Folge der Beratung durch eine Kongregation erlassenes Dekret, welches jene Punkte im Sinn des Ordens als Götzendienst verurteilte (1645). Bezeichnend sagt Mosheim: »Die Jesuiten in China nahmen diesen Befehl des Papstes mit Ehrfurcht an, und legten ihn mit Verachtung auf die Seite«. Sie schickten (1650) den gewandten Pater Martin Martini nach Rom. Die Angelegenheit wurde dem Inquisitionsgericht übergeben, und im Jahr 1656 erfolgte der Ausspruch des Papstes Alexander VII., welcher dem früheren genau entgegen war und im Sinn der Auffassung der Jesuiten entschied. Die Verwirrung wurde am größten, als noch später Papst Benedict XIV. in einer Bulle anordnete, daß beide Dekrete gelten sollten, je nach den Umständen. Der erbitterte Streit, welcher zwischen beiden Parteien geführt wurde, ist allgemein bekannt. Die Jesuiten wußten, daß ihr Nachgeben der Tod der Missionen in China sein würde, so lange wenigstens, als die letzteren nicht durch die Politik beschützt oder ein Werkzeug derselben würden. Die Geschichte hat gezeigt, wie richtig ihr Urteil war.

So heftig übrigens der Streit war, gab es doch auch Zeiten des Waffenstillstandes, sobald nämlich eine gemeinsame Gefahr drohte. Dies geschah z.B. im Jahr 1665, als der Kaiser starb, und die Regierung bis zur Mündigkeit seines minderjährigen Sohnes in den Händen einer Regentschaft lag. Diese tat den Ausspruch, daß Schaal und seine Genossen die Strafe von Verführern verdienten, da sie dem Volk falsche und gefährliche Lehren beibrächten. Schaal starb vor Kummer im Alter von 78 Jahren, Verbiest und andere wurden nach Kanton getrieben; die meisten aber verbargen sich. In Kanton wurde (1665) eine merkwürdige Konferenz abgehalten, in welcher die Jesuiten mit den anderen Orden einen Kompromiß machten. Die geistige Überlegenheit der Ersteren gab sich dabei durch die vollständig jesuitische Färbung der Beschlüsse zu erkennen. Ein Kodex von 42 Artikeln, welche als Regel für die Mission in China gelten sollten, wurde von 23 Jesuiten, Dominikanern und Franziskanern angenommen und unterzeichnet.

Der junge Kaiser wurde schneller selbständig als man es erwartet hatte. Es war der große Kang-Hsi (1661 - 1722). Er übernahm die Regierung und erlaubte schon 1671 den Missionaren die Rückkehr zu ihren Kirchen, verbot aber gleichzeitig seinen Untertanen, das Christentum anzunehmen. Verbiest wurde an der Stelle von Schaal Direktor des astronomischen Amtes. Aber kaum war die Freiheit gewährt und die Suprematie der Jesuiten hergestellt, so loderte die alte Eifersucht wieder auf, und die beiden Missions-Parteien standen wieder kampfgerüstet gegeneinander. Am 22sten März 1692 wurde das in der Missionsgeschichte höchst wichtige Dekret von Kang-Hsi erlassen, welches die Ausübung der katholischen Religion in China gestattete. Aber je größer die Freiheit, desto heftiger entbrannte stets der Kampf. Einerseits spannte die alt-chinesische, den Missionen feindliche Partei bei Hofe ihre Kräfte stärker an, und erhielt auch reicheres Material für ihre Klagen, da die Ordensbrüder, mit Ausnahme der klugen Jesuiten, ihr Haupt stolzer erhoben und auf die neuen Rechte neue Ansprüche gründeten. Andererseits wuchs die gegenseitige Erbitterung der beiden Missionsparteien. Und ein dritter Grund zum Zwiespalt entwickelte sich dadurch, daß die Jurisdiktion über die Christen vom König von Portugal und dem Papst in Anspruch genommen wurde, und auch diese noch untereinander darüber stritten. Aber die Jesuiten behaupteten sich siegreich über allen Parteien am Hof in Peking. Um den Streit zu schlichten, hatte der Papst seinen ersten Legaten nach China geschickt, einen Mann, dessen gute Absichten unter dem Einfluß eines engherzigen Geistes und schwachen Verstandes waren. Er bewunderte anfangs die Jesuiten, war aber bald gegen sie eingenommen und mißtrauisch. Seine Mission war ganz verfehlt. Die Jesuiten verhinderten die nachgesuchte Audienz beim Kaiser, welcher, mit den Absichten des Legaten vertraut gemacht, ein Edikt erließ, das den Anhängern der Lehre von Ricci Schutz zusagte, diejenigen dagegen, welche sich der Ansicht des Papstes anschlossen, nach Kanton verbannte, von wo sie direkt nach Europa gehen sollten. Ein Examinator wurde eingesetzt, und wer sich dem Willen des Kaisers nicht fügen wollte, sollte in fünf Tagen seinen Aufenthaltsort verlassen. Der päpstliche Legat verbot den Missionaren bei Strafe der Exkommunikation, sich in Diskussionen mit dem Examinator einzulassen. Da es gefährlich schien, einen Mann, dessen Sinn nur auf das Verderben der Jesuiten gerichtet war, nach Rom zurückgehen zu lassen, wurde er nebst 40 anderen Missionaren in Makao gefangengesetzt und vermochte fortan, obwohl zur Würde eines Kardinals erhoben, seine Autorität nicht mehr geltend zu machen. Im Jahr 1710 starb er im Gefängnis. Seine Verfügung aber wurde im Jahr 1715 durch eine Kongregation der Inquisition gebilligt und von Clemens XI. zum Gesetz erhoben.

Die Stellung, welche der päpstliche Stuhl einnahm, indem er ein gegen ein kaiserliches Edikt gerichtetes Dekret seines Kardinals billigte und zu erzwingen versuchte, war ein erheblicher Schritt zur Untergrabung der Missionen.

Zu derselben Zeit als dieser selbstmörderische Vernichtungskampf im eigenen Innern der Mission geführt wurde, feierten die Jesuiten ihre höchsten Triumphe, und die ersten siebzehn Jahre des 18ten Jahrhunderts sind ihre erfolgreichste Zeit gewesen. Die Religion in der von ihnen gepredigten Form schien festen Fuß gefaßt zu haben und hatte Anhänger in den höchsten Kreisen, der Orden besaß das Vertrauen des Kaisers und wußte von der intellektuellen Ausbildung seiner Mitglieder den besten Gebrauch für sein Streben nach geistiger Herrschaft zu machen. Ein Monument ist aus jener Zeit geblieben, welches allein hinreicht, die Wirksamkeit, welche die Jesuiten über die Sphäre der Mission hinaus entfalteten, als von überaus großer Wichtigkeit zu kennzeichnen. Dies ist die Anfertigung der großen Karte von China, das bedeutendste kartographische Werk, das jemals in einem so kurzen Zeitraum ausgeführt worden ist. Mit diesem großen Werk endete die Glanzperiode der katholischen Missionen in China. Trotz aller Gewandtheit konnten die Jesuiten bei den gebildeteren gesellschaftlichen Klassen der in religiösen Dingen sonst so toleranten Chinesen nicht auf die Dauer den Eingang einer Lehre ermöglichen, die mit Zwist und Streit auftrat. Die hohen Beamten, welche ohnehin mit Mißgunst den Einfluß der Fremden auf ihren Kaiser sahen, fanden daher leicht eine Handhabe, denselben zu untergraben. Bei Kaiser Kang-Hsi vermochten sie zwar nur so weit zu wirken, daß er im Jahr 1718 den Verbleib derjenigen Missionare, welche sich nicht zu der Lehre von Ricci bekannten, verbot, ohne indes für eine genaue Durchführung dieser Maßregel zu sorgen; ein willigeres Ohr fanden sie bei seinem Nachfolger Yung-Tshing (1722 - 1736), welcher (1723) das strengste Verbot gegen die Ausbreitung der Lehre des tiën-tshu-kiau, d. i. der katholischen Religion, erließ und nur in Peking und Kanton eine Anzahl besonders dazu privilegierter Missionare duldete; denn er konnte sie als Astronomen, Kalendermacher, Geschützgießer, Maler, Feldmesser, Uhrmacher und Ärzte in seiner Umgebung nicht mehr entbehren.

Jetzt begannen die schweren Zeiten für die Missionen. Die meisten Gemeinden mußten verlassen werden. Die Priester gingen nach Kanton. Viele kehrten in ihre Heimat zurück; einigen gelang es, sich im Land verborgen zu halten. Erhebende Züge der Aufopferung in ihrem hohen Beruf, der Selbstlosigkeit und Pflichttreue werden uns aus dieser Zeit erzählt. Der Druck währte während der ganzen Regierungszeit von Yung-Tshing. Die Strenge und Grausamkeit der sogenannten Christenverfolgungen in China sind vielfach übertrieben worden. Meist bestanden sie in der Beschränkung der Missionstätigkeit und der Ausübung der Religion, wobei es jedoch nie an ungerechter Handhabung der Gesetze fehlte, und Beschädigungen an Personen und Eigentum nicht selten vorkamen. Damals schlugen zwar die Wogen höher; aber doch haben die Chinesen nie daran gedacht, wie es die energischeren Japaner getan hatten, das Christentum mit Gewalt auszurotten. Hinrichtungen auf Befehl der Regierung sind nur bei spanischen Mönchen vorgekommen, welche von Manila herüberkamen und sich, da sie das Land nicht kannten, grobe Unvorsichtigkeiten zu Schulden kommen ließen. Auch wurde mit großer Härte gegen Mitglieder der kaiserlichen Familie, welche übergetreten waren, verfahren. Aber ein Vernichtungskampf gegen das Christentum ist nie geführt worden; denn der Chinese hat prinzipiell keine Abneigung gegen die Christen, wie der Mohammedaner; sie ist erst in unsrer Zeit dadurch entstanden, daß das Christentum ein Attribut des unbequemen fremden Eindringlings ist.

Man sollte erwarten, daß das gemeinsame Mißgeschick die Kongregationen hätte vereinen sollen. Allein dem war nicht so. Im Gegenteil scheint die feste Position, welche die Jesuiten allein in Peking behaupteten, die Eifersucht und Erbitterung geschürt zu haben. Und diesmal war es nicht nutzlos; denn der Streit endete mit der Niederlage der Jesuiten. Die Jesuiten mußten sich endlich fügen. Aber sie taten es nicht ohne Gegenleistung; denn der Papst gab ihnen im Jahr 1745 nach Peking einen Bischof ihres Ordens, was früher nie geschehn war. Damit blieben sie dort souverän. Inzwischen hatten sich die Verhältnisse gebessert. Denn Kaiser Kien-Lung (1736 - 1796), ein würdiger Nachfolger seines Großvaters Kang-Hsi, ließ den Missionaren wieder größere Freiheit.

Die weitere Missionsgeschichte bietet keine Momente von hervorragendem Interesse. Die wissenschaftliche Tätigkeit, die stets ein Monopol der Jesuiten blieb, erschlaffte allmählich. Um so mehr wurde, oft unter großen Gefahren und Entbehrungen, für die Seelsorge in den Gemeinden und das Bekehrungswerk getan. Die Regierung zog zeitweise die Zügel straffer an; zeitweise zeigte sie sich nachsichtiger. Eine so heftige Verfolgung wie unter Yung-Tshing trat nicht mehr ein; aber vorsichtiges, stilles und emsiges Wirken in Zurückgezogenheit und Bescheidenheit wurde mehr und mehr das Merkmal der katholischen Missionen und ist es geblieben, bis die Errungenschaften von 1860 es ihnen ermöglichten, den Behörden freier gegenüberzutreten. Große Erfolge haben sie erreicht, und sie berechnen jetzt die Zahl der katholischen Christen in China auf 600000. Die Päpste führten im Lauf der Zeit eine Organisation ein, wodurch die Zahl der Bistümer und Vikariate vermehrt und der Wirkungskreis der einzelnen Kongregationen geographisch beschränkt wurde. Der Rivalität wurde damit der Boden genommen.

Verdienste der Missionare um die Kenntnis von China
bis 1800.

Als die ersten Missionare nach China kamen, waren die Portugiesen seit einem halben Jahrhundert in stetem Verkehr mit den Häfen dieses Landes gewesen, und doch wußte man von demselben in Europa nur wenig. Als Herrada (1577) als erster geistlicher Sendbote den Boden von China betrat, änderte sich dies, und wenige Jahre nachher (1585) konnte der Augustiner Mendoza ein Werk veröffentlichen, welches zum ersten Mal einen richtigen Überblick des Landes gab. Die reichhaltigen Publikationen der beiden nächsten Jahrhunderte verdanken wir wesentlich dem Fleiß der Missionare. Man kannte aus Marco Polos Berichten im fernen Osten ein Land Cathay mit der Hauptstadt Cambaluc, der glänzenden alten Herrscherresidenz Quinsay und dem belebten Seehafen Zayton. Dieses Reich war groß, überaus bevölkert und hochkultiviert; es hatte eine reichentwickelte Industrie und einen bedeutenden Handel, und überstrahlte in diesen Beziehungen, wenn man den Berichten Glauben schenken durfte, alle Reiche des Westens. Nun hatte man ein Land erreicht, das man China nannte, dessen Kaiser in Peking residierte, und unter dessen großen Städten Kanton, Nanking und andere waren. Keinen dieser Namen hatte Marco Polo erwähnt; aber in Beziehung auf Bevölkerung, Handel u.s.w. entsprach das neugefundene Land seiner Beschreibung. Einige ahnten, daß beide Reiche identisch seien. Aber die Mehrzahl glaubte an die Trennung von Cathay und China. Die Kartographen versetzten Cathay und alle damit verbundenen Namen hoch hinauf in den Norden, weit jenseits des, wie man glaubte, erst entdeckten China und seiner großen Mauer. Eines der Motive zur Ausführung von Landreisen durch Zentral-Asien war der Wunsch, von den Missionsstationen im nördlichen Indien aus den Seeweg nach China zu vermeiden und an seiner Stelle einen kürzeren Landweg nach dem Herzen dieses Reiches einzuschlagen; das zweite war das Bestreben, das Land Cathay aufzufinden, oder eventuell festzusetzen, ob dasselbe mit China identisch sei. Die indische Mission beschloß, den portugiesischen Jesuiten Benedikt Goës, der sich bereits durch Entschlossenheit und Geschick ausgezeichnet hatte, nach China zu senden.

Er verließ Agra im Jahr 1602. In Kabul hatte er das Glück, mit der Schwester des Königs von Kashgar zusammenzutreffen, welche zugleich die Mutter des Königs von Khotan war, und dem eben, bei der Rückkehr von einer Pilgerfahrt nach Mekka, das Geld ausgegangen war, so daß Goës sie sich durch ein Darlehen verpflichten konnte. Er ging in ihrer Begleitung nach Kashgar und machte von da einen Ausflug nach Khotan, wo ihm sein Darlehen in Yü-Steinen zurückgezahlt wurde, also gerade demjenigen Artikel, welchen er auf einer Reise nach China am vorteilhaftesten verwerten konnte. Durch große Geschicklichkeit brachte er es dahin, daß der Führer der Karawane, welche alljährlich einmal von Kashgar nach Cathay zu gehen pflegte, Goës aufforderte, sie zu begleiten. Die Karawane langte am Ende des Jahres 1605 in Su-tschau an. Hier erst kam er zu vollständiger Gewißheit über die Identität zwischen Cambalu und Peking und schickte Briefe an Pater Ricci. Durch unglückliche Verzögerungen erreichte erst im März 1607 ein Abgesandter der Pekinger Mission die Stadt Su-tshóu. Goës war früher manchen Gefahren entronnen, die ihm von seiten der Mohammedaner gedroht hatten. Hier aber wuchs die Feindschaft der letzteren gegen ihn, da er stets sein Christentum offen bekannte, und der kühne Missionar hatte schwere Zeiten durchzumachen. Der Abgesandte der Mission fand ihn schwer leidend. Goës erlebte mit ihrer Ankunft den Triumph, seine mühselige Mission erfüllt zu sehen. Elf Tage nachher starb er. Die Mohammedaner raubten was er hatte, darunter auch sein kostbarstes Besitztum, das Tagebuch, das er während der ganzen Reise geführt hatte. Dieser Verlust ist sehr beklagenswert. Doch hatte Goës einen treuen Begleiter in dem Armenier Isaac gehabt. Nach dessen Erzählungen wurde der Bericht der merkwürdigen Reise von den Missionaren in Peking niedergeschrieben.

Obgleich durch die kühne Reise von Goës die Identität von Peking mit der Stadt Cambalu einerseits und China mit Cathay andererseits über allen Zweifel festgestellt war, wurde diese Tatsache doch noch keineswegs allgemein angenommen, und es dauerte noch ein halbes Jahrhundert, bis die älteren Namen von der Landkarte verschwanden.

Reisen in Tibet

So langsam die wissenschaftliche Welt das Ergebnis der Reise von Goës aufnahm, für die Missionare von Agra war eines der beiden Probleme, die sich gestellt hatten, gelöst; es blieb noch das zweite, einen kürzeren Weg nach China zu finden. Goës war zwar zu Lande hingekommen, aber auf einem weiten Umweg voll Beschwerden und Gefahren, welcher praktisch nicht zu verwerten war. Tibet war das Land, durch welches man zu gehen suchen mußte. Einst war Odorich von Pordenone hindurchgereist (1316), als er von Peking nach Europa zurückkehrte; aber er hatte von diesem Teil seiner Reise keinen Bericht gegeben, und man besaß kaum Kunde von der Tatsache selbst. Der spanische Jesuit Antonius de Andrade war der erste, welcher die Lösung der Aufgabe versuchte (1624). Er zog 20 Tage lang unter den größten Beschwerden durch unbewohnte Gebirge, wo es weder Bäume noch Sträucher, aber viel Schnee gab. Dort sollten giftige Dünste aus dem Boden kommen, welche die Menschen töteten; doch meint Andrade, daß die Kälte und der Nahrungsmangel wohl eher der Grund sein möchten, daß so viele dort ihren Tod fänden. Mit zwei einheimischen Christen stahl er sich heimlich weiter und kam »nach der obersten Höhe der Berge«, wo, wie er meint, der Ganges in einem großen See entspringe und ein anderes Gewässer nach Tibet fließe. Hier hielten sie sich auf. Der »König von Tibet« schickte ihnen zwei Männer entgegen und ließ sie nach seiner Residenz Charapangue (Tsaprang) geleiten, wo er sie, in der Erwartung von Geschenken, gut empfing. Andrade berichtet, daß er täglich mit dem König und der Königin verkehrte, und daß es in dem Land Hammel, Reis, Mehl, Butter, Honig, Weintrauben und Wein gebe, wiewohl zum Teil erst in der Entfernung von 10 bis 12 Tagen von der Hauptstadt. Während der Abwesenheit in Charapangue kamen 200 Kaufleute aus China an, welche Seide, Porzellan und Tee brachten. Die Reisenden setzten jedoch ihren Weg nicht fort, sondern kehrten »über das Gebirge der Wüsten« auf demselben Weg über Mará nach Indien zurück.

Die nächsten Reisenden, von denen wir wissen, sind die Jesuiten Grueber (ein Deutscher) und (der Franzose) d'Orville, zwei Mitglieder der Mission in China. Sie hatten Befehl, nach Europa zurückzukehren, fanden den Hafen von Makao durch die Holländer blockiert und versuchten daher, den Landweg einzuschlagen. Im Jahr 1661 brachen sie von Peking auf, kamen in 30 Tagen nach Hsi-ngan-fu, in weiteren 30 Tagen nach Hsi-ning-fu, dann an den See Khukhunor, den sie als die Quelle des Gelben Flusses betrachteten, und nach einem Land Toktokai, welches Grueber als so öde und verlassen schildert, daß es die Eifersucht seiner Nachbarn nicht zu fürchten brauche; es werde von einem Fluß bewässert, der so breit wie die Donau (wahrscheinlich bei seinem Heimatort Linz), aber so seicht sei, daß man überall hindurchwaten könne. Dann reiste Grueber durch das Land der Tangut nach Retink, das bereits zu dem Königreich Barantola mit der Hauptstadt Lassa gehörte. Er beschreibt die Sitten des Volkes; aber nichts fiel ihm mehr auf als die Ähnlichkeit des Kultus mit dem katholischen, was er für ein Teufelsspiel ansah. Nach zweimonatigem Aufenthalt in der Hauptstadt gingen die Reisenden über die hohen Gebirgspässe nach Nepal und gelangten über Katmandu nach Agra, wo d'Orville starb. Grueber kehrte über Hormuz und Smyrna nach Europa zurück. Leider hat er nie etwas Zusammenhängendes über seine Reise geschrieben. Sie ist ebensowohl wegen der Länge des Weges, als wegen der Kürze der Zeit (214 Tage), in welcher der Weg von Peking bis Agra zurückgelegt wurde, bemerkenswert.

Geographische Arbeiten über China
im 17ten Jahrhundert.

Als die katholischen Missionare nach China kamen und bald das Land in allen Richtungen durchwanderten, wurde ihre Aufmerksamkeit durch das Fremdartige dessen, was sie sahen, gefesselt. Das Land, mit seinen Bergen und Flüssen, erschien ihnen trivial gegenüber dem Menschen, der jedem neuen Ankömmling ein Gegenstand des höchsten Interesses sein mußte. Alles an ihm war eigentümlich: die Sitten und Gebräuche, die hohe Bildung und Gelehrsamkeit, die Religion und ihre Priester, die Kleidung und Tracht, die Einrichtungen des Staates und der Gesellschaft, die Städte mit ihren Mauern, Tempeln und Brücken, dann auch der rege Verkehr zu Land und zu Wasser. Diese Gegenstände boten der Beobachtung so reichen Stoff, daß wir uns nicht wundern können, sie zunächst in den Berichten der Missionare vorwaltend behandelt zu sehen.

Die ganze chinesische Missionsgeschichte des siebzehnten Jahrhunderts hat unter ihren Hunderten von Sendboten einen einzigen Geographen aufzuweisen. Dies war der Österreicher Martin Martini, und er ist selbst während des achtzehnten Jahrhunderts nicht überboten, kaum erreicht worden. Nicht ein einziger Missionar vor und nach ihm hat so geflissentlich seine Zeit auf die Kenntnis des Landes verwendet wie er. Sein Aufenthalt in China dauerte zehn Jahre, und wenn er uns auch leider eine Beschreibung seiner Reisen nicht hinterlassen hat, so läßt doch sein großer Atlas darauf schließen, daß er die meisten Provinzen von China selbst durchwandert hat. Auch war er der erste, welcher in warmer Weise die Wahrhaftigkeit seines großen Vorgängers Marco Polo verteidigte und dies sachgemäß bekundete. Um das Land besser kennen zu lernen, studierte er chinesische Werke und Karten. Sowie er die Landesbeschreibung anfängt, geht er exakt zu Werke, gibt die Ausdehnung der Provinzen in Graden an und teilt die Entfernungen der großen Plätze voneinander in tabellarischen Übersichten mit. Die Bevölkerung betrug nach ihm 58.914.284, wobei Frauen, Kinder, die kaiserliche Familie, die Beamte, Eunuchen, Soldaten und Priester ausgeschlossen sind. Obgleich er China das gesegnetste Land der Welt nennt, und ebenso voll Bewunderung für das Klima, den Reichtum an Produkten und die Höhe der Industrie, als für das Alter der Zivilisation, deren Ursprung er 3000 Jahre v. Chr. versetzt, und die Priorität der Chinesen in Erfindungen ist, überschätzt er doch keineswegs die geistige Kultur des Volkes. Zwar sagt er, daß die Europäer den Chinesen an Kraft überlegen seien, und diese uns an ingenii acumen (Scharfsinn) überträfen; aber er kommt doch zu dem Resultat, daß sie in Hinsicht auf die Mannigfaltigkeit und die Vollendung der Wissenschaften sehr weit unter uns stehen; denn wenn sie auch seit den ältesten Zeiten eine Moralphilosophie besäßen und die Astronomie hochhielten, so sei doch sonst in ihrem Wissen nichts Wahres und Solides. Martini trifft in seinen Aussprüchen über alle diese Gegenstände meist das Richtige und steht darin manchen späteren Schriftstellern voran.

JOSEPH MARIA VON RADOWITZ
(1839 - 1912)

Im Jahr 1862 schloß sich der 23jährige Legationssekretär J. M. von Radowitz der preußischen Expedition an, die den Auftrag hatte, in China und Japan (siehe S. 151ff.) endlich die Ratifizierung der Handelsverträge durchzusetzen, die Graf Friedrich zu Eulenburg im Jahr 1861 gegen den Widerstand der beiden asiatischen Staaten ausgehandelt und unterzeichnet hatte. Leiter der für China bestimmten Mission war Generalkonsul von Rehfues. Er sollte für Deutschland nur die Rechte gewinnen, die England, Frankreich, Rußland und Amerika unter Anwendung von mehr oder weniger Gewalt schon einige Jahre vorher zugesprochen worden waren. Radowitz schreibt an seine Mutter, erfrischend, anschaulich und mit Humor: über die prekäre Lage der deutschen Diplomaten in einer für die Chinesen noch undurchsichtigen Phase schwerer politischer Kämpfe und Entscheidungen, über seine Beobachtungen in den Städten und über die seltsamen Erfahrungen mit chinesischen Verhandlungspartnern.

Radowitz ging noch unter der Kanzlerschaft Bismarcks als Botschafter des Deutschen Reiches nach Konstantinopel. Dort erregte er die Eifersucht Holsteins, der seine Versetzung nach Madrid durchsetzte, wo er von 1892 bis 1906 als Botschafter wirkte. 1906 übertrug man ihm die undankbare Aufgabe, das Deutsche Reich als bevollmächtigter Vertreter vor der Marokkokonferenz in Algeciras zu repräsentieren. Er starb 1912.

Katholische Mission in China 1863

Makao, 30. März 1863. Palmsonntag. In Kanton waren wir bis zum 24. – ich kann die daselbst erlebten 14 Tage als die interessanteste Zeit meines bisherigen Aufenthaltes in China zusammenfassen. Makao ist ein Ort von gänzlich anderer Art: eine europäisch aussehende, altertümliche Stadt, von der wunderlichen Mischrasse der Portugiesen bewohnt, die seit dem 16. Jahrhundert hier festsitzen. Dazwischen Chinesen und chinesische Stadtviertel. Die Lage ist überraschend schön, reich an landschaftlichen Bildern im italienischen Stil als Gegensatz zu dem griechischen Ernste der Landschaft um Hongkong. Wir wohnen allein in einem kleinen Hause der Herren Siemssen & Co., haben einen Koch angenommen, und ich habe mir in Hongkong und Kanton eine ganze Kiste voll Bücher zusammengeschafft. Damit, und mit den herrlichen Spaziergängen und Meerfahrten, werden sich vier und noch mehr Wochen hier wie ein schönes Intermezzo verbringen lassen. Heute, am Palmsonntag, bin ich in einer Kirche gewesen, wo alles mit veritabeln Palmblättern dekoriert und bestreut war, ebenso wie die Straßen.

Das, nämlich die Palmblätter, war aber auch der beste kirchliche Eindruck, den ich an dem hiesigen katholischen Platze bisher wahrgenommen. Alles übrige, die Geistlichkeit vorweg, ist nicht sehr erbaulich. Die konvertierten Chinesen gefallen mir, wie auch in Schanghai, immer noch am besten, wenn sie überhaupt in die Kirche kommen. – Das führt mich darauf, Dir Deinem Wunsche gemäß über die katholische Mission, speziell die der Jesuiten, genauere Nachrichten zu geben.

Die Jesuiten haben zwei Missionen: die eine mit dem Hauptsitz in Schanghai, die andere nördlicher, mit der Residenz in Peking. Im ganzen wirken 54 Patres, von denen 47 zur ersteren, 7 zur letzteren Mission gehören. Meine Kenntnis erstreckt sich nur auf die Mitglieder der ersteren, deren Wirkungskreis die Provinz Kiangsou (in welcher Schanghai gelegen) ist. Hier haben sie etwa 80.000 Konvertiten, 278 größere und 95 kleinere Kirchen und Betsäle usw., außerdem 269 Knaben- und 76 Mädchenschulen. Diese Zahlen, die letzten, welche vor dem Sommer 1862 zusammengestellt worden, mögen indessen durch die gewaltige Sterblichkeit im Sommer und Herbst 1862 alteriert worden sein; Pater Desjacques in Schanghai fürchtet, daß ein Viertel aller männlichen Mitglieder seiner Diözese in dieser Zeit gestorben sei – wie denn auch die Jesuiten beider Missionen nicht weniger als elf Patres allein während des vergangenen Jahres verloren haben! Für Schanghai speziell ist eine sogenannte Kathedrale, nebst einem Seminar in Tun-ka-dou. Eine große Kirche für die Stadtbewohner und Chinesen, welche in den europäischen Settlements leben, liegt auf dem französischen Terrain. Endlich ist in dem etwa zwei Meilen entfernten Zi-ka-wei, oder Sikawey, ein Kollegium, d. h. ein Noviziat und eine Pensionsanstalt für chinesische Zöglinge. Seit 15 Jahren haben dort die unermüdlichen und praktischen Patres sich ein kleines Stück Terrain, ein kleines Haus nach dem anderen zusammenzusetzen gewußt und daraus ein Ganzes geschaffen, das, obwohl noch nicht fertig, doch schon ein bedeutendes Etablissement geworden, von dem aus der Orden den größten Vorschub seiner Bestrebungen erwarten kann. In diesem Momente sind elf chinesische Ordensnovizen, Söhne des Landes, in Sikawey; mehrere werden demnächst die Priesterweihe empfangen und somit die ersten Ordensmitglieder aus der Zahl der Chinesen selbst werden. Chinesische katholische Priester hat es schon seit langer Zeit gegeben, auch in Rom bei der Propaganda, aber noch keine chinesischen Jesuiten.

Hier nun wirken vier Patres als Professoren, mit zwei Koadjutoren und eine Anzahl älterer Eleven, die den Unterricht der jüngeren überwachen. Außer den elf Ordensnovizen zählt die Pension und Schule etwa 120 Eleven, in drei Klassen abgeteilt, sämtlich chinesische Landsöhne, zum Teil der wohlhabenderen Klasse angehörig, die ihren Unterricht, ihre Wohnung, Essen usw. bezahlen. Die Patres gehen, wie alle katholischen Missionare in China, im Landeskostüm, mit rasiertem Kopfe und langem Zopf. Das letztere gehört gewiß nicht zu den kleinsten Opfern, die sie sich auferlegen, und in denen ihre amerikanischen und anderen protestantischen Kollegen sich schwer hüten, ihnen nachzuahmen. Unter ihnen ist z. B. ein Italiener, P. Fennani, der 1848 aus Neapel vertrieben, dann hierher gesandt wurde, und in einem Zeitraume von 14 Jahren das enge Terrain seiner Lebensaufgabe in Sikawey nie mit einem Schritte verlassen hat.

Die Gebäude und Plätze des Kollegiums sind von einer Bambushecke abgeschlossen. Durch ein chinesisches Tor (wo die großen Steindrachen als Portiers nicht fehlen) kommt man in den offenen Vorhof, auf den die Kirche mündet, und zu dessen beiden Seiten chinesische Wohn- und Empfangszimmer liegen. Im Sprechzimmer sind chinoisierte Heiligenbilder zu sehen, auf denen die Apostel mit langen Zöpfen und rasiertem Scheitel, die Mutter Gottes mit einem kleinen chinesischen Fuß erscheinen, wie man deren auch in der Kathedrale von Tun-ka-dou trifft. Ich finde diese Assimilierung der heiligen Personen mit dem niederen Verständnis der Chinesen nicht schön – die Patres aber glauben, nur auf diese Weise die Heiligen zu volkstümlichen Personen machen zu können, ebenso wie sie selbst sich kleiden und halten müßten wie das Volk, um bei ihm Eingang zu finden. In den Bildern sollte man aber doch einen allmählichen Übergang zum Schöneren suchen. Wenn die Chinesen glauben, daß die ersten Christen wirklich Zöpfe getragen haben, so werden sie dadurch in der Vorstellung, daß sie das erwählte Volk der Menschheit und alle anderen neben ihnen Barbaren sind, nur noch bestätigt werden. Außerdem ist die Zopfidee unhistorisch, da das chinesische Volk erst seit Mitte des 17. Jahrhunderts überhaupt Zöpfe trägt, die ihnen von der jetzt herrschenden tatarischen Dynastie nach langem Widerstande aufgezwungen wurde, als äußeres Zeichen der Unterwerfung des chinesischen Stammes unter den mandschu-tatarischen. Kein älteres Bildwerk zeigt einen Chinesen mit dem Zopf; gerade ihr prachtvolles schwarzes Haar war ihre alte Nationaleitelkeit. Und so fangen alle Rebellen, die das chinesisch-nationale Element voranstellen, wie die Taipings, damit an, den Zopf zu verbannen. Ich kann es also nicht glücklich finden, wenn die christlichen Missionare sich überflüssige Schwierigkeiten bei der Antizopfpartei bereiten, die eine große und bedeutende ist.

Doch zurück vom Zopf zur Kirche! Diese ist geräumig, mit kleinen Schnitzwerken und Figuren geziert, darunter welche von einem früheren Laienbruder des Ordens, einem mehr als gewöhnlich talentvollen Künstler. An die Kirche lehnen sich die zweistöckigen niederen Gebäude der Patres und Novizen, das Refektorium, die Bibliothek, kurz alle Räume, die eine Jesuitenwohnung ausmachen, zugleich mit der Ruhe, der Ordnung, der Reinlichkeit, die dazu gehören. – In verschiedenen chinesischen Holzhäusern sind die Schulstuben, für drei Abteilungen Eleven; der eigentümliche chinesische Lehrmodus ist auch hier beibehalten, wie überhaupt die Jesuiten immer suchen, den Sitten und Ideen des Volkes nachzugehen. Eine chinesische Instruktion besteht darin, daß der betreffende Junge vor seinem Buche auf der Bank sitzt, mit singender Stimme und beständdiger Bewegung des Kopfes von rechts nach links sein Pensum so lange ableiert, bis er es auswendig kann. Keiner nimmt von dem schreienden Nachbar Notiz – jeder posaunt seine Lektion ungestört in die Luft. Je älter die Eleven, desto weniger schreien sie; die jüngsten aber verführen einen Höllenspektakel. Desto ruhiger verhalten sich alle in der Schreib- oder Pinselstube, wo sie lernen, ihre grausam schweren Hieroglyphen zu malen. – Das allgemeine Urteil der Patres über ihre Schüler ist das: sie sind vorzüglich gelehrig für alle Dinge, die auf äußerer Imitation von Lauten und Zeichen beruhen; lernen Lesen und Schreiben mit Leichtigkeit – was aber ins Gebiet des Gedankens und der höheren Vorstellungen schlägt, ist ihnen mit fast unüberwindlicher Schwierigkeit beizubringen. So ist das ganze chinesische Volk: tätig und gelehrig in allen kleinen Dingen, unfähig zur ideellen Entwicklung. Wenn diese 500 Millionen Chinesen, bei ihrer Rührigkeit und Ausdauer in der Arbeit, von Ideen beherrscht wären, so würde die Welt ihnen gehören.

Es gibt noch Ateliers für Malerei, Schnitzen und Modellieren und für Musik. An diesen Leistungen kann kein Kunstmaßstab gelegt werden, aber einzelne chinesische Malerschüler arbeiten mit Geschick und Talent und kopieren namentlich mit Leichtigkeit. Die Degersche Madonna wurde vielfach abgezeichnet und gemalt. Wie die Jesuiten des 17. und 18. Jahrhunderts die Chinesen Astronomie und Naturwissenschaften gelehrt haben, könnten die jetzigen ihre Lehrmeister in den Künsten werden. Sie haben eine kleine Kapelle, in der gegeigt, geflötet, Orgel gespielt und Posaune geblasen, auch dazu gesungen wird. Und die Chinesen beginnen schon einzusehen, daß diese Lehren von Harmonie und Melodie besser seien wie ihre eigenen.

Um den Gang durch Sikawey zu beenden, muß man noch die Schlafsäle der Eleven durchwandern und sich dort davon überzeugen, daß Reinlichkeit und Ordnung auch in China zu schaffen ist, wenn man Scheuerlappen und Besen anwendet. Jedes Bett ist ein kleines Haus, mit Moskitonetzen usw., und jeder Eleve hat oben darauf seinen Koffer, seine Hutschachtel und diverse Futterale aufgestapelt. Ebenso propre sieht es in den Höfen und Gängen aus, kurz, man sagt, wenn man die Anstalt verläßt: es gibt doch noch einen reinen Fleck im Himmlischen Reiche! – Soviel von Sikawey und den Jesuiten. – Wenn man bedenkt, daß seit drei Jahrhunderten in China im Sinne des Christentums gewirkt wird, daß aber von den 500 Millionen Chinesen knapp 200.000 Christen geworden sind, trotzdem allein von Amerika und England aus mehr daran gewendet wird, hier Proselyten zu machen, als vielleicht für die ganze übrige Welt zusammengenommen: so ist das bisher Erreichte verzweifelt wenig und beweist entweder die Unfähigkeit des heutigen Christentums zur Mission, oder die Unfähigkeit von einem Drittel der ganzen Menschheit, jemals christlich zu werden...

Brief aus China vom 18. Oktober 1702

Der Jesuitenpater Hieronymus Franchi aus der österreichischen Ordensprovinz berichtet dem Pater Johannes Paulus Studena, dem nachmaligen Beichtvater von zwei österreichischen Erzherzoginnen über seine ersten Beobachtungen und Erfahrungen in China. Er gehört zur Begleitung des Jesuitenpaters Fontanay, der als Gesandter des Kaisers von Österreich in China prächtig empfangen wird.

Die Reise

Der Zungto von Kanton, der zwei Landschaften vorsteht, hat nicht allein die kaiserlichen Geschenke mitsamt dem Pater Fontanay als kaiserlichem Gesandten, sondern auch uns gesamte Missionarios nebst unserem Plunder in allen Ländern, durch welche wir gereist, so weit er zu gebieten hat, auf seine Unkosten in allem und jedem, zu Wasser und zu Land, frei ausgehalten, mithin Schiffe und Galeeren, Kost, Herberge, Boten, Träger und Geleitsleute aus eigenen Mitteln bezahlt: ja, er hat besagten Pater Fontanay nebst seinem Bruder an seine Tafel geladen, und bei solcher vor allen vornehmen Mandarinen ihnen den ersten Ort gegeben. Dabei steht er bei Hof und im ganzen Reich in höchstem Ansehen. Dazu ist er des kaiserlichen Erbprinzen Schwiegervater. Seiner Tochter (die mit der Zeit Kaiserin werden soll) hat er unlängst ein reich mit Juwelen besetztes Kleid im Wert von 30.000 Gulden verehrt. Und der Pater Bouvet, der als kaiserlicher Gesandter nach Frankreich gereist ist, hat ihn über 40.000 Reichstaler gekostet. Ebensoviel hat er für die Hin- und Herreise des Paters Fontanay aufgewendet, dem er darüber hinaus jedes Mal noch 600 Gulden Bargeld geschenkt hat. Freilich ist sein Einkommen groß. Aber viele dergleichen kostbare Gäste mit kaiserlichen Geschenken (die er bei Verlust seines Amtes und mit Gefahr des Lebens ohne Entgelt befördern muß), würden ihn bald arm machen.

Nun aber zurück zur Beschreibung unserer Reise von Kanton bis Nantschangfu: als der Kaiser am 22. Oktober 1701 aus der großen

Tatarei zurückgekommen war und vernommen hatte, daß das Schiff »Amphitrite« aus Frankreich mit dem Pater Fontanay, mit nicht wenigen Geschenken für Seine Majestät und einer ziemlichen Zahl frischer Missionare der Gesellschaft Jesu, auch mit einigen Kaufleuten, die chinesische Grenze glücklich erreicht hätte, zeigte er hierüber großes Wohlgefallen und schickte nach Kanton den Befehl, den Pater Fontanay samt allem seinem Anhang stattlich auszuhalten.

Nachdem wir uns von dem Tag unserer Landung (dem 9. September) bis zum 16. Dezember 1701 in Kanton aufgehalten und für unseren Aufbruch alles vorbereitet hatten, gingen wir noch am selben Abend zu Schiff, auf die Galeere des Paters Fontanay, und verfügten uns dann ungesäumt zu dem Zungto (der sich auf seiner besonderen Galeere befand), um uns von ihm mit größter Danksagung zu verabschieden. Sobald er solches vernommen hatte, ging er uns voran, bestieg unsere Galeere, empfing uns dort sehr freundlich und ließ uns etliche Schalen Tee reichen, die teils auf chinesisch mit Wasser gesotten waren, teils auf tatarisch mit Milch und anderen wohlschmeckenden Sachen gekocht waren. Dann nahm er liebreich von uns Abschied und wir machten uns reisefertig. Er hatte uns vier Mandarinen-Galeeren geben lassen. Auf der größten war Pater Fontanay mit zwei anderen Patribus untergebracht. Sie hatte beiläufig 15 Schuhe in der Breite und 80 in der Länge. Auf dem Hinterteil, gegen Backbord, waren verschiedene schöne Zimmer. Je eines hinter dem anderen: in dem ersten wohnten die Schiffsleute; das zweite war das Ante-Chambre, mit einem Bett versehen; das dritte war ein großer Audienzsaal; im vierten wohnten die zwei Patres; im fünften und letzten verschlüpften sich die Bedienten. Die Gemächer waren um ein bis zwei Spann höher als die gemeine Länge eines Menschen. Sie waren inwendig und auswendig zierlich bemalt und mit schönen Lehnsesseln versehen. Man sah den chinesischen Reichsdrachen in jedem Gemach abgebildet. An den Außenseiten der Galeere hingen verschiedene Täfelchen mit chinesischen Schriftzeichen, die den Ehrennamen und die Würde des Botschafters anzeigten. Die drei kleineren Galeeren waren ähnlich eingerichtet. Wir fuhren noch am Abend des 16. Dezember auf die andere Seite der Stadt Kanton. Dort grüßte uns eine Wache mit einigen Böllerschüssen.

Osttor von Tientsin

Gegen 12 Uhr hoben wir die Anker und fuhren gegen den Strom den Hwangho aufwärts. 12 Galeeren mit den kaiserlichen Geschenken und starken Wachen folgten uns. Wir hatten also ein Geschwader von 16 Schiffen, auf welchen nichts Erschrecklicheres war als wir zwölf mit Feuergewehren versehenen Europäer. Gewehre, welche die Chinesen gar nicht ausstehen können, weil unser Pulver um drei Viertel weiter trägt als das ihre. Auf der Galeere von Pater Fontanay war eine chinesische Musik, welche auf allgemeine Landes-Unkosten allen Botschaftern und großen Mandarinen mitgegeben wird. Diese bestand aus zwei fünf Schuh langen Trompeten eines Klanges, wie unsere Jagdhörner in Europa; ferner in zwei Flauten, welche nicht zum besten lauteten; item in einer ziemlich gut brummenden Trommel; alsdann in vier Becken ungleicher Größe, die mit hölzernen Stäblein geschlagen wurden; letztlich in einer großen Pfanne, welche mit einem in Leinwand eingewickelten Schlägel berührt wurde. Diese zu schlagen, ist gar keine Kunst, sintemal sie mit anderen Instrumenten nicht einstimmen darf, sondern nur um des Getöses willen gebraucht wird. Wie lieblich diese Musik in unseren europäischen Ohren gesauset hat, kann ein jeglicher leicht erachten; uns wenigstens hat es müssen gefallen. Dergleichen Klangspiel gebührt in China nur den vornehmsten Herren im Hause, zu Feld und zu Wasser. Es wird ihnen morgens, mittags und abends und wenn sie durch die Gassen gehen, gerührt. Wir hatten neben unseren vier Leib-Galeeren noch eine Küchengaleere, auf welcher uns alle Speise- und Naß-Vorräte, samt Herd und Tafelgeschirr, nachgeführt wurden. Die großen Mandarine reisen nie ohne Küchenschiff, weil nämlich in ganz China, ja in ganz Asien, kein Wirtshaus anzutreffen ist. Dafür findet man aller Orten, in den Städten, Flecken und Dorfschaften so viel Sachen feilhalten, daß sich jeder gegen Bezahlung leicht mit Lebensmitteln versehen kann.

Wegen unglaublich vielen Straßenräubern pflegt man auf den Flüssen nicht bei Nacht zu fahren, sondern bei zunehmender Dämmerung nahe bei einem nächstgelegenen Tampu still zu halten. Ein Tampu ist nichts anderes als ein öffentliches Gebäu mit einer Soldaten-Wache von 6 bis 12 Mann, die jeweils nur so weit voneinander entfernt sind, wie ein Mann in einer Stunde gehen kann. So oft wir an solchen Tampu vorbei gefahren sind, traten die Wachen mit fliegender Fahne unters Gewehr, brannten drei Böller ab und rührten danach das Feldspiel, ihre Kesselmusik. Jeden Abend stellten die mit uns reisenden Soldaten und Offiziere und ein Tampu Schild- und Feldwachen auf, und jede Nacht gingen sie ihre Ronden. Bei einfallender Nacht wurden auf den Galeeren und Schiffen die Laternen angezündet, 12 auf der Galeere von Pater Fontanay, je zwei auf allen anderen Fahrzeugen. Sie sind kugelrund, zwei Schuhe weit. Ihr Holzgerippe ist mit feinem Papier überzogen, das mit chinesischen Schriftzeichen bemalt ist, die wieder den »Großen Mann« oder den »Hof-Gesandten« ankündigen. Sie wurden mit Unschlittkerzen beleuchtet und waren sehr lustig anzusehen. Die Küchengaleere war sehr leicht und schnell. Mittags und abends fuhr sie von Schiff zu Schiff und händigte jedem sein Mahl oder seinen Imbiß aus. Untertags mußte jeder auf seinem Schiff bleiben. Abends aber waren die Fahrzeuge wie eine Brücke zusammen gestoßen. Dann suchten wir einander heim.

Die ersten Tage hatten wir guten Wind, liebliche Luft, beiderseits ein flaches, allerorten grünendes, wohlbebautes, mit vielen volkreichen Dorfschaften und fruchtbaren Bäumen zierlich besetztes Land. Der Strom war etwa eine Viertelstunde breit. Wir kamen nicht sehr weit an einem Tag, weil wir bei schwachem Wind gegen den Strom schifften. Allein, weil wir mit allem ehrlich versehen waren, haben wir uns gern geduldet.

Den 21. Dezember, am St-Thomas-Tag, als jeder bei sich dachte, nun ist keine Gefahr mehr und ein Schiffbruch ist ganz unmöglich, an diesem Tag stieß eine Galeere so hart auf einen unter dem Wasser verborgenen Felsen, daß der Schiffsboden eingedrückt wurde. Das Schiff versank innerhalb von drei Vaterunsern. Wir als nächste kamen eilends zu Hilfe, retteten erst alle Leute und dann noch etliche Sachen. Die unsrigen haben zwar nichts verloren, doch waren sie gut gebadet und die Bücher eines unserer Patres waren sehr durchweicht.

Den 22. des Christmonats 1701 nahm die Ebene ein Ende, das rauhe, hohe, kahle, sperrige und felsige Gebirge, zwischen dem der Fluß herab braust, nahm seinen Anfang. Dieses Gebirge ist weder bebaut noch bewohnt, außer von wenigen kleinen Bonzen-Klösterlein, bei welchen gemeiniglich ein kleiner Wald gepflanzt ist, während sonst nichts wächst, nur wildes Gras, das öfter angezündet

Baumwollpflanzung in Ning-Po, unweit Hongkong

wird, um die Tiger zu verjagen, die allda häufig wohnen. Zwischen diesen Alpen reisten wir so lange, bis wir endlich in Schaotscheu (Xaocheu) eintrafen. Wir fanden unterwegs nur die Tampus und wenig Dörfer. Eines Abends warnte uns der Dorfmandarin vor Räubern, welche die Gegend unsicher machten und kurz zuvor in einem gewagten Scharmützel kaiserliche Landsknechte besiegt hatten. Die Sache verhielt sich so: Vor geraumer Zeit wurden etliche Grenzbewohner der Landschaft Kanton des tyrannischen Jochs ihrer Mandarine dermaßen überdrüssig, daß sie ihnen abgesagt, den Gehorsam aufgekündigt, ein kleines Heer zusammengeworben und einen tapferen Offizier zu ihrem Dienst erwählt haben. Unter seiner Führung setzten sie mit Rauben, Morden und Stehlen die ganze Gegend in größte Furcht. Der Kaiser befahl seinen Kriegsleuten, dieses Raubgesindel aller Orten zu vertilgen. Allein die Rebellen wehrten sich tapfer ihrer Haut, so daß es zwischen beiden Teilen öfters harte Schläge abgesetzt hat. Weil aber die kaiserliche Macht letztlich die Oberhand gewonnen hatte, und der Räuber-Obrist nicht mehr ein und aus wußte, lief er nach Peking, fiel vor dem Kaiser auf sein Angesicht, bat um Gnade und versprach Besserung seines Lebens. Der großmütige Monarch schenkte ihm nicht nur das Leben, sondern auch ein Kriegs-Mandarinat, mit dem Befehl, er solle nach Kanton zurückkehren und diejenigen ausrotten, die er zuvor angeführt und kommandiert hatte. Er hatte sich kaum in der Stadt Kanton niedergelassen, da fingen die Schnapphähne von Neuem an, zu streifen und zu suchen, was sie nicht verloren hatten. Der Zungto von Kanton befahl um solcher Ursach wegen dem ausgesöhnten Mandarin, die Straßenräuber mit einer Anzahl kaiserlicher Kriegsknechte zu verfolgen. Dieser kam aber dem Befehl nicht nach, blieb vielmehr in Kanton sitzen und antwortete auf wiederholte Befehle, er wäre nicht deswegen vom Kaiser begnadigt und mit dem Mandarinat geadelt worden, um einen Diebs-Jäger abzugeben, sondern um sein Leben in Ruhe zu verbringen. Der Zungto konnte dies stutzige Beginnen nicht lange dulden. Als er den Befehl gab, den Oberst zu greifen, machte dieser sich unsichtbar, ging zu den Räubern über und wurde abermals ihr Rädelsführer.

Der Erzschelm hatte ein ganzes Geschwader von bewaffneten Schiffen zusammengebracht, gegen das der Zungto einen anderen Kriegsmandarin mit einer kaiserlichen Flotte von etlichen hundert

Galeeren ausschickte. Die Schlacht fand in der Gegend des Dorfes statt, in dem wir gerade waren. Die Räuber trugen den Sieg davon. Der geschlagene Kriegsmandarin kam vier Tage vor meiner Abreise mit schlechter Ehre nach Kanton zurück. Wir machten gehörige Anstalt, die Diebe wohl zu empfangen, wenn sie uns anschmecken sollten. Allein sie hatten keine Lust auf unser europäisches Pulver und blieben aus. Wir aber setzten am folgenden Tag unsere Reise fort und bewunderten nicht wenig, die zwar gähen, aber sehr kunstreichen Fußsteige, über welche die Schiffsleute mit dem Seil eilends fortlaufen, wenn sie ihre Schiffe gegen den Strom aufwärts ziehen; denn die Fahrzeuge werden hier nicht wie in Europa von Pferden, sondern von den Bootsleuten selbst gezogen. Diese Steige sind meilenweit teils in hohe Felsen eingehauen, teils mit steinernen Bogenbrücken von einer Felsspitze zur anderen hinüber gebaut. Man steigt auf ihnen bald auf, bald ab oder geht auf ihnen auch gerade fort, wie es die Gelegenheit des Ortes zuläßt.

Am 20. Dezember 1701 erreichten wir die Stadt Schao-tscheu-fù (Shao-Kuan), eine des ersten Ranges in diesem Reich, welcher Vorzug durch das angehängte Wörtlein »fu« angedeutet wird. Sie liegt noch in der Landschaft Kanton, an dem Fluß Koangho (Peh-Kiang), der hier merklich kleiner wird, so daß wir aus unseren größeren Schiffen in kleine Galeeren umsteigen mußten. Wir fuhren noch am Abend des 31. Dezember weiter, nachdem uns der Mandarin des Ortes mit Wein beschenkt hatte. Das gebirgige Land oberhalb von Shao-Kuan ist mit ebenen Feldern, lustigen Hügeln und manchen Dorfschaften untermischt.

Den 2. Januar 1702 meinten wir auf einem Berge eine überaus feste und herrliche Stadt zu sehen. Erst als wir nahe hinzu kamen, merkten wir, daß es nur verschiedene, von der Natur künstlich zusammengesetzte Klippen waren, deren einige von fern hohen Türmen, andere starken Bollwerken, etliche herrlichen Häusern und Palästen gleichsahen.

Die neuen Galeeren waren zwar hundert Schuh lang, aber nicht mehr als acht Schuh breit. Sie werden von den Chinesen so lang gebaut, damit sie schwere Lasten tragen können, ohne tief ins Wasser einzusinken. Sie waren wie Laubhütten mit Bögen aus Rohr und mit Laub gedeckt, damit uns der Regen nicht schadete. Am 5. Jenner vor Sonnenuntergang trafen wir in der Stadt Nanhiungfu (Nan-hsiung) ein. Ein Augustinerpater besuchte uns auf dem Schiff, und ein Mandarin schickte uns ein großes Mahl, 16 warme Speisen für jedes Schiff, und ebenso viele Konfekte, alles in Porzellanschüsseln. Das beste war ein Hirschziemer. – Pater Fontaney führte fünf welsche Hühner und Hähne mit, den Rest unseres Geflügelvorrats auf dem Überseeschiff. Er wollte sie dem Kaiser als seltsames Geschenk übergeben; denn wir haben in ganz China keine Hühner dieser Art gesehen. Unterwegs liefen die Leute häufig herzu, um die ausländischen Hühner zu betrachten, und der Offizier, der sie verwahrte, zog seinen Nutzen daraus; denn er nahm von jedem, der sie sehen wollte, ein gewisses Geld an. Der Zongtu und alle Mandarinen baten heftig darum, ihnen das eine oder das andere Stück zu verehren. Dazu wollte sich aber Pater Fontaney auf keine Weise verstehen, um dem Kaiser allein die Ehre zu geben. Es ist nicht zu glauben, wie leicht die Chinesen (die Landpfleger und Mandarine nicht ausgenommen) alles begehren, was sie bei den Europäern sehen, ja, wenn man es ihnen nicht gleich gibt, solches unter dem Vorwand, daß es ihnen anstehe oder wohl gefalle, ohne Scheu wegnehmen. Wenn es aber bei ihnen zum Geben kommt, wollen sie sich nicht bequemen. Ein solcher Mandarin von der Art »Gib hart« und »Nimm gern« wurde von einem Pater in Kanton sinnreich ausbezahlt. Derselbe besuchte den armen Pater gar zu oft und nahm fast jedesmal mit, was gerade bei der Hand war. Er sagte dazu nur: »Dies gefällt mir über die Maßen wohl. Das wäre mir anständig. Das kann ich brauchen.« Der Pater kam auch öfter in das Haus des Mandarins. Eines Tages erblickte er dort eine Kostbarkeit, die etwa so viel wert war, wie die Sachen, die der Mandarin ihm weggetragen hatte. Er nahm sie in die Hand, lobte sie und sprach: »Dies Stück lacht mich an. Ich habe es außerdem nötig.« Er steckte sie ein und ging davon, ohne daß der Mandarin sich (nach der Sitte) hätte widersetzen dürfen.

Am nächsten Morgen, dem 6. Januar 1702, lasen wir schon vor Tag in der Stadt die Messe. Als wir zum Schiff zurück kamen, standen dort eine Menge Sessel und Sänften mit ihren Trägern und einigen Beamten. Der Fluß ist nämlich von hier an nicht mehr schiffbar. Der Name eines jeden Trägers und der Bürde, die er tragen sollte, waren fleißig aufgezeichnet. Wir verließen das Schiff und jeder setzte sich in seine Sänfte oder in seinen Sessel. Jeder Missionar wurde in einer Sänfte von vier Mann, unsere Bedienten aber in Rohrsesseln von je zwei Mann getragen. Außerdem waren andere Taglöhner bestellt, welche die Geschenke für den Kaiser nebst unseren Sachen auf ihren Schultern bis in die nächste Stadt liefern mußten. Wo wir auf dieser Reise immer anlangten, war zu fernerer Beförderung und zu unserer Nahrung alles auf das richtigste veranstaltet. Der Obrist-Mandarin samt seinen nachgesetzten hohen Beamten empfingen uns bei dem Ufer, als wir aus den Galeeren in die Tragsessel übergingen. Wir brachen zeitig auf und machten einen Umweg durch einen Teil der Stadt. Als wir auf der Nordseite durch ein anderes Tor hinauszogen, standen da wieder die Mandarine mit ihrem Oberhaupt, um uns noch einmal Glück für die Reise zu wünschen. Sie hatten einen kürzeren Weg als wir genommen und sich mehr beeilt.

Weil die Chinesen niemanden in den Städten oder den Dörfern zur Erde bestatteten, fanden wir überall in China außerhalb der Orte unzählig viele, schön gepflegte Gräber, die sich oft Stunden weit hinziehen. Das Land war bald bergig, bald eben. Wir stiegen mit unserem zahlreichen Geleit von fünfhundert Mann unvermerkt bergauf. Achtzig hatten allein an uns und unseren Bedienten zu tragen. Eines konnte ich nicht genug bewundern, weil es dergleichen nirgends in Europa gibt: die acht Stunden lange Straße von Nan-hsiung bis Nan-kang war mit kleinen Steinen auf dieselbe Art durch und durch gepflastert, wie die Straßen in italienischen Städten, aber mit dem Unterschied, daß die chinesische Straße in der Mitte etwas erhoben ist, damit das Wasser nach beiden Seiten abfließen kann. Und dann habe ich auf keiner Straße Europas, auch nicht in der Nähe der großen und vornehmen Städte, auch nur den zehnten Teil des Volks gesehen, dem wir auf diesem Weg zwischen Nan-shiung und Nan-kang begegnet sind. Freilich, wer von Peking nach Kanton oder dawider reist, muß sich an diese Straße halten (welche die beiden Wasserwege, den Peh-Kiang und Kan-Kiang miteinander verbindet). Dazu kommt, daß die Chinesen sich zur Fortbringung ihrer Sachen nicht der Pferde oder der Wagen, sondern nur der menschlichen Schultern bedienen. Die Straße ist von einer Stadt zur anderen beiderseits dermaßen häufig mit Häusern besetzt, daß sie mit dem gepflasterten Weg mehr wie eine immerwährende Stadt als wie (offenes) Land aussieht. Zu oberst auf dem

Bergpaß steht ein Bonzen-Kloster, wo die Götzenpfaffen allen vorbei ziehenden Reisenden Tee zu trinken geben, welchen anzunehmen wir uns höflich entschuldigt haben.

Hier nimmt auch die Landschaft Kanton ein Ende und die Landschaft Kiamsi (Kansu) beginnt. Der felsige Gipfel des Berges ist mit dem Stemmeisen so tief ausgehauen, daß der ausgehöhlte Weg ohne gähe Steigung an vier hohen Felstürmen vorbei zu Tal führt, woraus man ermessen kann, was für starke und arbeitsame Leute die Chinesen sind. Ich betrachtete auch unsere Träger mit Bewunderung. Sie mußten uns bergauf tragen, hatten, außer zum Mittagsmahl, niemals ausgeruht, klagten nie und sind mit uns stäten Schrittes fortgereist, als hätten sie nichts auf sich. Ja, als wir in die Nähe von Nan-kang kamen, marschierten sie geschwinder und jauchzten unter der schweren Last.

Wir erreichten Nan-kang am 6. Januar, noch vor Sonnenuntergang. Unsere Schiffe standen schon reisefertig für uns auf dem Fluß Kiangho (Kan-kiang) bereit, so daß wir gleich einsteigen konnten. Nan-kang ist eine alte Reichsstadt, von einer hohen, starken Mauer umgeben, wie alle chinesischen Städte, die wir bis jetzt gesehen haben. Auf einem Berg in der Nähe der Stadt steht ein herrlicher Turm. Hier besuchte uns der spanische Bischof Alvarus Venevente, ein Augustinermönch, der hier als Apostolischer Vikar für Kiangsi seinen Sitz hat. In seiner Begleitung kam Pater Johannes Fernandez Serrano, ein Kastilianer aus dem Orden der minderen Brüder der strengen Observanz. Er reiste eine Zeit lang mit uns. Der Bischof hätte gern gesehen, daß einer von uns bei ihm geblieben wäre. Allein das ließ sich aus erheblichen Ursachen nicht wohl tun.

Am 7. Januar 1702 fuhren wir mit unseren Galeeren flußabwärts, also mit dem Strom und schnelleren Laufs als bisher. Der Franziskanerpater erzählte uns unter anderem, daß der König von Spanien ständig 20 Missionare in China aushalte und einem jeden jährlich 280 Gulden rheinisch bezahlen lasse. Ein katholischer Ordensmann und Priester, dessen Namen und Umstände ich verschweige, habe großen Geldmangel gelitten, bei einem Mandarin eine Audienz begehrt und ihn um ein Almosen gebeten. Er sei aber derart trotzig und grob abgewiesen worden, daß der gute Mann ganz verschämt nach Hause gegangen sei. Der Spott des Mandarins habe ihn belehrt, daß die Missionare ihren Unterhalt nicht bei den chinesischen Geizhälsen, sondern bei christlichen Guttätern und Freunden in Europa suchen müssen.

Am 11. Januar um die Mittagszeit langten wir in der Stadt Cantscheu-fu (Kan-choin) glücklich an. Wir waren kaum angekommen, als uns ein französischer Pater unserer Sozietät aufsuchte. Er war uns entgegen gefahren, um zu melden, daß Pater Amiani, ein Italiener, uns in dieser Stadt mit Verlangen erwarte, denn er habe seit zwei Jahren keinen Jesuiten mehr gesehen. In diesem großen Reich (Peking und wenige große Städte ausgenommen) befindet sich nämlich in jeder Niederlassung nur ein Priester ohne Gespan. Man kann wohl Briefe wechseln und sich in Notfällen besuchen. Sobald mehr Priester aus Europa anlangen, sollen künftig in jede Residenz zwei Missionare verlegt werden, damit die Christgläubigen besser versehen sind, und die Priester selbst nicht also hilf- und trostlos gelassen werden. In unserem Haus zu Nan-kang wäre für 8 bis 10 Priester Platz gewesen. Der gute alte Amiani hat etliche von uns, die ihn gleich nach unserer Ankunft aufgesucht hatten, zum Nachtessen dabehalten und auf den andern Tag zum Mittagessen alle zwölf eingeladen. Zum Nachtessen setzte er uns drei Fasanen vor, was uns in Betrachtung seiner Armut seltsam vorkam, bis wir vernommen hatten, daß ein Fasan nicht über drei Groschen koste, weil China dieses Geflügel im Überfluß hat. Er gab uns weißen und roten Wein, beide aus Reis und anderen Erdgewächsen ausgesotten, doch so stark, daß sie den stärksten europäischen Weinen nichts nachgeben. Er hielt uns ziemlich lange auf, wiewohl wir auf die Galeeren zurück eilen sollten; denn der Stadt-Oberst hatte ihm zu Gefallen bis anderthalb Stunden in die Nacht offen gehalten. Da andere Patres auf die Schiffe heimgegangen waren, mußte ich zurück bleiben und in der Niederlassung übernachten. Bei dieser Gelegenheit hat er mich und ich ihn viel ausgefragt. Er sagte mir unter anderem, daß gewisse Ordens-Geistliche sich hier niedergelassen und eine besondere Kirche gebaut hätten. Seitdem nehme die Zahl der Christen (er habe früher 1000 gezählt) nicht zu, sondern ab. Das werde auch wo anders beobachtet, wo zweierlei Geistliche und zwei Kirchen sind. Die geistlichen Oberen hätten deshalb beschlossen, daß künftig in jeder Stadt nur eine Kirche geduldet wird, die von einerlei Ordensmännern verwaltet werden soll.

Den 12. Januar hoben wir nach dem Mittagsmahl die Anker und

fuhren weiter. Schon auf den bisherigen Flußfahrten haben wir eine uns nicht bekannte Art beobachtet, Fische zu fangen. Die Fischer bedienen sich weder des Netzes, noch der Reuse oder der Angel. Sie richten dazu gewisse schwarze Tauchvögel in der Größe einer Haushenne ab, von denen jeder Fischer 10 oder 12 in seinem Nachen mitführt. Auf ein Zeichen springen die Vögel in den Fluß, gehen in die Tiefe, fangen hurtig jeder seinen Fisch (dafern doch solche vorhanden sind!) und bringen ihn ihrem Herrn in das Schifflein. Der Fischer aber zieht dem Vogel, der Lutze (eine Art Seetaucher) genannt wird, einen Zwirn durch den Schnabel, ehe er ihn ins Wasser schickt, damit er den Fisch nicht selbst verschluckt. Dies hätte ich niemals geglaubt, wenn ich es nicht selbst mit meinen Augen gesehen hätte. Etliche der Lutz-Vögel laufen mit ihrer Beute dem Fischer zu und geben ihm den Fisch in die Hand.

Auf beiden Ufern des Stromes sind viele Dorfschaften, und eine solche Menge von Leuten, die da auf- und abreisen, daß sie mir wie eine unendliche Prozession vorkommen. Den 20. Januar langten wir im Hafen von Nantschangfu (Nantschang) wohlvergnügt an, in der Hauptstadt der Landschaft Kiamsi (Kiangsi). Hier trafen wir eine sehr große Zahl Galeeren an, viel schöner und größer als die, die wir in Kanton gesehen hatten. In der Residenz unserer Gesellschaft wohnen zur Zeit vier französische Jesuiten, darunter unser chinesischer Sprachmeister, Pater Vizdelou. Er verreiste bald nach unserer Ankunft mit Pater Fontanay nach Nanking, um dort ein Haus zu kaufen, in dem unsere aus Frankreich kommenden Patres wie in einem Seminar die chinesische Sprache und die hiesigen Bräuche lernen sollten. Der Ortsbischof hat aber die Erlaubnis dazu nicht erteilt, weil der Kaiser den Kauf noch nicht gut geheißen hatte, und weil er eine erhebliche Ursache hatte, die Bitte abzuschlagen. Für die chinesischen Christenheit sehe es nämlich am kaiserlichen Hof zu Peking übler aus als jemals. Der Kaiser habe ohne Vorwissen unserer Patres ganz heimlich einen Gesandten nach Japan geschickt und den dortigen König fragen lassen, warum die Christen in seinem Reich vertilgt worden seien. Er habe geantwortet, daß die katholische Religion in den Verdacht eines Aufstandes geraten sei. Was der Kaiser nun nach dieser soeben eingegangenen Nachricht mit den Christen in seinem Reich vornehmen wird, steht zu erwarten.

Am 25. Januar 1702 trat Pater Fontanay seine fernere Reise an, und wir wurden auf verschiedene Residenzen aufgeteilt. Ich mußte mit drei anderen in Nantschang bleiben. Fragt mich jemand, wie ich die chinesische Sprache in so kurzer Zeit erlernt habe, daß ich zwei Monate nach meiner Ankunft nicht nur die Beichte hören, sondern auch predigen konnte, so gebe ich zur Antwort: daß diese Sprache leichter zu lernen ist als die deutsche für einen Welschen. Es gibt nämlich weder Deklinationen, noch Konjugationen, weder Genera noch unregelmäßige Verben. Ein anderes ist allhier reden, ein anderes schreiben. Das Reden ist bald erlernt, weil die Sprache wenig Wörter hat. Das Schreiben aber, mit der unendlichen Zahl von Buchstaben ist eine unermeßliche Wissenschaft. Es ist ganz unnötig, daß ein Missionar unter dem Bauernvolk auf dem Land die chinesische Schrift lesen und schreiben kann; wenn er die Sprache nur reden kann. Wenn er predigt, hören sie ihn mit einer Ehrerbietung an, dergleichen die Europäer nicht fähig sind. Anders ist es mit den vornehmen Chinesen, bei denen ohnehin weniger Nutzen und Freude zu erwarten ist. Als das Christentum von unseren Patres zum ersten Mal eingeführt wurde, haben es wohl viele Mandarinen angenommen. Jetzt ist das ganz anders. Nur wenige wohlhabende Personen wollen sich den schweren Gesetzen des Evangeliums unterwerfen. Die meisten, die sich bekehren, sind Bauern, Bürger, Kaufleute und arme Gelehrte, die noch keinen öffentlichen Dienst haben.

Zweimal im Jahr besucht der Missionar die Dörfer, in denen mehrere Christen wohnen, damit er die Beichte der Weiber höre, die nicht reisen dürfen wie in Europa, damit er die Kinder und die Neubekehrten taufe, auch um die Messe und die Predigt zu halten. Er bestellt in jedem Dorf einen Kirchen-Vogt, der in seiner Abwesenheit die geistlichen Sachen regiert, mit den Leuten betet, sie im wahren Glauben unterweist, Nottaufen macht und den Pater holt, wenn ein Erwachsener zum Sterben kommt. Die Häuser auf den Dörfern sind schlecht. Die Wände werden aus Rohrgerten geflochten und mit Leim überstrichen. Das Dach ist aus Reisstroh. Ihre Nahrung besteht aus Reis, Kräuterwerk und Obst. Sie ist dermaßen wohlfeil, daß sich ein Chinese mit zwanzig Gulden aushalten kann. Mit einem halben Groschen kaufe ich so viel Reis als ich in drei

Tagen essen mag. Der gemeine Mann erhält sich größtenteils mit Fischfang, Feldbau und Lastentragen.

Sobald ein Priester in einen Ort kommt, muß er dem dort ansässigen Mandarin acht bis zwölf unterschiedliche neue europäische Gaben verehren, wie kleine Spiegel, Vergrößerungsgläser, Becherlein aus Elfenbein, Kleingläser oder andere Gläser in unterschiedlichen Farben. Der Pater schickt ihm die Geschenke in sein Haus, mit einem auf sauberes rotes Papier geschriebenen Brief, in dem die Geschenke stückweise aufgezählt sind. Nimmt der Mandarin alles an, dann ist das ein Zeichen, daß er gut Freund sein will. Schickt er dagegen alles zurück, dann gibt er damit seinen Haß und seine Feindseligkeit zu verstehen. Behält er die Hälfte, dann heißt das: Halb Freund, halb Feind; teils kalt, teils warm.

Zeigt sich der Mandarin als ungnädiger Herr, dann muß der Missionar ohne Säumnis an die Hof-Patres in Peking berichten, die dann dem Mandarin einen Empfehlungsbrief schreiben. Sonst steht er samt seiner Kirche in Gefahr, verfolgt oder gar vertilgt zu werden. Ob der Mandarin nun die Gaben annimmt oder nicht, so gibt er dem Pater doch auf einem ganzen roten Bogen Papier schriftlich Antwort und bedankt sich für das Überschickte. Nimmt er das Geschenk an, so beehrt er ihn am folgenden Tag mit einem Gegengeschenk, welches insgemein aus Eßwaren besteht und sucht ihn hin und wieder heim, auch wenn er der Vize-König sein sollte. Man findet dann und wann, aber gar selten, einen Mandarin, der keine Geschenke annimmt und keine gibt. Dergleichen werden aber heutigen Tages im ganzen Reich nur zwei gezählt. Der eine ist der Vize-König von Kwantung (Kanton), welcher die Armut nicht scheut, damit er die Gerechtigkeit ungekränkt verwalte. Er war ehedem kaiserlicher Warner am Hof zu Peking. Sein Amt beruhte darauf, daß er dem Kaiser alle seine Fehler fleißig vermahne und so oft wie nötig, ihm einrede oder widerspreche. Solcher Pflicht ist er mit unerschrockener Freiheit nachgekommen, ohne sich zu bekümmern, ob es Ihre Majestät gütig oder ungnädig wollten aufnehmen. Da er nun gemerkt hatte, daß des Kaisers Magen seine Arzneien und Mahnungen nicht länger ertragen würden, erschien er dennoch vor ihm mit einem kurzen Toten-Sarg und einem langen Brief. Den Sarg ließ er hinstellen, die Schrift aber gab er dem Kaiser zu lesen. In dieser standen 17 merkliche Mängel, die er verbessern sollte und deren etliche dem Kaiser das Lebendige trafen, mithin scharf in die Nasen bissen. Der großmütige Potentat las die Epistel, verbarg seinen Zorn und versprach Besserung. Dann wollte er aber wissen, was die kurze Totenbahre bedeute. Der tapfere Mandarin antwortete: »Auf daß, wann Eure Majestät mich lassen hinrichten, mein Leichnam hinein gelegt werde; denn bevor ich mir vorgenommen habe, die Majestät zu vermahnen, habe ich mich entschlossen, eher zu sterben, als meiner Amtspflicht aus Ehrfurch kein Genüge zu leisten.« Der Kaiser sagte: »Der Sarg ist aber für dich zu kurz.« Darauf versetzte der Mandarin: »Wenn Eure Majestät mir lassen den Kopf abschlagen, werden sie finden, daß er lang genug ist.« Wozu in acht zu nehmen ist, daß Köpfen in China für den schändlichsten Tod gehalten wird. Der Kaiser überwand sich selbst und ließ ihm solches gesagt sein. Nach einiger Zeit machte er den Mandarin zum Vize-König von Kwangtung.

Unser Vize-König in der Landschaft Kiangsi verfährt überaus scharf gegen die ihm untergebenen kaiserlichen Beamten. Gleich nach seiner Ankunft nahm er den kaiserlichen Oberschatzmeister in Verwahrung, weil er bei der Untersuchung des Schatzes wegen Abgang von 70000 Unzen Silbers sich nicht rechtfertigen konnte. Er entzog ihm ferner das Siegel, setzte ihn ab und ließ ihn durch drei Mandarine bewachen, damit er nicht sich selbst nach chinesischem Brauch ums Leben bringen könnte, ehe das Endurteil vom Hof zurückgekommen ist. Denn in China darf keine Obrigkeit einen Menschen ohne Gutheißen der kaiserlichen Majestät hinrichten lassen.

In dieser Landschaft Kiangsi, wie auch in anderen gegen Mittag gelegenen Provinzen, regnet es von Anfang März bis Ende Juni vier ganze Monate gleichsam in einem Stück, so daß der Reis, der sonst verderben müßte, von solcher Nässe gut wächst, während alle anderen Gewächse entweder verderben oder wenigstens geschwächt werden. Auf den Regen folgt eine unerträgliche Hitze von zwei bis drei Monaten. Zur Regenzeit sieht man auf allen Gassen nichts als Sonnenschirme, zu Zeiten der schwülen Hitze aber soviel Sonnenwedel als Leute auf den Straßen sind, die sich damit abkühlen.

Verfolgung und Drangsale

In diesem Großen Reich und im angrenzenden Königreich Tunkin mangelt es aber auch unter der Herrschaft großmütiger Kaiser nicht an Drangsalen und Verfolgungen der Christen. Pater Fontanay schickte zum Beispiel im März dieses Jahres einen unserer Priester in die Landschaft Honan, die in der Mitte des Reiches liegt. Er sollte in einer Stadt dieses Gebietes ein paar Häuser kaufen, um Platz für den Bau einer Kirche zu erwerben. Der Pater schloß mit einem Bürger des Ortes einen ordentlichen Kaufvertrag ab, nachdem er dem Verkäufer für sein Haus ein gewisses Stück Geld zu bezahlen hatte, wenn dieses Haus – das der Pater nicht gesehen und ausgemessen hatte – so groß war wie der Chinese bezeugte, so daß man auf dem Grund eine Kirche und eine Niederlassung bauen konnte. Als der Pater dann hin kam, fand er das Haus viel kleiner als ihm der Betrüger weis gemacht hatte. Dieser wollte ihn aber dessen ungeachtet zwingen, ihm das Haus nicht allein ohne Widerrede abzukaufen, sondern auch ihm ebenso viel dafür zu bezahlen, wie er ihm versprochen hatte, wenn das Haus den gehörigen Raum haben würde. Dessen hat sich aber der Missionar geweigert. Er hat wider den Betrug protestiert. Der Hausherr, welcher sehr nach europäischem Geld hungerte, verklagte den guten Priester beim Ortsmandarin. Er gab vor, es wäre ein Geistlicher aus Europa angelangt, welcher ein neues Gesetz predige, kraft dessen es erlaubt wäre, seinen Nächsten zu betrügen und nicht zu halten, was man versprochen hat. Er log dergleichen noch mehr gegen den christlichen Glauben, damit er den fremden Pater möchte ins Verderben bringen. Der Mandarin schickte einige Gerichtsbediente in das Haus, in dem der Priester wohnte, und ließ drei Christen, die sich dort befanden, gefangen nehmen und vor sich führen. Nachdem er sie ihres Glaubens halber unterschiedlich befragt hatte, befahl er, dem einen 20, dem anderen 30 wohlgemessene Prügel zu geben. Den Dritten aber, der bekannt hatte, daß er von Kantschou, einer Stadt des Gebietes Kiangsi gebürtig ist, schickte er unter Kriegsbewachung zu dem in seinem Vaterland gebietenden Mandarin, damit er dort ausgeforscht würde, um zu sehen, ob er vor dem Richterstuhl des Ortsmandarins die Wahrheit geredet oder gelogen hatte. Damit begnügte er sich aber nicht. Er ließ überdies ein strenges Verbot wider den wahren Glauben ausrufen, in dem er das christliche Gesetz abscheulich lästerte. Der also gefänglich hinweg geführte Christ reiste samt seiner Wache hier durch, sprach mit ihr und mit ihrer Erlaubnis bei uns vor und war nicht allein standhaft in seinem Glauben, sondern litt auch solche Schmach um Christi willen mit Freuden. Wir trösteten, speisten, tränkten und stärkten ihn so gut als wir konnten und baten die Kriegsleute, gelind und mitleidig mit ihm umzugehen. Der Mandarin in seinem Heimatort merkte sehr bald, wie dieser Sache abzuhelfen sei. Er schickte den Mann in unsere Residenz zu seinem vertrauten Freund Pater Amiani zum Verhör mit dem Auftrag, nach seinem Belieben mit ihm zu tun, was er für richtig befinde. So ist also viel daran gelegen, daß wir uns in diesem Lande um die Gunst und die Gewogenheit der Mandarine bewerben.

Andere Verdrießlichkeiten verursachten etliche Heiden aus einer Stadt in der Landschaft Tschekiang. Sie haben dem allda vorstehenden Mandarin ein gutes Stück Geld verehrt, auf daß er den ferneren Bau unserer in selbiger Stadt angefangenen Residenz hemmen und einstellen sollte. Der hat sich von denen Geschenken verblenden lassen und mithin verboten, mit dem Gebäu weiter fortzufahren. Er tat noch mehr und beförderte die Sache an den Vize-König der Landschaft, der den Handel wieder an den obersten Sitten-Rat in Peking befördert hat, mit dem Ersuchen, ihm die Maße für sein Verhalten vorzuschreiben. Sein Brief kam zur Unzeit an den Hof; denn der Kaiser befand sich damals in der Tatarei, und in seiner Abwesenheit stand dem besagten Sittengericht der endgültige Ausspruch zu. Von ihm hatten wir nicht viel Gutes zu erwarten. Zu unserer freudigen Verwunderung erhielten wir ein überaus günstiges Urteil. Die Antwort an den Vize-König lautete nämlich: »weil die Sozietät Jesu schon seit langer Zeit, nämlich seit über hundert Jahren, in China ist, und weil die europäischen Patres jederzeit sich nicht nur still, friedsam und ruhig aufgeführt, sondern dem Reich große Dienste erwiesen hätten – zwei Patres hätten erst unlängst zu dem mit Moskau geschlossenen Frieden nützlich beigetragen –, wegen obgesagter Ursachen solle man den Bau der Residenz für die zwei Patres der Gesellschaft Jesu nicht stören, sondern sie in Frieden und Ruhe leben lassen.«

Altes Fort am Paiho (Weißer Fluß bei Tientsin)

Auch am Hof von Peking hat der Teufel den Missionaren ein böses Spiel angerichtet. Zwei Mandarine haben dem Kaiser gröblich vorgelogen, Pater Fontanay habe einige vornehme Geschenke, die für den Kaiser bestimmt waren, unterwegs verkauft. Dabei hat er doch aus eigenen Mitteln, die nicht zu den kaiserlichen Gaben gehören, hier und dort etliche Sachen verschenkt. Er hat unterwegs die kaiserlichen Geschenke nicht geschwächt, sondern vermehrt. Der Kaiser hat als ein sehr kluger Herr nichts gegen Pater Fontanay unternommen. Er hat sich aber zunächst geweigert, die Geschenke anzunehmen, was in China ein Zeichen der Ungnade ist. Ehe er in die Tatarei fuhr, hat er sich endlich wenigstens einen Teil vortragen lassen. Es ist kein Zweifel, daß er nach seiner Rückkunft belieben wird, alles zu empfangen, nachdem die Unschuld des Priesters nachgewiesen und der durch Verleumdung aufgeblasene Argwohn verraucht ist. Höchstgedachter Kaiser hat den Bruder Baudin, einen Apotheker und den Bruder Frapier, einen Arzt, beide Ordensleute unserer Gesellschaft, zum Zeichen seines gnädigen Vertrauens in die Tatarei mitgenommen. Nun wollte sich ein anderer europäischer Ordensgeistlicher die gleiche Hochachtung erwerben. Er kam vor den Kaiser und gab sich für einen Arzt aus. Der weise Monarch wollte aber, ehe er ihm vertraute, in der Tat erfahren, ob er ein Totengräber oder ein Krankenheiler sei. Er befahl ihm also, einige Kranke, die er selbst benannte, in seine Kur zu nehmen. Inzwischen sollte er sich in unserer Residenz in Peking aufhalten, obwohl er kein Jesuit war. Aber der gute Mann war dergestalt ungeschickt oder unglückselig, daß ihm alle Patienten starben. Er wurde vom Kaiser verstoßen und zog sich auf die Philippineninsel zurück. Es ist unnötig, seinen heiligen Orden hier zu nennen.

Endlich hat der Kaiser seit einiger Zeit ein wachsames Auge auf alle Europäer, auch auf das Tun und Lassen der Unsrigen. Er forscht alles aus, verdächtigt alle, schickt öfter in unsere Residenz in Peking und läßt sie heimlich, auch bei Nacht, ausspähen, um zu erfahren, was wir tun und wer mit uns umgeht.

Europäer in China
1800 bis 1870

Engländer, Franzosen und Amerikaner erzwingen die Öffnung der Häfen und des Landes

Im ersten Drittel des neunzehnten Jahrhunderts konnte das Reich der Mitte seine Abwehrstellung gegenüber dem Expansionsdrang der europäischen Mächte und Amerikas noch behaupten. Umfang und Umschlagplätze des Außenhandels wurden von China bestimmt und kontrolliert, die Wege ins Innere blieben für Ausländer gesperrt. Die Missionen der christlichen Bekenntnisse waren nur geduldet. Für die Masse des Volkes waren sie »Fremde Teufel«, die mit ihrer Religion nur den politischen und wirtschaftlichen Zielen der Westmächte dienten. Das Christentum konnte in China nie die großen Massen erreichen. Noch heute sind von den rund 840 Millionen Chinesen nur etwa vier Millionen getauft.
Auch durch die erst in der Mitte des 19. Jahrhunderts gegründeten karitativen Einrichtungen der christlichen Kirchen wurden kaum mehr Anhänger gewonnen. Aber durch die Missionsschulen, die Waisenhäuser, Krankenanstalten usw. kamen die europäischen Wissenschaften mit ihren den Chinesen zunächst völlig fremden Fragestellungen und Zielsetzungen unter das Volk. Sie stellten die Geltung der überkommenen Lebens- und Regierungsformen in Frage und lösten damit revolutionäre Bewegungen aus, die sich gegen die privilegierte regierende Schicht der Mandarine, gleichzeitig aber auch gegen die unerwünschten Eindringlinge wandte.
Zur selben Zeit brachen Engländer und Franzosen über Birma und Indochina ein und versuchten, das Land unter Einsatz ihrer Streitkräfte zu »erschließen«. Rußland übernahm die Rolle der Nomadenvölker und verleibte sich im Norden chinesische Provinzen ein, und die USA schickten ihre Geschwader von Osten über

Nanking

das Meer, um die Uferstaaten des Pazifik für ihren Überseehandel zu »öffnen«.

Damit standen sich zwei Machtgruppen gegenüber, deren jede von der für sie selbstverständlichen Voraussetzung ausging, daß sie allein das Recht auf Weltherrschaft habe. Dabei treten die Europäer und die Amerikaner nur von Fall zu Fall als geschlossene Gruppe auf. Im übrigen bleiben sie Konkurrenten, von denen jeder den größten Anteil des neuen Marktes an sich reißen will. Sobald sie ihre modernen Waffen und Maschinen einsetzen, sind sie den Chinesen weit überlegen. Diese verhältnismäßig leicht erworbene Übermacht läßt sie vergessen, daß sie es nicht mit primitiven Völkerschaften zu tun haben, sondern mit einem alten Kulturvolk, dessen Qualitäten sich nur auf einer anderen, den Europäern ungewohnten (und ungemäßen) Ebene auswirken.

Das Reich der Mandschu war schon zu Beginn des 19. Jahrhunderts von innen her mürbe und im Verfall begriffen. Der Kaiser hatte aber noch alle Gewalten in seiner Hand, die durch uralte Tradition, Statuten und Erlasse festgelegt und eingeschränkt waren. Der »Sohn des Himmels« war kein unfehlbarer Herrscher von Gottes Gnaden wie die europäischen Fürsten. Er galt nur als der Beauftragte des Himmels, dem sein Mandat entzogen wurde, wenn er seiner Aufgabe nicht gewachsen war oder wenn er sich nicht an die Normen der Regierung hielt. Pater Franchi erzählt von dem Mandarin, der verpflichtet war, dem Kaiser seine Fehler vorzuhalten und ihm Vorschläge für eine Abhilfe zu machen. In einem Werk des Konfuzius ist die Rolle des Himmels so definiert: »Der Himmel hört und sieht, und zwar geht sein Sehen und Hören vom Volke aus. Der Himmel verleiht Glanz und verbreitet Schrecken, und zwar geht dieser Glanz und dieser Schrecken vom Volke aus.« Folgerichtig hat der chinesische Begriff für Revolution (ko-ming) die Bedeutung von »Änderung des Auftrags«. Der Kaiser steht also auch als der oberste Herr der Welt in der Pflicht des Himmels und des Volkes.

Für das Reich der Mitte blieb China das Zentrum der Weltordnung. Allen anderen Staaten wurde nur ein minderer Rang zugebilligt. Deshalb bestand China auf dem Recht, sich nach Belieben wirtschaftspolitisch und diplomatisch gegenüber der Außenwelt abzuschließen. Die europäischen Staaten vertraten dagegen die

Grundsätze der Gleichheit aller souveränen Staaten und den des Freihandels. Der machtpolitische und kommerzielle Einbruch der Westmächte in China begann mit dem Opiumkrieg (1840 - 1842). Bis 1804 konnte China so viel Tee ausführen, daß es eine aktive Handelsbilanz hatte. Dann vervielfachte sich der ungesetzliche Opiumimport durch die Engländer derart, daß die Wirtschaft des Reiches vor dem Zusammenbruch stand, denn das Rauschgift mußte mit Silberbarren bezahlt werden. Die Opiumverbote von 1729 und 1800 blieben unwirksam, weil die korrupte Beamtenschaft in Kanton nicht in der Lage war, den Schmuggel wirksam zu bekämpfen. Darum ernannte der Kaiser 1838 den chinesischen Staatsmann Li Tse-shu (1785 - 1850) zum kaiserlichen Hofkommissar mit dem Auftrag, den Opiumhandel auszurotten. Da Lin Tse-shu die eigentlichen Schuldigen nicht fassen konnte, befahl er den chinesischen Händlern, ihre Vorräte abzuliefern. Am 3. Juni 1838 ließ er 20.000 Kisten Opium verbrennen. Die spätere Republik China feierte diesen 3. Juni als Nationalfeiertag. Die Engländer benutzten diese Gelegenheit, um ihren ersten Krieg mit China zu beginnen. Die Überlegenheit der britischen Schiffsartillerie zwang die Chinesen zum Abschluß des ersten sogenannten »ungleichen Vertrages« von Nanking (29.8.1842), mit dem China nun in die Rolle eines minder qualifizierten Staates gedrängt wurde. In dem Nanking-Vertrag fehlte jede Abmachung über den Opiumhandel. Lin Tse-shu schrieb an die Königin Victoria von England: »Fragen wir: Wo ist Euer Gewissen? Ich habe gehört, daß in Eurem Land das Opiumrauchen strengstens verboten ist, weil der Schaden, der dadurch entsteht, gut bekannt ist. Da es nicht gestattet ist, daß Opium in Eurem Lande Schaden anrichtet, solltet Ihr um so weniger gestatten, daß es zum Schaden anderer Länder weitergegeben wird, und schon gar nicht nach China. Unter allen chinesischen Exporten in andere Länder gibt es nicht eine Ware, die nicht für andere nützlich wäre.« Er ersucht die Königin, den Opiumanbau in Indien zu verbieten. Für England war aber nur wichtig, daß der Vertrag den Besitz von Hongkong und Handelskonzessionen für fünf weitere chinesische Häfen einbrachte. 1843 und 1844 schlossen die USA und Frankreich unter Kriegsandrohung ähnliche Verträge ab, die ihnen exterritoriale Niederlassungen mit eigenen Hoheitsrechten (auch über die dort wohnenden Chinesen) einräumten. Die christlichen Konfessionen wurden 1844 wieder zugelassen, das 1724 beschlagnahmte Kirchengut zurückgegeben.

Die Spannungen zwischen den ungleichen Vertragspartnern wurden nicht geringer. Der Mißbrauch der britischen Flagge auf einer chinesischen Dschunke gab den Engländern und Franzosen 1856 Anlaß zu einem zweiten Krieg. Ihre Streitkräfte eroberten 1857 Kanton und 1858 die Taku-Forts im Mündungsgebiet des Peiho-Flusses. Das ist die Lage, die Scherzer in Kanton antrifft. 1858 erzwang Großbritannien unter brutalem Druck die Unterzeichnung des Vertrags von Tientsin, der u.a. folgende Bedingungen enthält: die Einrichtung ständiger diplomatischer Vertretungen in Peking; den Verzicht auf den Kotau vor dem Kaiser; das Verbot, die Ausländer offiziell als Barbaren zu bezeichnen; die Freiheit der christlichen Religionen; die Freizügigkeit der Europäer im Landesinnern und auf den schiffbaren Flüssen; die Errichtung eines chinesischen Ministeriums für auswärtige Angelegenheiten, und natürlich hohe Reparationszahlungen. Frankreich, Amerika und Rußland schlossen sich den englischen Forderungen an. Um den Austausch der Ratifikationsurkunden zu beschleunigen, versammelten Großbritannien, Frankreich und die USA im Juni 1859 ihre Streitkräfte in der Peiho-Mündung. Der englische Kommandant der Seestreitkräfte wartete die eingeleiteten diplomatischen Verhandlungen nicht ab und gab den Befehl zum Angriff auf die Taku-Forts, der wider Erwarten unter schweren Verlusten für die Agressoren abgewiesen wurde. Die englischen Unterhändler erklärten daraufhin die Verteidiger der Forts zu Angreifern, verlangten in ultimativer Form (auch im Namen von Frankreich) eine Entschuldigung, Schadenersatz und sofortige Ratifikation des Tientsin-Vertrages in Peking. Die Regierung lud die Unterhändler daraufhin (zum zweiten Mal) ein, unbewaffnet und mit kleinem Gefolge zur Unterzeichnung in die Hauptstadt zu kommen, wo die Amerikaner und Russen ihre Verträge schon ausgetauscht hatten. Briten und Franzosen betrachteten diese an Bedingungen gebundene Einladung als Ablehnung ihres Ultimatums, bereiteten den Angriff vor, nahmen im August 1860 nach schweren Kämpfen die Taku-Forts und Tientsin, plünderten und zerstörten den berühmten Sommerpalast des Kaisers und marschierten im Oktober 1860 als Sieger durch das Anting-Tor in Peking ein. Mit den Verträgen von Peking (1860) wurden alle

Forderungen der Westmächte erfüllt. Die rücksichtslosen Kriegshandlungen der Angreifer und die »ungleichen Verträge« haben aber den Patriotismus der Chinesen erst geweckt und den Haß gegen die Eindringlinge vertieft. Scherzer zitiert ein Flugblatt der Aufständischen (siehe S. 117 ff.). Bis zur Ernennung von chinesischen Gesandten für London und Berlin vergingen noch 17 Jahre.

In den Jahren vom Opiumkrieg bis 1864 mußte China den größten Bauernaufstand seiner Geschichte niederkämpfen. Die Rebellion der »Taiping« (»Großer Friede«), einer 1837 gegründeten Sekte, vertrat eine eigene Ideologie und stellte ein von protestantischen Missionaren beeinflußtes Programm auf, in dem sich sozialrevolutionäre Thesen mit unklaren religiösen Vorstellungen vermischten. Die Taiping bekamen großen Zulauf aus anderen Sekten und Geheimgesellschaften. Ihre Truppen hatten schließlich 17 Provinzen erobert. Dem eigentlichen Aufstand, der 1850 begann, gingen Hunderte von örtlichen Revolten voraus. Innere Machtkämpfe, militärische Fehlentscheidungen und das Eingreifen der europäischen Mächte führte schließlich zur endgültigen Niederschlagung der Revolution im Jahr 1864. R. Werner schildert eine Szene dieser Kämpfe, die sich in Chefu abspielt (siehe S. 202 ff.). Der Taiping-Aufstand und Hungernöte sollen an die 25 Millionen Menschenleben gekostet haben.

Wo blieben die Deutschen?

Die Deutschen spielten in Ostasien nach den europäischen Kolonialmächten nur Nebenrollen, auch als der deutsche Feldmarschall Graf Waldersee im Jahr 1900 die undankbare Aufgabe übernahm, nach dem Boxeraufstand die Strafexpedition der Westmächte gegen Peking zu führen. Bis zu den von Preußen 1861/3 abgeschlossenen Verträgen waren die Deutschen nur als Einzelfahrer, Kaufleute, Soldaten, Entdecker, Missionare in fremden Diensten an den »Entdeckungsfahrten« beteiligt. Die Schicksale der meisten deutschen Reisenden in den Jahrhunderten von 1500 bis 1800 sind vergessen, nur von wenigen weiß man mehr, als daß sie einmal auf Große Fahrt gingen. Zu ihnen gehört z. B. der Augsburger Patriziersohn Ferdinand Korn, der um die Wende vom 16. zum 17. Jahrhundert für

Philipp II. von Spanien (1527 - 1598) in Goa, Makao und auf den Molukken Umschlagplätze für den Gewürzhandel einrichtete, während die Fugger und die Welser um die gleiche Zeit vergeblich versuchten, in Ostasien ein Weltmonopol für den Gewürzhandel aufzubauen. Krons Laufbahn endete aufgrund einer falschen Anzeige mit einer neunjährigen Gefängnishaft. 140 Jahre später (1753) vertraute der König von Portugal der Handelsgesellschaft des Norddeutschen Felix von Oldenburg den gesamten Indien- und Chinahandel von Portugal an. Als die Firma durch das Erdbeben in Lissabon (1755) schwer geschädigt wurde, mußte man liquidieren. Die Regierung löste den Zehnjahresvertrag vorzeitig auf. Der Sohn verkam in Angola.

Im 17. und 18. Jahrhundert galten die Gesetze des Merkantilismus, nach denen nur das Mutterland Handel mit den Kolonien treiben durfte. Die deutschen Staaten hatten also keine direkte Verbindung mit den Ländern in Übersee. Sie waren auf den Zwischenhandel mit den Kolonialmächten angewiesen, und ihre Flotten mußten sich an die englischen Navigationsakte von 1651 halten und auf den außereuropäischen Handel verzichten. Sie hatten in dem Jahrhundert des 30jährigen Krieges nicht die Macht, sich wie die Engländer, Holländer oder Franzosen noch unerschlossene oder schon besetzte Gebiete mit Gewalt anzueignen.

Johann Josef Becher (1635 - 1682) aus Speyer rühmt sich wohl, der erste zu sein, »welcher öffentlich im Druck die hochteutsche Nation animiret habe«, Kolonialpläne zu machen. Und sein Namensvetter Johann Becher schreibt 1698, daß »es doch nicht schwer fallen könne, einen oder andere Oerter, so noch von keiner Nation in Besitz genommen – es sei in Africa, Asien oder America – aufzusuchen und allda eine Handlung oder Colonie zu stiften«. Aber alle diese Versuche scheiterten in erster Linie an politischen und dann erst an wirtschaftlichen Schwierigkeiten. 1776 stach W. Bolte im Auftrag der Kaiserin Maria Theresia in See, besetzte als Etappenposten die Delagoa-Bai (Mozambique), ließ sich an drei Stellen der Malabarküste nieder und nahm die von den Dänen verlassenen Nikobaren als Stützpunkt für den Handel mit dem asiatischen Festland in Besitz. Aber die Delagoa-Bai nahmen sich die benachbarten Portugiesen mit Waffengewalt, und für die Nikobaren meldeten die Dänen ältere Rechte an. Und Friedrich der

Große privilegierte 1750 die »Asiatische Compagnie«, deren Schiffe von Emden nach Kanton segeln sollten. Die erste Ausfahrt brachte so großen Erfolg, daß man 1753 noch eine zweite kurzlebige und erfolglose »Bengalische Gesellschaft« gründete. Im Siebenjährigen Krieg gingen beide Gesellschaften endgültig unter.

Zur selben Zeit spielten die Jesuiten in China eine große Rolle. Im April 1618 schifften sich z.B. in Lissabon 22 Jesuiten nach China ein, darunter fünf Deutsche. Sie kamen 1623 in Peking an. Am bekanntesten wurde der in Köln geborene Pater Johann Adam Schall von Bell (1592 - 1666), der in Peking als kaiserlicher Astronom den Namen Tang jo-wang erhielt. Er hielt sich 1627 in Singanfu (Hsian), der Hauptstadt der Provinz Shensi auf, wo die Seidenstraße nach Europa beginnt. Dort rastete gerade eine große Karawane mit Hunderten von Tragtieren, die auf dem Weg von Buchara nach Peking war. Pater Schall machte sich mit dem Führer der Karawane, dem mohammedanischen Großkaufmann Mirjüdin bekannt. Dieser fand Gefallen an den Gesprächen mit dem »Christenhund« und nannte ihm die 119 Stationen des Reisewegs von Buchara bis zum Westtor der Großen chinesischen Mauer in Kiajükwan (Chia-yü-kuan), einem Ort, der nördlich des Shangebirges liegt. 30 Jahre später erhielt Pater Schall den Besuch von den österreichischen Jesuiten Johann Grueber und Bernhard Diestel, die einen günstigen Landweg von China nach Indien erkunden sollten, um den Verkehr zwischen den indischen und chinesischen Niederlassungen des Ordens zu erleichtern. Pater Schall gab den beiden einen fast vergessenen Bericht mit der genauen Wegbeschreibung des Kaufmanns Mirjüdin, so daß die beiden nur noch den geeigneten Abweg nach Indien finden mußten. Kurz vor seinem Lebensende sollte Pater Schall mit allen seinen Mitbrüdern unter einer neuen Regierung als Irrlehrer hingerichtet werden. Er wurde aber schließlich doch noch freigesprochen. Er starb, 75 Jahre alt, in Peking. 40 Jahre nach Grueber und Diestel (1702) reist wieder ein österreichischer Jesuit, Pater Franchi, in China. Er benutzt den alten Verkehrsweg von Kanton nach Peking, bleibt aber schon in Nantschang. Wieder ein halbes Jahrhundert später erhält der deutsche Pater Hallerstein den Auftrag, mit zwei portugiesischen Jesuiten für den Kaiser eine Landkarte von neu erworbenen Gebieten zu zeichnen. Die Deutschen Lorenz Lange und Unverzagt aber stehen in russischen Diensten und begleiten den Gesandten Ismailow 1719 von Petersburg nach Peking. Lange bleibt 1722 in Peking als Handelsagent, führte aber 1727/8 und 1736/7 wieder zwei große russische Karawanen ins Land der Mitte.

In der zweiten Hälfte des 18. Jahrhunderts und im Zeitalter Napoleons verhinderten die politischen Verhältnisse in Europa deutsche Aktivitäten in Übersee. Hamburger Handelshäuser fanden erst nach dieser Periode feste Kontakte in Ostasien. Sie führten vor allem Tee und Indigo ein. In den zehn Jahren von 1816 - 1825 trafen 46 Schiffe aus Ostasien im Hamburger Hafen ein, davon kamen 28 aus China. Seit 1829 unterhielt Hamburg ein Konsulat in Kanton, das sie allerdings von Engländern verwalten lassen mußten. Bis 1848 hatten sich 64 deutsche Firmen in Ostindien und China niedergelassen, darunter auch die alte Hamburger Firma Carlowitz, die von einigen unserer Autoren genannt wird. 1852 liefen 27 deutsche Schiffe in Kanton ein, drei Jahre später waren es schon 51. Die Kaufherren drängten nun die preußische Regierung, eine deutsch-chinesische Handelsgesellschaft zu gründen und für den deutschen Zollverein oder selbst Land in Ostasien zu erwerben, um auf diese Weise zu einem eigenen, exterritorialen Umschlagplatz und Stützpunkt zu kommen. Die Nikobaren kamen wieder ins Gespräch, die Tschusan-Inseln im Mündungsgebiet des Jangtsekiang wurden in Betracht gezogen, und 1864 erhielt die Korvette »Gazelle« den Auftrag, zu prüfen, ob man nicht Formosa als Schutzgebiet übernehmen könnte, weil die Insel damals nur lose von China abhängig war. Der erfahrene Chinaforscher Richthofen riet dringend davon ab, diesen Plan durchzuführen. Aber die Regierung in Berlin legte ohnehin die über 30 Dokumentationen, die sie im Laufe der Jahre zu diesem Thema erhalten hatten, zu den Akten. Preußen rüstete dafür 1860 die erste Expedition aus, die nach drei Jahren direkte Verträge der ostasiatischen Staaten mit einem deutschen Land abschließen konnte. Verschiedene Teilnehmer dieser Expedition haben Berichte über ihre Erlebnisse veröffentlicht, aus denen wir Auszüge bringen. Mit Ferdinand von Richthofen tritt dann der erste deutsche Forscher auf, der China aus eigener Anschauung kennt. Viele der bedeutendsten Asienreisenden waren seine Schüler. Sie waren aber erst im 20. Jahrhundert unterwegs und sind deshalb in diesem Band nicht vertreten.

Von Häfen, Städten und von Formosa

Makao

Der erste (portugiesische) Stützpunkt des europäischen Handels mit China. Bericht aus dem Jahr 1858.

KARL RITTER VON SCHERZER
(1821 - 1903)

Der am 1. Mai 1821 geborene österreichische Forschungsreisende Karl Ritter von Scherzer wollte eigentlich in Wien eine »literarisch-artistische Anstalt« gründen. Zu diesem Zweck arbeitete er in verschiedenen großen Druckereien als Typograph und betrieb neben dieser Tätigkeit nationalökonomische und naturwissenschaftliche Studien. Als er 1842 seine Pläne verwirklichen wollte, versagte ihm die Regierung die Erlaubnis. 1851 lernte er in Wien den acht Jahre älteren Zoologen Moritz Wagner kennen, einen Mann, der damals schon als einer der ersten modernen Journalisten weithin bekannt war. Die beiden Männer verband bald eine enge Freundschaft. Beide litten nach der gescheiterten Revolution von 1848 unter der sich schnell ausbreitenden Reaktion und waren europamüde.

Deshalb beschlossen sie, mehrere Jahre durch Amerika zu reisen, bereiteten sich ein Jahr lang sorgfältig auf diese Unternehmung vor und schifften sich im Mai 1852 in Bremen ein. Um mehr zu sehen, benutzten sie in den USA und in Kanada (1852) und später in Mittelamerika (1853 - 1855) mitunter getrennte Wege. Auf diese Weise verschafften sie sich eine

Fülle länderkundlicher Einblicke und brachten eine reiche Ernte an biologischen, geomorphologischen und wirtschaftlichen Beobachtungen ein, nicht zuletzt eine große Zahl wissenschaftlicher Präparate. Wagner hatte z.B. rund 40.000 Exemplare wirbelloser Tiere gesammelt, deren Verkauf ihm seine Reisekosten einbringen sollte. Nach ihrer Rückkehr im Mai 1855 schrieben sie zusammen ein sechsbändiges Werk über ihre Reisen.

Die große Zeit für Scherzer begann aber eigentlich erst mit der Einladung des Erzherzogs Max Ferdinand zur Teilnahme an der dreijährigen Weltumseglung auf der österreichischen Fregatte Novara (1857 - 1859), mit der sich Österreich an der wissenschaftlichen Erforschung des Stillen Ozeans beteiligte. Scherzer fuhr als Berichterstatter mit. Sein dreibändiges Werk hat viele Auflagen erlebt. Unsere Auszüge sind diesem Buch entnommen. Scherzer begleitete 1869 eine zweite österreichische Expedition nach Thailand, China und Japan, war 1872 bis 1896 österreichischer Generalkonsul in Smyrna (Izmir), später in London, Genua und Leipzig. Er starb am 20. Februar 1903.

Gefährliche Überfahrt

Während der Kommodore und einige Offiziere seines Stabes auf einem Kanonenboot nach Kanton fuhren, unternahmen die Naturforscher einen Ausflug nach der dreißig Seemeilen von Hongkong entfernten portugiesischen Besitzung Makao, mit welcher englische Dampfer zweimal wöchentlich Verbindung unterhalten. Man legt in der Regel diese Reise in vier bis fünf Stunden zurück; der »Sir Charles Forbes« aber war ein kleiner, langsamer Dampfer, und da sich unsere Abfahrt infolge des massenhaften Einschiffens von Kisten mit Opium, für welches man eben in Makao einen bessern Preis zu erzielen hoffte, um mehrere Stunden verspätete und wir außerdem unterwegs mit Regenböen und konträrem Wind zu kämpfen hatten, kamen wir erst bei anbrechender Dunkelheit in Makao an.

Wir waren nicht wenig überrascht, am Bord des Dampfers viele Passagiere mit Revolvern bewaffnet zu sehen. Allein dieser scheinbar übertriebene Verteidigungszustand auf einer Lustfahrt von wenigen Stunden hatte seinen guten Grund. Erst neulich soll es sich ergeben haben, daß die europäischen Passagiere während der Fahrt von Hongkong nach Makao durch die an Bord befindlichen Chinesen überfallen und ermordet wurden. Die schlauen Chinesen lauschten den Moment ab, wo Kapitän und Passagiere in der engen Schiffskajüte sich sorglos den Freuden der Tafel hingaben, bemächtigten sich des Schiffes und töteten alle an Bord befindlichen Europäer. Der Kapitän und einige Passagiere waren, um sich zu retten, ins Wasser gesprungen, aber nur einem einzigen Engländer gelang es zu entkommen und von diesem schauderhaften Ereignis Kunde zu geben. Die Piraten setzten, nachdem sie sich der ziemlich reichen Beute bemächtigt hatten, den Dampfer in Brand und entzogen sich jeder gerichtlichen Verfolgung, indem sie ins Innere des Landes entflohen.

Höchst sonderbar ist für den Fremden die Art und Weise, wie man hier zu Lande Überfahrtsgelder, Zechen u.s.w. bezahlt. Gold ist nämlich fast gar nicht in Umlauf und die kursierenden Münzen, mexikanische Taler und Kupfergeld oder Käsch sind zu schwerfällig, um größere Beträge bequem bei sich tragen zu können. Um die Ausgaben einer Lustfahrt von ein paar Tagen zu bestreiten, müßte man stets einen schweren Sack bei sich führen und würde überdies der Gefahr ausgesetzt sein, daß derselbe irgendwie abhanden kommt. Es besteht daher die vortreffliche Einrichtung, daß jeder Passagier sein Fahrgeld und andere Auslagen mittels einer Anweisung (cheque) auf irgendein in Hongkong oder Makao etabliertes Handlungshaus begleicht, die mit der bereits ausgefüllten Summe dem Passagier vom Kontrolleur zur Unterfertigung vorgelegt und bei dessen Rückkehr einkassiert wird. Diese Sitte ist gleichzeitig ein merkwürdiger Beweis für das große gegenseitige Vertrauen im öffentlichen Leben, wenngleich berücksichtigt werden muß, daß die Mehrzahl der Passagiere bekannt sind und China bisher meist nur von bemittelten Fremden besucht wurde. Aber auch in den Vereinigten Staaten herrscht im öffentlichen Verkehr überraschend viel Vertrauen, und die Fälle, wo Mißbrauch getrieben wird, stehen jedenfalls nicht im Verhältnis zu dem Wohlbehagen

Innere Brücke in Makao

und dem gemeinnützigen Geist, welche das erstere in der Gesellschaft erweckt.

Die Überfahrt von Hongkong nach Makao ist nicht ohne Interesse. Der Kurs des Dampfers führt anfangs durch enge Kanäle zwischen hohen Granitinseln. Sobald man aus diesen heraus ins offene Fahrwasser gelangt, zeigt die immer trüber und schmutziger werdende Farbe des Wassers, daß man sich vor der eigentlichen Mündung des Kantonflusses befindet. Man sieht stattliche Schiffe ein- und auslaufen, Dschunken und Fischerboote in großer Anzahl hin- und herfahren. Der gewaltige, 300 Fuß hohe, kegelförmige Pik der Insel Lantao und der gegenüberliegende spitze Castle-Pik auf dem Festlande der Provinz Kuang-tong, von oben nach unten von einer tiefen Furche durchrissen, bilden den Hintergrund. Ein so vulkanähnliches Aussehen diese Piks auch wegen ihrer regelmäßigen konischen Form haben, so sind dieselben doch höchst wahrscheinlich nur Granit- oder Porphyrkegel. Die Mündungen des Kantonflusses sind dermaßen breit, daß erst allmählich die gegenüberliegenden Küsten auftauchen, und die nach allen Richtungen unabsehbar ausgedehnte Wasserfläche läßt fast glauben, man befinde sich auf offener See.

Noch ehe die Häuser von Makao deutlich wahrgenommen werden können, passiert man schon die Kauffahrer, welche auf der Reede liegen, denn größere Schiffe müssen 6 bis 8 Seemeilen weit von der Stadt ankern. Der besser geschützte kleine, sogenannte »innere Hafen« jenseits der schmalen Landzunge, auf welcher Makao liegt, ist nur für kleine Fahrzeuge und chinesische Dschunken zugängig, welche denselben in großen Mengen besuchen.

Der Anblick der Stadt Makao ist nicht minder reizend als der von Viktoria. Die Häuserreihen gruppieren sich höchst malerisch um die mit Forts gekrönten zahlreichen Hügel der Landenge und die schöne Praya Grande, wo dicht am Strande, der erfrischenden Seebrise ausgesetzt, Paläste und imposante Wohngebäude in langer Reihe neben einander sich erheben, macht auf den Fremden einen überraschenden Eindruck. Kirchen mit hoch emporragenden Doppeltürmen und die mächtige Kuppel des Jesuitenkollegiums charakterisieren die Stadt als eine katholische und unterscheiden sie schon durch ihre äußere Erscheinung wesentlich von der benachbarten englischen Ansiedlung.

Makao ist ein Lieblingsort der in Hongkong angesiedelten Fremden, um zeitweilig eine Luftveränderung zu genießen, welche unter diesen Breitegraden noch nötiger erscheint als in Europa. So lange Kanton der Hauptsitz der europäischen Kaufleute war, galt die portugiesische Ansiedlung als Sommeraufenthalt für ihre Familien, wohin sie selbst zuweilen aus dem Getümmel und der Unsicherheit des Lebens in Kanton flüchteten, um einige friedliche Tage mit den Ihrigen zu verbringen. Infolge der Kriegswirren der letzten Jahre waren die meisten Kantoner Kaufleute nach Hongkong und Makao übersiedelt, wodurch die letztere Stadt ein ungewöhnlich lebhaftes Aussehen erhielt, und auch ihr Handel, der sonst ganz darnieder lag, wesentlich an Bedeutung gewann.

Wenn der Dampfer vor der Reede von Makao erscheint, wird er sogleich von zahllosen, meist von Weibern geführten sogenannten Tanka-Booten umschwärmt, welche unter fürchterlichem Geschrei sich gegenseitig den Rang streitig machen, die Passagiere ans Land setzen zu dürfen. Da an der Ostseite der Reede kein eigentlicher Landungsplatz besteht, so wird man in diesem nußschalenförmigen kleinen Fahrzeug, ähnlich wie in Madeira oder Madras, auf eine nichts weniger als behagliche Weise durch die heranbrausenden Wellen ans Ufer geworfen und obschon das unscheinbare Fahrzeug sowie die Art seiner Handhabung durchaus nicht viel Vertrauen einflößen, so sollen doch ernste Unglücksfälle damit nur äußerst selten vorkommen.

Am Grab des größten portugiesischen Renaissancedichters

Unser erster Besuch am nächsten Morgen – einem reizenden herrlichen Sonntagsmorgen – galt der berühmten Camoens-Grotte in einem schönen, großen, halb urwüchsigen Park, dem Besitztum der portugiesischen Familie Marquez, in weihevoller Stille gelegen. Hier war es, wo Camoens aus dem Vaterlande verbannt, die »Lusiade« schrieb. Der Park mit seinen duftigen, schattigen Gängen, seinem majestätischen Blätterdom, der selbst den mächtigen Strahlen der Tropensonne den Zutritt verwehrt, seinen gewaltigen, von den riesigen Wurzeln uralter Fikusbäume umklammerten Felspartien, seiner kühlen Atmosphäre, dem schlüpfrigen Moosüberzug seiner Wege, dem Schutt verfallener Mauern und seiner grabähnlichen Ruhe, erscheint wie geschaffen zum Asyl eines heimatverbannten Dichters, welcher, statt wie gewöhnliche Erdenkinder sein Geschick schweigend zu beweinen, in diesem wundervollen Tropenhain zu neuen, hehren, unvergänglichen Gesängen sich begeistert fühlte! Im Unterbaue der Grotte steht in einer unschönen Nische die Büste des großen Dichters aus rotem Ton mit der Unterschrift: »Louis de Camoens, nasció 1524, murió 1579.« Am breiten marmornen Piedestal, worauf diese, wenig künstlerischen Geschmack bekundende Büste ruht, sind verschiedene Verse aus der »Lusiade« mit eisernem Griffel eingegraben. Früher soll diese Grotte ein weit zierlicheres Aussehen gehabt haben, aber der gegenwärtige Besitzer glaubte sie zu verschönern, indem er einen Zubau machen ließ, wodurch das Ganze seinen früheren höchst originellen Charakter völlig einbüßte. Von einem Punkte über der Grotte, der sogenannten Sternwarte, und angeblich von Camoens als solche benützt, genießt man einen reizenden Blick über den inneren Hafen und die ameisenartige Tätigkeit, welche darin herrscht. Ganz in der Nähe dieses einstigen Dichterasyls befindet sich das Bethaus und der Friedhof der ungefähr zweihundert Mitglieder zählenden evangelischen Christengemeinde. Der interessanteste und großartigste Bau, der im Jahre 1563 auf der fünf Quadratmeilen umfassenden Halbinsel Makao von den Portugiesen gegründeten Ansiedlung ist aber der Pagodenhain Makok im inneren Hafen, dicht am Abhang eines Hügels zwischen malerischen Granitfelspartien, mit riesigen chinesischen Inschriften und herrlichen Baumgruppen sich hinziehend. Am Eingang zu diesem Götterpark steht ein großer phantastisch geschmückter Buddhistentempel, von einer Anzahl Gemächer umgeben, in welchen die Priester wohnen, ihren Haushalt führen, Kerzen und Opferpapier für die Götzendienst bereiten, und wo sich gleichzeitig einige Privataltäre von Göttern befinden, deren Einfluß und Schutz, wie es scheint, zweideutige Chinesenfrauen nicht öffentlich anzuflehen wagen.

In den Granitfels gehauene Stufen führen bis auf den höchsten Punkt der etwa zweihundert Fuß über das Meer sich erhebenden Anhöhe, auf welcher gleichfalls ein Tempel errichtet ist. Zur Zeit unseres Besuches erstieg gerade eine Anzahl Buddhistenpriester in langen gelben Faltenkleidern unter dem Vortritt von Flötenspielern die geweihte Höhe, um daselbst ihre Gebete zu verrichten. Als sie zurückkehrten, verteilten sie im Hofraume des Tempels unter die anwesenden armen Christenkinder eine große Quantität Backwerk und Früchte.

Wir besuchten einige der angesehensten in Makao angesiedelten Fremden, darunter Dr. Kane, einen englischen Arzt, welcher seit Jahren in der Kolonie lebt. Derselbe war so freundlich, uns den Kopf einer Statue aus der berühmten neunstöckigen oder Blumenpagode (Hwá-táh) bei Kanton zum Geschenk zu machen, welchen er während eines Besuches dieses halbverfallenen Bauwerkes im März 1857 als Fragment einer lebensgroßen, einen Schüler Buddha's darstellenden Figur aus Ton im siebenten Stockwerk auf dem Boden liegen fand. Die imposante, 160 Fuß hohe Pagode wurde vor beiläufig tausend Jahren erbaut, und dies dürfte auch das Alter des Standbildfragmentes sein.

Die Einwohnerzahl Makaos beläuft sich gegenwärtig auf ungefähr 97.000 Seelen; davon sind 90.000 Chinesen und 7.000 Portugiesen und ihre Mischlinge. Fremde anderer Nationen leben nur sehr wenige auf der Halbinsel. Der Haupthandel der Ansiedlung besteht in Opium, welches von hier in großen Quantitäten nach dem Innern des Landes den Weg nimmt. Hongkong ist zu nahe, weit günstiger gelegen und von einer viel zu energischen Rasse besiedelt, als daß Makao, namentlich in den Händen der verkommenen Portugiesen, irgend eine kommerzielle Bedeutung erlangen könnte. Portugal zieht auch aus seiner Kolonie nur sehr geringen pekuniären Vorteil, und bloß nationaler Stolz will es nicht zulassen, diesen dem Land mehr lästigen als einträglichen Besitz den Engländern oder Nordamerikanern käuflich abzutreten. Allerdings verursacht die Verwaltung dieser Kolonie der portugiesischen Regierung nur sehr wenige Kosten, indem diese zum größten Teil von den Kolonisten selbst bestritten werden. Sowohl der Gouverneur, welcher jährlich an 6.000 spanische Taler Gehalt bezieht, als auch die 400 Mann zählende Militärmacht und das kleine im Hafen stationierte Kriegsschiff werden von der Ansiedlung unterhalten.

Menschenhandel

Makao ist dermalen der Hauptplatz für die Verschiffung von chinesischen Arbeitern oder Kulis nach Westindien. Es sollen jährlich über 10.000 Chinesen, welche Hunger und Mangel an Arbeit dazu treibt, sich gewissermaßen als Sklaven an Menschenhändler zu verkaufen, um fern von der Heimat kümmerlich ihr Leben zu fristen, von Makao nach Havana spediert werden. Wir haben das Haus besucht, in welchem diese erbarmungswürdigen Wesen bis zur Abfahrt des Schiffes eingesperrt werden, haben die abgezehrten, hageren Jammergestalten gesehen, welche trotz des unsicheren Schicksals, das ihrer harrt, sich an portugiesische und spanische Seelenmäkler verdingen. Sie machen sich kontraktlich anheischig, gegen kostenfreie Verpflegung und Überfahrt nach ihrer Ankunft in Havana acht Jahre hindurch bei irgend einem ihnen angewiesenen Dienstherren für vier Dollars monatlich zu arbeiten, ein Lohn, welcher bedeutend geringer als derjenige ist, den man im Lande an einheimische Arbeiter und selbst an gemietete Sklaven bezahlt. Die erhebliche Differenz kommt aber weniger den westindischen Pflanzern als jenen Spekulanten zu Gute, welche die Importation von Chinesen besorgen und für jeden einzelnen eine sehr hohe Prämie ausbezahlt erhalten. Die Überfahrt, welche in der Regel vier bis fünf Monate dauert und per Individuum siebzig Dollars kostet, geschieht gewöhnlich auf französischen, portugiesischen, englischen und leider auch auf deutschen Schiffen. Welchen Qualen die armen Emigranten schon während der Reise ausgesetzt sind, geht aus der Tatsache hervor, daß nicht selten eine Anzahl dieser Unglücklichen über Bord springt, um durch den Tod in den Wellen ihren Leiden ein Ende zu machen. Es sind Fälle vorgekommen, daß durch schlechte Kost und Mißhandlung 38 Prozent der eingeschifften Emigranten während der Überfahrt starben!

Die Gesellschaft, welche diese Menschenausfuhr besorgt, nennt sich »La Colonisadora« und hat ihren Hauptsitz in Havana. Jeder Chinese muß vor seiner Abreise von Makao einen Kontrakt unterfertigen, welcher ausschließlich die Interessen der Gesellschaft berücksichtigt und worin die armen Emigranten sogar ausdrücklich auf jene Vorteile verzichten, welche ihnen aus gewissen Paragraphen des spanischen Auswanderungsgesetzes vom Jahre 1854 erwachsen, die sich auf die Aufhebung des eingegangenen Vertrages beziehen. Nachdem gewöhnlich nur die allerärmste, hilfloseste, unwissendste Klasse auswandert, so wird der Vertrag ohne viel Skrupel unterzeichnet und später, wenn der Emigrant in der Fremde die Verkürzungen und Bedrückungen wahrnimmt, die er im Vergleich zu andern Arbeitern zu erdulden hat, hindern ihn die eingegangenen Verpflichtungen, den Schutz der spanischen Behörden ansprechen zu können. Daß diese aber bei den strengen Kontrollen, welche sie sonst über jede Art von menschlicher Tätigkeit üben, das Vorgehen der Kolonisationsgesellschaft stillschweigend dulden, zeigt hinlänglich, daß ihnen das Interesse einzelner Gesellschaftsklassen und die Vermehrung der Arbeitskräfte der Insel mehr am Herzen liegt, als das Wohl der Gesamtheit.

Während jedoch einerseits die Art und Weise, wie die Kolonisationsgesellschaft zu Makao chinesische Emigranten nach fremden Ländern zu befördern sich beeifert, den entschiedensten Tadel verdient, ist andererseits kein Land der Welt besser als China geeignet, mit der ungeheuren Menge seiner überschüssigen Arbeitskräfte den bevölkerungsarmen Staaten und Inseln Asiens, Amerikas und Australiens zu Hilfe zu kommen. Der Chinese vermag besser als irgend eine andere farbige Rasse klimatischen Einflüssen zu trotzen, er ist auch in bezug auf Eifer, Arbeit und Gewandtheit, auf Anstelligkeit für alle Gewerbe und industrielle Verrichtungen weit geeigneter als der Neger, seine Rasse über die verschiedensten Teile der Erde auszubreiten.

Der englischen Regierung gebührt die Anerkennung, gegen diese Art von Menschentrafik energisch protestiert und alle Schritte versucht zu haben, welche eine Linderung der Leiden der auf solche Weise Exportierten zur Folge haben konnte. Ihr Vertreter in Havana, Mr. Crawfurd, war der erste und einzige, der es unternahm, der spanischen Kolonialregierung dringende Vorstellungen über die geringe Sorge zu machen, welche sie den chinesischen Einwanderern zuwendet und der wiederholt die öffentliche Aufmerksamkeit auf diesen Gegenstand richtete. Durch eine humane und gerechte Regelung des Auswanderungssystems in China möchte nicht bloß der Humanität, sondern auch den Arbeitskräfte suchenden Ländern ein großer, wichtiger Dienst erwiesen werden, indem bei der Unmasse von überschüssigen Kräften in China sich nicht nur

Makao

eine weit größere Zahl, sondern auch tüchtige, taugliche Arbeiter zur Auswanderung entschließen möchten, sobald eine Ansiedlung in fremden Ländern ihnen Selbstständigkeit und einen entsprechenderen Lohn für ihre Tätigkeit gewähren würde.

Die Grausamkeit und Ungerechtigkeit, mit welcher man gegen die armen Emigranten verfährt, haben wiederholt schon furchtbare Aufstände zur Folge gehabt. Der »China Overland Trade Report«, der in Hongkong erscheint, berichtet am 28. Februar 1861 von einer solchen »Tragedy«, welche sich an Bord eines Emigrantenschiffes eben erst wieder zugetragen hat. Der amerikanische Kauffahrer »Leonidas« segelte am 22. Februar 1861 mit einer Anzahl chinesischer Kulis von Kanton nach Havana. In der Nähe von der sogenannten Makao-Passage entstand plötzlich im Zwischendeck ein heftiger Lärm. Zwei Offiziere, welche hinabeilten, die Ursache davon zu ergründen, wurden von den Kulis erfaßt und durch Messerstiche schwer verwundet. Inzwischen hatten sich einige Kulis des Kapitäns und seiner Frau bemächtigt und denselben gleichfalls zahlreiche Wunden beigebracht. Gleichwohl gelang es, sämtliche Kulis wieder in den unteren Raum zu treiben, nachdem 29 im Kampfe erschossen worden waren. In ihrer Verzweiflung versuchten sie nun, das Schiff in Brand zu stecken, indem sie einen Scheiterhaufen bereiteten und denselben anzündeten. Allein der Rauch wurde in dem engen Raum bald so unerträglich, daß sie selbst alle Anstrengungen machten, das Feuer wieder auszulöschen. Das Schiff kehrte nach Kanton zurück. Von 250 Kulis fehlten 94, welche teils erschossen wurden, teils sich ersäuften oder entkamen. Merkwürdiger Weise verweigerte das französische Kriegsschiff »Durance«, Hilfe zu leisten. Andere Berichte sprechen sich äußerst günstig über die Anstrengung deutscher Missionare aus, um diesen Menschenhandel zu beschränken und namentlich den sogenannten »Kulifang« (Kidnapping) zu verhindern, indem es sich bisher nicht selten ereignete, daß man junge Chinesen unter irgend einem Vorwand nach Makao zu verlocken suchte, um sie dort förmlich zu verkaufen. Dies konnte um so leichter geschehen, als die Chinesen bekanntlich sehr leidenschaftliche Spieler sind, und nachdem sie ihre ganze Habe verspielt, sogar ihren Leib einsetzen. Der Sohn angesehener Eltern in Sunon war auf solche Weise kürzlich erst an die Emigrantengesellschaft in Makao für 40 Dollars verkauft worden und nur der eifrigsten Bemühung deutscher Missionare gelang es, den armen Chinesen für 60 Dollars zurückzukaufen und dadurch von einem grauenvollen Geschick zu erlösen. Zwei andere junge Chinesen waren bereits verschifft, als der Handel, den man mit ihnen getrieben, bekannt wurde.

Rache der Geister?

Unser Gastgeber, Herr v. Carlowitz, hatte die Güte, uns auf unseren verschiedenen Wanderungen persönlich zu begleiten und auf die interessantesten Punkte und Erscheinungen, die sogenannten »Lions« der Stadt besonders aufmerksam zu machen. Auf einem Hügel der Umgebung, dem ungefähr 200 Fuß hohen, von einer Besatzung von 150 Mann bewachten Monte-Fort genießt man die günstigste Rundschau und mag den Blick nach dem, zur Zeit unseres Besuches feindlich gestimmten chinesischen Dorf Whang-hia streifen lassen, wo am 3. Juli 1844 der erste Friedens-, Freundschafts- und Handelsvertrag der Vereinigten Staaten von Nordamerika mit dem chinesischen Reich geschlossen und unterzeichnet wurde. Ein anderer, am äußersten Ende der Halbinsel gelegener 300 Fuß hoher Hügel, auf welchem seit Jahren von den Portugiesen ein Fort erbaut werden soll, ohne daß seitdem mehr geschehen wäre, als die Bausteine dazu herbeizuschaffen, beherrscht die Landzunge und den östlichen Teil der Insel und lohnt dem Wanderer reichlich die Mühe des Erklimmens. Auf dem Weg dahin, welcher zugleich die Hauptverbindung mit dem chinesischen Festland bildet, kamen wir an der Leiche eines Kulis vorbei, der dem Anschein nach schon mehrere Tage mitten auf der Straße lag. Ein Teil des Kopfes und der rechten Hand waren bereits von Aasgeiern entfleischt und ein ungeheurer Schwarm von Geziefer hatte sich auf den übrigen Teilen des nackten, angeschwollenen Kadavers angesiedelt. Der Arme war augenscheinlich der Not und dem Mangel erlegen. Die Kräfte schienen ihn verlassen zu haben, als er eben seinem kümmerlichen Gewerbe nachging. Zwei leere halbzerbrochene Tragkörbe lagen dicht daneben. Zahlreiche Menschen gingen täglich vorüber, Männer, Weiber, Kinder, sogar promenierende Portugiesen nahmen zu Fuß und zu Pferde diesen Weg, ohne daß sich irgend jemand darum gekümmert hätte, diesen entsetzenerregenden Gegenstand zu entfernen. Selbst Vorstellungen fremder Konsuln finden in dieser Beziehung von Seite der portugiesischen Behörden wenig Berücksichtigung und es soll daher keineswegs zu den Seltenheiten gehören, menschliche Kadaver auf offener Straße verwesen zu sehen. Einen nicht minder grauenvollen Anblick boten am Abhange eines Hügels ein paar Dutzend kleine niedere aus Palmenstroh notdürftig errichtete Hütten, welche einer Anzahl Kranken und Aussätzigen zur Unterkunft dienten, die hier, von aller Welt gemieden und verlassen, jämmerlich zu Grunde gingen. Von den Chinesen wird der Aussatz als eine Strafe des Himmels für geheime Sünden angesehen und die damit Behafteten entbehren daher jeglicher Pflege und Teilnahme. Vielleicht war auch der Kuli, dessen Leichnam in der Nähe dieser Kolonie auf dem Weg lag, einer jener Unglücklichen, die sich hier gleichsam auf ihrer künftigen Grabstätte niedergelassen hatten.

Der Isthmus, welcher die portugiesische Ansiedlung auf der Halbinsel mit dem chinesischen Festland verbindet, ist kaum eine viertel englische Meile lang und 500 Schritte breit. Früher war fast in der Mitte dieser schmalen Landzunge eine Mauer gezogen, welche die Grenze der portugiesischen Ansiedlung bezeichnete. Chinesische Wachposten marschierten hier zum Schutze des Reiches auf und ab. Dies hinderte jedoch nicht, daß die »Macaoistas«, wie sich die Bewohner Makao's zu nennen pflegten, häufig Ausflüge und Vergnügungspartien nach dem gegenüberliegenden Festland unternahmen und die benachbarten chinesischen Dörfer besuchten. Als aber am 22. August 1848 der damalige Gouverneur von Makao, Senhor Joao Maria Ferreira do Amaral, während eines Spazierrittes auf der Landenge von ein paar bewaffneten Chinesen überfallen, vom Pferde gerissen, enthauptet und dessen Schädel und Hand von den Mördern mit fortgenommen worden war, zerstörten die Portugiesen die Grenzmauer und das in der Nähe gelegene chinesische Fort, so daß dermalen von beiden nur mehr Trümmer übrig geblieben sind. Die Regierung von Makao bestand auf der Auslieferung der Mörder, sowie des Kopfes und der Hand des Ermordeten, allein erst nach einem Jahre erhielten die Behörden von Makao die offizielle Anzeige, daß der Mörder entdeckt und nach erfolgten Geständnis seiner Tat zu Schuntih hingerichtet worden sei. Der Kopf und die Hand Amaral's wurden durch zwei chinesische Kommissäre den portugiesischen Behörden ausgeliefert und zu den übrigen Körperteilen feierlich begraben. Aus dem Briefwechsel, welcher über diesen Vorfall zwischen den portugiesischen und chinesischen Behörden stattfand, geht hervor, daß der Gouverneur Amaral durch gewisse Gewaltmaßregeln seit längerer Zeit die chinesische Bevölkerung von Makao gegen sich aufgebracht hatte. Namentlich rief es die größte Erbitterung hervor, daß Amaral die Gräber ihrer Vorfahren in den Vorstädten von Makao entweihte, und mitten durch dieselben oder über sie hinweg neue Straßen anlegen ließ. Jeder Krankheitsfall, jede unglückliche Spekulation, jedes unerwartete Ereignis, welches einem der in Makao lebenden Chinesen begegnete, wurde der Rache jener Geister zugeschrieben, deren irdische Überreste auf eine wenig rücksichtsvolle Weise entfernt worden waren. Die Chinesen besitzen keine besondern Ruhestätten für ihre Toten. Sie begraben dieselben irgendwo außerhalb der Ansiedlung und bezeichnen den Ort mit einem Stein oder einer Inschrift. Am Neujahrsfest sollen diese Gräber stets auf die bunteste Weise geschmückt erscheinen und keines, auch das ärmste nicht, vergessen werden. Es steht dieses Gefühl der Pietät für die Toten im schroffen, seltsamen Widerspruch zu der Gleichgültigkeit, mit welcher die Chinesen in der Regel auf nebenmenschliches Leben blicken, zu der Grausamkeit, mit welcher selbst Mütter neugeborene Kinder aussetzen und dem Tode preiszugeben pflegen.

Der Verkehr zwischen Makao und dem chinesischen Festlande ist auffallend groß. Wir zählten während eines viertelstündigen Aufenthaltes auf der Landzunge mindestens 60 Menschen, welche, beladen mit Waren und Lebensmitteln aller Art, nach der portugiesischen Ansiedlung gingen oder von dort zurückkehrten. Auch Sänftenträger waren darunter, die vermöglichere Chinesen, welche Geschäfte in Makao besorgt hatten, nach den benachbarten Dörfern zurücktrugen. Der Einfluß der Kriegswirren in Kanton und am Peiho wurde indes auch von der europäischen Bevölkerung in Makao verspürt. Die Unsicherheit des Lebens und des Eigentums mehrte sich mit jedem Tage. Man wagte nicht, sich auch nur einige Meilen von der Stadt zu entfernen. Selbst das von Fremden errichtete, reizend gelegene Pique-nique-Haus auf dem benachbarten »Green-Island« stand seit Monaten leer und verwaist.

Makao

Flirt in Sedan-Chairs und »singende Steine«

Nur die Praya Grande oder vielmehr der schattige Spaziergang an ihrem östlichen Ende diente nach wie vor zum Stelldichein der schönen Welt, und an Sonntagen, wenn in den Nachmittagsstunden eine Musikbande spielt, kann man sich nur mit Mühe durch die daselbst lustwandelnden Paare drängen. Die Portugiesen, schon im Mutterlande kein schöner Menschenschlag, verlieren noch mehr an physischen Vorzügen durch die wenig skrupulöse Weise, mit welcher sie sich in ihren Kolonien mit den farbigen Völkern vermischt haben. Desto auffallender stechen einzelne anmutvolle, blendend weiße Frauengestalten der anglo-sächsischen Rasse aus der dunklen, häßlichen Menge hervor. Abends, wenn die Sonne dem Untergang nahe, lassen sich diese zarten Erscheinungen in sogenannten Sedan-Chairs oder auch in geflochtenen Rohrstühlen nach dem Campo San Francisco tragen, um die Kühle des Abends und die erfrischende Seebrise zu genießen. Eine große Anzahl Sänftenträger macht dann mit ihrer edlen Last auf dieser schönen Promenade Halt, und elegante Herren in zierlich weißer Toilette eilen herbei, sich liebenswürdig zu zeigen und durch galante Phrasen und schmeichelnde Bemerkungen ein holdseliges Lächeln zu verdienen. Während Tragstühle die gewöhnlichsten Verkehrsvehikel bilden, sahen wir nur drei oder vier Reitpferde und eine einzige Equipage, das Eigentum eines für 40.000 Dollars baronisierten dunkelbraunen Eingeborenen, welcher jedenfalls seinen Luxus mit vielem Geschmack zur Schau zu tragen versteht.

Es war uns so viel von wunderbaren, »singenden Steinen« erzählt worden, welche jenseits des inneren Hafens, auf einem der Halbinsel gegenüberliegenden großen Eiland vorkommen sollen, daß mehrere Mitglieder der Expedition einen Ausflug dahin unternahmen. Nicht nur Eingeborene, sondern selbst Europäer wußten sich diese eigentümliche Erscheinung nicht zu erklären und meinten, die »singenden« Steine müßten geheimnisvolle Metalle bergen und Elektrizität und Magnetismus dabei im Spiele sein. Herr v. Carlowitz, Dr. Kane und ein chinesischer Arzt, Dr. Wong-fun, begleiteten die Naturforscher nach dem rätselhaften Ort, ein Franzose war ihr Führer. Der liebenswürdige, vielfach gebildete Wong-fun war in Edinburgh, wo er Medizin studierte, zum Doktor promoviert worden, hatte sich später zur Vermehrung seiner Kenntnisse noch einige Zeit in den Vereinigten Staaten von Nordamerika aufgehalten und übte nun in Makao mit großem Erfolg die Heilwissenschaft unter seinen Landsleuten. Europäer durch Gesinnung und Bildung, war er in seiner äußeren Erscheinung doch wieder Chinese geworden und trug wo möglich einen noch längeren Zopf wie früher. Vielleicht auch, daß Wong-fun seine nationale Tracht aus dem Grunde beibehielt, um desto erfolgreicher zu Gunsten europäischer Gesittung unter seinen Landsleuten wirken zu können.

Kleine Tanka-Boote, in welchen, wie wir bereits erwähnten, nur zwei Personen bequem Platz haben, und die ausschließlich von weiblichen Schiffern geführt werden, brachten die Reisegesellschaft über die innere Hafenbucht nach dem jenseitigen Ufer. Von hier gings nach einem lieblichen, mit Reisfeldern bedeckten Tale, durch welches ein frischer Gebirgsbach seinen Lauf nimmt. Derselbe ist abgedämmt und treibt mehrere chinesische Mühlen mit kleinen Schwellteichen zur Seite. Im Hintergrunde des Tales befand sich die mysteriöse Stelle. Das angebliche Wunder löste sich aber bald in ein großartiges Felsmeer von Syenitblöcken auf, ganz ähnlich dem bekannten Felsmeer im hessischen Odenwalde. Einige dieser Syenitblöcke liegen hohl über anderen und da klingt das feste syenitische Gestein, wenn man es mit dem Hammer anschlägt, gerade wie eine jede hohl liegende Basalt- oder Marmorplatte beim Anschlag klingen würde. Sonst bot dieses Blockwerk, aus dem die Chinesen Tiger- und Löwenfiguren meißeln, um die Eingänge ihrer Tempel damit zu zieren, nur wenig Interesse.

Kanton

Bis 1842 der einzige für Europäer geöffnete
chinesische Hafen

KARL RITTER VON SCHERZER
Kanton 1858

Einen andern Ausflug unternahm der Befehlshaber der Expedition mit einigen Offizieren seines Stabes nach Kanton. Der Stationskommandant, Kommodore Stewart, hatte zu diesem Zwecke das Kanonenboot Algerine zur Verfügung gestellt. Die Entfernung von Hongkong nach Kanton beträgt 87 Seemeilen. Die Fahrt dauerte volle elf Stunden, von halb sieben Uhr Morgens bis sechs Uhr Abends.

Kanton, die dritte Hauptstadt des chinesischen Kaiserreiches, die blühende Handelsstadt, die vor kurzem noch über eine Million Einwohner zählte, war zu jener Zeit ein ödes, verlassenes, zum Teil in Trümmer geschossenes oder verbranntes Häusermeer. Die stattlichen Gebäude der europäischen Faktoreien, welche das Flußufer vor den Mauern der Chinesenstadt zierten, waren ein Schutthaufen. Die schwimmende Stadt auf dem Flusse selbst, die berühmten Blumenboote von Kanton mit ihrem zauberhaften Glanze, ihrer luxuriösen üppigen Pracht waren spurlos verschwunden. Wer etwas zu verlieren hatte, war ins Land geflohen. Englische Wachtposten hielten die Mauern und die Straßen der inneren Stadt besetzt und nur das Proletariat war zurückgeblieben, jede Gelegenheit ablauernd, sich das Kopfgeld zu verdienen, welches die Mandarine der Provinz Kwang-Tung auf jeden Barbarenschädel gesetzt hatten. »Der Zustand von Kanton wird schlimmer und schlimmer jeden Tag«, sagte die neueste Hongkong-Zeitung. Seitdem die Amerikaner und Russen mit der kaiserlichen Regierung Privatverträge abgeschlossen hatten und die vereinigte Flotte der Engländer und Franzosen nach dem Norden, dem Golf von Petschili gegangen war, um mit den kaiserlichen Kommissären zu Tien-Tsin wegen des Friedens zu unterhandeln, war den Kanton-Chinesen der Mut wieder gewachsen. Sie glaubten die Alliierten isoliert; Russen und Amerikanern hielten sie für deren Feinde. Mandarine und kaiserliche Kommissäre veröffentlichten dutzendweise Proklamationen gegen die fremden Teufel, organisierten Guerillabanden, die sogenannten »Braves«, welche jede Nacht Brandraketen in die Stadt und nach dem Hauptquartier warfen, mordeten und sengten, und ließen so die Truppenmacht der Alliierten, welche nur aus 3.500 Mann (darunter nicht weniger als 800 Kranke) bestand, zu keiner Ruhe kommen.

In einer der Proklamationen war zu lesen: »Vernehmet, o vernehmet, Ihr verhaßten Barbaren! Wir Patrioten und ehrenwerten Leute der überaus reinen Dynastie wollen Euch einen Spiegel vorhalten, damit Ihr erfahrt, wer Ihr eigentlich seid! Nur durch die Sprache und in keiner anderen Beziehung seid Ihr vom wilden Getier unterschieden. Wir haben Verstand, wir brachten Verhältnisse und Gesetze; Ihr aber seid blind und dumm und wollt keine Vernunft annehmen. Ihr müßt, es bleibt nichts übrig, Ihr müßt bis zum letzten Mann ausgerottet werden! Seit Eurem ersten Auftreten im Reich der Mitte habt Ihr alles getan, uns zu verderben; Ihr habt von den Schiffen auf uns geschossen; Ihr habt uns mit Opium vergiftet; Ihr habt innerhalb der Stadt Teufelsgebäude (Kirchen) aufgebaut! Noch mehr, um Pferderennen zu halten, zerstört Ihr die Gräber und gönnt den Toten ihre Ruhe nicht. Unersättlich wie die Walfische, gierig wie der Seidenwurm auf dem Maulbeerblatt, verlangt Ihr immer noch mehr, je mehr Ihr gewinnt. Selbst unsern geringsten Verdienst habt Ihr an Euch gezogen. Nun aber ist das Maß voll, der empörte Himmel hat Euren Untergang beschlossen, unser Volk wird Euch durch göttliche Feuerwaffen vernichten. Höre nun, o Volk, auf folgende vier Grundsätze zur Ausrottung der Barbaren! Alle Barbaren müssen geköpft werden, auf daß die Schmach abgetan und unser Land der Mitte nicht länger beschmutzt werde. So lautet das Gebot der Führer! Keinem andern soll ein Leid widerfahren, niemand soll belästigt werden. Wer widerstrebt, wird erschlagen. Der Tag der Rache wird im Geheimen festgesetzt. Wir werden die Barbaren mit Verrat umzingeln, sie unversehens überfallen und niedermachen. Eingeborene, welche die Schulen der Barbaren besuchen, sie bedienen oder sonst mit ihnen verkehren, müssen sie als-

Die alte europäische Faktorei-Insel in Kanton

bald verlassen und zu ihrer früheren Beschäftigung zurückkehren. Bleiben sie, so werden wir sie mit den Barbaren zu gleicher Zeit ausrotten. Nach dem Untergang der scheußlichen Horden wird ihr Besitztum denen gegeben, welche sich im Kampf ausgezeichnet haben. So lautet das Gebot der Führer!«

Als das Kanonenboot »Algerine« vor Kanton geankert hatte, wurde der Kommodore noch spät am Abend von einer Militär-Eskorte nach dem Hauptquartier des Befehlshabers der verbündeten Truppen, General Straubenzee, geleitet. Todesstille, wie auf einem Leichenacker herrschte in der Stadt, kein Licht wurde gesehen. Um halb elf Uhr Abends kam der Kommodore im Hauptquartier an, und wurde aufs Freundlichste vom General empfangen. Das Hauptquartier lag auf einem, die Stadt dominierenden Hügel, welchen die zahlreichen Gebäude eines Wohnsitzes (Yamun) umgeben, der dem Vater des in den vorletzten Kriegswirren so berühmt gewordenen Gouverneurs Yeh gehörte. Die prunkvolle Einrichtung der Wohnzimmer, die herrlichen Schnitzwerke in Ebenholz ließen auf einen Glanz, einen Luxus, eine Üppigkeit des Lebens chinesischer Großen schließen, zu welchen man eine Analogie nur an den Höfen der Kaiser des alten Roms finden dürfte. Yeh selbst war bereits vom politischen Schauplatze abgetreten und lebte als Staatsgefangener in klösterlicher Zurückgezogenheit in Kalkutta. Nach dessen Portrait zu urteilen, welches in allen Bilderläden Hongkongs zum Verkaufe ausgeboten wurde, war Yeh ein schöner Mann von energischen, geistreichen Gesichtszügen und schien, was seine physischen Eigenschaften betraf, seinem Vater nichts nachzugeben, welcher noch im zweiundneunzigsten Jahre Vaterfreuden erlebte. Im Lande, auch unter den Europäern, galt Yeh nicht nur als ein schlauer Diplomat, sondern auch als ein Gelehrter; man zeigte den Novara-Reisenden in Hongkong große in Holzschnitt ausgeführte, anatomische Tafeln, welche Yeh selbst einer europäischen Anatomie entlehnte, im vergrößerten Maßstabe auf seine Kosten herausgab und mit einer Vorrede begleitete.

Noch großartiger und prachtvoller in der äußern Ausstattung als Yeh's Wohnsitz in Kanton erschien der Yamun des Tatarengenerals Pihkwei, jetzt zu Kasernen und Wohnungen für die englisch-französischen Regierungskommissäre verwendet, während man dem

Tatarengeneral selbst ein weit minder gemächliches Gebäude zum Aufenthalte angewiesen hatte.

Der Kommodore war eben im Hauptquartiere angekommen und saß mit dem General Straubenzee beim Teetische, als Feuerlärm entstand. Die »Braves« hatten in unmittelbarer Nähe ein Haus angezündet in der Hoffnung, das Feuer werde das Hauptquartier und die Pulvertürme hinter demselben ergreifen, oder die Engländer wenigstens zwingen, die Mannschaft von ihren Posten wegzunehmen und zum mühevollen Löschen zu verwenden. Glücklicher Weise brannte aber das angezündete Haus allein ab, ohne daß die Erwartung der Braves in Erfüllung gegangen wäre.

Bei einem Gange, welchen der Kommodore noch in später Nachtstunde mit dem General unternahm, konnten sie sehen, wie die Chinesen kaum zweihundert Schritte von einem mit Wachtposten und Kanonen besetzten Hügel fortwährend Raketen gegen die Schildwachen und die Gebäude des Hauptquartiers abfeuerten und unsere Offiziere mußten sich wohl mit Recht darüber wundern, daß gegen dieses Unwesen chinesischer Guerillabanden, welche jede Nacht durch Brand und Feuerkugeln die Stadt, die Wachtposten und das Hauptquartier beunruhigten, keinerlei energische Maßregeln getroffen wurden, ja, daß die Alliierten durch ihre völlig unbegreifliche Passivität die Chinesen noch mehr ermutigten und durch einen angestrengten und doch erfolglosen Dienst ihre verhältnismäßig geringen Streitkräfte immer mehr schwächten.

Am Morgen nach ihrer Ankunft statteten die österreichischen Offiziere, begleitet von dem, seither durch seine Gefangennehmung in der Nähe von Peking in den weitesten Kreisen bekannt gewordenen englischen Regierungs-Kommissär Mr. Parkes, der einzigen in Kanton belassenen chinesischen Autorität, dem Tatarengeneral und Mandarin Pihkwei einen Besuch ab. Eine große Menschenmenge hatte sich in den Straßen versammelt, durch welche die Fremden ihren Weg nahmen und der Empfang beim Tatarengeneral ging mit allem chinesischen Zeremoniell vor sich: drei Böllerschüsse, ohrenzerreißende chinesische Musik, die entwaffnete Leibwache des Generals im Spalier aufgestellt, der General selbst zur Begrüßung nach chinesischer Sitte seine Mandarinmütze fest auf dem Kopfe und je nach dem höhern oder niedern Range des Vorgestellten, genau nach Vorschrift mehr oder weniger nickend

Bootsbrücke von Tientsin

und eine lachende Miene annehmend. Der Kommodore mußte auf einem erhöhten Sitze Platz nehmen. Während der Konversation, bei welcher Mr. Parkes als Dolmetsch diente, wurde Tee serviert. Pihkwei erkundigte sich nach den Zwecken der Expedition und ließ sich die Namen der fremden Offiziere geben, was bei dem symbolischen Charakter der chinesischen Sprache nicht ohne einige Schwierigkeiten geschehen konnte. Pihkwei, ein Mann von kolossalem Körperbau, schien sich von dem kleinen unscheinbaren Parkes wie ein Lamm leiten und bestimmen zu lassen. Er war nur mehr, ähnlich wie die von der holländischen Regierung auf Java eingesetzten einheimischen Regenten, der Vollstrecker der Befehle, welche ihm die Engländer erteilten.

Der Abschied war nicht minder zeremoniell und lärmend wie der Empfang; eine Anzahl Böller ging dicht vor den Besuchern los und machte mehr den Eindruck einer Höllenmaschine als einer Feuersalve. Den Tag über besichtigten die Offiziere noch, so weit es die Verhältnisse erlaubten, einzelne Teile der Stadt und kehrten gegen Abend mit dem nämlichen Kanonenboote, welches sie nach Kanton gebracht hatte, wieder nach Hongkong zurück.

Während wir noch im Hafen von Hongkong vor Anker lagen, brachte ein Extrablatt des in Schanghai erscheinenden »North-China-Herald« die Kunde, daß am 26. Juni 1858 der Friedensvertrag mit England von Lord Elgin und den kais. Kommissären zu Tien-Tsin unterzeichnet und nach Peking geschickt worden sei, damit diesem wichtigen Dokumente die eigenhändige Unterschrift des Kaisers beigefügt werde. Dieser 56 Punkte umfassende Vertrag gestand den Engländern weit mehr Rechte zu, als sie jemals früher besessen hatten. Namentlich sollte von nun an ein englischer Gesandter mit allen seinem Range gebührenden Ehren am Hofe von Peking residieren dürfen, die christliche Religion ungehindert geübt und gelehrt werden. Britische Untertanen mögen mit, von ihren Konsuln ausgestellten und von den chinesischen Lokalbehörden gegengezeichneten Pässen entweder zum Vergnügen oder zu Handelszwecken das chinesische Reich in allen Richtungen durchziehen, die Schifffahrt des Yang-tse-kiang oder großen Flusses wird freigegeben, und außer den bereits durch den Frieden von Nanking dem fremden Handel geöffneten fünf Häfen, sollen die Engländer von nun an auch in New-Chwang, Tang-Chow, Tai-Wan (auf der

Insel Formosa), Chau-Chow und Kiung-Chow (auf Hainan) ungestört Handel treiben, sich daselbst niederlassen, Häuser mieten und kaufen, Kirchen, Spitäler und Friedhöfe errichten dürfen. Chinesen, welche sich irgend eines Vergehens oder Verbrechens gegen englische Untertanen schuldig machen, sollen durch einheimische Behörden nach den Gesetzen des Landes bestraft, englische Untertanen dagegen in einem solchen Falle von britischen Autoritäten nach britischen Gesetzen gerichtet werden. Alle offiziellen Mitteilungen von Seite der englischen Behörden müssen in englischer Sprache an die Regierung des Mittelreiches geschehen, und obschon dermalen noch von einer chinesischen Übersetzung begleitet, soll doch in jedem zweifelhaften Fall der Text des englischen Originals als maßgebend zu gelten haben. Artikel L bestimmt, daß das Zeichen »I« (Barbar) in keinem chinesischen offiziellen Dokumente weder in der Hauptstadt noch in den Provinzen mehr für »Engländer« oder »englische Regierung« gebraucht werden dürfe. Dagegen schweigt der Vertrag von Tien-Tsin gänzlich, ob der Opiumhandel, jener Hauptstreitpunkt und die erste Ursache der verschiedenen Kriege, von nun an verboten oder erlaubt werden solle. Es wird bloß einer Revision des Zolltarifes Erwähnung getan. Offenbar glaubten die britischen Bevollmächtigten eher zum Ziele zu gelangen, wenn sie diese heikle Frage auf eine andere, minder ostensible Weise zu erledigen versuchten.

Die Opiumhändler sowohl als ihre Antagonisten, die philantropische Partei in London, schienen gleich unbefriedigt, daß die Opiumfrage noch immer eine »pending question« blieb. Allein gerade dies war einer der feinsten diplomatischen Züge, welche den Vertrag zu Tien-Tsin auszeichnen. Statt die Gemüter in China neuerdings aufzuregen und durch ein solches offenes Zugeständnis das Ansehen des chinesischen Kaisers bei seinem eigenen Volke noch mehr zu untergraben und trotz Friedensbeteuerungen die Behörden des Reiches noch feindseliger und ränkesüchtiger gegen die Fremden zu stimmen, zog der kluge englische Bevollmächtigte es vor, das Opium stillschweigend unter die andern Einfuhrartikel in den neurevidierten Tarif aufzunehmen und ganz wie diese zu behandeln. Es wird also von nun an Opium ebenso wie Baumwolle oder Tierhäute oder Stockfisch gegen einen bestimmten Zoll eingeführt werden können, und zwar wird man für 100 Kattis oder

1 Pikul (133 1/2 Pfund engl.) 30 Taels oder beiläufig 105 Gulden österr. Währung Einfuhrzoll bezahlen.

Die Ereignisse, von welchen China bald nach Unterzeichnung dieses Vertrages der Schauplatz wurde, das feindselige Benehmen der Mannschaft der Taku-Forts, der bewaffnete Widerstand, welchen man dem britischen Gesandten entgegensetzte, als dieser, den Stipulationen des neuen Vertrages gemäß, sich anschickte nach Peking zu reisen, alles deutete darauf hin, daß es den Chinesen auch diesmal mit ihren Friedens- und Freundschaftsversicherungen nicht ernst war.

Seit jener Zeit hat eine Armee von kaum 20.000 Europäern einer Bevölkerung von mehr als 400 Millionen Asiaten in ihrer unbesiegbar geglaubten Hauptstadt den Frieden diktiert, und am 24. Oktober 1860 unterzeichnete Lord Elgin neuerdings einen Vertrag, welcher sämtliche, in dem vor zwei Jahren zu Tien-Tsin getroffenen Übereinkommen enthaltenen Bestimmungen bestätigt, das Recht des permanenten Aufenthaltes eines britischen Gesandten in der Hauptstadt des chinesischen Kaiserreiches, sowie eine Kriegsentschädigung von 8 Millionen Taels zugesteht, den Hafen von Tien-Tsin dem fremden Handel öffnet, den chinesischen Untertanen ungehindert gestattet, auszuwandern und in britischen Kolonien Dienste zu nehmen, einen Teil des Distrikts von Kowloang (Cowloon), auf dem der Insel Hongkong gegenüber liegenden Festlande an Großbritannien abtritt und für ewige Zeiten einverleibt, und endlich verordnet, daß der Originalvertrag sowie die verschiedenen Zusätze in allen Teilen des Reiches durch Plakate öffentlich bekannt gemacht werden sollen. Noch niemals früher hatte das chinesische Reich solche Demütigungen erfahren. Zwar mußte schon unter der Regierung des vorigen Herrschers Tao-kuang (Vernunftlicht) das tausendjährige System völliger Abschließung aufgegeben werden, aber Zugeständnisse, wie sie den westlichen Nationen durch die Verträge von Tien-Tsin und Peking gemacht worden, sind unerhört in der Geschichte des Mittelreiches und geben um so deutlicher von seiner Schwäche und seinem Verfall Zeugnis, als der gegenwärtige Himmelssohn Hien-fung ein eifriger Anhänger der altasiatischen Lehre und Staatsweisheit ist. Nur äußerste Not und Bedrängnis konnten ihn bewogen haben, vor den Barbaren des Westens die Waffen zu strecken und zu dulden, daß der Feind in seiner, fremden

Nationen bisher unzugänglich gewesenen Hauptstadt die Bedingungen des Friedens diktierte.

In der Tat sind alle Pulsadern dem chinesischen Riesenkörper unterbunden, und in seinen Eingeweiden wird gewühlt mit Feuer und Schwert. Englische, französische und amerikanische Kriegsschiffe halten die wichtigsten Punkte des chinesischen Reiches besetzt. In mehreren Provinzen des Innern hat ein Rebellenkaiser sein Heerlager aufgeschlagen, und im Norden des Reiches an den Ufern des Amur baut Rußland Festungen und richtet sich ein, gerade als ob es daselbst zu Hause wäre. Aber alle diese Erscheinungen, so divergierend ihre Interessen auch im Momente sein mögen, werden doch nur das eine gewaltige Resultat herbeiführen: das unermeßliche chinesische Reich aus seiner tausendjährigen Ruhe zu rütteln, und die Völker, die es umfaßt, zu zwingen, dem großen Kulturfortschritt, der heute im Sturmeslauf durch die Welt braust, sich anzuschließen!

JOSEPH MARIA VON RADOWITZ

Fünf Jahre später

Kanton, 11. März 1863.

Von unseren weiteren Fahrten im Süden kann ich heute schon wieder auf einer anderen Station berichten. Am 9. früh gingen wir an Bord eines amerikanischen Dampfers »Hankow«, der die Linie zwischen Kanton und Hongkong regelmäßig befährt. Die Fahrt von Hongkong bis zur Hauptstadt von Süd-China ist mit dem Dampfer eine Lustpartie von 6 Stunden, während Segelschiffe oft ebensoviele Tage dazu brauchen. Auf unserem Schiff waren nur wenige Europäer, dagegen einige hundert Chinesen, die den Raum unter Deck ausfüllten und sich dort mit ihren Opiumpfeifen und Teetassen häuslich gruppierten. Die chinesische Reisegesellschaft ist hier nicht ohne Bedenken. Die Passage auf dem Ausfluß des Kantonstromes, zwischen den Inseln und Sandbänken, die den Weg nach Makao, Kanton und Hongkong versperren, ist stets durch Angriffe von

Piratenbooten bedroht, so daß kein Segelschiff ohne Kanonen sie durchläuft. Dampfer sind natürlich weniger dem ausgesetzt, angehalten und ausgeraubt zu werden: dagegen gibt es für sie eine andere Gefahr, die von den Passagieren selbst ausgeht. Darum ist jetzt alles an Bord bewaffnet und in den Kajüten hängen geladene Gewehre.

Wie auf einem schönen Binnensee fährt man aus der Reede von Hongkong in das äußere Bassin der Kantonflußmündung. In den eigentlichen Fluß kommt man bei der berühmten Bocca Tigris, einer von schroffen Felsen und Batterien eingefaßten Passage, die einst die Chinesen für ein uneinnehmbares Bollwerk hielten, bis die englischen Kanonen sie von ihrem Irrtume überzeugten. Dann gewinnen die Ufer einen grünen, lachenden Anstrich. Allenthalben ist hier Vegetation: überall Reisfelder, Zuckerrohr- und Bambuspflanzungen, dazwischen kleine Dörfer und Kanäle, im Hintergrund Hügel- und Bergreihen mit hohen Bäumen, vor allem aber eine Reihe von hohen Pagoden, die der ganzen Gegend den echt chinesischen Stempel aufdrücken. Hier ist das gemalte China der Lackbilder und Porzellanvasen, nach denen man sich das Reich der Mitte wie einen großen Garten vorstellt, alle Häuser mit Glockentürmen, alle Menschen rein gewaschen, in Seide gekleidet, mit ganz schiefen Augen und aufgehobenen Zeigefingern herumhüpfend und klingling! klingling! rufend ... Kanton zeigt sich schon von ferne als ein Konglomerat von Booten, Dschunken und Schiffen, und einer Masse von Holzhäusern, Tempeldächern, Pagoden, Wachttürmen, befestigten Batterien. Die Engländer haben bei den verschiedenen Angriffen und Bombardements die Teile der Stadt, wo früher die europäischen Faktoreien standen, in Trümmer gelegt, und auch jetzt liegen dem Ufer zunächst hinter den Myriaden von Booten nur noch Ruinen und Schutt. Die Europäer wohnen der chinesischen Stadt gegenüber auf der Insel Honan, wo auch wir im Hause des Konsuls Herrn v. Carlowitz unser Unterkommen fanden. Aber alles ist rein chinesisch, d.h. klein, eng, hölzern, unbequem und schmierig. Europas Kultur ist in Kanton noch nicht zum Durchbruch gekommen ... Ein großer Teil der Bevölkerung hat hier kein anderes Heim als das Boot, und zwar vom kleinsten Format an bis zu größeren, hausähnlichen Dschunken. Der breite Fluß ist über und über bedeckt von dieser population nageante, die nach amtlichen Zählungen etwa 250.000 Menschen beträgt in etwa

65.000 Booten. Davon liegen aber nur die wenigsten fest vor Anker, während die anderen beständig durcheinander fahren und gleichzeitig als Schifferboote für die Stadtleute zum Transport und Übersetzen dienen. In dieser Wasserzigeunerschaft besorgt fast ausschließlich der weibliche Teil der Familie das Ruderhandwerk, während der männliche am Lande Arbeiterdienste sucht. So führten oft Großmutter, Mutter und Enkelin gemeinschaftlich mit Ruder und Steuer das Boot.

Am berühmtesten unter den zahlreichen Klassen und Formen von Schiffen sind die Kantoner Blumenboote (Flowerboats). Sie sind dasselbe wie die Flowerhouses am Lande, d.h. Lokale zu Lustbarkeiten und nächtlichen Festen, ausgestattet mit chinesischem Luxus. In langen Reihen nebeneinander vor Anker liegend und durch kleine Zwischenbrücken verbunden, bilden sie vollständige Straßen und gewähren des Abends mit ihrer tausendfältigen bunten Illumination, dem Glanz der reichvergoldeten, mit unzähligen Spiegeln und Glaslampen erhellten Säle, dem bunten Gewimmel der Männer und Weiber und dem ununterbrochenen Getöse der Blechmusik, der Gitarren und Gesänge, das bizarrste Schauspiel. Jeder wohlhabende Chinese beschließt sein Tagewerk auf einem solchen Boot, im Kreise trauter Freunde und noch trauterer Freundinnen, denen es obliegt, den Lärm hervorzubringen, welchen der Chinese »sing-song« nennt und für Musik hält. Die »sing-song-girls« sind auf das reichste ausgeputzt, mit wunderbaren Frisuren und rot angemalt, so daß ihre oft hübschen und feinen Gesichterchen aussehen wie frische Ziegelsteine. Aber dieser Zinnoberteint und der kleine Huf in einem lackierten Schuhfutteral macht sie den Chinesen erst schätzenswert. Bei allen solchen Gelegenheiten, wo sie völlig unter sich sind, benehmen sich die Chinesen mit Anstand und Feinheit. Ich habe auf den Flowerboats unter dem großen Trubel der singenden und trinkenden Gesellschaft niemals etwas wahrgenommen, das die Grenzen der Sitte überschritten hätte; die Leute haben einen inneren Instinkt für das, was sich schickt. Gegen Europäer, die sich in ihre Gesellschaften mengen, sind sie von großer Artigkeit und wenn man selbst freundlich mit ihnen ist, erdrücken sie einen mit Zuvorkommenheiten. So ging es mir gestern abend auf verschiedenen Booten, wo die Gastgeber, welche das Boot für den Abend gemietet hatten, mich gar nicht wieder aus der Tür lassen wollten, bloß weil ich sie auf dem Fuß zeremonieller Höflichkeit behandelte, was die Europäer vielfach nicht tun. Den Mandarinen in Geschäften gegenüber muß man es auch nicht tun, weil diese die Höflichkeit nur als Prätext benutzen, um niemals zur Pointe der Sache zu kommen; den Chinesen im Privatleben aber kann man nicht artig genug behandeln.

Ich habe auch schon die Läden der Stadt durchwandert, die das Beste enthalten, was chinesische Kunst und Industrie hervorbringen können: Fundgruben von Porzellan, Lack, Elfenbein, Seide, Kuriositäten aller Art, bei deren Anblick das kauflustige Fremdenherz in gefährliche Entzückung gerät. Das Äußere dieser Straßen ist schon verführerisch und bestechend, im Gegensatz zu den schmutzigen Engpässen, die sonst chinesische Wege heißen. Es ist hier wieder ein Stück »gemaltes China«. Die Straßen sind nicht breiter wie die engsten in Europa; aber reinlich gehalten, blank geputzt, die Häuser bemalt, lackiert, vergoldet, geschnitzt, geräuchert, von bunten Hausgöttern mit brennenden Lichterchen bewacht; von den Dächern herabhängende oder quer gelegte schmale Schilder mit goldenen Charakteren auf lackiertem Grund, Laternen in allen Farben und Formen. Auch die Menschen, die sich dazwischen herumtreiben oder in den offenen Unterbauten der Häuser sitzen, passen zu diesem Bild: sie schreien nicht, drängeln nicht, sehen reinlich aus in ihren seidenen oder wollenen weiten Gewändern und den kleinen Kappen mit rotem Knopf, und der Zopf hängt ihnen hinten und verziert sie, wie die lackierten Schilder und Schnörkel die Häuser. Und tritt man in das Innere der Kaufhalle, so findet man dieselbe Eleganz, oft Luxus und Reichtum; ich erwähne nur das berühmte Magazin von U-tsching, wo durch zwei Etagen hindurch eine Fülle des schönsten Porzellans in allen erdenklichen Formen, sowie eine Sammlung der schwarzen geschnitzten Möbel aus schwerem Siamholze aufgestapelt ist ...

Die Tempel von Kanton

In China gibt es Tempel dreifacher Art: Konfuziustempel, Buddhisten- und Taoistentempel. Die Buddhisten und Taoisten haben auch Klöster. Die chinesischen und die buddhistischen Tempel werden vom Volke völlig gleich geachtet. Die letzteren sind meist reich dekoriert und überfüllt mit Opfertischen und Geräten; den Mittelpunkt bilden die drei Buddhabilder: (die »drei Kostbaren«, Buddha, Dharma und Tanga, oder San, Pau, Fuh, der vergangene, gegenwärtige und zukünftige Buddha); außer ihnen ist meist noch eine unbeschränkte Zahl von Götter-, Göttinnen-, Genien- und Geisterbildern vorhanden. Das merkwürdigste buddhistische Etablissement von Kanton ist das große Kloster auf der Insel Honan. Hier leben 150 Bonzen in klösterlicher Weise nach der strengsten Vorschrift des Buddha: Zölibat, Bußübungen, Fasten usw., alles aber mehr theoretisch als wie in der Praxis durchgeführt. Ein Komplex von Tempeln, Kapellen und Häusern dient ihnen zum Aufenthalt. Im Garten wunderbare Gräber und Aschenhäuser und eine unheimliche schwarzgeräucherte Kapelle, in welcher die Leichname der verstorbenen Priester (aber nur diese) verbrannt werden. Außerdem beherbergt die geheiligte Stätte einen Steinbau, in dem seit Jahrhunderten ein Geschlecht heiliger Schweine blüht, beneidenswert für alle Brüder- und Schwesterschweine der Welt; denn sie erreichen unter der Pflege der Bonzen ein Alter, eine Dicke und eine Unbeweglichkeit, die den anderen nicht beschieden sind. Wir sahen sie uns mit Andacht an und hatten auch den Vorzug, einer Abfütterung Ihrer Heiligkeiten mit beiwohnen zu dürfen, die uns mit mehrmaligen Grunzen begnadigten. – In Honan habe ich einem Klostergottesdienst, einer Art Vesper, mit beigewohnt, die in etwas unheimlicher Weise an das Ritual unserer Kirche erinnerte. Die Responsorien und Litaneien, welche die blaßgelben, unsäglich apathisch aussehenden Bonzen mit klanglosen Stimmen ableierten – ferner ein Umgang im Tempel, die Kniebeugungen vor den grotesken Götzenbildern, der beklemmende Weihrauchduft –, alles kam mir vor wie eine dämonische Travestie und trieb mich wieder hinaus, unfähig, den starren Blick des goldenen Riesenbuddha und den Gesang seiner Anbeter weiter zu ertragen.

Als der bemerkenswerteste von den chinesischen Staatstempeln in Kanton ist mir der »Tempel der 500 Götter« erschienen. In einer weitläufigen Halle sitzt hier Kaiser Hienfong (einer der letzten der gegenwärtigen Dynastie) in überlebensgroßer, goldener Figur, von ihm ausgehend in langen Flügelreihen fünfhundert gleichfalls überlebensgroße, vergoldete Gestalten, welche sämtlich in Götterrang erhobene Verstorbene, von frühesten Zeiten bis zur jüngsten Vergangenheit, darstellen. Vor jedem der Idole steht eine Vase zum Weihrauch- und Kerzenopfer. Unter ihnen ist jedenfalls die kurioseste Figur diejenige eines Europäers und Christen, eines Portugiesen, dem trotz seiner Herkunft und seines Glaubens die Ehre widerfahren ist, zum Kaiserlich Chinesischen Staatsgott promoviert und als solcher angebetet zu werden.

Außer diesem Pantheon gibt es Tempel mit schönen Namen wie: »Zum langen ewig grünen Lebensbaum«, »Zur kindlichen Pflichterfüllung und Frömmigkeit« usw., in großen Dimensionen und reicher Ausstattung, desgleichen ein offizielles Heiligtum des Konfuzius und endlich einen Taoistentempel, enthaltend die »fünf Genien der Stadt«, anmutige, etwa 30 Fuß große Damen mit wohlwollend breiten Nasen und langen Ohrläppchen. Ferner finden sich mehrere Pagoden, diese urtypischen Bauwerke des älteren Chinesentums, in und um Kanton, neunstöckig und zum Teil weit über 1.000 Jahre alt. — Ein jedes Haus und eine jede Hütte aber, jede Dschunke und jeder Sampan haben ihre besonderen Haus- und Schiffsgötter, vor denen allabendlich die Kerzen angesteckt und so viel Papier- und Weihrauchspenden verbrannt werden, daß der Dunst davon weit und breit die Atmosphäre erfüllt. Und nicht weniger wird der Tamtam gerührt, der Gongon geschlagen, aus Flöten und Geigen das Schauerlichste entlockt, werden Raketen und Schwärmer und Kanonenschläge losgelassen und jene infernalischen Firekrakers, kleine zusammenhängende Pulverhülsen, die einen Pelotonlärm verursachen aus den Vorhöfen der Unterwelt. So feiert der Chinese seinen gottgefälligen Abend und »tschin-tschint« die Unsterblichen, die froh sein können, daß sie nichts mehr zu hören und zu riechen brauchen. Ein besonderer Unstern wollte, daß wir grade den großen Feiertag der Hausgötter in Kanton erlebten; und da das Carlowitzsche Haus recht inmitten allen chinesischen Trubels und Lebens liegt, so genossen wir Vorfeier, Feier und Nachfeier in einer Weise, die mein Trommelfell noch lange spüren wird. Unsinniger Lärm ist nun einmal Lebensbedürfnis der Chinesen. Wer nie an Nerven geglaubt, der wohne zwei Tage in Kanton und verehre die Hausgötter! —

Außer den Tempeln sind in Kanton die Jamuns, die offiziellen Wohngebäude der Mandarine, durch die Großartigkeit ihrer Anlagen bemerkenswert. Da wir dem Vizekönig einen offiziellen, uniformierten Besuch machten, konnten wir einen der prächtigsten Jamuns genau besichtigen und fanden in ihm die Raumverschwendung und die bunte Sinnlosigkeit der Malereien bewunderungswürdig. Der Vizekönig präsentierte sich als ein kleines, wohldenkendes Männchen im Konfuziusstil und empfing uns mit vielem Hokuspokus. Den Gegenbesuch dieses Greises nahmen wir am Tage darauf im Jamun des französischen Konsuls an, einem originellen und schönen chinesischen Wohnplatze. Franzosen und Engländer haben nach dem letzten Kriege ihre Konsuln in den besten Mandarinwohnungen etabliert. Aber mehr als in den Anlagen des Jamuns läßt sich die berühmte chinesische Gartenkunst in den reichen Landhäusern in nächster Nähe der Stadt bewundern. Han-qua und Pun-tin-qua, zwei chinesische Großhändler, zeichnen sich durch ihre Vorliebe für derlei Anlagen aus. Im Garten des letzteren verbrachte ich mit meinem chinesischen Freunde und Lackmann Ki-sching einen schönen Nachmittag. Eine Zusammenstellung von allerhand Pavillons, phantastischen Teehallen, kleinen Seen und Kanälen mit geschweiften Brücken, Dämmen, schwimmenden Inseln und Blumenbooten, – von künstlichen Felsen mit Wasserfällen und Springbrunnen, von Vogelhäusern in luftigsten Formen – dazwischen von grünen Anlagen und Beeten aller Art, Zierpflanzen und Miniaturbäumchen in sonderbaren Menschen- und Tiergestalten; langen Alleen von buntglänzenden Porzellanvasen mit seltenen Blumen, überdeckten Gängen, deren Wände mit Inschriften und grotesken Malereien behangen sind: das ist der Pun-tin-qua-Garten! Allerdings im Geschmack nicht durchweg künstlerisch schön und groß; aber in solcher Durchführung hat die Bizarrerie wenigstens Methode. Im Pun-tin-qua-Garten hatte ich übrigens noch mit Ki-sching ein angenehmes Begegnis. Als wir in den anscheinend menschenleeren Anlagen umherzogen, kamen wir auf einen freien Platz vor einer der offenen Hallen. Und hier fand sich ein kompletter chinesischer Damentee versammelt. Zehn bis fünfzehn junge und jüngste, in Seide gehüllte, von goldenen Spangen und unechten Steinen strahlende, schön frisierte, reizend bemalte Dämlein saßen und kauerten zwanglos gruppiert um ihre Teetassen, spielten mit Blumen und Goldfischen und schnatterten und lachten, ebenso wie alle ihre Schwestern in der übrigen Mitwelt.

Einer jeden zur Seite oder zu Häupten figurierte die entsprechende Alte, die für die Wünsche der kleinhufigen Gebieterin zu sorgen hat. An blinkenden Messingpfeifen und an quiekenden Gitarren fehlte es nicht. – Aber es blieb mir wenig Zeit, dieses seltene Stillleben zu genießen: schaudererregendes Geschrei entstand, als die Lieblichen des Freundes Ki-sching und meiner ansichtig wurden! In unseliger Verwirrung flogen die Teetassen und Blumen und Goldfische durcheinander und die zarten Schönen, so gut es auf dem unzulänglichen Piedestal gehen wollte, mit oder ohne Alte in die schützende Halle. Ki-sching eröffnete mir schnell, daß diese Damen nicht etwa zu den sing-song-girls gehörten, sondern sämtlich wohlerzogene chinesische Ladys seien, die sonst nie in Kontakt mit der Außenwelt treten, und sicherlich noch niemals einen »Fanquai« d.h. fremden Teufel zu Gesicht bekommen hatten. Somit hielten wir es für richtiger, den Verhältnissen weichend, einen allmählichen Rückzug anzutreten und von der Höhe einer benachbarten kleinen Pagode herab sah ich dann den niedlichen Kreis sich auflösen und langsam auf den Fußfragmenten davon trippeln.

Das letzte Bild aus Kanton, welches ich Dir noch vorführen will, ist das merkwürdigste von allen. Ich erzähle diesmal nicht vom Leben, sondern vom Tode, den der Chinese ebenso sonderbar auffaßt, wie er es mit dem Leben tut. –

Einige Meilen außerhalb der Stadtmauern von Kanton zieht sich eine mittelhohe Bergkette hin, die »white cloud mountains«, Berge der weißen Wolke. Die Höhen felsig und baumlos, in den Tälern aber frisches Grün und Pflanzungen. Wenn man sich von ferne diesen Bergen naht, glaubt man eine märchenhafte, unermeßliche Stadt amphitheatralisch über sie ausgebreitet zu sehen; näher erscheinen die Häuser wie prächtige Pforten zu Hunderttausenden von verborgenen Wohnungen. Und so ist es auch: Hier, im Innern der Felsen und der Erde wohnen, schöner wie je zuvor bei ihren Lebzeiten, die Körper der Abgeschiedenen; diese Stadt ist die Residenz des Todes und diese Palastpforten führen zu den Jamuns und Hongs, in welchen die Söhne des Jao und Schun zu den heiligen Vorfahren versammelt sind. – Für eine würdige Wohnung der Toten zu sorgen, ist dem Chinesen eine der wichtigsten Pflichten. Düstere Gedanken knüpfen sich aber in seiner chinesischen Vorstellung nicht an den Tod. Das Grabmal erhält eine freie und fast heitere Form. Ein chinesisches Totenfeld sieht bizarr und regellos aus, nicht dunkel und ernst wie Gräberstätten der westlichen Völker. – Form und Größe der Gräber sind sehr verschieden, je nach dem Kostenaufwand. Die Mitte bei allen bildet ein einfacher Sand- oder Grashügel, zu dessen Füßen eine Tafel den Namen des Verstorbenen trägt. Darüber wölbt sich eine offene oder geschlossene Nische, umgeben von halbkreisförmigen Überbauten, die sich den Berg hinaufziehen, während eine oder mehrere Terrassen dem Ganzen zur Unterlage dienen. Tafeln mit Inschriften sind überall angebracht; die Bauten von Marmor oder von Stein, letztere weiß oder grau bemalt. Man denke sich Hunderttausende solcher Anlagen in meilenweitem Umkreise über die felsigen Höhen verteilt, so kann man sich ein Bild machen von der Eigenart diesen Totenlandes! –

Hoch oben in diesen Bergen liegt ein Stück Oase, mit mächtigen Bäumen und schattigem Obdach; und aus den grünen Wipfeln erheben sich die gezackten Dächer eines buddhistischen Klosters, in welchem alte Bonzen als die Hüter des Totengebirges ein stilles Leben führen, nebenbei sich aber freuen, wenn die Lebendigen da oben ein mitgebrachtes Picknickmahl verzehren. Also taten auch wir. Der Buddha aber, in dessen Haus wir hier einkehrten, war nicht das wenigst Merkwürdige: vielleicht in Anwandlung welthistorischer Ironie trug er ein Gesicht, bei dessen Anblick wir wie aus einem Munde riefen: Kladderadatsch! –

... Und hier oben stand ich dann vor dem mit Drachen besetzten Klostertore und schaute auf eine weite Landschaft zu meinen Füßen: auf die Stadt Kanton mit ihrem buntgegiebelten Häusermeer, den starrenden Mauern, den zerfallenen Forts der Tataren und den glänzenden Götzentempeln der Chinesen; auf den Perlstrom und sein unermeßliches Mündungsdelta, auf das Gewimmel grüner Inseln und schwimmender Boote; auf das ferne Wampea und die himmelragenden Pagoden, die Wahrzeichen des Mittelreiches; auf die weiten, grünen Wellen des Landes nach Westen hin, mit seinen Feldern und Dörfern und Kanälen; dann aber auf das wunderbare Gräberfeld um mich herum und auf das lebendige Deutschland im toten Chinesentum: ich schaute auf den humoristischen Gott und seinen kahlgeschorenen Bonzen im stahlgrauen Mantel – beim Konfuzius: das alles war seltsam! –

GUSTAV SPIESS

Der »Kaiserliche Kommissar an Bord Seiner preußischen Majestät Schraubenkorvette Arcona«, Gustav Spieß, war an der Preußischen Expedition nach Ostasien beteiligt, die in den Jahren 1860 - 1862 Japan, China und Siam besuchte. Er hat sich in den Wartezeiten des kleinen Geschwaders wiederholt abgesetzt, um auf eigene Faust zu reisen. Die zwei folgenden Texte über Kanton und Hongkong sind seinen Reiseskizzen entnommen.

Kanton, der älteste Sitz des europäischen Handels

Kanton, der bekannteste und älteste Sitz des europäischen Handels mit China, der enge Kanal, durch welchen sich einst der ganze, jetzt zu einem mächtigen und ausgebreiteten Strom angewachsene Verkehr der Fremden mit dem Innern Chinas ergoß, hat heute nur noch einen Teil seiner früheren Größe und Bedeutung. Ereignisse der verschiedensten Art haben dazu beigetragen, dem Platz einen beträchtlichen Teil seines Handels zu entziehen; es konnte im Grunde nicht befremden, daß der Ort, auf welchen ursprünglich alle Berührung mit den Europäern als eine Art Monopol beschränkt blieb, schon durch den Vertrag von Nanking, der den Fremden fünf neue Häfen eröffnete, einen empfindlichen Stoß erlitt. Die wiederholten Kriege zwischen England und China, deren Brennpunkt bei den ersten Expeditionen die Hauptstadt des Südens, das reiche und mächtige Kanton bildete, hatten Zerstörungen der Faktorei, Unterbrechung des Verkehrs in der Stadt und deren teilweise Einäscherung, gegenseitiges Mißtrauen, Unsicherheit und Nachteile aller Art im Gefolge, und wenn auch inmitten des Krieges der Handel nie ganz stockte, sondern eine ungewöhnliche Zähigkeit bewährte, so haben diese Ereignisse doch einen großen Teil des Verkehrs verscheucht und neben anderen Ursachen dazu beigetragen, den Schwerpunkt des südchinesischen Handels von Kanton zu verrücken und das Aufblühen der anderen, vom Kriege wenig oder gar nicht berührten Plätze zu befördern.

Mehr noch als die Folgen des Krieges hat indes das Aufblühen Hongkongs, Futschaus und Schanghais dazu beigetragen, Kantons Handel zu untergraben. Seine Bedeutung wurzelte im wesentlichen in der enormen Teeausfuhr, welche früher ausschließlich von Kanton aus nach England erfolgte. Ein großer Teil des Tees aus den Distrikten im Innern fand später seinen Weg zur Verschiffung nach Futschau, Amoy und Schanghai, welche Häfen für mehrere der Teeprovinzen eine vorteilhaftere Lage haben. In neuester Zeit droht Hankau am oberen Yangtse eine neue Rivalin für Kantons Teeausfuhr zu werden; wenn sich aber auch diese Befürchtung nicht bestätigen sollte, so wird Kanton selbst unter den günstigsten Verhältnissen nie wieder seine frühere Bedeutung erlangen. Es ist dies gewiß für die Stadt selbst und für alle, welche an dem dortigen Handel spezielle Interessen haben, zu beklagen; an und für sich ist die Sache aber für den europäisch-chinesischen Verkehr nicht von wesentlichen Nachteilen begleitet, denn der in Kanton gesunkene Handel ist verdoppelt an anderen Punkten des großen Reiches ins Leben getreten. Übrigens ist Kanton noch heute die Mutter des ganzen Geschäfts der Chinesen mit den Europäern. Die Kanton-Kaufleute kennen seit langem die Waren, welche aus dem Westen kommen, gründlich und genau, sowie andererseits die Absatzquellen und den Geschmack im Innern des Reiches. In Kanton hat sich der eigentümliche Jargon des »pitchen-English« (pitchen eine Verdrehung des Wortes business) ausgebildet, und man weiß sich dadurch sehr wohl mit den Fremden zu verständigen. Ein gewisser Handelsbrauch und Usancen in Behandlung dieser oder jener Geschäfte haben sich ausgeprägt und sind den Kanton-Kaufleuten eigen. Die Kanton-Chinesen sind durchgängig tüchtige Geschäftsleute, zuverlässig und, weil sie sehr wohl ihr eigenes Interesse kennen, reell in Ausführung geschlossener Kontrakte, im Liefern der bestimmt gekauften Waren, im Einhalten übernommener Verpflichtungen, handle es sich um Kauf oder Verkauf, – kurz Leute, mit denen man gern geschäftlich verkehrt. Sie sind zwar eigensinnig und scheinen pedantisch kleinlich in vielen Dingen, namentlich in den Anforderungen, welche sie an Waren stellen, die ihnen gefallen sollen; sie sind es aber nicht nur, weil dies oder jenes old custom ist, sondern weil sie den Geschmack und Bedarf ihrer Landsleute im Innern kennen und zu sicher gehende Geschäftsmänner sind, um von dem einmal als richtig und passend Erkannten abzuweichen. Diese chinesischen Händler sind meist vermögend und unternehmend, rasch entschlossen, etwas zu geben oder zu nehmen; langes Feilschen und Markten kennen sie nicht, sie sind bündige, wohl überlegende Geschäftsmänner, an bedeutende Umsätze und glatte Behandlung von Geschäftssachen gewöhnt und haben in diesen Dingen eine unleugbare Ähnlichkeit mit dem Wesen der englischen Kaufleute. – Die Gabe schnellen Rechnens im Kopf geht dem Chinesen ab, doch ersetzt er diesen Mangel durch ein unglaublich gutes Gedächtnis. Kanton-Kaufleute haben häufig Kommanditen oder Verbindungen an der ganzen chinesischen Küste, auf Formosa und Hainan, in Singapore, Batavia, Manila, ja in San Franzisko und Sydney, und ohne jede Dazwischenkunft von europäischen Firmen (abgesehen von der Verladung mit fremden Schiffen) machen sie Geschäfte in großem Umfang, chartern auch nicht selten zu ihren Verschiffungen europäische und namentlich deutsche Fahrzeuge.

Alle europäischen Häuser in Hongkong, Schanghai, Hankau, Tientsin, Amoy, Futschau u.s.w. haben Kanton-Chinesen als Kompradores (Hausmakler) und Shroffs (Kassierer), durch welche sie ihre sämtlichen Geschäfte am Platze vermitteln, da sich andere Chinesen nicht dazu eignen. Den Bewohnern der nördlichen Provinzen gehen die Kenntnisse der verschiedenen Dialekte, der Warenkunde, des chinesischen Buchhaltens, kurz kaufmännischer Ordnung, sowie Zuverlässigkeit und Pünktlichkeit ab, während in Kanton die jungen Chinesen reichlich Gelegenheit haben, sich für das wichtige und einträgliche Geschäft dieser Vermittlung zwischen den europäischen Kaufleuten und den übrigen Chinesen auszubilden. Diese Kompradores und Shroffs müssen eine Art Kaution und Bürgschaft stellen und sind für alles übrige chinesische Dienstpersonal im Hause verantwortlich.

Die Konkurrenz von Hongkong

Während in früheren Jahren die bedeutendsten Häuser in Kanton, als dem wichtigsten Handelsplatz, ihren Stammsitz hatten, hat sich die Handelswelt jetzt größtenteils nach Hongkong und Schanghai gezogen, und in Kanton unterhalten die meisten nur Kommanditen oder Agenten. Die alte stattliche Faktorei ist im Beginn des vorletzten englisch-chinesischen Feldzuges ein Raub der Flammen geworden; die jetzt in Kanton lebenden Europäer haben sich am jenseitigen Ufer auf der Flußinsel Honan in den am Wasser gelegenen Magazinen leidlich eingerichtet und es sieht nicht danach aus, als ob bei dem unbefriedigenden Stand der Geschäfte in Kanton die für die neue Faktorei bestimmte kleine Insel Schamin (auf der nördlichen Flußseite) bald mit Neubauten bedeckt werden würde, da man unter dem Druck ungünstiger Verhältnisse keinen rechten Mut zu kostspieligen Häuserbauten hat. Zu den schon erwähnten Umständen, welche auf Kantons Handel nachteilig gewirkt, treten noch die Schäden, welche das neue Zollsystem, d.h. die Verwaltung der Douanen durch englische Angestellte, mit sich bringt. Das neue System trifft die Interessen der Mandarine auf das Empfindlichste, die chinesischen Händler glauben sich von doppelten Abgaben bedroht, und so verscheucht oder lähmt die Zollerhebung durch europäische Beamte den bedeutenden chinesischen Handel, der von Kanton nach den verschiedensten Richtungen des Reiches auszugehen pflegte. Unter solch ungünstigen Einflüssen lag während meiner Anwesenheit in Kanton der Importhandel sehr darnieder, die Klagen waren allgemein, was auch zum Teil auf Rechnung der heißen Jahreszeit zu setzen war.

Kantons Verhältnis zu Hongkong ist ein seltsames. In Kanton kennt man noch die Zeit, da Hongkong noch nicht existierte, während Kantons Handel schon mächtig und lohnend war. Die in den Jahren 1843-45 erfolgte Gründung einer englischen Kolonie auf der kleinen Insel Hongkong vor der Mündung des Perlflusses verlegte nach und nach den Schwerpunkt des Verkehrs nach der neuen Stadt und brachte Kanton in eine – wenn ich so sagen soll – abhängige Stellung zu Hongkong. Die Sicherheit für Leben und Eigentum auf englischem Grund und Boden, wo Kriegsschiffe und Truppen die neue Niederlassung beschützten, vor allem aber die Lage des Hafens, der allen Schiffen leicht zugänglich ist, während auf dem Perlfluß die Fahrt schwierig war und europäische Schiffe nur bis Whampoa hinaufgehen konnten; der Vorzug schließlich, daß Hongkong zum Freihafen erklärt ward, mußte es der Geschäftswelt vorteilhafter erscheinen lassen, Hongkong zum Mittelpunkte und Sitz ihrer Unternehmungen und Operationen zu machen. In Hongkong gibt es weder Schiffahrtsabgaben, Tonnengeld, noch Zölle oder Formalitäten irgendwelcher Art; man kann Waren landen, lagern, wieder verschif-

Die »Westlichen verdorrten Hügel« 100 Meilen westlich Kanton

fen u.s.w., ohne die geringsten Hindernisse. Die Postdampferlinie wurde gleichfalls nach Hongkong dirigiert, und letzteres dadurch zum Knotenpunkt alles weiteren Verkehrs nach Kanton, Makao, Swantau, Amoy, Futschau, Ringpo, Schanghai und dem ganzen fernen Norden, nach den Philippinen... – endlich wurden während der Reihe von Kriegen, welche die Geschichte der Beziehungen Englands zu China kennzeichnen, die in Kanton lebenden Fremden wiederholt genötigt, diesen Platz zu verlassen, während Hongkong als Sitz der englischen Regierung und als militärischer Stützpunkt sicheren Aufenthalt gewährte und dort Handel und Verkehr keiner Unterbrechung und Gefährdung ausgesetzt war.

Solche Ursachen mußten dazu führen, daß Hongkong in kurzer Zeit ein bedeutendes Übergewicht gewann. Daß man in Hongkong am liebsten Kantons ganzen Handel an sich ziehen möchte, ist erklärlich; es kann dagegen auch nicht befremden, daß unter den in Kanton lebenden Fremden ein Gefühl der Geringschätzung und des Neides vorherrscht gegen Hongkong, das als ein Parvenu sich auf Kosten Kantons emporgeschwungen hat. Hongkongs Wohlstand und Bedeutung beruht vor allem in seinem bedeutenden Schiffsverkehr. Die aus Europa nach China bestimmten Schiffe segeln fast alle zunächst Hongkong an, seien sie auch für Kanton (Whampoa), die Küstenplätze oder Schanghai bestimmt. Die meisten Fahrzeuge werden von Haus aus nach Hongkong dirigiert und finden dort ihre weitere Bestimmung, sei es zur Reise mit Tee nach England oder Amerika, sei es zur Küstenfahrt, oder nach den nördlichen Häfen bis Japan, oder endlich um Reisladungen aus dem Süden, von Bangkok, Saigun oder Java zu holen. Die für den Import nach China bestimmten, aus Europa, Amerika oder Indien kommenden Waren werden in Hongkong gelöscht und gelagert, und je nach dem Stand der Märkte weiter nach Kanton, Schanghai und den Zwischenhäfen bestimmt.

Da in Kanton alle Waren bei der Einfuhr sofort versteuert werden müssen (man kann keine Güter unverzollt im Bond lagern), so läßt man nur Metalle und schwere Artikel mit den nach Whampoa direkt weiter segelnden Schiffen gehen, weil dabei die doppelten Umladekosten, Extrafracht und Lagermiete zu schwer in die Waagschale fallen würden. Leichtere und wertvollere Waren lagert man zunächst in Hongkong, um die Auslagen für den Zoll zu vermeiden.

Hongkong
Die britische Stadt im Delta des Perlflusses

Hongkong ist eine kleine Insel von cirka 80 englischen Quadratmeilen Flächenraum, mit der Stadt Victoria (die indes nur in offiziellen Erlassen der Regierung so benannt wird), die seit dem Jahre 1841 Eigentum der Krone von England und jetzt Sitz und Mittelpunkt des englischen Handels in China ist. Wo vor kaum 20 Jahren einige elende chinesische Fischerhütten und Dörfer standen, da erblickt das Auge des Ankommenden jetzt eine blühende Stadt, deren geschmackvolle Gebäude, terrassenförmig am Fuß eines mächtigen Gebirgsrückens ausgedehnt, sich aus dem dunkeln Laubwerk der Gärten und Spaziergänge blendend abheben. Die ausgedehnte Stadt und der ungemein belebte Hafen bieten ein überraschendes Bild und selbst der Boden Nordamerikas, wo blühende Städte wie aus der Erde gezaubert entstanden, dürfte wenig Beispiele ähnlichen Wachstums aufzuweisen haben. – In den europäischen Städten Chinas ist ein italienischer Stil für die meisten Gebäude vorherrschend; die schlanken Säulengänge, welche die Häuser zu tragen scheinen, die flachen Dächer, der reiche und doch einfache Geschmack, in dem das Ganze gehalten ist, machen einen wohltuenden, freundlichen Eindruck und stimmen zu dem südlichen Himmel.

Der Duft der Atmosphäre, das Singen der Zikaden in dichtbelaubten Bäumen, die reiche, herrliche Vegetation in den Gärten, der Reichtum der Früchte, die in den Straßen feilgeboten werden, kurz, ein gewisses Etwas in der ganzen Umgebung erinnert den Ankommenden daran, daß er sich im Bereich der Tropen befindet. Sofort, nachdem wir vor Anker gegangen waren, fuhr ich ans Land und ließ mich durch einen Kuli zum Gasthof leiten, da sich mein Gefühl noch dagegen sträubte, mich von Menschen in den bereitstehenden Sedan-Chairs tragen zu lassen. Nach der frischen Seeluft wirkte die Hitze in der Stadt geradezu betäubend, doch schon noch einigen Tagen ist man dafür weniger empfindlich.

Hongkong trägt durchaus das Bild einer rastlosen Tätigkeit; es ist der Knotenpunkt für den Verkehr nach dem Norden Chinas; fast alle Schiffe, die von Europa kommen, um in den chinesischen Gewässern und Häfen Verwendung zu finden, laufen zunächst in Hongkong ein, und obschon die Stadt selbst nur geringen Eigenhandel hat, so geht doch der größte Teil des Verkehrs durch ihre Hände. Als Sitz des englischen Gouvernements und der Gerichtsbehörden, als Hauptstation der in diesen Seen beschäftigten Schiffe der englischen Flotte, als Truppendepot und vor allem als ein unter der Krone Englands stehender Platz, der bei den häufigen Kriegen Englands mit China den Europäern die meiste Sicherheit bot, hat Hongkong allmählich den Schwerpunkt des Handels hier im Süden von Kanton nach sich zu verlegen gewußt, und die reichsten und angesehensten Häuser haben jetzt in Hongkong ihren eigentlichen Sitz; von hier aus werden die Unternehmungen in den übrigen Häfen geleitet.

Die sogenannte gute Gesellschaft ist hier am zahlreichsten vertreten, und im Winter sollen die Zirkel der Aristokratie, die Bälle, Maskeraden und Abendgesellschaften, Konzerte usw. an Glanz und Luxus der besten Gesellschaft in Europa nicht nachstehen. Jetzt in der heißen Jahreszeit war das von selbst verboten; man geht nur aus, wenn es nicht zu vermeiden ist, und ein echter Hongkong-Mann läßt sich auch dann nur tragen. Gegen Abend beleben sich die Straßen, die dem Meere entlang oder die Höhen sanft hinaufführen, mit Spaziergängern, Herren und Damen zu Pferde oder Wagen, oder auch in dem unvermeidlichen Chair (Tragsessel), welche die kühle Abendluft genießen. Hat man, wie es in den deutschen Häusern in der Regel geschieht, um 4 Uhr das Diner eingenommen, so setzt man sich auf der Veranda in einen der ungeheuren Bambus-Sessel und wartet, ob sich vielleicht etwas Brise aufmacht. Es ist eine wichtige Sache, diese Brise, und der Leser lächelt vielleicht über diese Behauptung. Wo aber, wie in Hongkong, die Nacht höchstens 2 bis 3 Grad Abkühlung gegen die mittlere Tagestemperatur bringt, ja bisweilen die Luft schwüler ist als am Tag – da sehnt sich der Mensch nach einem kühlenden Luftzuge wie nach der größten Wohltat. Hongkong ist leider durch seine Lage vom Zugang der erfrischenden Seewinde abgeschnitten; der hohe Bergrücken, zu dessen Füßen die Stadt erbaut ist, wehrt ihnen den Übergang. Wie manchen Abend haben wir in der Veranda auf die »Brise« gewartet, aber die Zweige der üppigen Baumkronen regten sich nicht, und wir fuhren dann wohl in einem Boote noch spät aufs Wasser hinaus, um dort die ersehnte frische Luft zu finden.

Das Leben und Treiben in den Straßen der Stadt ist bunt und lärmend genug, wenn auch die Europäer nur wenig auszugehen pflegen. Die chinesische Stadt schließt sich unmittelbar an die europäischen Straßen an, und wo 60.000 Chinesen wohnen, fehlt es an Tätigkeit und rührenden Elementen nicht. Zahlreiche Läden mit den verlockenden Erzeugnissen des Kantoneser Kunstfleißes reihen sich in der Hauptstraße aneinander, und ob die Firma Joung Ahoy oder Hip sing heißt, alle handeln mit Ivory ware, Crêpe Shawls, Paintings, Lacquered ware etc. Zahlreiche Schneider und Schuhmacher, Maler für Porträts, für Kopien von Schiffen usw. haben ihre Werkstätten dort aufgeschlagen, und eine Wanderung durch die Läden oder ein Besuch im Atelier eines chinesischen Malers lohnt die Mühe des Ausganges in dieser heißen Stadt reichlich. Überall ist der Chinese freundlich und höflich, und mit großer Unverdrossenheit zeigt er alle seine Herrlichkeiten, auch wenn er weiß, daß er nichts davon an den Mann bringen wird. In einer Stadt, wo täglich Schiffe aus allen Gegenden der Welt ankommen, fehlt es natürlich auch an Tavernen nicht, und in stiller Nacht hört man die Blaujacken oft singend und lärmend durch die Straßen ziehen.

Für den Fremden ist der Aufenthalt in einer Stadt, wie Hongkong, für kurze Zeit interessant; man fühlt die raschen Pulsschläge dieses rastlosen Verkehrs, es wird gehämmert und gebaut, man schleppt Waren in die großen Lagerhäuser und andere heraus; täglich kommen und gehen Schiffe, die Postdampfer bringen Fremde von Nord und Süd, und Glanz und Luxus sind die redenden Beweise, daß man nicht umsonst auf dieser Insel arbeitet. Nirgends ist mir das »Am Golde hängt, nach Golde drängt sich alles« so lebhaft vor Augen getreten als hier, wo es gilt, so bald als möglich zu Reichtum zu gelangen, damit man dem Lande den Rücken wenden und die Früchte seiner Arbeit daheim genießen kann. Freilich wird manchem dies ersehnte Ziel nicht zuteil, und der Chef des reichsten Hauses in China, der ein Vermögen von Millionen erworben, starb auf der Heimreise, noch ehe er den Boden Englands betreten hatte, wo der reiche Mann das Leben endlich genießen wollte!

An anderen Plätzen geht die Mail, dieser große Pendelschlag des Lebens im Osten, zweimal im Monat; Hongkong hat beständig eine Mail – heute kommt die Post von Europa, nach zwei Tagen geht der Dampfer nach dem Norden, wenige Tage später trifft die Mail aus

Hongkong

dem Norden ein, um nach zwei oder drei Tagen die Reise nach Singapore und Europa fortzusetzen. Rechnet man dazu den beständigen Verkehr mit Kanton, Makao und den Plätzen an der Küste, so findet man es begreiflich, daß man in Hongkong wenig Ruhetage kennt. Diese Ruhelosigkeit macht sich auch im geselligen Leben fühlbar, und so eilte ich, von Hongkong fortzukommen, nachdem ich das Tun und Treiben sattsam beobachtet hatte. Das Theater in Hongkong versprach in den pomphaftesten Ankündigungen herrliche Genüsse – es war ein nackter Betrug, den man dem Publikum geboten. Für den Eintrittpreis von drei Talern hatte man den Genuß, eine Anzahl schwarzberußter Matrosen als »Sänger« ein beliebiges schmutziges Lied singen zu hören; man war in einer Schenke in diesem Royal theatre zu Hongkong. Auch eine Kunstreitergesellschaft kündete ihre unübertrefflichen Leistungen an; es liegt aber in der Natur der Dinge, daß die Kunst hier außen noch in keiner würdigen Weise vertreten ist. Schauspieler, Sänger, Tänzer, Kunstreiter, Zahnkünstler und mit wenigen Ausnahmen auch Ärzte, die nach China kommen, sind so ziemlich aus einem und demselben Teig geformt, – Scharlatane und Abenteurer, die auf die Börse der wohlhabenden Europäer spekulieren.

Die Magazine in Hongkong enthalten alles, was Luxus, Eleganz und Komfort nur wünschen können, und wo das Geld, so leicht gewonnen, verhältnismäßig geringen Wert hat wie in China, leben alle Stände glänzender und anspruchsvoller als in Europa und die Befriedigung einer Laune versagt sich, der Kostspieligkeit wegen, nicht leicht jemand.

Aus diesen Gründen ist der Absatz für Luxusartikel in Städten wie Hongkong weit größer, als man voraussetzen würde, wenn man nur die Zahl der dort lebenden Fremden berücksichtigt. Es gibt aber darunter kleine Leute, die den niederen Ständen angehören, oder die eingeschränkt leben, und selbst der Matrose von den im Hafen liegenden Schiffen gibt mit vollen Händen aus. Alle Sachen sind zum Erschrecken teuer, obschon keinerlei Zoll auf den Waren ruht. Vieles wird auch von chinesischen Artikeln, wie Elfenbeinschnitzereien, Fächer, Seidenstoffe, Porzellan usw. an die Fremden abgesetzt; diese Sachen kommen alle von Kanton, wo sie in besserer Auswahl und billiger zu haben sind; doch kommen nicht alle Besucher Hongkongs auch nach Kanton. Die Zahl der chinesischen

Läden dieses Genres in der Hauptverkehrsstraße Hongkongs ist beträchtlich. Hongkongs eigener Handel repräsentiert sich im wesentlichen in zahlreichen »Shipchandlershops«, die ganz bedeutende Geschäfte machen, in einer langen Reihe chinesischer Läden, in denen europäische Kurzwaren und die erwähnte Chinoiserien feilgeboten werden, endlich in glänzenden Magazinen für die elegante Welt. In letzteren findet man fast nur Pariser und Londoner Artikel, was bei der überwiegend englischen Bevölkerung leicht begreiflich ist.

In Hongkong, als Freihafen, besteht – abgesehen von den in England publizierten Schiffsdokumenten der nach Hongkong ausklarierenden Fahrzeuge – gar keine Möglichkeit, die Höhe der Wareneinfuhren zu kontrollieren. Man weiß nicht einmal, wieviel die Schiffe gelandet haben, was sie an Bord behalten usw. Es ist erst seit kurzem eine Handelskammer in Hongkong ins Leben getreten, die es sich auch zur Aufgabe gemacht hat, alles Material zu sammeln und zusammenzustellen, was über die Bewegung des Handels in Süd-China Aufschluß zu geben vermag.

Buch und Rechnung, Kauf und Verkauf werden in Kanton und Hongkong in Dollars geführt und geschlossen, und zwar ist es auch hier der mexikanische Dollar zu 100 Cents. Anderes Gepräge und wäre es auch von gleichem Feingehalt, ist nur mühsam und mit Verlust anzubringen. Die früher sehr begehrten und im Norden noch vorkommenden spanischen Carolus-Thaler sind im südlichen China ganz vergessen, dagegen kommt auch chinesisches Sycee-Silber (in Klumpen oder Schuhen und mit einem Stempel versehen) vor und das Gewichts-Verhältnis des mexikanischen Dollars zu 1 Tael Silber wird zu 0,717 angenommen, d.h. 1.000 Dollars = 717 Tael. Die Differenz zwischen dem Feingehalt wird dabei noch besonders berechnet.

In Kanton besteht noch die Unsitte, alle Dollars, welche der Shroff einnimmt, mit einem Stempel zu versehen (ein chinesischer Buchstabe wird eingehauen); auf diese Art verliert der Dollar nicht allein bald das Gepräge, sondern auch viel an Gewicht. Im Kleinverkehr bedient man sich beim Mangel jeder silbernen Scheidemünze des Dollar-Silbers, welches in beliebige Stückchen gehackt und gebrochen wird. Mit einer feinen Waage ist jeder Kleinhändler versehen, und so werden die kleinen Einkäufe und die Ausgleichungen mit Gewichtspartikelchen von Silber bestritten. In Kanton sieht man verhältnismäßig wenig Kupfer-Cash, welche im Norden die ausschließliche Münze für den Kleinverkehr der Chinesen bilden. Geprägte 1/2 und 1/4 Dollars sind auch in Kanton und Hongkong sehr selten, und man behilft sich in der eben angedeuteten Weise.

Shanghai

Der alte Welthafen am Huangpu, der 27 km flußabwärts in den Jangtsekiang mündet. Heute die volkreichste Stadt Chinas.

JOSEPH MARIA VON RADOWITZ

Kein Obdach für den neuen Vertreter des Königs von Preußen im Chinesenlande
         Schanghai, 15. August 1862.
Am gestrigen nachmittag um 3/4 3 Uhr fiel der Anker des »Columbian« im Hafen von Schanghai und kurze Zeit darauf befanden wir uns am Ziele der Reise, die vor gerade 50 Tagen in Berlin ihren Anfang genommen hatte. Von Hongkong waren wir am 9. d. M. mit der Besorgnis in See gegangen, zum Schluß noch einem der argen Taifune zu begegnen, welche die hiesigen Gewässer verheeren. Ein solcher war am 27. Juli d. J. in den Gewässern zwischen Kanton und Hongkong und gleichzeitig auf der Küste ausgebrochen. Im Zeitraum von nicht fünf Stunden wurden etwa 40.000 Menschenleben vernichtet! Man kann diese Zahl nicht begreifen, wenn man nicht die massenhaften kleinen chinesischen Fischerboote kennt, die sich mit größter Kühnheit in die offene See wagen. Hunderte solcher gebrechlicher Fahrzeuge haben wir in Entfernungen von 15 bis 20 Seemeilen vom Festlande bei hoher See begegnet, einen großen Teil davon ohne Segel, als bloße Ruderboote. Außerdem lebt auf dem Wasser zwischen Kanton und Hongkong eine schwimmende Bevölkerung von über 200.000 Seelen, die nur auf Flößen und in Schiffen existiert. Man kann sich also vorstellen, welche Verheerungen ein starker Taifun unter diesen Unglücklichen anrichten muß. Und doch frägt niemand danach, wenn hier 40, 50, 100.000 Individuen auf einmal zugrunde gehen: die Übervölkerung des chinesischen Reiches, besonders im Süden, ist so ungeheuer, daß solche Zahlen einen unmerklichen Ausfall machen.

Hongkong Viktoria-Turm

Die ersten beiden Tage unserer Fahrt waren ziemlich gut; am Abend des zweiten umzog sich der Himmel mit der unbegreiflichen und unbeschreiblichen Schnelligkeit, die hier allen großen Ausbrüchen vorhergeht. Wir waren demnach schon auf die Bekanntschaft mit dem mächtigen Herrn der Lüfte gefaßt, im Augenblick wurden die Segel eingezogen und der Kampf vorbereitet. Aber wir blieben bloß Zuschauer und Bewunderer des gewaltigen Schauspiels, das nun losbrach. Hoch im Äther lieferten sich drei Gigantenwetter eine elektrische Schlacht mit einem Aufwande von Donnerschlägen und zuckendem Blitzfeuer, der für viele Jahre heimatlicher Augustgewitter ausgereicht hätte. Ein anwesender Franzose hielt das Ganze für die Vorfeier der »St. Napoléon«, aber er irrte sich im Datum. Außer diesem großen nächtlichen Feuerwerke genossen wir auf der ganzen Fahrt allabendlich den Anblick zahlreicher Meteore und leuchtender Lufterscheinungen. Glaubwürdige Schäfer auf einsamer Heide oder hellsehende Nachtwächter hätten darin reichen Stoff zu blutigen Kreuzen, goldenen Schwertern, glänzenden Lanzen und sonstigen prophetischen Himmelszeichen finden können, es war nur zu bedauern, daß keiner von uns sich auf Wahrsagen verstand.

Am 14. früh näherten wir uns der Mündung des größten Flusses der Welt, des Jang-tse-kiang. Seine erbsengelben, langsamen Wellen geben weit hinaus der klaren Meeresflut ein ungewaschenes Ansehen und verdrängen den Salzgehalt durch süßen Schmutz. Er sieht mißvergnügt aus, wie abgestandener Tee und scheint jeden Fremden darauf vorbereiten zu wollen, daß ihm weiter hinauf trübe Erfahrungen bevorständen. Für uns hatte er darin nicht Unrecht, der gute, schmierige Jang-tse-kiang! Etwa 40 Meilen oberhalb seiner Mündung in die See nimmt er auf dem rechten Ufer den Wusungstrom in sich auf, an welchem die liebe Stadt Schanghai liegt, allwo wir jetzt uns einen Zopf wachsen lassen.

Der Hafen von Schanghai ist sehr bedeutend; die Flaggen fast aller seefahrenden Nationen flatterten von den Masten der hier liegenden Schiffe. Nur im Goldenen Horn habe ich ein ähnlich buntes Hafenbild gesehen. – Aber die Lage von Schanghai selbst hat wenig lockendes, wenig von den herrlichen Umgebungen von Hongkong und Singapore, von den Tropenstationen auf Ceylon und Penang gar nicht zu reden.

Flach und heiß, breit und einförmig, unsympathisch durchaus, so erschien uns Schanghai von ferne; und der erste Schritt ans Land stellte das Bild ganz fest: ein lauter, wüster Kaufmannsplatz, Heimat der Ballen und Fässer, verlassen vom Schönen und Heiteren, geflohen von jedem geistigen Lebenshauch, der sich nicht in barer Münze berechnen läßt.

Wir waren von der neuen Heimat wenig angeheimelt. Kein Mensch, der nach dem neuen Vertreter des Königs von Preußen im Chinesenlande gefragt hätte. Stundenlang zogen wir (bei drückendster Hitze) zwischen brüllenden, schleppenden, stoßenden, stinkenden Chinesen und der schlimmsten Sorte von Europäern herum. In dem einzigen amerikanischen Gasthofe keine Aufnahme wegen Überfüllung durch ein englisches und französisches Hilfskorps. Brandt (der spätere deutsche Botschafter in Peking) macht sich auf die Suche nach der »Königlich preußischen Behörde«, während wir auf offener Straße unser Gepäck bewachen. Nach zwei Stunden erscheint er wieder mit Herrn Overweg jun., charmanter junger Mann, weniger erfreut als überrascht uns vorzufinden, obgleich seit 14 Tagen im Besitze eines Erlasses des Ministeriums, der ihm anzeigte, daß wir zu erwarten seien. Herr Overweg jun. aber ist nur der Konsulatsvetter und der eigentliche Konsul (Senior) hatte für passend erachtet, sich nach Japan zu begeben. Junior versicherte tröstlich, er wisse kein Unterkommen und gab zu verstehen, es würde dem allseitigen Besten entsprechen, wenn wir wieder sofort nach Hause fahren wollten. Nachdem wir dies abgelehnt hatten, nimmt er freundlich Herrn v. Rehfues (Generalkonsul) in seinen Penaten auf, überläßt uns anderen aber, irgendwo sonst zu bleiben. Brandt findet alte englische Bekannte, die ihn plazieren, Wittgenstein hatte die Chance, einen deutschen Kaufmann zu ermitteln, der sich seiner bemächtigte, ich aber teilte mit Herrn Bismarck bis abends 9 Uhr noch das Schicksal der lieben Vögelein. Überwältigt von der Hitze und den Beschwerden des Tages ziehe ich zu Herrn Overweg jun. und eröffne ihm klar, daß ich eventuell auch in seinem eigenen Bette, jedenfalls aber bei ihm die nächste Nacht zubringen würde. Hierauf weist er mir eine Rumpelkammer an und bringt Bismarck bei einem anderen deutschen Kaufmann unter. Meine Stube lief in einen Balkon aus, dessen Türe ungeöffnet bleiben mußte; das »Bett« entbehrte aber der Elementarvorsicht, die hier jeder Schlafende zu beobachten hat, nämlich des Vorhanges gegen Moskitos. So feierte ich darin eine Nacht im Kampfe gegen dieses fürchterliche Insekt. Ohne eine Sekunde geruht zu haben, mit geschwollenen Händen und Füßen, begab ich mich an das folgende Tagewerk des 15. August.

Dann nahm mich der deutsche Kaufmann, bei dem Bismarck wohnte, Herr Probst, in seine Behausung. Es hieß nun ein eigenes home zu finden. Kein Haus zu einem Mietspreise unter 1.200 - 1.500 Pfund Sterling, d.h. 8.400 - 10.500 Taler! Und dazu der Generalkonsul mit einem Gehalt von 14.000 Taler inklusiv Wohnungsentschädigung. Alle anderen Preise in dem gleichen Verhältnis; ein Zustand, wie er nur zeitweise in Kalifornien existiert hat, herbeigeführt durch die Anhäufung von englischen und französischen Truppen, welche die Stadt nicht verlassen können, ohne die ganz in der Nähe stationierten Rebellen zu ihren Meistern zu machen. Dabei ist der Handelsverkehr von Schanghai seit einem Jahr gewaltig gewachsen. 250 große Handelsschiffe liegen hier im Hafen, wo vor 14 Monaten kaum 70 waren. So stehen wir noch heute vor der Frage: wo bleiben wir? Denn die Existenz zu Gaste bei den Fremden wird unwürdig und unhaltbar. Außerdem mußte uns bald klar werden, daß wir wenig Entgegenkommen von den eigenen Landsleuten zu erwarten haben würden. Wo wir glaubten, mit offenen Armen empfangen zu werden, ist zunächst Widerstand und Mißvergnügen. Die Landsleute hier, und die Herren Konsuln an der Spitze, haben nicht die Gesichtspunkte mehr beibehalten, auf denen die heimischen Institutionen erbaut sind. Graf Eulenburg mitsamt seinen Herren haben sich, unter uns gesagt, eine schwere Menge von Illusionen und falschen Auffassungen aufbinden lassen. Wir tragen jetzt davon die Folgen. Aber wir werden uns durcharbeiten!

Schanghai, 3. September 1862

Es hat uns genug gekostet, mit Klagen und mit der Darstellung der schwierigsten Verhältnisse beginnen zu müssen. Aber es war jedenfalls besser als die Fortsetzung der illusorischen Berichterstattung, die früher von hier gemacht worden, freilich von solchen, die gleich wieder abziehen konnten. Und zudem wollen wir nichts vom Ministerium – nur ihm reinen Wein einschenken und die Arbeit dann selbst tun.

Von der Entwicklung unserer hiesigen Verhältnisse ließe sich vieles sagen. Ich verspare mir das aber für gereiftere Zeit. Bis heute existieren wir noch gerade so wie vor 14 Tagen, d.h. jeder einzeln in dem Hause, das ihn von der Straße aufgenommen hat. Herrn v. Rehfues Bemühungen, ein eigenes Logis zu bekommen, begannen gleich nach der Ankunft und ließen uns weiter erkennen, daß Schanghai der teuerste Platz geworden, der vielleicht jetzt auf der ganzen zivilisierten Erde existiert. Die niedrigste Miete, die uns geboten wurde, blieb 1.200 Pfund Sterling. Herr v. Rehfues konnte also nur daran denken, ein beschränktes Terrain für ihn und mich zu mieten, mit Verzicht auf dasjenige, was seine Stellung hier mehr als irgendwo erheischen würde. Er hat dies gefunden. Einstweilen wird es gereinigt und mit dem Notwendigsten versehen; dafür hat Herr v. Rehfues etwa 2.500 Taler ausgeben müssen. Andere Preise: Brandt bewohnt eine Stube (vom 4. September ab), daneben in einer Kammer sein Bedienter; Mietpreis 175 Taler monatlich. Kostgeld für einen Diener ohne Getränke 80 Taler monatlich; wer keine eigene Menage hat und im englischen Kommissariat mit den dortigen Offizieren ißt, zahlt im Abonnement für Frühstück und Mittag ohne Wein monatlich 190 Taler. Unter einem Dollar (= 1 1/2 Taler) gibt es nicht die geringste Kleinigkeit, keine Handleistung, keinen Barbier. Alle Dinge, die zum täglichen Lebensbedarf gehören, stehen in diesem Preisverhältnis. Nur einzelne Luxussachen sind verhältnismäßig wohlfeiler, und namentlich die Pferde zu den Preisen wie bei uns in der Heimat. Ein Pferd ist noch mehr als in Konstantinopel Lebens- und Bewegungsbedürfnis. Ich habe Pferd und Sattelzeug von dem abreisenden belgischen Generalkonsul nach hiesigem Preis billig zu 375 Taler gekauft. Unsere Bedienten stehen relativ am schlechtesten; während sie von uns 10 Taler bekommen, würde jeder europäische Diener von den Einheimischen 60 - 70 Taler bei freier Station sich verdienen können. Ich hoffe nur, daß dieser Apfel der Erkenntnis sie nicht zum Abfall verführt!

In amtlicher Beziehung hätten wir bekanntlich zum 2. September unsere Ratifikation tauschen sollen. Doch was wir vorhergesehen, ist eingetroffen: die chinesischen Behörden haben sich um nichts gekümmert, nichts vorbereitet, und wir werden vielleicht noch Monate warten, bis das Einfachste erreicht ist. – Herr v. Rehfues hat einstweilen erklärt, er müsse seinerseits den Vertrag als ratifiziert und gültig ansehen und werde danach verfahren. Wie weit wir nun kommen, werden wir sehen. Es war ein entschiedener Fehler, uns in Schanghai, statt in Tientsin, wo wir so nahe bei Peking wären, ratifizieren zu lassen. – Ich beginne jetzt die Organisation des Jurisdiktions- und Paßwesens. Das erstere wird eine sonderbare legislatorische Arbeit werden und überall auf die größten Hindernisse stoßen. Aber mit Geduld und rücksichtsloser Konsequenz wird auch das zu machen sein.

Interessante Intermezzos hatten wir durch die Rebellen, die in nächster Nähe vor der Stadt standen und auch wohl wiederkommen werden. Brandt, Wittgenstein und ich haben die Ehre gehabt, hier zum erstenmal Pulver zu riechen, da wir uns nicht versagen konnten, den Expeditionen der hier garnisonierenden Engländer uns anschließen. Die erste war ohne Gefecht, die zweite (am 25.) führte zu einem ordentlichen Kugelwechsel, aber nur um das Unglaublichste von Feigheit auf seiten der Rebellen zu zeigen, während allerdings auch die kaiserlichen chinesischen Truppen stets davonliefen, um ihren europäischen Alliierten Meldung zu machen. Das Ganze war eigentümlich und interessant, wenig gefährlich und nur getrübt durch die Beweise unmenschlicher Grausamkeit, die wir in den zerstörten Dörfern fanden.

Schanghai, 17. September 1862.
Seit dem Abgange meiner letzten Nachrichten hat das Mißgeschick, das den Anfang in Schanghai begleitete, uns weiter verfolgt. Konstante Hitze von 27 bis 28 Grad Reaumur im Schatten von früh 7 bis abends 10 Uhr; in der Nacht 20 - 22 Grad. Dazwischen Regenschauer, die alles durchfeuchten, nicht aber abkühlen; dicke, schwere Luft und Ausdünstung von Land und Wasser, die beklemmend und Übelkeit erregend auf Lungen und Magen wirkt: so zeigt sich Schanghai in seiner eigensten Gestalt. Morast innen und außen, kein gesunder Luftzug in dem ganzen Warenlager, in das nichts hineinkommt, was nicht gewogen und verkauft werden kann. Unsere Wohnung liegt im amerikanischen Settlement (die Engländer, Franzosen und Amerikaner haben eigene Stadtteile, Settlements, deren Grund und Boden den respektiven Regierungen gehört), weit ab von dem englischen und französischen, und über eine Stunde von der chinesischen Stadt Schanghai. Zwei kleine Schlaf-

stuben, eine gemeinsame Wohn- und Arbeitsstube oben und ein sogenannter Salon und Eßstube unten machen den Wohnapparat des Generalkonsuls mit seinem Legationssekretär aus. Unsere europäischen Kollegen würden kopfstehen, wenn sie uns hier sähen, noch mehr, wenn sie den Anfang unserer Menage miterlebt hätten!

Am 8. zog ich hier ein; Waldheim hatte schon 5 - 6 Tage vorher sich mit Fieber und Rheumatismus gelegt und war nun soweit, daß ich ihn in einer Tragbahre mußte transportieren und sofort zu Bette legen lassen. Statt also zum ersten Male bei dem Um- und Einzug mir Dienste zu leisten, war er invalide und ich wurde sein Pfleger. Ebenso hatte sich der Bediente des Herrn v. Rehfues am Tage des Umzuges mit heftigem Fieberanfall gelegt, unfähig zu jeder Arbeit. Nun hatten wir noch vier Stück Chinesen, zwei davon als Köche; und während v. Rehfues sich damit abgab, diesen einen Schimmer von europäischer Nahrungsweise beizubringen, räumte ich meine eigenen Sachen aus und figurierte als Krankenwärter der beiden Bedienten. Waldheims Fieber ließ nach, der Diener von Rehfues wurde aber immer schlimmer; am 14. früh schickten wir ihn auf Anraten des Arztes ins Hospital – und zwei Stunden darauf empfingen wir die Nachricht von seinem Tode. Am Montagabend haben Brandt und ich ihn begraben auf der anderen Seite des Flusses, in einem kleinen Kirchhofe, wo dicht neben seiner letzten Ruhestätte zwei Matrosen von der »Arcona« liegen, die hier 1861 zurückgeblieben sind. – So ist der erste Mensch von unserer kleinen Schar durch die Tücke des Klimas weggenommen worden!

Und jetzt, welche Existenz! Den Tag über kaum die Möglichkeit, einen Schritt vor die Türe zu setzen wegen der Hitze; zu Hause wüste Stuben und keine Erholung irgendeiner Art. – Du weißt, wie wenig Bücher ich mithabe, v. Rehfues hat nicht ein einziges, braucht auch keines, wie es scheint. Abends von 7 Uhr reite ich so oft wie möglich, aber nur, wenn es mir gelingt, einen Menschen zu finden, der mir mein Pferd, das noch in der Stadt steht, besorgen kann. Um 1/2 8 essen wir – das Essen ist ein Kampf mit dem chinesischen Koch, der beständig belehrt wird und kein Wort davon versteht. Nachher – Herumsitzen auf dem Balkon und in der Stube, geringe Konversation und möglichst viel Schlaf. Natürlich verliert sich ungern irgendein Mensch bis zu uns heraus, zumal die Gegend abends unsicher ist und von ordentlichem Weg und Steg kaum eine Spur.

Dabei die amtlichen Dinge unerquicklich, gehen auf Schneckenfüßen und drehen sich im selben monotonen Zirkel.

Das war und ist der Aufenthalt in Schanghai. Gott bessere es!

Ich hoffe, wenn wir einmal in erträgliche Wärmeverhältnisse gekommen sind, mich viel mit allgemeinen und lokalen chinesischen Dingen befassen zu können, von denen der richtige Schanghaier Europäer wenig ahnt und weiß. Alle Straßen sind voll schreiender, schmutziger Lastträger, ab und zu erscheint der Zug eines Mandarins, zwischen allem treiben sich die chinesischen Händler in etwas reinlicheren Habiten herum – das ist alles, was man von China hier merkt. Die chinesische Stadt liegt abgeschlossen, von hohen Wällen und breiten Graben umgeben, für sich. Sie ist eng und von unerträglichen Gerüchen durchzogen, deshalb von Europäern, die nicht direkte Geschäfte da haben, gemieden. – Ebensowenig charakteristisch ist die ganze natürliche Beschaffenheit von Schanghai. Trotz der Sommerhitze, die der der Tropen nichts nachgibt, gedeiht nicht eine Pflanze, nicht ein Baum, nicht ein Produkt, das von der schönen und reichen Südzone Zeugnis ablegte. Im Vergleich zu Syrien und Ägypten, mit denen die hiesige Gegend auf gleichem Breitengrade liegt, ist es ein steriles, elendes Terrain, und wenn ich an den Bosporus denke, an die Fülle und den Reiz seiner Vegetation, oder wenn ich die pflanzenarmen, aber doch so erhabenen Gegenden Griechenlands in Vergleich ziehe, so erscheint mir dieses hiesige Stück Erde von ausgesuchter Gemeinheit trotz seiner südlichen Lage. – Aber teile dieses Urteil einem hiesigen Kaufmann mit, so wird er mitleidig lächeln: denn in seinen Augen ist Schanghai Gold, pures Gold, ganze Dividende, reinster Profit. Es soll auf der Welt in diesem Moment kaum seinesgleichen haben in bezug auf immensen Aufschwung des Handels, und die Möglichkeit, binnen kurzem aus wenig ein Vermögen zu machen. Der ganze ostasiatische Handel mit den wichtigsten Artikeln, Seide und Tee, kulminiert jetzt hier und hat die Rivalinnen, auch Hongkong und Kalkutta geschlagen. Daher glänzt das Auge des Großhändlers, wenn er von Schanghai spricht. Aus China kann noch Ungeheures gewonnen und herausgeführt werden, hineingebracht wird dem armen Volke nichts außer überflüssigen Luxussachen und vernichtenden Passionen.

Unser kleiner Krieg gegen die Rebellen hat sich ziemlich beruhigt, wenigstens nicht mehr zu neuen, interessanten Expeditionen geführt. Die Rebellen sind aus der unmittelbaren Nähe der Stadt abgezogen, obgleich noch immer so nahe, daß sie allen Verkehr belästigen. Englischer- und französischerseits wird nunmehr für den Herbst ein Feldzug präpariert, der mit der Einnahme von Nanking enden soll. Damit wäre in diesen Provinzen die Rebellion besiegt.

Von dem unerschöpflichen Talent der Chinesen, Schwierigkeiten aus Dingen herzuleiten, von denen niemand etwas ahnt

Schanghai, 22. Oktober 1862.
Was die Ratifikation betrifft, so sind wir noch so klug wie vorher. Vor einigen Wochen empfingen wir den kaiserlichen Generalgouverneur Sieh, der einstweilen die Sache in Händen hat. Wir waren in großer Uniform, Waldheim frisch gewaschen, das Haus festlich abgeputzt. Der Mandarin erschien mit etwa 50 Begleitern, die sich harmlos im Salon und vor dessen Fenstern gruppierten und uns beinahe auf den Schößen saßen. Nach allgemeinen Redensarten, worin er wiederholt versicherte, unsere Vertragssache werde in Peking mit wunderähnlicher Schnelligkeit besorgt, wurde er ins Nebenzimmer bugsiert und ihm dort à l'Européenne serviert. Die dicke Exzellenz aß entsetzlich viel, fragte bei allem woher? und aus was? und steckte sich fast das ganze Dessert in die Tasche. Neben ihm auf dem Tische stand ein mächtiger Spucknapf von Messing, den er oft handhabte, zugleich mit einer nie ausgehenden Messingpfeife. Auch hier umstand sein ganzes Gefolge, vermehrt durch zahlreiche nicht berufene andere Chinesen, den Tisch und schauten uns bis tief in den Magen. Der Mandarin hatte seinen französisch sprechenden Dolmetscher mit und wir den unsrigen, so daß lebhafte Konversation geführt wurde, besonders nachdem ich dem alten Pagoden begreiflich gemacht hatte, was vor- und nachtrinken sei und ihn zwang, sein Champagnerglas öfters zu leeren, wovon die Hälfte regelmäßig in die Halsbinde kam. Über unsere verschiedenen Orden war er verwundert; ich erzählte ihm in bezug auf den Malteser haarsträubende Kampf- und Türkenvertilgungsgeschichten der alten Ritter, so daß ihm fast feierlich zumute wurde.

Nach vielen Tassen Tee und kleinen Likören, welche die Chinesen besonders hochachten – und von denen sich der treffliche Mandarin je eine ganze Flasche zum Andenken ausbat – und nach unzähligen Verbeugungen, gegenseitigen Redensarten wegen der Schlechtigkeit des Empfangs, der Unverschämtheit, überhaupt gekommen zu sein und etwas angenommen zu haben, wälzte sich der Staatsmann des Himmlischen Reiches (dessen offizieller Titel lautet: »Exzellenz von ruhmvollem Rufe«) in den Palankin und zog mit seinem spektakelnden Trosse, von dem die Mehrzahl lange Lanzen mit bunten Fahnen trug, wieder ab.

Schanghai, 22. Dezember 1862.

Hier geht es sans émotions le même train. Etwas mehr Leben war in der letzten Woche in unserem verwunschenen Hause dadurch, daß Brandt aus Japan zurückgekommen war und bei uns wohnte. Das Wetter ist über alle Begriffe schlecht – Umgang mit anderen Menschen gibt es nicht, folglich bleibt nur die tägliche Arbeit und Lektüre. Die erstere ist in ihren wichtigen, theoretischen Aufgaben vorerst beendet und hat jetzt vorwiegend den Kanzlei- und Schreiberanstrich; die letztere ist natürlich recht unvollkommen, auf weniges englisches Zeug beschränkt. Im Hintergrunde der Zukunft leuchtet die »Gazelle« mit ihrer Bücherkiste, in der ich hoffentlich auch einige Nova über das hiesige Land finden werde.

Unsere Hauptaufgabe, die Ratifikation, von der wir seit Monaten glauben, sie sei so gut wie abgemacht, zieht sich bei jedem neuen Anlauf wieder in die Länge. Die Chinesen haben ein unerschöpfliches Talent, Schwierigkeiten aus Dingen herzuleiten, von denen kein anderer eine Ahnung hat. Geduld, nie aufhörende Geduld ist die Hauptinstruktion, die jeder hierher bekommen muß. Ob wir vielleicht in der Weihnachtswoche zu unserem Ziele kommen, ob wir es überhaupt ganz, d.h. auch für die anderen deutschen Staaten erreichen, ist noch Rätsel. Die Sache hat aber aufgehört, interessant und spannend zu sein. – Die vorige Post hat uns auch das erste Lebenszeichen vom neuen Minister (Bismarck), als Antwort auf die ersten Berichte aus Schanghai, gebracht. Er läßt sich wohlwollend aus, tröstet für die Zukunft und erzählt zur Beruhigung, daß die »Gazelle« herauskommen würde.

Schanghai, 6. und 7. Januar 1863.
(Nächtliche Studie.)
Ich habe schon davon geschrieben, daß unsere erste Hauptaufgabe, die Ratifikation des Vertrages vom 2. September 1861, durch die Dickköpfigkeit und Trödelei der chinesischen Mandarine sich über die Gebühr langsam entwickelte. Mit Anfang des Jahres 1863 waren wird endlich soweit, daß der Kommissar (der dreimal hintereinander gewechselt worden) sich präsentierte und daß die wirklichen Verhandlungen beginnen konnten. Da wir die Aufgabe hatten, nicht nur für Preußen, sondern für sämtliches Deutschland, inklusive Reuß-Greiz, Ratifikationsurkunden zu übergeben und zu verlangen, so war zu erwarten, welche Schwierigkeiten daraus sofort für die Verhandlungen beginnen würden; denn obgleich Neulinge im Himmlischen Reiche, waren wir doch schon zu der Erkenntnis gelangt, daß das chinesische Mandarinentum die Ehre, mit so vielen Hoheiten und Durchlauchten, den Selbstherrschern so zahlreicher fremder Staaten, in autographische Verbindungen zu treten, nicht richtig verstehen würde. Wirklich fanden die chinesischen Staatsmänner sich außerstande, ebensoviele Urkunden uns wiederzugeben, als wir im Namen der deutschen Landesväter ihnen überreichen sollten. Nach längerem Hin- und Herkonferieren wurde von uns vorgeschlagen, nur die preußischen Dokumente auszuwechseln, trotzdem aber den Vertrag für das »ganze Deutschland« gültig zu erklären. Aber en vertu de nos instructions, dictées par les sentiments du plus haut respect, vis-à-vis des Souverains Conféderés de l'Allemagne mußten wir verlangen, daß eine Erklärung im Ratifikationsprotokolle aufgenommen werden sollte, aus welcher hervorginge, daß die von uns offerierten Dokumente der deutschen Souveräne nicht hätten ausgetauscht werden können, weil der chinesische Bevollmächtigte für diesen Fall noch keine Instruktionen besessen habe und sich solche aus Peking vom Himmelssohne erbitten werde.
Darüber waren wir seit Weihnachten in Verhandeln mit dem »Großrichter der Provinz Kiangsu, Großschatzmeister und Kaiserlichem Kommissar« Léon, samt seinem beigeordneten Mandarin Wong-Fong. Endlich, vorgestern (am 5.) war es soweit, daß ich zunächst mit Herrn Lemaire, dem französischen Interprête du Consulat, der unsere Hauptstütze ist, dem besagten Léon auf den

Leib rücken konnte, um alles für den feierlichen Akt mit ihm abzumachen.

Wir zogen in zwei Staatspalankinen, jeder von vier in den respektiven Landesfarben gekleideten Kulis getragen, zum Hong (Staatswohnung) des Kommissars. Die Passage durch die Straßen der chinesischen Stadt Schanghai ist ein schmutziges und halsbrecherisches Vergnügen. Die Straßen oder vielmehr Rinnen sind gerade breit genug, um 1 1/2 Menschen nebeneinander gehen zu lassen und werden völlig verstopft, wenn ein Palankin sich darin bewegt. Unbegreiflich wie hier menschliche Geschöpfe nicht nebeneinander, sonder auf- und untereinander vegetieren. Die Wohnungen der Mandarine sind dafür desto weitläufiger ausgedehnt. Der Hong unseres Freundes ist zugleich der oberste Gerichtshof, was durch eine Kollektion schauerlicher Drachen- und Ungeheuerabbildungen an jedem freien Stück Wand dem Publikum eingeschärft wird. Außerdem befanden sich nicht weit vom ersten Eingangstor als lebendige Illustration der Gerechtigkeit einige Delinquenten in der Konge, d.h. mit dem Kopf und beiden Händen durch ein mehr oder minder schweres Holzgestell gesteckt, das sie auf der Schulter tragen, stehend oder kniend, je nachdem das Gewicht sie zu Boden drückt. An dieser Maschine hängt eine Tafel, auf der die Untat ihres Inhabers erzählt ist, und nach deren Gesichtern zu urteilen scheinen die Halskragen von Holz eine unbequeme Toilette zu sein. – Die eigentliche Wohnung von Léon erreicht man, nachdem man vier Höfe passiert hat, jeder mit einem weiten Holztore versehen, das ebenfalls von bunten Ungeheuern, Laternen und allerhand Schnörkeln wimmelt und von je zwei mächtigen steinernen Drachen zu beiden Seiten gehütet wird. In jedem Hofe befindet sich eine Anzahl schmieriger Chinesen, von denen einzelne offizielle Jacken und Kappen, auch wohl mit den niederen Mandarinknöpfen (goldene oder Glaskugeln) tragen. Im letzten ist eine Versammlung von auserlesenen Individuen. Hier wird der Erwartete durch ein, je nach seinem Range mehr oder minder großes Geschrei und Blasen auf diversen Nachtwächterhörnern sowie Anschlagen an Kupferplatten und Gongons empfangen. Bei Militärmandarins wird auch aus kleinen Böllern oder in Ermangelung derselben aus langen Luntenflinten geschossen. – Wenn man aus einem Palankin herausgekrochen ist, wartet man an der Türe, bis der Hausherr, der

Etikette gemäß, daselbst zum Empfange erscheint und sein Tschin-Tschin macht. Tschin-Tschin ist im allgemeinen jeder Gruß und jede Höflichkeitserzeigung in Wort und Gebärde, letztere darin bestehend, daß beide Hände geballt und aneinander geschlossen aufgehoben und dabei eine bis zehn Verbeugungen gemacht, auch viel gegrinst wird. Eine Hauptsache ist, daß der Kopf bedeckt bleibt, wie auch während der ganzen Dauer des Besuches niemals die Kappe abgenommen werden darf. An letzteres kehren sich die Europäer natürlich nicht; wir grüßen vielmehr bei offiziellen Besuchen die Mandarine nach unserer Art, was ihnen allerdings unsägliches Mitleiden mit dem niederen Grade unserer Bildung und Erziehung einflößt. - Der Hausherr ergreift darauf den Gast bei der Hand und führt ihn in die Emfpangslokalität. Dort wird wieder Tschin-Tschin gemacht und sich niedergelassen: der vornehmste Gast sitzt links auf einem erhöhten Sitze und der Hausherr rechts daneben auf einem korrespondierenden Platze. Die anderen gruppieren sich auf Stühlen, die in zwei Reihen Spalier bilden nach den Hauptplätzen hin und immer durch kleine Tische getrennt sind. Die linke Seite ist stets die Ehrenseite. So sind alle chinesischen Empfangszimmer eingerichtet und alle zeichnen sich durch Mangel an Komfort und Eleganz, selbst an gewöhnlichster Bequemlichkeit aus, dadurch auffallend unterschieden von den Wohnungen der Paschas der Levante. Alle Sitze, mit Ausnahme der Ehrenplätze, sind von Holz und roh gearbeitet. Hin und wieder findet man ein deplaziertes europäisches Meuble als Schaustück. Namentlich scheinen die Chinesen europäische Bilder, natürlich von der gemeinsten Sorte, zu schätzen und bei dem ernsthaften Großrichter wie bei dem Gouverneur findet man die »Adele«, »Rosamunde«, »Das Schwesternpaar«, »Der kleine Soldat«, »Pluto, der treue Hund« und ähnlichen Unsinn von bunten Farbendrucken als hochgeschätzte Bildergalerie aufgehängt. In einem sogenannten flower house, den eigentümlichen chinesischen »Hotels«, habe ich auch mitten unter Drachen und Konfuziussprüchen »Ihre Königliche Hoheit die Frau Kronprinzessin von Preußen« in einer Berliner bunten Lithographie vorgefunden, die von den Chinesen sehr bewundert wurde.

Platz zu nehmen ist keine leichte Sache, da die Höflichkeit verlangt, daß es keiner zuerst tut und nur nach einer Unzahl von

Tschin-Tschins und Verbeugungen der Vornehmere sich bereitfinden lassen soll, voranzu–sitzen. Die Zeremonie mit dem Platzergreifen pflegen wir Europäer in der Regel abzukürzen, besonders aber dann, wenn man die Absicht hat, den betreffenden Mandarins gegenüber etwas brüsk und ungezwungen aufzutreten, wie es gerade mein Fall mit Léon war. Ich hatte mich demgemäß auch mit überraschender Schnelligkeit bereits auf dem Ehrenplatze etabliert, während er noch damit beschäftigt war, mit Lemaire die ersten Tschin-Tschins auszutauschen. Nach Anfeuchtung mit heißem Tee (der ebenfalls nicht von einem zuerst, sondern gemeinschaftlich nach allgemeinen Verbeugungen, Zunicken usw. genommen werden soll) entspann sich die geschäftliche Diskussion, die volle zwei Stunden dauerte und sich meistens im Kreise herumdrehte. Ein Mandarin hat in der Regel nur einen Gedanken oder einen Grund, den er fortwährend wiederholt und allem entgegensetzt, was man ihm sagen kann; und wenn man glaubt, nach einiger Diskussion über irgendeine präliminäre Frage hinweggekommen zu sein, so findet man am Ende, daß der andere noch genau auf seinem alten Standpunkt steht und nur wiederholt, was er vorher gesagt hat und auch noch nachher sagen wird. Es handelt sich darum, ihm große Verwicklungen in Aussicht zu stellen, die auf seine Vorgesetzten fallen würden und deren Verantwortung er zu tragen habe; nur vor diesem Argument hat er Furcht. Gründe und Schlüsse gibt es im übrigen nicht. So war es auch hier. Léon repetierte die erste Stunde seine alten Phrasen, wurde dann sichtlich müde (woraufwir erst anfingen uns wohler zu befinden) und erschrak allmählich über die ferneren Komplikationen der Sache, die wir ihm als Folgen seiner Weigerung in bezug auf das Protokoll veranschaulichten. So kamen wir denn allmählich zum Ziele; das Protokoll wurde in seinen Hauptpunkten mündlich abgemacht und Léon die Erklärung abgenommen, daß er nunmehr bei dieser Vereinbarung beharren werde. Die schriftliche Aufsetzung sollte nachher mit Wong-Fong geschehen. Die Ratifikation wurde auf den nächsten Tag, den 6., angesetzt – und wir waren endlich, wo wir sein wollten. Die Konferenz wäre damit beendet gewesen. Aber zu allen Besuchen und Zusammenkünften zwischen höher Gestellten, speziell zwischen europäischen Beamten und Mandarins, gehört, daß der Empfangende ein Frühstück anbietet. Léon hatte offenbar zu dieser Zeremonie keine Lust.

Lemaire machte mich darauf aufmerksam, daß ich unbedingt darauf bestehen müsse. Infolgedessen bat ich ihn, dem Gastfreunde zu eröffnen, ich sei von einem unerklärlichen Hunger und einem rätselhaften Durst befallen und erwarte deshalb eine sofortige Kollation von diversen Kuchen nebst entsprechendem Obste und vielfachen Getränken. Léon behauptete nun, gerade im Begriffe gewesen zu sein, diese Dinge zu bestellen. Sie kamen auch schnell an, die gewöhnlichen horreurs auf kleinen Tellerchen und aus Rücksicht für uns Europäer sogar mit Messer und Gabel. Letztere bestrebt sich der Chinese auch zu handhaben, aber meist, um sich damit in die Finger und in den Mund zu stechen. – Getrunken wird der berühmte chinesische warme Wein, der zuerst schlecht, später ganz gut schmeckt, ferner angebliche europäische Weine von zweifelhafter Komposition, schließlich natürlich Tee und natürlich superber Tee! – Wir tranken Léon seinen warmen Wein aus, der uns sehr wohl tat. – Danach wurde der Rückzug genommen, nachdem Léon noch einmal hatte versprechen müssen, zu morgen alles bereit zu halten und darauf zu achten, daß die sämtlichen Anwesenden (die Stube ist nämlich beständig von Mandarins niederen Ranges und von Dienern angefüllt, die bei der ganzen Unterhandlung nicht vom Flecke weichen) sich in full dress befänden – was er alles verhieß und uns an die Palankine zurückgeleitete. Abzug mit erneuten Tschin-Tschins, erneutem Geschrei und erneuten Nachtwächtersignalen. Die vier Drachentore öffnen sich und binnen kurzem zwängt man sich wieder durch die unglaublichen Kanäle, in denen 300.000 Menschen, d.h. Chinesen, ihr Dasein fristen. –

Danach hatte ich kaum Zeit, mich nach Hause schleppen zu lassen und dort den Palankin mit dem Pferde zu vertauschen, um auf dem französischen Konsulate mit Wong-Fong zusammenzutreffen, der zur Redaktion des Protokolles entsendet war. Das dauerte wiederum 2 Stunden, weil Wong-Fong über jede Phrase eine Debatte eröffnete und über jedes einzelne chinesische Zeichen nachdenklich wurde. Es gehört zu den schwierigsten Dingen, selbst die gelehrten Chinesen Sachen schreiben zu lassen, die ihnen fremd sind; da sie für jede in ihrem Horizont auftauchende neue Idee eine geraume Zeit zur Entdeckung der entsprechenden Schriftcharaktere notwendig haben.

Ehrenerklärung sei deswegen hiermit allen türkischen Schriftgelehrten gewährt, welche ich früher für das non plus ultra von Schwerfälligkeit gehalten habe: ich versichere jetzt, daß sie sämtlich muntere, behende und kulante Leute sind.

Endlich war auch Wong-Fong erledigt und wir besaßen nun das Dokument, das am folgenden Tage den feierlichen internationalen Akt zwischen uns und den chinesischen Autoritäten besiegeln sollte. Ich saß noch die halbe Nacht, um die deutschen Protokolle in diversen Ausfertigungen und die Berichte über das Ereignis vorzubereiten.

Am 6., gestern, waren wir zu allem fertig: die Staatspalankine in schönstem Putz, die Kulis mit frisch geflochtenen Zöpfen, Waldheim im neuen Winterkostüm, mit roter Nase und weißer Krawatte, ich selbst im Begriff, dem Maltheser das richtige Höhen- und Tiefenverhältnis anzuweisen: von ferne wälzten sich zwei andere Palankinzüge heran, enthaltend den Hamburger Konsul und unseren Vizekonsul, im »Garten« ertönte das Säbelgerassel des prinzlichen Attaché: – da, ha! ein Brief . . . (er tritt seitwärts an die Waschtischkulisse und entfaltet den Brief; Pause; hierauf sinkt er vernichtet zusammen und der Brief entgleitet seinen Händen. Ein Mann aus dem Parterre, der wissen will, was darin gestanden, holt ihn und liest folgendes:)

Mon cher Monsieur de Radowitz, Je viens de recevoir la visite de Wong-Fong, qui nous annonce que Léon ne signera pas le protocole, ou que ses instructions ne lui permettent pas d'accepter le paragraphe relatif aux 22 documents Allemands. Dans ce cas il n'est pas nécessaire de nous déranger pour la cérémonie. Veuillez vite me dire ce qu'il faut répondre. Quels animaux!!

Tout à vous Lemaire.

Der erste Wutausbruch war groß, aber die Sache war klar: wir standen vor einer chinesischen Erfahrung, wie sie alle durchmachen müssen, die hier etwas suchen: daß die Erfolge scheitern im Augenblicke, wo man ihrer sicher zu sein glaubt. Und zwar durch dies einfache Mittel des Wortbruchs und der Perfidie.

Unsere Antwort konnte nur darin bestehen, daß wir die Ratifikationsverhandlung und mit ihr jeden Verkehr mit den chinesischen Behörden vorläufig abbrechen und es nunmehr der Zeit überlassen müssen, ob die Mandarine nicht doch die Verantwortung für ihre Handlungsweise fürchten und wieder einlenken werden. Leider ist im gegenwärtigen Momente die Wasserkommunikation nach Peking abgeschnitten, da der Peiho bereits seit zwei Monaten in seinem regulären Wintereis sich befindet. Wir würden sonst direkt nach Peking zu gehen haben, ohne auf die hiesigen Mandarine zu warten.

Schanghai, 25. Januar 1863

In meinem letzten Brief war ich dabei stehen geblieben, wie wir mit Léon die Relationen abgebrochen hatten. Es folgte eine Pause von einigen Tagen; dann war der erste Mann, der sich bei uns blicken ließ, mein Freund Wong-Fong, mit dem ich das über den Haufen geworfene Protokoll verfertigt hatte. Wir waren bald in dem Prunkgemache des Hauses zu einer pidgeon-english Konversation etabliert. Diese ergab nach kaum einer halben Stunde das Resultat, daß erstens Wong und ich selbst uns in vortrefflicher Gesundheit befänden; daß zweitens das Wetter gewissermaßen scheußlich genannt zu werden verdiene; und daß drittens der Tee, den ich ihm offeriert hatte, das beste Getränk sei, welches je von einem Menschen, mit oder ohne Zopf, zu sich genommen worden. Nachdem somit die persönlichen Angelegenheiten erschöpfend erörtert worden, begann Wong zu fragen, ob ich vielleicht auch geneigt sei, wieder über das »polussia treaty pidgeon« (das preußische Vertragsgeschäft) mit ihm zu sprechen? Natürlich kostete es mir einige Mühe, mich auf diese Angelegenheit wieder dunkel zu besinnen, ich erklärte ihm aber nicht taub zu sein, wenn er etwas über diese Sache vorzutragen habe. Er vertraute mir denn an, was wir schon ahnen konnten, daß sowohl Léon wie er selbst von Anfang an geneigt gewesen seien, die Dokumentenfrage nach unserem Wunsche zu arrangieren, d.h. die Abschriften für die deutschen Souveräne zu geben. Beide aber stünden sie in der Gewalt des Generalgouverneurs der Provinz und kaiserlichen Kommissars Sieh, des obersten Mandarins, von dem das ganze Geschäft geleitet werde. Sieh sei in bezug auf Geschäfte no fit und no clever, lebe nur in Angst, sich zu kompromittieren und etwas zu unternehmen, was nicht die Regierung in Peking ihm deutlich vorgepinselt habe. Da uns von den Dokumenten der anderen deutschen Fürsten nichts in seiner Instruktion gesagt sei, so wolle er sich unter keiner Bedingung auf etwas Derartiges einlassen. Nach vorhergegangener Besprechung mit meinem hohen Chef sagte ich ihm, er solle nun anstatt des Protokolles, eine offizielle Deklaration des Kommissars erlangen, in welcher derselbe sich verpflichte, über den streitigen Punkt neue Instruktionen einzuholen.

Der Vertrag zwischen Preußen und China vom 2. September 1862 wird ratifiziert

Nach nochmaligen Ausflüchten von seiten der chinesischen Mandarine sah Herr v. Rehfues ein, daß es jetzt vor allem nötig sei, die Hauptsache ohne Verzug abzumachen, damit sie nicht an neuen Schwierigkeiten schließlich ganz scheitern möchte. Deshalb zeigte er den chinesischen Diplomaten an, er hätte nach den stattgehabten Verhandlungen die Überzeugung gewonnen, daß die Personen und der Ort hier nicht geeignet seien, die noch streitigen Fragen zu erledigen und müsse seine Vorschläge wegen der 22 Dokumente wieder zurückziehen, sich vorbehaltend, sie anderweitig anzubringen. Nunmehr hoffe er bestimmt am 14. Januar die preußische Urkunde endlich ausgewechselt und den Vertrag formell in Kraft getreten zu sehen. Damit erklärten sich die Mandarine befriedigt und niemand war froher als Wong, der mir gerührt beide Hände schüttelte und eine nie endende Freundschaft schwur.

Am 14. Januar, also gerade acht Tage nach dem ersten verunglückten Versuche, fanden zum zweiten Male alle feierlichen Vorbereitungen zu diesem welthistorischen Akte statt. Um 1/2 3 Uhr nachmittags wälzte sich eine Suite von Palankinen, in denen v. Rehfues, ich, Wittgenstein, der Hamburger Konsul, der preußische Vizekonsul und Lemaire als Interpret in schönen Staatsfräcken mit Dreimastern (nur Wittgenstein als Militär) eingesperrt waren, durch die fußhohen Wasser- und Schmutzwogen der chinesischen Stadt zum Hong des chinesischen Kommissars. Einige Kulilängen vor dem ersten Palankine ließ sich Tó, der interprête du palais der diesseitigen Mission, vorantragen, um der Sitte gemäß das nachfolgende Ereignis anzuzeigen und unsere Visitenkarten dem Kommissar zu behändigen. – Der Empfang mit Spektakel und Tschin-Tschins war wie gewöhnlich; nur der Haufe des Volkes noch größer und ihre Mäuler noch etwas weiter aufgerissen. In der Festhalle ein großer Tisch mit grünem Tuche überzogen, auf den ich vor allen das große, in rotem Pappkasten enthaltene Heiligtum, mit dem ich mich schleppte, niederlegte. Auf dem anderen Ende war bereits ein in gelbem Tuche eingeschlagenes Paket sichtbar, welches dieser ausschließlich der Kaiserlichen Familie reservierten Farbe nach zu urteilen das chinesische Ratifikationsinstrument enthalten mußte. Ich erinnerte mich hierbei daran, wie das eigenhändige Ratifikationsschreiben, welches die Engländer im Jahre 1860 von seiten ihrer most gracious Queen nach Peking überbrachten, daselbst auf einem Altar in einem Tempel bewahrt und mit beständigem Weihrauche umduftet worden war; allerdings war dem ein blutiger Krieg vorhergegangen und ihre Ratifikation hatte ihnen ebensoviele Menschenleben gekostet als die unsrige uns Schweißtropfen!

Außer Léon und seiner zahlreichen Suite von kleinen Mandarins und Dienern, die sämtlich in ihren Festtags- bzw. offiziellsten Gewändern prunkten, war auch der Tautai (Gouverneur) von Schanghai anwesend, wie Léon meinte, als Zeuge, wie wir meinen, um die Kontrolle über den Großrichter auszuüben, dem sein hoher Chef Sieh nicht unbedingtes Vertrauen in den Berührungen mit Fremden zu schenken scheint. – Nachdem Herr v. Rehfues den Ehrensitz erklettert, wurde die Vorzeigung der Vollmachten vorgenommen. Dann wurden an dem großen Tische seitens des chinesischen Kommissars, der sich dabei vom Tautai und Wong assistieren ließ, eine Vergleichung der zur Auswechslung bestimmten Originaltexte des Vertrages vom 2. September 1861 in deutscher, französischer und chinesischer Sprache vorgenommen, wobei offenbar seine Instruktion dahin lautete, Blatt für Blatt und Siegel für Siegel zu untersuchen – eine Prozedur, die ganz den mißtrauischen Standpunkt der Chinesen charakterisiert. Als auch das beendet war, überreichten wir uns gegenseitig die betreffenden Urkunden mit obligaten Bücklingen und Tschin-Tschins und versicherten uns, daß nunmehr alles in Ordnung, der Vertrag für das gesamte Deutschland gültig und ratifiziert und unser Geschäft beendet wäre. Zum Schluß erfolgte die Vorlesung in deutscher und chinesischer Sprache des vorher abgefaßten Protokolls und seine Unterzeichnung und Untersiegelung. Aber während wir ein in roten Samt und Goldschnitt gebundenes Dokument mit großer silberner Siegelkapsel, auf der das Wappen noch einmal in Gold aufgelegt, überreichten, empfingen wir zwei kleine, viereckige, polierte Holzschachteln, recht gewöhnlich aussehend und eingeschlagen in ein orangegelbes Tuch von grober Baumwolle. In den Holzbehältern lagen die Vertragstexte genau so, wie sie einst übergeben worden, nur mit diversen roten Papierfragmenten beklebt, auf denen irgendeine chinesische Hieroglyphe gemalt. Das Ganze wiederum charakteristisch chinesisch, d.h. ruppig.

Damit war der erste Teil der Vorstellung erschöpft: der zweite war das offiziöse Frühstück. Derselbe große Staatstisch mit demselben grünen Tuche verwandelte sich in ein Büfett, auf dem alle erdenkbaren kleinen chinesischen Teller mit Obst und Zuckerwerken Platz fanden. Auch fehlte es nicht an den chinesischen warmen Weinen. Natürlich wurden auf das glücklich beschlossene Werk, wie Léon sich ausdrückte: auf sein zehntausendjähriges Bestehen und die ebenso lange entente cordiale zwischen Preußen und dem Himmlischen Reiche die Gläser geleert und mit den Köpfen genickt. Aber als Herr v. Rehfues es für angezeigt hielt, durch Lemaire einen Toast auf den Kaiser von China vorschlagen zu lassen, fiel dieser vor Schreck über das Ungeheuerliche des Gedankens um und meinte, eine Profanation des Himmelssohnes würde die heiligsten Gefühle der Chinesen verletzen. Die Sache lief dann auf das Wohl von Léon selbst hinaus, der sich sehr geschmeichelt fühlte. Endlich nach den allerletzten Tassen Tee hielten wir unsere Aufgabe für definitiv gelöst und traten den Rückzug an, in derselben Weise, wie wir gekommen. – Also begann, verlief und endete der feierliche Akt der Ratifikation des großen und merkwürdigen Bündnisses, welches den preußischen Adler mit dem chinesischen Drachen, die Nation des Schwertes mit der des Zopfes, das Volk des »Fortschrittes« mit dem der Stabilität – kurzum, zwei Menschen- und Kulturgruppen miteinander in Verbindung bringen soll, die sich bisher gegenseitig gänzlich unbekannt gewesen und noch längerer Zeit bis zur Intimität bedürfen werden, als die dermaligen Vermittler derselben an Ort und Stelle zu verweilen die Lust verspüren ...

                    An Bord des französischen Messageries-
                    Dampfers »Hydaspe«, 24. Februar 1863.
                         Zwischen Formosa und Hongkong.
... Schanghai im Rücken mit seinem Jammer und Schmutz, in dem
ich seit mehr als einem halben Jahr mein Dasein gefristet – diese
Empfindung ist wie ein Aufschrei der Freiheit und Lebenslust nach
böser Kerkerzeit! Hier wollte ich Euch jetzt bei mir sehen – Euch
das göttliche Meer zeigen, wie klar und groß es um unser Schiff
braust, den blauen, wolkenlosen Himmel und am Horizont die lang
hingezogenen Umrisse des Festlandes!

Unsere Fahrt ist eine der schönsten und schnellsten gewesen, die
ich je gemacht habe. Köstliches Wetter – frischer Nordwind, der die
See mächtig bewegt, ein bequemes Schiff, mit vorzüglicher nicht-
englischer Verpflegung, wenig Menschen (ebenfalls nicht-engli-
scher Rasse): das sind die neuen dankenswerten Dinge, die uns begleiten und uns so frühlingssonntagnachmittaglich stimmen.

Peking

Die verbotene Stadt

Verstopfte Straßen

Die Hauptstadt Peking, Residenz des Kaisers seit der Eroberung Chinas durch die Mandschu, liegt in einer großen Ebene am Pe-ho, in der Provinz Petscheli, ziemlich genau unter dem 40. Grad nördlicher Breite, ebenso wie Neapel und Madrid in Europa und Philadelphia in Amerika, welchem letzteren es in klimatischer Hinsicht ähnlich ist. Sie hat, ohne die dazu gehörigen zwölf Vorstädte, einen Umfang von vier deutschen Meilen. Ältere Reisende haben ihre Bevölkerung auf fünf Millionen angegeben; nach einer neuen Berechnung beträgt sie (1859) indes nur drei Millionen. Peking ist in einer sandigen und unfruchtbaren Gegend gebaut; der große Kanal ist jedoch trefflich dazu geeignet, Pekings ungeheure Einwohnerzahl mit den Produkten fruchtbarer Provinzen und Bezirke zu nähren. Peking hat, wie andere große Städte Chinas, hohe, ausgezackte Stadtmauern von blauem Ziegelstein; die Mauer, die diesen Kaisersitz umgibt, ist die höchste und dickste im ganzen China. Ihre Höhe beträgt 30 Fuß, ihre Dicke an der Grundlinie zwanzig, oben zwölf Fuß, und vor allen Stadttoren ist ein freier Platz im Halbzirkel; von einer Mauer eingeschlossen bildet er den Waffenplatz und dient den Einwohnern zur Verteidigung und Sicherheit. Über jedem Tor erheben sich Türme von mehreren Stockwerken, die als Kasernen benutzt werden und für die Verteidigung bestimmt sind. Die äußere Stadtmauer ist überdies mit Bastionen von gleicher Höhe, die beinahe dreißig Fuß weit vortreten, gedeckt, so zwar, daß der Zwischenraum von einer Bastion zur anderen ungefähr 170 Fuß beträgt. Der älteste Teil von Peking ist derjenige nördliche Raum, welcher jetzt die tatarische Stadt oder, nach Zahl der Zugänge, die »Stadt der neun Tore« genannt wird. Der andere, südliche Teil, die sogenannte chinesische Stadt, wird weniger streng bewacht, da er nicht, wie der nördliche, die Residenz des Kaisers enthält. Ein sehr großer Teil von der Mitte der nördlichen Stadt wird von dem Kaiser durch seine Paläste, Gärten usw., die von eigenen Mauern umgeben sind und die sogenannte »verbotene Stadt« bilden, als ausschließliches Gebiet besetzt.

Sämtliche Hauptstraßen Pekings zeichnen sich durch Breite und Regelmäßigkeit aus. Mitten in jeder derselben ist ein etwa drei Fuß hoher Erdaufwurf für leichte Fuhrwerke und Fußgänger. Schwer beladene und mit fünf oder sieben Maultieren bespannte Wagen müssen auf der schmalen Straße zur Seite der Erhöhung fahren. Nur zur Zeit eines großen Regens, wodurch die Straße zwischen der Erhöhung und den Häusern sich mit undurchdringlichem Kot füllt, dürfen auch schwere Wagen auf der mittleren Erhöhung fahren. Diese Erhöhung ist ziemlich breit, und würde zum Fahren der Equipagen bequem sein, erstreckten sich nicht an der Seite hin Zelte und Buden, welche die Straße dermaßen einengen, daß kaum zwei Wagen einander ausweichen können.

Bei der ungeheueren Bevölkerung Pekings sind die Straßen den ganzen Tag über von zwei ununterbrochenen Reihen von Wagen bedeckt, welche sich langsam in entgegengesetzter Richtung fortbewegen. Es ist eine wahre Not, wenn ein zu Fuß gehender Chinese einem fahrenden Bekannten begegnet. Der letztere soll, nach den mit der strengsten Pünktlichkeit eingehaltenen Gesetzen chinesischer Höflichkeit, anhalten, aussteigen, trotz Wetter und Schmutz fragen: wie steht es mit Deiner Gesundheit? und ihn dann einladen, sich zu ihm in die Equipage zu setzen. Es versteht sich von selbst, daß der Fußgänger verbunden ist, diese Frage zurückzugeben, und seinen Bekannten zu bitten, den Weg doch fortzusetzen. Der Fahrende will nicht einsitzen, ohne abzuwarten, bis der Fußgänger weiter geht, und dieser will warten, bis der erstere sich wieder in den Wagen gesetzt hat. Die Zeremonie dauert manchmal eine halbe Stunde, und während dieser Zeit müssen die hinteren Wagen warten, weil gar keine Möglichkeit ist, den anhaltenden Wagen zu umfahren. Wird der Aufenthalt durch das Zusammentreffen von Beamten veranlaßt, so warten die Chinesen geduldig. So kann es sich z.B. treffen, daß ein zerlumpter Kerl in einem schmierigen leinenen Kittel auf einem halbzerbrochenen Wagen, vor den ein magerer Esel gespannt ist, daherfährt, Halt macht, weil er einem ähnlich gekleideten Bekannten begegnet, und alle hinter ihm Fahrenden fünfzehn Minuten lang aufhält. Alsdann verlieren die Chinesen die Geduld

Chinesisches Theater

und fordern ihn mit Geschrei auf, seine Höflichkeitsbezeugungen abzukürzen. Die Sperrung der Straße wird noch dadurch vermehrt, daß die Mandarine von Rang stets mit einem zahlreichen Gefolge erscheinen, und noch mehr durch Kreise des Volkes, die sich um Auktionatoren, Medizinverkäufer, Wahrsager, Sänger, Gaukler und Geschichtenerzähler bilden, welche ihren Zuhörern einen Teil ihrer Sapeken entlocken.
(Aus dem Buch »China und Chinesen« Stuttgart 1859)

MARIE VON BUNSEN (1860 - 1941)

Marie von Bunsen stammt aus einer alten preußischen Diplomatenfamilie, wurde am 17.1.1860 in London geboren und wuchs dort auf. Sie bereiste mit Vorliebe die Länder um das Mittelmeer. Die Tagebuchskizzen über ihre große Fahrt durch den Fernen Osten sind besonders interessant. Sie versteht es, den ersten frischen Eindruck festzuhalten und zu vertiefen. Sie plaudert und deckt dabei zuweilen Hintergründe auf, an denen andere vorbeisehen. Frau von Bunsen starb 1941 in Berlin.

Auf der Stadtmauer

Peking, September 1911.
Nicht so sehr lange vor meiner Ankunft in Peking sagte abends bei Tisch unser Botschafter: »Man spricht so oft von dem Spaziergang auf der Stadtmauer.« (Die Exzellenz vertrat uns bereits seit einem Jahr, und vom Botschaftsgarten führt eine Treppe unmittelbar hinauf.) »Heute bin ich nun dort gewesen, ich weiß nicht was man will, ich fand gar nichts daran.«

Der Gang auf dieser alten Mauer ist tief beeindruckend, unvergeßlich. Gewaltig umzieht die gezinnte Steinmauer das große Peking, oben ist ein breiter Gang, zu beiden Seiten in sorgloser Unbekümmertheit grün umsponnen und dieses Geranke durchleuchteten veilchenblaue und purpurrote Winden. Weit erstreckte sich die Ebene, und in der Ferne, gerade in der richtigen Ferne, blaudämmernd bei Tage, goldfliederfarben beim Sonnenuntergang, ziehen sich die Tempelberge.

Deutlich läßt sich von hier aus die Stadt übersehen, und ich halte Peking, die Stadt des genialen Kublai Khans, für die schönste der heutigen Welt. Am Euphrat und Tigris, in Indien, in Persien oder in Buchara mag es einstmals noch herrlichere Städte gegeben haben. Wenn auch in kleinerem Maßstab mag die malerische Wirkung vieler europäischen im Mittelalter gleichzustellen sein. Unserer Menschheit hat Peking als Stadtschönheit nichts an die Seite zu stellen. Ein klargegliederter Plan mit logisch sich durchkreuzenden Hauptstraßen, an deren Aus- und Eingängen mächtige Torgebäude. Die gleichmäßig niedere Häusermasse wird durch die einheitlichen grauen guten Dächer bestimmt, dazwischen liegt das Baumgrün der herrschaftlichen Besitze, dazwischen stattliche, oftmals von Hainen umgebene Tempel und ebenso stattliche öffentliche Gebäude. Dann prangen in der Mitte des weiten Stadtraumes die gelben Mauern, die gelben Dächer, die Baumwipfel der »Verbotenen Stadt«, des Kaiserpalastbezirkes. Beste antike Überlieferung: verhältnismäßig einfache anspruchslose Häusermassen, nur in ihren Höfen und Gemächern erging sich Reichtum und Pracht, hingegen stolz und prächtig die hervortretenden Bauten der göttlichen und weltlichen Macht.

In Japan flimmert die Menschheit in mannigfachen Tönen, diskrete Farben überwiegen, werden von leuchtenden Tupfen der von Kindern und von der weiblichen Jugend getragenen Kleidungsstücken belebt, die Straßen von Korea werden von den weißlichen, halbdurchsichtigen Gewändern beherrscht, in China ergeht sich vor allem eine blaue Symphonie. Jeden Farbenempfänglichen erregt der Anblick eines der großen chinesischen Kleidergeschäfte. Da hängen zu Hunderten die Anzüge, es sind die einfachsten, vernünftigsten und dabei ästhetisch erfreulichsten Trachten der in drei Weltteilen so bedauernswert unschönen Männertrachten. Vom tiefdunkelen Indigo bis zum blassen Türkisblau, vom Kornblumenblau bis zum meergrünlichen Blau hängen dort die Kleider. Sehr oft erglänzt Seide, aber auch in wohlfeilstem Baumwollenstoff sind sie erfreulich. Bei der weniger einheitlich gekleideten Frauenwelt ist Blau ebenfalls oft zu sehen, aber wie überall im Orient, überwiegen Männer in den Straßen. Der blaue Ton erstreckt sich auf die Karren und Planwagen, die auf den Plätzen sich aufreihen, die in langem Zug durch die Torhäuser ziehen. Das satte Blau vermählt sich harmonisch mit den grauen Tönen des Straßenstaubes und der Häuser.

Auf dem schmalen Pfad zwischen den Mauerzinnen und den umher sich rankenden Windenblüten kamen mir zwei schlanke wohlgewachsene chinesische Jünglinge entgegen; sie trugen schmiegsame lange Gewänder, das eine im tiefen Pfauenblau, das andere im hellsten Himmelblau – wie das zusammenhing ...

Deutlich sehe ich auch vor mir die Mauer im Abendgold.

Ich hatte die verfallene Pracht des tibetanischen »Gelben Tempels« besucht. Wenige Minuten, nachdem ich den Gasthof verlassen, lag das Europäerviertel hinter mir, war nur China zu sehen, dreiviertel Stunden lang durchritt ich die mächtige Stadt. Auf dem Rückwege bewog ich den Mafu (Reitknecht), um die östliche Mauer herumzureiten. Noch ist der Befestigungsgraben erhalten, oft mit seiner einstigen Quadersteinfassung, mit kleinen steinernen Brücken. Gewaltig erhob sich die Mauer des Eroberers Kublai Khan mit ihren Zinnen und Bastionen von der abendlichen Glut.

Weit und breit unberührtes Asien. In einer Gruppe standen Männer mit Falken auf dem Handgelenk, ältere Herren lustwandelten mit ihrem Vogelkäfig, um sich am Gesang zu erfreuen. Von der Arbeit kehrten Lastträger zurück, mühsam schleppten sich die blauüberspannten Karren durch den Sand.

Dann nahte sich eine lange Kamelkarawane. Gemessen und stolz zog sie daher, es bewegten sich die dunklen Umrisse vor der Mauer, ringsumher leuchtete der strahlend goldene Schein.

GERHARD VON MUTIUS (1872 - 1934)

Der Diplomat und Schriftsteller Gerhard von Mutius wurde am 6.9.1872 in Gellenau (Grafschaft Glatz) geboren. Er stand seit 1903 im auswärtigen Dienst und war Botschafter in Paris, Petersburg, Peking und Konstantinopel. Die Aufzeichnungen über den Fernen Osten wurden 1908 geschrieben. Sein Standort gegenüber China wird dabei von einer idealisti-

schen Lebensauffassung bestimmt, *deren Wurzeln Mutius bei Kant und Goethe sucht, ein Problemkreis, dem er mehrere Bücher gewidmet hat. Mutius führte 1920 als Vorsitzender die deutsche Friedensdelegation in Paris. Er starb am 18.10.1934.*

Im Himmelstempel von Peking

Peking, 4. Mai 1908.

In dem Himmelstempel vollzieht sich der Gottesdienst des Kaisers der Chinesen. Dort übt der Beherrscher jener Hunderte von Millionen den ihm allein vorbehaltenen höchsten Kultus aus. Der Kaiser, der, wie man gesagt hat, zugleich ein hoher Priester, ein Gott und ein Atheist ist, betet und opfert dort seinem Vater, dem Himmel, als dem höchsten und letzten Prinzip der Welt. In dieser Religion des Kaisers scheinen Ahnenverehrung und Naturkult, die zeitlich geschichtliche und die räumlich natürliche Seite der Welt, in eigentümlicher Weise zusammengefaßt. Der Kaiser ist der Sohn des Himmels. Das würde vielleicht in unserer Sprache lauten: Der Staat ist die Fortsetzung der Natur, eine zweite Natur, deren, wenn auch nur abgeleitete, Ordnung auf gleichem höchsten Rechte ruht. Das heißt aber auch umgekehrt: Die Natur ist ihrem Wesen nach Macht und Autorität, ein letzter Wille, dem wir uns zu beugen haben. Es heißt aber auch ferner, daß diese Naturgewalt ihre volle Inkarnation in einem Kaiserlichen Übermenschen finden kann. Darin liegt, wenn man will, der atheistische Zug der Kaiserreligion. Ein Gott muß in dem Sinne Atheist sein, daß er keine anderen Götter neben sich gelten läßt. Nur vor sich selber kann der Kaiser Ehrfurcht empfinden. Damit wendet er sich aber in mystischer Auffassung dem Weltgrunde selber, dem Himmel zu. In diesem Sinne ist der Kaiser der hohe Priester seiner eigenen Gottheit.

Wenn ich diese Religion richtig deute, so hat der alte mystische Grundgedanke der Wesensidentität des Menschen mit Gott hier zugleich eine naturalistische Erweiterung und politisch historische Zuspitzung erfahren. Eine naturalistische Erweiterung, denn nicht ein raumloser innerer tiefster Punkt, sondern die Welt gerade in ihrer räumlichen Ausdehnung, der Himmel, ist das Element, in dem Gott und Mensch sich berühren.

Die Anschauung des Chinesen ist, mehr wie die des Abendlandes, auf das Reich der Luft gerichtet. Überall kehrt der stilisierte Wolkenhimmel als dekoratives Moment wieder, bald rein und unbelebt über Meer und Gebirge aufsteigend, bald von Kranichen, Phönixen, Drachen durchflogen. Immerhin kann unser Gefühl hier noch folgen. So erschauert Zarathustra im Anschauen des über ihm sich wölbenden Lichtabgrundes in göttlichen Begierden. So heißt es in Goethes italienischer Reise bei der Beschreibung des römischen Karnevals: Der blaue Himmel, so unendlich rein und schön, sah so edel und unschuldig auf diese Possen. So steigt vor mir die Erinnerung an den blauenden Himmel eines Vorfrühlingstages auf, den jugendlichen Trennungsschmerz und Abschiedswehmut ganz erfüllten. Eben war der Schnee erst aus der Luft verschwunden, schon ruhte die Sonne warm auf dem Erdreich, alle Bäume noch kahl und doch überall die Ahnung sich erneuernden Lebens. Da verwandelte sich diese Himmelsglocke in etwas Seelenhaftes aus, dergestalt, daß nichts in der Welt verloren gehen könne, daß jede Trennung keine wirkliche Trennung, daß jeder Abschied kein wirklicher Abschied sei, sondern, daß alles Schöne und Vollkommene der Welt seine wahre Heimat und seinen ewigen Bestand in einem göttlichen Himmelsauge habe, das in makelloser Seligkeit herabzublicken schien. – Das alles sind westliche, sehr westliche Empfindungen. Immerhin schlagen sie eine Brücke zu jenem Naturkult der Kaiserreligion. Das eigentliche Rätsel beginnt für uns erst damit, daß diese Himmelsverehrung mit einer Vergöttlichung des Staates und seiner Geschichte verschmolzen ist. Denn der Kaiser von China ist die Verkörperung der Staatsidee selber. Alle staatliche Ordnung und Macht ist von ihm abgeleitet.

Zunächst scheint jenes Staatsgefühl in der lebendigen Überzeugung eines eminent friedlichen Volkes von dem Wert und Nutzen einer höchsten Ordnungs- und Friedensgewalt zu ruhen. Indessen fließt unter dieser Oberfläche als Unterstrom die Verehrung des Bestehenden als eines Gewordenen. Das Gefühl, daß alle Vergangenheit fortwirkt, lebt, ist dem Chinesen selbstverständlich. Wie der Chinese zu seinen Ahnen, das heißt zur Geschichte seines eigenen Wesens, mit Anbetung aufblickt, so sieht er auch im Staat nicht Willkür und Zufall, sondern eine aus dem Naturgrunde hervorgewachsene Schicksalsmacht, der Unterordnung und Ehrfurcht gebührt. Rückwärts auf die Vergangenheit gerichteten Fatalismus könnte man eine Grundstimmung dieses Volkes nennen. –

Diese ganze Anschauungswelt mit ihren für uns nur zu erratenden Gefühlsfarben muß man vor Augen haben, wenn man den Himmelstempel in Peking betritt. Dieser dem Himmel geweihte Raum ist ein Park mit Rasenflächen und Hainen von alten Lebensbäumen und Koniferen. Durch mehrere konzentrische Mauernringe ist er in Bezirke von zunehmender Heiligkeit eingeteilt. Im innersten Ringe liegt der große weiße Marmoraltar, auf dem der Kaiser seinem Ahnherrn opfert, eine runde, in drei Stufen ansteigende Terrasse von erlesener Reinheit und Einfachheit der Form. Dort hält der Kaiser zweimal im Jahre mit dem Himmel Zwiesprache. Wendet sich aber der Blick der Erde zu, so leuchten aus dem Graugrün alter Bäume tiefblaue, wie mit Gold bestreute Tempeldächer herüber. Vor allem der Tempel des glücklichen neuen Jahres, der, selber ein Symbol des azurenen Himmelshauses, ein dreigeteilter, runder, blauer Turm mit goldenem Knauf auf dreigeteilter weißer Marmorterrasse aufsteigt. Die durchbrochenen Wände nehmen ihm alle Schwere. Und doch hat dieser scheinbar schwebende Tempel etwas so sicher Ruhendes wie die Himmelsglocke selber. Auch das Innere, eine Art Wölbung in Holzkonstruktion, ist in seiner blaugrünen goldenen Pracht mit dem Sonnenauge in der Mitte ein stilisierter Himmel. – Noch schöner sah ich dasselbe Motiv in einem alten, halbverfallenen Mondtempel. Dort war der Fußboden tiefblau und die Decke kühl, dämmernd wie die Nacht. –

Die ganze Anlage des Himmelstempels erinnert mich an den Park von Versailles. In beiden spricht sich ein Höhen- und Herrschergefühl aus. Ist der Roi Soleil nicht dem Sohne des Himmels nahe verwandt? Versailles ist kunstvoller, reicher, bewußter, der Himmelstempel ist dafür unvergleichlich naiver und stärker. Nicht eine vorübergehende historische Kombination und das Selbstgefühl eines einzelnen Menschen spricht sich in ihm aus, sondern der Lebensinstinkt einer Jahrtausende alten Rasse.

Palast des Kaisers bei Peking

Zehntausend Jahre alter Buddhatempel

Peking, 10. Mai 1908.

Schon oft hatten die Bergeszinnen herübergegrüßt, wenn über die Mauern und Tore von Peking hinweg die untergehende Sonne sie mit goldenem Staub umhüllte oder das Morgenlicht ihnen rosige Klarheit gab. Gestern durfte ich zuerst ihren Boden berühren.

Tje-tai-tze ist eine Art buddhistischen Klosters. Der Name bedeutet: Tempel für den Altar des Gelübdes. Eine andere Bezeichnung ist: Zehntausend Jahre alter Buddhatempel. Es ist der erste gutgepflegte Tempel, den ich bisher in China gesehen; das erste Mal, daß ich einen Hauch von Buddhas Geist hier verspürt habe. Aus dem kahlen Bergland erhebt sich ein mit Eichen und Maulbeerbäumen bestandener Hang. Goldgrün leuchtet das junge Laub in der starken Sonne. Hoch oben auf einem Vorsprung, von alten Nadelhölzern umgeben, steigen terrassenförmig die Tempel an. Wie still es hier oben ist, wie fern der Welt, die unten in staubiger Ebene bis an die Tore Pekings sich dehnt. Hier ist der Ort, um durch Entsagung den Frieden zu erlangen und alle Wesen in leidvoller Liebe zu umfassen.

Im Tempel thront in grünblauer Dämmerung auf riesiger Lotusblume golden das Buddha-Bild und verbreitet heiliges Schweigen. Aber inniger noch fühlt man sein Wesen im Anschauen der alten Bäume. Liebevolle Pflege hat die Stämme Hunderte von Jahren umgeben. Sie durchwachsen in knorrigen Formen die Tempelterrassen und schließen sich schattig über ihnen zusammen, hier und da einen Durchblick in die Ferne umrahmend. Ein Wunder vor anderen ist der »Tausendjährige Baum«. Wie eine alte Eiche oder Weide geht sein silberweißer Stamm dicht über den Boden in vielen starken Zweigen auseinander, um ein breites Wipfeldach voll grünblauer Nadeln zu wölben. Ein steinerner Zaun schützt, fein gearbeitet, das herrliche Gewächs, in dem uraltes Leben, von frommer Hand behütet, sich zu reiner Schönheit vollendet hat.

Nachmittags vor dem Aufbruch noch eine Stunde der Ruhe. Der Wind rauschte in den alten Bäumen, an der blauen Himmelstiefe zogen helle Sommerwolken vorüber, und in der fernsten Ferne kreiste über dem Bergland ein Adler.

Die große, grausame Kaiserin
(Die ehrgeizige Kaiserin-Witwe Tsi-hi)

Peking, 16. Mai 1908.

Die Zeremonien der größten Höfe können sich an Würde nicht messen mit der Feierlichkeit, die die Kaiserin von China umgibt. In einer hohen, von roten Säulen getragenen Halle, in der das grelle Tageslicht durch blaue Tücher abgeblendet ist, vor der bronzene Vasen, Phönixe und Löwen stehen, empfängt der Hof das diplomatische Korps. In dem dämmerigen Raum thront unbeweglich, wie ein Götzenbild auf einem Altar, die Kaiserin-Mutter. Zu ihren Füßen an der Seite der knabenhafte Kaiser. Große Pfauenwedel stehen zu ihren Häupten, allerhand Wundertiere, auch Vasen aus Cloisonné, umgeben ihren Thron. Große Schalen mit Äpfeln sind wie Opfergaben vor ihr aufgestellt und verbreiten frischen Duft. Der Eindruck ist so fremdartig, daß man die große Schar der Höflinge und Prinzen im Hintergrunde vergißt. Mehr aber als der Pomp, der sie umgibt, wirkt die Kaiserin selbst. Das Gewand ist schlicht, das Haupt nur im Schmucke der mandschurischen Haartracht, vor ihr liegt ein Zepter aus Korallen. Aber aus den unbeweglichen Zügen – die an sich gewöhnlich sind und einer unserer alten Bauernfrauen gehören könnten – blitzt ein Drachenauge, das man nicht wieder vergißt. Ein halbgottähnliches asiatisches Herrschergefühl liegt in dem versteinerten Ausdruck. Die große und grausame Frau würde vor nichts zurückschrecken. Ich glaube gern, daß es 1900 ihre Absicht war, die fremden Diplomaten aus Peking herauszulocken und draußen ermorden zu lassen. Vor den Winken dieser alten, zweiundsiebzigjährigen Frau zittert noch heute das weltweite China. Man hat das Gefühl, in ihr einer geschichtlichen Macht gegenüberzustehen, dem alten China mit der ganzen Wucht seiner tausendjährigen Tradition. Der Blick, mit dem sie die sich drängenden Diplomaten musterte, war verächtlich. Dieses zudringliche europäische Eintagsgeschlecht! Und wirklich, die Vertreter der Großmächte im schwarzen Rock wirkten recht klein gegenüber dieser in Geheimnis und Unnahbarkeit thronenden Frau. China wird von der westlichen Zivilisation nicht verschlungen werden, dafür bürgt diese Inkarnation aller uralten Mächte des Beharrens.

Der Sommerpalast, der nachher besichtigt wurde, gehört zu den schönsten Anlagen, die ich kenne. Welches Raumgefühl, welcher

Rhythmus! Den Mittelpunkt der terrassenförmig ansteigenden Paläste und Tempel bildet ein gewaltiger Steinblock, von einer großen gelbgrünen Pagode gekrönt. Auf einer herrlich geführten imposanten Treppe steigt man empor. Von oben blickt man dann nach den nahen Bergen hinüber, während in der Front sich der künstliche See in schöngeformten Uferlinien mit seinen weißen Marmorbrücken und dahinter die Ebene und der Blick auf das ferne Peking auftut. Eine landschaftlich architektonische Komposition seltener Art. Das Beste davon, das Musikalische, ist mit Worten nicht wiederzugeben. Auf diesen Tempel- und Palastterrassen mit ihren wundervollen patinierten Bronzen, mit all den Kostbarkeiten, die dort zusammengetragen sind, mit dem Ausblick in die schroffen Berge und die reichbebaute Ebene, ist tiefster Orient. Alte, blaugoldene Seidenfahnen fuhren auf dem See das triviale Europa spazieren!

Nanking

GERHARD VON MUTIUS

Die südliche große Hauptstadt
                                        3. April 1908
Gegen 10 Uhr abends hielt ich im Konsulatswagen meinen Einzug in Nanking. Ein altes Tor öffnete sich knarrend, der Kutscher wechselte einige Worte mit der Torwache, dann rollten wir unter einem mächtigen Tonnengewölbe hindurch in die Stadt. Aber wo war die Stadt? Nichts wie ein großer Park mit Feldern und Büschen und das Konsulat, ein Landhaus in dieser freundlichen Umgebung. Von der »Stadt« Nanking war diesen Abend nichts zu sehen. – Auch am anderen Morgen, auf einem langen Spaziergang, nur Frühling und ländliche Eindrücke. Ein etwas hügeliges Gartenland mit chinesischen Bauernhäuschen, Bambus und grünenden Weidenbüschen, kleinen Fischteichen, Maulbeeranlagen, einzeln oder zu rosigen Hainen sich schließend, blühende Obstbäumchen. Zitronen und Perlmutterfalter gaukelten in der Luft. Hier und da hackt ein Chinese in seinen Beeten, wo die Bohnen schon Blüten treiben. Überall der Blick durch Buschwerk begrenzt und auf stiller Fruchtbarkeit ruhend. Damit diese Nähe aber auch eine Ferne gewinne und der menschliche Nutzen sich in zweckloser Schönheit vollende, ragen über diesem Gartenland in reiner italischer Linie einzelne Bergketten empor, auf denen das Licht vom Leben ungehindert wandeln kann. Die nächste davon, in vesuvischer Form, heißt bei den Chinesen der Purpurgoldberg. An seinem Fuß liegt außerhalb der Stadt das Grab des ersten Ming-Kaisers, des Befreiers vom Mongolenjoch. Von diesem Grabmal aus kann der Blick Nanking raumzeitlich umfassen. – Die Gegenwart ist arm, der städtisch gebaute Teil schmutzig und dürftig, die verschiedenen Namen der großen Beamten mit den Geistermauern und ihren bunten Malereien indianerhaft roh und kindisch. Aber noch innerhalb der Umfassung zeugen die Ruinen der Kaiserstadt von größeren Zeiten.

Der Porzellanturm in Nanking

Die alten Stadtmauern und Tore sind wuchtig und hoch. Doch alle Schauer der Geschichte umwittern erst das Grab des Ming-Kaisers selbst. Von hier aus kann der alte Held, wenn er, was bezweifelt wird, wirklich hier liegt, seine Hauptstadt in ihrer ganzen Ausdehnung überblicken. 38 Kilometer ist die Stadtmauer lang, eine sich selbstgenügende Welt mit eigener Ernährungsmöglichkeit umschließend. Nur ein kleiner Teil des Gebietes ist städtisch bebaut. Dahinter dehnt sich die Landschaft, in der es Fasanen und Hasen, Füchse, Dachse und sogar Wölfe gibt. Auch heute noch werden nachts alle Tore geschlossen, und immer noch stellt das Stadtgebiet gegenüber dem freien Land einen umfriedeten Bezirk dar. Diese Riesenanlage im ältesten orientalischen Stil kommt dem westlichen Ideal einer Gartenstadt sehr nahe. Die Mauern umschließen eine Landschaft für sich. Im Osten erhebt sich auf steiler Anhöhe eine Pagode, die »Nordpolhalle«, im Norden schließt eine waldige Hügelreihe die Gegend ab, dazwischen eine üppige, intensiv bebaute Niederung, deren mannigfaltige Gestaltung in Wasser, Busch und Feld von einem Landschaftsgärtner erfunden sein könnte. – Alles dies kann das Auge von dem Ming-Grabe aus mit einem Blick umfassen, auch jenseits in der Ferne noch die Mauern ragen und dahinter die Fluten des Yangtze gleiten sehen. – Das Grab selber liegt in tiefer Sicherheit. Wenn bei kleinen chinesischen Grabanlagen die schützenden Arme der Mutter Erde durch einen halbkreisförmigen Wall dargestellt sind, so hüten hier die hohen Rücken des Purpurgoldberges selber das Grab des ersten Ming-Kaisers, das wie ein Abschied ist an den Glanz und die Unbeständigkeit der Welt und die Rückkehr in den bergenden Schoß der Erde. – Zwei hochstehende Tore eröffnen den Weg. Eine riesige steinerne Schildkröte, das Symbol der Erde und der Dauer, empfängt den Wanderer. Nach einer kleinen Senkung führt rechtwinklig dazu eine Doppelreihe steinerner Tiere einen Hügel hinan, Löwen, Kamele, Elefanten, immer ein stehendes und ein kniendes Paar; auf dem höchsten Punkte aufrecht zwei mächtige Elefanten. Zwischen kleineren Tierbildern geht es bergab bis zu zwei schönen Marmorsäulen, um dann wieder rechtwinklig umzubiegen. Nun geleiten die finsteren Gestalten der Militär- und Zivilmandarine den Weg. Ein hohes Tor bildete einst sein Ende. Nicht in derselben Richtung, sondern seitlich befindet sich der Eingang in die noch heute, wenngleich ruinenhaft, ragende Grabanlage. Drei parallele Steinbrücken führen über einen Wasserlauf. Dann öffnet sich die Eingangshalle, ein ummauerter Hof, ein zweites, größeres Gebäude zum Opferdienst, schließlich ein mächtiger gemauerter Sockel, durch den es in einem Tunnel aufwärts geht. Oben ein drittes, dem Totenkult geweihtes Haus. Aber auch hier ist noch nicht das Grab. Die Ummauerung ladet weiter aus, um einen richtigen, oben abgeflachten Berg zu umfassen. In diesem Berge, niemand weiß wo, liegt das Kaisergrab. Einst von Menschenhand aufgeschüttet, ist es heute ein grüner Hang mit schönem Laubholz bestanden. – Man erklärt den merkwürdigen Zickzackweg dadurch, daß die bösen Geister irregeführt, nicht zum Grabe gelangen sollen. Möglich, daß dem so ist. Ich fühle in der ganzen Anlage aber auch einen Rhythmus und einen Zusammenklang von Architektur und Landschaft. Dieses Bergauf und -ab, diese plötzlichen Wendungen des Weges haben etwas Spannendes und in ihrer steinernen Umrahmung feierliches. Der Weg zum Kaisergrab soll auch dem ehrfürchtigen Besucher nicht leicht gemacht werden. Die Grabanlage selbst ist in ihrem allmählichen Übergang von Menschenwerk zur Natur von hoher architektonischer Weisheit. Die Tempelbauten steigen rhythmisch an, um in dem gewaltigen Grabhügel schon zur Natur überzuleiten, deren Stimme dann ungebrochen von dem hohen Bergmassiv herniederspricht. In seiner Weise predigt dies Grab, wie auch der große, der geschichtliche Mensch in den dunklen Grund zurücktreten muß, der ihn einst geboren hat.

Chefu (= Tschifu = Jentai = Yentai)

Die »ambulante Stadt« im Norden der Halbinsel Schantung

REINHOLD VON WERNER (1825 - 1909)

Reinhold von Werner wurde 1825 als Sohn eines Domänenrentmeisters geboren, diente seit 1842 in der Hamburger Handelsmarine, wurde 1849 von der neu aufgestellten Deutschen Reichsmarine, und nach ihrer Auflösung (1852) von der Preußischen Kriegsmarine übernommen. In dem Geschwader der Preußischen Expedition nach Japan, China und Siam kommandierte er als Kapitän zur See das Transportschiff »Elbe« (1860 - 1862). Mit seinen Berichten über diese Reise an deutsche Zeitungen begann er seine Laufbahn als viel gelesener Marineschriftsteller. Er wurde 1862 zum Fregattenkapitän befördert und war zuletzt Konteradmiral der Deutschen Kriegsmarine.

Der Hafen hinter den Bergen

Nach dreitägigem Aufenthalte in Ninghae gingen wir nach Chefu und empfanden dort die größere Kühle des Sommers äußerst angenehm. Der Temperaturunterschied beträgt zwischen hier und Tientsin über 6° Réaumur, obwohl Chefu nur ein wenig südlicher, dafür aber um 50 Meilen östlicher als Tientsin gelegen ist. Vom September ab kühlt sich die Luft bedeutend, und die täglichen frischen Nordwinde wurden allmählich rauher. Diese Veränderung gestattete uns, einige Zerstreuungen aufzusuchen, welche die bisherige große Hitze verboten hatte, und deren Mangel während eines viermonatigen Aufenthalts an einem in jeder Beziehung so uninteressanten Punkt wie Chefu sich um so fühlbarer machte. Die hiesige Gegen ist reich an Wild, namentlich Fasanen, Hasen und Wasservögeln. Während des Winters sollen sich auch oft Wölfe und Bären in dem benachbarten Gebirge zeigen, jedoch hofften wir nicht, so lange dort zu bleiben, um sie jagen zu können. Die Jagden auf Geflügel und Hasen wurden indessen täglich und mit großem Eifer betrieben, und einmal veranstalteten wir eine große Partie, die nicht weniger als vier Tage dauerte.

Chefu liegt in einem Thale an der Basis einer kreisförmigen Bucht, die ringsum von einer sich zu 1500 Fuß erhebenden Bergkette eingeschlossen wird. Diese Kette muß überschritten werden, um auf die ergiebigen Jagdgründe zu kommen, die eine viele Meilen weite Ebene bilden. Der Marsch über die Berge, über die keine regelmäßigen Pfade führen, ist sehr anstrengend; allein man wird dafür vollständig durch die prachtvolle Aussicht entschädigt, die sich dem Auge von der Spitze des Gebirgskammes bietet. Ein unabsehbarer Garten breitet sich vor dem Beschauer aus, und ich habe nie etwas Ähnliches in meinem Leben gesehen. Alle möglichen Arten von Korn, Hirse, Gemüse, Hanf u.s.w. werden hier mit einer Sorgfalt gebaut, von der man sich bei uns keinen Begriff macht, und wie ich es weder im Süden Chinas noch in Japan vorher gesehen. Jede Feldparzelle ist ein Beet, von einer Blumenhecke umschlossen und von den verschiedensten Obstbäumen beschattet, die jetzt alle im Schmuck ihrer Früchte prangen. Sämtliche Felder sind mit Furchen und Rinnen durchzogen, und an ihren Endpunkten erheben sich auf kleinen Terrassen Tausende von Brunnen, um das befruchtende Naß durch jene Furchen den Wurzeln der Pflanzen zuzuführen. Diese Brunnen sind regelmäßig von einer Laube überdacht, an der sich Kürbisranken emporwinden, deren mächtige, oft 30 bis 40 Pfund schwere Früchte das dünne Bambusgestell der Laube zu zerdrücken drohen. Hier und dort wird das Grün der Äcker durch die Grabhügel und weißen Denksteine eines Friedhofes unterbrochen, oder durch das Laub einer dichten Obstpflanzung schimmern die Häuser von Dörfern, die in China fast nie ohne diese Zierde angetroffen werden. Auf den Feldern selbst herrscht reges Leben. Hier wird geheimst, und wenn man die heimischen Erntewagen vermißt, bewegen sich dagegen lange Reihen von Maultieren, mit hoch aufgetürmten Bürden der verschiedenen Fruchtarten auf ihren Rücken, den einzelnen Dörfern und Gehöften zu. Dort sind einige halbnackte Gestalten, deren Haut die Sommersonne fast dunkelbraun gefärbt, beschäftigt, um unter unmelodischem eintönigen Gesange Wasser aus den Bewässerungsbrunnen zu schöp-

Am Hoang-Ho

fen. Dort wird, nicht wie bei uns mit Pflug und Spaten, aber gewiß mit einer ebenso praktischen und leichter zu handhabenden Tiefhacke der Boden aufgebrochen und für die neue Saat vorbereitet, während unbeholfene Frauen mit verkrüppelten Füßen wie auf Stelzen durch die Felder schreiten und mit Hilfe der Kinder Unkraut ausjäten. Verschämt und ängstlich wenden sie das Gesicht fort, wenn ein Europäer in ihrer Nähe erscheint, als ob ihre Häßlichkeit nicht schon ein natürlicher Schutz für sie wäre. Doch die Männer sind zutraulicher, und wenngleich sie mit stupidem Staunen die »Fang-Kwei« angaffen, erschallte uns doch regelmäßig ein gutmütiger Gruß entgegen, und überall kam man uns freundlich entgegen. Das schönste Wetter begünstigte uns. Unsere nächtlichen Biwaks hielten wir in Tempeln und Klöstern, und wir kehrten, obwohl mit wunden Füßen und schmerzenden Gliedern, so doch mit reicher Beute und angenehmen Erinnerungen an Bord zurück.

Chefu selbst habe ich schon in kurzen Worten geschildert. Es ist trotz seiner 10.000 Einwohner nur sozusagen eine ambulante Stadt, ein großes Absteigequartier für die Kaufleute aus dem Innern. Sie kommen nur hierher, um zu handeln, ihr Aufenthalt ist vorübergehend und das Gros der Bevölkerung daher stets wechselnd. So kommt es, daß sich in der ganzen Stadt nicht eine einzige verheiratete chinesische Frau befindet und daß überhaupt nur einige hundert Frauenzimmer der niedrigsten und häßlichsten Art in der Stadt leben. Von Europäern wohnten hier nur der englische und der französische Konsul mit einem Assistenten, ein Schweizer Kaufmann und fünf verheiratete amerikanische Missionare, die jedoch augenblicklich Kaufleute geworden waren. Infolge der amerikanischen Wirren scheinen ihre Gehälter nicht regelmäßig geflossen zu sein – beiläufig 1.800 Taler pro Kopf und 303 Taler Extraordinarium für jedes Kind, welches dem Missionar geboren wird. Die Herren haben deshalb das Missionshaus in Schanghai zu einem anständigen Preis verkauft und mit dem Kapital auf gemeinschaftliche Rechnung einen Handel in Chefu begonnen, der bedeutend rentierte.

Der Kaiser starb an »Delirium tremens«

In den letzten Monaten unseres Aufenthalts im Norden von China trugen sich bedeutende politische Veränderungen im Reiche der

Mitte zu. Die wichtigste derselben war der Tod des Kaisers, der am 17. August 1861 erfolgte. Anfänglich glaubte man, der Kaiser sei entweder von seinem Verwandten, dem Regenten, oder von der altchinesischen Partei aus dem Wege geschafft. Die letztere Annahme gewann durch den Umstand an Wahrscheinlichkeit, daß nicht Prinz Kung Regent blieb, sondern für den unmündigen kaiserlichen Sohn ein aus drei den Europäern feindlich gesinnten Mandarinen gebildeter Vormundschaftsrat eingesetzt wurde. Sichere Nachrichten haben jedoch allen romantischen Nimbus vom Sterbebette des Kaisers schwinden lassen. Hienfung, der Sohn der Sonne, obwohl noch im besten Mannesalter, ist an nichts anderm als am Delirium tremens gestorben. Er war ein arger Trinker und hatte es nur seinen liebenden Gattinnen zu danken, daß er nicht schon längst in das Grab steigen mußte. Bereits vor zwei Jahren hatte er einen Anfall von Delirium, und es soll damals seinen Frauen gelungen sein, ihn zu bewegen, seinen täglichen Bedarf an Spirituosen bis auf 60 Schälchen Samtschu einzuschränken. Der Samtschu hat die Stärke von unversetztem Arak, und zwei der erwähnten Porzellanschälchen, aus denen er in China getrunken wird, machen etwa eins unserer Schnapsgläser aus. Hienfung konnte demnach immer noch zu den Trinkern erster Klasse gerechnet werden, und da er seine übrige Zeit nur zwischen Opiumrauchen und der Gesellschaft seiner Frauen teilte, so ist sein frühzeitiger Tod sehr erklärlich. Dieser Tod machte auf die Chinesen wenig Eindruck, und man vermißte ganz und gar die Landestrauer, die bei ähnlichen Fällen sonst auf das strengste beobachtet wurde. Politisch tot war der Kaiser ohnehin seit seiner Flucht im vorhergehenden Jahre, und es ist nie daran gedacht worden, daß er je wieder nach Peking und auf den »Sitz des Drachen« zurückkehren könnte, nachdem die Barbaren den Palast geplündert und ihre Gesandten sich in Peking einquartiert hatten. Nominell herrschte er, und zum Scheine wurden ihm auch alle wichtigen Aktenstücke nach Jehol in der Tatarei geschickt, wo er residierte, allein der wirkliche Regent war Prinz Kung, sein jüngerer Bruder. Prinz Kung ist ein Mann von 28 Jahren und in moralischer Beziehung das gerade Gegenteil seines Bruders, d.h. ein durchaus mäßiger und energischer Mann. Während der verstorbene Kaiser sich von seinen Ministern so lange belügen ließ, bis die Alliierten vor Peking standen und die Hof- und Staatszeitung im Namen des

Herrschers dem Volke eine Niederlage der Barbaren nach der andern verkündete, bis der Palast erstürmt und geplündert wurde, hat Prinz Kung die für einen chinesischen Herrscher außerordentlich gute Seite, mit eigenen Augen zu sehen und danach seine Maßnahmen zu treffen. Sodann ist er auch politisch und vernünftig genug, um einzusehen, daß China durch die Eröffnung des Landes für die Fremden und durch die Heilighaltung der Verträge nur gewinnen kann, sowie daß seine Dynastie nur zu retten ist, wenn sie sich die Fremden verpflichtet und sich dadurch den Schutz gegen die immer weiter schreitenden Rebellen sichert. Der Prinz hatte deshalb während seiner einjährigen Regentschaft den Alliierten nicht nur aufrichtige Beweise seiner freundschaftlichen Gesinnungen gegeben, sondern auch durch große Erleichterungen des Verkehrs sich ganz und gar die Sympathie der Fremden erworben.

Nach dem Tode des Kaisers reiste er nach Jehol, um der Begräbnisfeierlichkeit beizuwohnen, fand aber dort bereits den erwähnten Regentschaftsrat vor und sah sich von der Regentschaft entbunden, wenn auch nur auf kurze Zeit. Er scheint auf die Umgebung des jungen Monarchen und auf diesen selbst einen solchen Einfluß geübt zu haben, daß er, vielleicht auch im Einverständnis mit den Alliierten oder deren Mitwirkung gewiß, einen Staatsstreich wagen durfte.

Am 21. Oktober 1861 hielt er an der Seite des jungen Kaisers seinen Einzug in Peking, zugleich wurde aber auch der Regentschaftsrat plötzlich auf seinen Befehl verhaftet und seinen Mitgliedern der Prozeß gemacht. Man beschuldigte dieselben des Hochverrats und verurteilte sie nach echt chinesischer Weise zum Vierteilen. Zwei der Mandarine begnadigte man jedoch zum Tode durch das Beil, während der dritte entfloh, aber von den Anhängern des Prinzen ergriffen und niedergemacht wurde. Prinz Kung übernahm nun aufs neue in Gemeinschaft mit der Kaiserin-Mutter die Regentschaft. Man kann somit einer zu Reformen geneigten, den Europäern freundlich gesinnten und energischen Regierung entgegensehen, und vielleicht ist China noch vor der vollständigen Anarchie und die Mandschu-Dynastie vor ihrem Sturze zu retten. Die natürliche Folge wird sein, daß sich entweder in nächster Zeit die Westmächte mit den Kaiserlichen gegen die Rebellen verbinden, oder daß ein Kompromiß mit diesen eingegangen wird. Das letztere ist das

Wahrscheinlichste, da ein abermaliger chinesischer Krieg wenigstens in England sehr unpopulär sein würde, wenn auch Kaiser Napoleon damit gedient wäre. Die Meinung der Europäer, die noch vor kurzem den Rebellen ziemlich günstig lautete, begann in letzter Zeit sich auf die Seite der Kaiserlichen zu neigen, und dies ist sehr erklärlich, da sie lediglich von Handelsinteressen geleitet wird. Die Erwartungen, welche man an die Eröffnung des Jang-tse-kiang und der nordischen Häfen knüpfte, sind nicht in dem Maße erfüllt worden, wie man voraussetzen durfte. Hieran ist lediglich der Bürgerkrieg schuld, und wie sehr es auch den vorgeblichen zivilisatorischen Bestrebungen der Engländer genehm gewesen sein mag, die »christlichen« Taipings zu protegieren, so gründeten sich ihre Sympathien in Wahrheit doch nur auf die Voraussetzung, daß die Rebellen den Handelsinteressen der Fremden Vorschub leisten würden. Diese Hoffnung ist bis jetzt nicht erfüllt. Die Produzenten des Landes, die Seide- und Teezüchter, sind die ansässigen kaiserlichen Untertanen, aber sie produzieren nur und der Handel kann nur blühen, wenn Ruhe im Lande ist. Die erobernden, bald vorwärtsdrängenden, bald zurückweichenden Rebellen sind nur ein zerstörendes Element, und der Schrecken vor ihnen ist bei dem kaiserlichen Landvolk so groß, daß seine Wirkung sich auf Hunderte von Meilen erstreckt und sowohl den Handel wie die Produktion lähmt. In Chefu traf z.B. während unserer Anwesenheit die Nachricht ein, daß die Rebellen Fung-tscha-fau, eine 100 Meilen weit entfernte Stadt, erobert hatten. Seit jenem Augenblick waren die Einwohner von einem panischen Schrecken ergriffen, der sofort einen Rückschlag auf die Geschäfts übte und diese fast zum Stillstand brachte. So geht es auch im Südwesten in den Tee- und Seidedistrikten. Die Rebellen sind vielfach im Besitz der aus dem Innern seewärts führenden Handelsstraßen und fangen die Warentransporte ab, so daß die Zufuhr jener Artikel immer spärlicher wird. Es wurden daher seit einiger Zeit in den englischen Blättern immer mehr Stimmen laut, die auf die Unerträglichkeit eines solchen Zustandes hinwiesen, in energischer Weise auf Abhilfe drangen, und da die chinesische Politik der Engländer allein durch ihre Handelsinteressen bedingt wird, so dürfen wir bald einer Entscheidung entgegensehen, die außerdem für ganz China ein unendlicher Segen sein würde.

15.000 Rebellen reiten gegen Chefu, aber die mutigen Helden sind in Deckung gegangen

Während der letzten acht Tage unseres Aufenthalts in Chefu hatten wir Gelegenheit, ein Stück des chinesischen Bürgerkriegs mit allen seinen Greueln und Schrecken aus nächster Nähe anzusehen. Die unter dem Namen Schantung-Rebellen den Norden verwüstenden Banden rückten auf Chefu an. Diese sind jedoch nicht mit den Taipings im Süden zu verwechseln, mit denen sie politisch nichts gemein haben. Ihr Ursprung stammt aus dem Jahre 1860. Im Mai dieses Jahres hatte ein sehr reicher chinesischer Kaufmann und Abkömmling der alten von den Mandschu vertriebenen Ming-Dynastie eine bedeutende von ihm zum Bau der Takuforts vorgestreckte Summe Goldes von der Regierung zurückerhalten, mit der er öfter in solcher Verbindung stand. Das Geld, zirka eine Million Dollar, kam in Regierungsverschluß und mit dem Siegel der Staatskasse versehen verzinst zurück, und der Kaufmann, der es wegen der Kriegsverhältnisse augenblicklich nicht verwerten konnte, deponierte es uneröffnet in seinen Kassengewölben. Nach zwei Monaten ersuchte ihn die Regierung abermals um ein Anlehen; er zeigte sich auch sofort bereit und gab von den noch mit dem Staatssiegel verschlossenen Paketen die betreffende Summe zurück. Am andern Tage wird er plötzlich vor den Provinzialrichter gefordert, gefesselt und eingekerkert, um nach 24 Stunden enthauptet zu werden. Er war des Verbrechens der Falschmünzerei angeklagt; sämtliches von ihm gegebene Geld war falsch. Da den Mandarins der Betrug nicht gelang, suchten sie ihn durch ein noch größeres Verbrechen von sich ab und auf den unschuldigen Kaufmann zu wälzen. Die sehr angesehene und bedeutend verzweigte Familie des Gemordeten erhob sich jedoch, wie das in China bei so gewalttätigen Ungerechtigkeiten öfter geschieht, wie ein Mann; sie sammelte eine kleine Armee und verlangte, auf deren Macht gestützt, die Auslieferung der verbrecherischen Mandarine. Diese wurden jedoch von den höheren Behörden beschützt und entkamen. Die Mings, dadurch in die höchste Wut versetzt, wiegelten jetzt mit Hilfe ihres Geldes die ganze Bevölkerung ihres Distrikts auf, und so entstand unter dem schon längst gedrückten und gemißhandelten Volke die Schantung-Revolution, die bald so mächtig anwuchs, daß ihre Leiter die Herrschaft darüber verloren und die zusammengelaufenen Scharen jetzt überall auf Raub, Mord und Plünderung auszogen und binnen einem halben Jahr fast die Hälfte der Provinz Schantung, einen Landstrich so groß wie Preußen, total verwüsteten. Man versicherte, daß die Zahl dieser Rebellen, die in drei Abteilungen umherzogen, sich auf 80.000 belaufe, und nach den neuesten Nachrichten sollte Tai-Ping-Wang insofern mit ihnen gemeinschaftliche Sache gemacht haben, daß er sie den Norden Chinas verwüsten ließ, während er den Süden heimsuchte.

Jetzt rückten diese verheerenden Truppen auf Chefu los. Seit acht Tagen verrieten die brennenden Dörfer, deren Feuerschein während der Nacht den westlichen Horizont erleuchtete, ihr Nahen; Tausende von Flüchtlingen, fast entblößt vom Notwendigsten, kamen in Chefu an und verkündeten die von den Rebellen begangenen Unmenschlichkeiten. 15.000 Mann stark zogen sie heran, meistens zu Pferde, von Dorf zu Dorf, von Stadt zu Stadt, mordeten, raubten und verbrannten, was sie nicht mitzuschleppen vermochten. Alle männlichen Individuen, die in ihre Hände fielen, und alle Weiber, die nicht ihre tierischen Begierden erregten, fielen unter ihren Streichen, und jeder geplünderte Ort ging in Flammen auf. Am 7. Oktober abends sahen wir die Dörfer brennen, die nur zwei Meilen westlich von Chefu liegen, und in letzterer Stadt war die Angst und Bestürzung aufs höchste gestiegen. Alles was fliehen konnte, floh; Tausende und aber Tausende schifften sich mit dem Wertvollsten ihrer Habe auf Dschunken ein, und nur einige Tausend der ärmsten Bewohner waren zurückgeblieben und hatten größtenteils innerhalb der französischen Befestigungen (Chefu ist als Garantie des letzten Vertrages und bis zur Bezahlung der Kriegskosten von den Franzosen besetzt) auf einer kleinen Halbinsel am Hafen Schutz gesucht. Die sonst gedrängt vollen Straßen der Stadt waren wie ausgestorben, alle Läden geschlossen und nichts zu kaufen. Es war ein trauriger Anblick, die armen Flüchtlinge zu sehen, wie sie von allen Seiten über die hohen Berge, welche Chefu umgaben, sich ermattet heranschleppten, wie dort ein Jüngling sein altes Mütterchen auf dem Rücken trug, oder hier ein blinder Greis von seiner Tochter geleitet wurde, die, wie die meisten Frauen mit ihren verkrüppelten Füßen, selbst nur mit der größten Beschwerde über das rauhe Gestein zu gehen vermochte.

Viele Hunderte wurden mitleidig von den europäischen Schiffen aufgenommen, auf die sich auch die Frauen und Kinder der am Orte befindlichen Europäer mit ihrer Habe flüchteten, während die Männer sich den Franzosen anschlossen, die alle militärischen Anstalten zur Verteidigung der Stadt getroffen hatten. Leider war ihre Zahl sehr beschränkt. Von den beiden im Hafen liegenden Transportfregatten waren nur 250 Mann disponibel. Zufällig traf noch am 6. Oktober der französische Admiral Protet ein, um sich nach Tientsin zu begeben. Er übernahm das Kommando, sandte das Dampfschiff, welches ihn gebracht, sofort nach den Takuforts um Verstärkungen, und schon am 8. langten 150 Marinesoldaten und eine Bombarde an, während zugleich das Linientransportschiff Dryade von Schanghai ankam und ebenfalls 100 Mann ausschiffte, so daß die Franzosen jetzt 550 Mann stark waren, freilich immer nur eine Hand voll Menschen gegen 15.000 Banditen. Der Admiral requirierte nun noch ein englisches Kanonenboot, das an der andern Seite des Hafens zur Bewachung der dort errichteten englischen Depots lag. Chefu liegt, wie ich bereits berichtet, in einem Talkessel am Meer und wird in Süd, Ost und West von einem hohen Gebirgszug umschlossen. Man kann diese Berge zwar auf schmalen Fußpfaden an verschiedenen Stellen passieren, aber die große Handelsstraße, wo nur eine Armee marschieren kann, führt längs der Küste über das sich hier senkende und zu einem Plateau abflachende Gebirge. Nahe diesem Wege wurden das englische Dampfkanonenboot, die Bombarde und zwei mit Geschützen bewaffnete Barkassen der Fregatte postiert.

Am 8. Oktober mittags erschien die Avantgarde der Rebellen, circa 2 - 3.000 Mann stark, auf dem Plateau. Sie waren sämtlich beritten, alle trugen rote und blaue Schärpen und mindestens jeder dritte Mann eine rote Fahne. Wir lagen mit der »Elbe« (die »Arkona« war vor dem Peiho) etwa 3.000 Schritt von dieser Hochebene entfernt und konnten mit unsern Fernrohren alles genau betrachten. Es war ein höchst malerischer Anblick, diese Truppe mit ihren bunten Kostümen, mit ihren wehenden Schärpen und flatternden Fahnen. Fast alle hatten weiße Pferde oder Maultiere, und ihre Hauptbewaffnung bestand aus einer 12 - 14 Fuß langen Bambuslanze. Mehrere trugen auch Säbel und Beile, aber Feuerwaffen bemerkte wir bei keinem. Nach einem kurzen Halt setzten sie sich in Marsch und trabten dicht gedrängt den Berg hinab, auf Chefu los. Sie waren jetzt noch ungefähr 1.000 Schritt von den äußersten Vorposten der Franzosen entfernt, und wir erwarteten in ängstlicher Spannung jeden Augenblick den Beginn des noch immer sehr zweifelhaften Gefechts, als ein Donner durch die Berge rollte. Ein bläulicher Rauchstreifen zischte wie ein Meteor durch die Luft, und unmittelbar darauf sahen wir mitten im dichtesten Haufen eine Explosion stattfinden. Das englische Kanonenboot »Insolent« hatte mit seltener Präzision eine 68pfündige Bombe in die Feinde geworfen. Die Wirkung war außerordentlich und für die Rebellen, die wahrscheinlich in ihrem Leben nie etwas Ähnliches gesehen, wahrhaft dämonisch. Der furchtbarste Schrecken schien mit einem Male unter sie gefahren zu sein; im wildesten Durcheinander sprengten sie nach allen Richtungen hin; ein Teil der Pferde ging durch, die unkundigen Reiter flogen wie Mohnköpfe herab, und der Haupttroß stob im Karrière die Anhöhe wieder hinan. Eine zweite Bombe sauste ihnen nach und schlug mit den Kugeln der Barkassengeschütze in ihre hintersten Reihen; aber zu weitern Schüssen kam es nicht; ehe noch wieder geladen werden konnte, war das Plateau rein gefegt, kein Pferd, keine Schärpe oder Fahne war mehr zu erblicken. Chefu war gerettet, aber wo die Granate gesprungen war, sah man einen Haufen von Pferden und Menschen sich im Todeskampf in ihrem Blute wälzen; 11 Tote und 15 tödlich Verwundete waren die Resultate. Diese Warnung genügte, um die Rebellen von jedem weitern Angriff auf Chefu abzuhalten. Sie zogen sich südwärts hinter dem Gebirge herum, und schon am andern Abend sah man am Feuerschein der brennenden Dörfer, daß sie sich 4 - 5 Meilen östlich von der Stadt befanden. Die Mandarine der Stadt hatten ebenfalls große militärische Vorbereitungen machen lassen. Die Tore waren verbarrikadiert, Geschütze aufgepflanzt und außerhalb der Stadt verschiedene Lager von 2 - 300 Mann Besatzung mit einem wahren Arsenal aller möglichen und unmöglichen Waffen ausgerüstet. An prahlenden Fahnen fehlte es ebenso wenig, und die alten Luntenflinten und Geschütze aus dem 16. Jahrhundert knallten unaufhörlich Tag und Nacht, solange die Rebellen noch jenseits der Berge waren. Sobald aber am 7. Oktober abends die unmittelbar hinter den Bergen gelegenen Dörfer brannten, war auch nicht einer der tapfern Helden in den durch Wälle und Gräben geschützten

Lagern mehr zu finden. Alle hatten sich verkrochen, und erst nach der Entfernung des Feindes kehrten auch die mutigen Verteidiger wieder.

Im Hafen lagen etwa 40 - 50 große Dschunken aus Kanton, Amoy und Ningpo. Diese sind stets sehr stark bemannt und auch ziemlich gut bewaffnet. Die Mandarine waren am 8. morgens an Bord dieser Dschunken gefahren und hatten deren Besatzungen aufgefordert, die Garnison der Stadt zu verstärken, und zwar sollte dies abwechselnd, einmal von den Kwangtung-Leuten und das andere mal von denen aus Amoy und Ningpo geschehen. Diese hatten sich auch dazu bereit finden lassen, und die Kwangtung-Leute verrichteten zuerst ihren Dienst, ganz so wie es sich gehörte. Am 9. Oktober kamen die aus Ningpo an die Reihe. Diese spielten jedoch selbst die Rebellen, brachen in die Kaufläden ein und raubten was sie konnten. Auf das Geschrei der Beraubten rückte eine französische Patrouille zu Hilfe, es kam zum Gefecht, und sechs der Marodeure blieben auf dem Platz, während 10 - 12 schwer verwundet wurden, ohne daß die Franzosen selbst den geringsten Verlust erlitten. Sämtliche Dschunkenleute wurden infolgedessen auf ihre Fahrzeuge zurückgewiesen und am Hafen eine Postenkette mit dem Befehl aufgestellt, auf jedes chinesische Boot zu schießen, das an einer andern als der bestimmten Stelle landen würde.

Am 12. Oktober unternahmen die Franzosen mit 400 Mann und zwei Geschützen eine Rekognoszierung nach Westen, die sich 4 Meilen weit erstreckte. Sie fanden keine Spur von den Rebellen mehr, wohl aber genug Zeichen der von ihnen verübten Scheußlichkeiten. Die kleinen Teiche, welche sich zur Bewässerung der Felder bei jedem Dorfe befinden, waren mit Leichen von Frauen und Kindern angefüllt, denen man Brüste und Hälse abgeschnitten. Die Männer, welche sich geweigert, den Rebellen zu folgen, waren niedergehauen oder, wenn sie Widerstand geleistet, auf grausame Weise zu Tode gemartert worden. So fand man in einem Hause fünf Chinesen mit den hinter dem Rücken zusammengebundenen Daumen an den Dachbalken aufgehängt und durch unter ihnen angemachtes Feuer gebraten. Es dokumentierten sich bei dieser Gelegenheit so recht die schon früher von mir hervorgehobenen Züge des chinesischen Charakters: Feigheit und raffinierte Grausamkeit. Auch die Leichen zweier amerikanischer Missionare, Parker und

Holmes, die, freilich unklug genug und gegen den ausdrücklichen Befehl des französischen Admirals, von Chefu aus den Rebellen entgegengeritten waren, um sie von weiterm Vordringen abzumahnen, wurden schrecklich verstümmelt und fast verkohlt aufgefunden. Die Kaiserlichen machten es jedoch nicht im mindesten besser. Die die Rekognoszierung begleitenden Chinesen hatten in einem Dorfe zwei zurückgebliebene verwundete Rebellen gefaßt, und ebenso waren vier als Spione verdächtige Individuen in Chefu selbst ergriffen. Die beiden Rebellen begoß man von unten bis oben mit Oel, legte sie auf eine Art Rost und briet sie bei lebendigem Leibe. Noch halb lebend hackte man sie allmählich in Stücke, bis zuletzt nur noch halbverkohlte blutige Fleischklumpen übrig waren. Zwei der Spione wurden auf ähnliche Weise zu Tode gemartert; die beiden andern, ein Greis von 70 Jahren und eine junge Frau, gelang es uns, die wir als Europäer damals Halbgötter waren, ihnen zu entreißen und sie dem französischen Konsul zu übergeben, der, wie wir gleich vorausgesetzt hatten, sie ganz unschuldig fand und in Freiheit setzte.

Formosa
(Taiwan / 1861)

REINHOLD VON WERNER

Wir segeln von Hongkong Richtung Japan

Wir hatten im Sommer 1861 mit der »Elbe« bereits einen Monat lang in Hongkong gelegen und vergeblich auf Nachrichten vom Geschwader gewartet, das drei Wochen vor uns aus Singapore nach Japan gesegelt war, als die mit den beginnenden Nordostmonsuns von Kanagava kommenden Schiffe die Ankunft der »Arkona« und »Thetis« in der Bai von Jeddo (Japan) berichteten, zugleich aber die Trauerbotschaft von dem wahrscheinlichen Verluste des Schoners »Frauenlob« brachten, eine Kunde, die einen trüben Schatten auf die Expedition warf. Ein schrecklicher Taifun hatte am 2. September 1861 mit Tagesanbruch den Frauenlob von der Arkona, welche ihn im Schlepptau führte, getrennt. Es geschah dies in einer Entfernung von kaum noch 40 Meilen von der Jeddobai. Um 5 Uhr morgens ward das Schiff zuletzt gesehen, und seit jener Zeit hatte man nichts wieder von ihm gehört. Ein gleiches Schicksal teilte die englische Kriegsbrigg »Camilla«, und nach dem schrecklichen Wetter, das kaum eine so große und stark gebaute Fregatte wie die »Arkona« mit Hilfe der Dampfkraft auszuhalten vermochte, war nichts anderes anzunehmen, als daß das preußische wie das englische Schiff der Wut des Sturms erlegen und beide total verunglückt seien. Mit dem Frauenlob gingen 4 Offiziere, 1 Arzt, 1 Verwalter und 38 Unteroffiziere und Matrosen verloren, ein Ereignis, das nicht nur auf dem Geschwader, sondern auch in ganz Deutschland tief betrauert ward. Am 30. Oktober erhielten wir vom Geschwaderchef den Befehl, mit unserem Schiff nach Nangasaki zu gehen, um die Schiffe dort zu erwarten und sie mit Vorräten zu versehen. Am 1. November verließen wir demgemäß das uns durch die außergewöhnliche Freundlichkeit unserer dortigen Landsleute so lieb gewordene Hongkong, segelten nach unserm Bestimmungsort ab und machten uns auf eine mindestens vierwöchentliche und unangenehme Kreuztour gefaßt, da der Nordostmonsun sehr kräftig blies und wir die ganze Strecke von 400 geographischen Meilen ihm abzukämpfen hatten.

Ein Nordoststurm drückt uns zurück

In früheren Zeiten hielt man es gar nicht für möglich, gegen diese halbjährigen Winde einen längeren Weg anzukreuzen, und die Schiffe blieben oft 4 - 5 Monate in einem Hafen liegen, um den günstigen Monsun abzuwarten, wie es noch jetzt alle chinesischen Dschunken machen, die im Oktober von China nach dem Süden gehen und im Mai von dort nach Hause zurückkehren. Die Fortschritte im Schiffbau und in den nautischen Wissenschaften, der Hydrographie und Meteorologie, haben es jedoch nicht nur ermöglicht, gegen die Monsuns anzukämpfen, sondern bestimmte Reisen auch in bestimmter Zeit zurückzulegen, und gegenwärtig bedenkt sich selbst das schlechteste Kauffahrteischiff nicht, mit Ausnahme der Taifunmonate August, September und Oktober, im Sommer nach dem Süden und im Winter nach dem Norden zu kreuzen; ja, gute starke Fahrzeuge, deren Kapitäne mit genügender Fachkenntnis theoretische Bildung vereinen und den neuen Entdeckungen auf dem Gebiete der Meteorologie gefolgt sind, scheuen sich nicht, selbst Taifunen die Spitze zu bieten, wenngleich Mut und Geschicklichkeit nicht immer sie vor dem Unterliegen in dem ungleichen Kampfe sichern können.

Wir befanden uns im November und hatten daher weniger von den Unholden zu fürchten, sondern nur eine stürmische Reise mit allen ihr Gefolge bildenden Unbequemlichkeiten zu erwarten, eine Aussicht, die sich auch zur Genüge verwirklichte. Vom Süden Chinas nach dem Norden oder nach Japan hat man bei ungünstigem Monsun zuvörderst ganz nahe unter der Küste bis zu den Namoa-Inseln auf 25° nördl. Breite aufzukreuzen, um den durch den Formosakanal fallenden südwestlichen Strom zu vermeiden. Dann hat man östlich nach der Südspitze von Formosa hinüberzustechen

Alte Bambus-Wasserleitung in Hongkong

und an der Ostküste dieser Insel nach Norden zu gehen, wo man den äquatorialen bis zur Beringstraße reichenden Warmwasserstrom, der in der Nähe von Japan fast die Schnelligkeit und Temperatur des nordamerikanischen Golfstroms annimmt, findet und benutzen kann.

Die ersten Tage ging es trotz des scharfen Windes vortrefflich. Unser Schiff kreuzte bei der hohen See über Erwartung gut, und schon am 6. November bekamen wir die Südspitze von Formosa in Sicht. Zugleich aber wurde die Gegenströmung, die sich von dem erwähnten Golfstrome hier westlich abzweigt, so heftig, daß wir fast nicht von der Stelle kamen, und uns am 10. November noch auf demselben Fleck wie am 6. befanden, obwohl wir seitdem 150 Meilen durch das Wasser gesegelt waren und ohne den Strom hätten mindestens 50 Meilen ostwärts kreuzen müssen. Ja, einmal hatten wir, als der Wind sich etwas legte, die merkwürdige Erscheinung, daß sämtliche Segel rund voll standen, das Schiff aber, statt vorwärts zu gehen, mit ziemlicher Schnelligkeit rückwärts ging, eine Tatsache, die auf den ersten Blick unerklärlich erscheint, aber nur die Folge eines heftigen Unterwasserstromes ist. Dieselbe Sache hatte ich schon früher einmal in der Straße von Florida im amerikanischen Golfstrom beobachtet, dort war jedoch die Strömung bei weitem nicht so heftig.

Am 10. November zog sich der Wind endlich ein bißchen nördlicher, und wir erreichten die Spitze der Insel, deren Südseite von Westen nach Osten ungefähr 4 Meilen weit sich erstreckt. Im Schutze derselben ging es trotz des zunehmenden Windes nun besser. Wir kreuzten ganz nahe unter ihr hin und bewunderten die romantischen Landschaften, welche die prachtvolle und terrassenförmig aufsteigende Insel dem Auge in reicher Fülle bot.

Die zunehmenden heftigen Bewegungen des Schiffes gaben jedoch unsern Gedanken bald wieder eine andere Richtung. Je mehr wir uns der Ostküste näherten, desto mehr fühlten wir den wachsenden Wind, und kaum traten wir ganz aus dem Bereich der schützenden Küste, als uns der schönste Nordoststurm entgegenblies, der nicht allein eine himmelhohe See aufwühlte, sondern uns auch zwang, sobald als möglich unsere Segel auf ein Minimum zu kürzen. Da wir unter solchen Umständen nur die Aussicht hatten, zurückzutreiben und den mühsam erkämpften Boden wieder zu verlieren, zogen wir es vor, schleunigst umzukehren und in einer ringsum von hohem Land geschützten Bucht, die uns schon vorher sehr einladend erschienen war, an der Südostseite der Insel vor Anker zu gehen.

Im Schutz der Südostspitze von Formosa

Die Karten von Formosa sind sehr mangelhaft. Die erwähnte Bucht war gar nicht darauf angegeben, und wir mußten uns vorsichtig heranloten, fanden aber einen so schönen, bequemen Ankerplatz, wie wir nur wünschen konnten, nicht zu tief, haltbaren Grund, kaum tausend Schritt von der Küste und gegen alle nördlichen und östlichen Winde, die wir allein in dieser Jahreszeit zu fürchten hatten, so gesichert wie in Abraham's Schoß. Der Anker rauschte vom Bug in die Tiefe, die Segel wurden festgemacht, und alsbald erwachte in uns auch ein sehnliches Verlangen, das mit einer so reizenden Außenseite geschmückte, fast gänzlich unbekannte, deshalb aber um so interessantere Land etwas näher zu betrachten. Die Tat folgte bald diesem Entschluß. Die Gig wurde in das Wasser gelassen, mit sechs kräftigen Leuten bemannt, und ihre Ruderschläge trugen uns in wenigen Minuten ans Land, das an einer Stelle einen prächtigen Sandstrand zum Anlegen bot. Wir hatten vom Schiff aus hier einige Eingeborene bemerkt, wollten mit ihnen Verbindungen anknüpfen, um Früchte und Lebensmittel zu erhalten und einen kleinen Streif- und Jagdzug auf die nahe liegenden Plateaus zu machen. Dort hatten wir mit unseren Fernrohren merkwürdige Tiere herumspringen sehen, die wir bald für Bären, bald für Affen hielten, und allem Anschein nach konnten wir uns ergiebige Beute versprechen. Da wir jedoch bereits früher von der feindseligen Unnahbarkeit der Formosaner gegen Fremde gehört, trugen wir Sorge, uns gehörig zu bewaffnen, und außer uns vier Teilnehmern an der Partie, die wir unsere eigenen Büchsen besaßen, erhielten auch unsere sechs Bootsruderer jeder eine der vortrefflichen Zündnadelbüchsen, mit denen unsere Schiffe ausgerüstet sind.

Wir betraten den Strand, der hier 30 bis 40 Schritt breit sein mochte und von einem dichten, und wie es uns schien, kaum durchdringbaren Gehölz eingefaßt war. Wir teilten uns in zwei Parteien von je 4 Mann, während 2 Mann zur Bewachung des Bootes zurückblieben. Die Munition wurde ausgegeben und die Gewehre geladen, währenddessen wir am Strande nach Muscheln suchten und uns nach verschiedenen Seiten hin zerstreut hatten.

Scharmützel mit den Eingeborenen

Auf einmal fiel ein Schuß; keiner von uns achtete anfangs darauf, weil jeder glaubte, irgendeiner habe etwas Jagdbares entdeckt, und wir blickten von unserer Beschäftigung kaum auf. Unmittelbar darauf knallte es jedoch drei-, viermal hintereinander und einer unserer Matrosen rief: »Wir werden angegriffen, ich bin getroffen.« Zugleich sahen wir an verschiedenen Stellen den Pulverdampf aus dem Gebüch aufsteigen und befanden uns in der gerade nicht erfreulichen Lage, kaum 20 Schritt vor den Gewehrläufen eines unsichtbaren Feindes zu stehen, ohne auf dem offenen Sandstrand selbst die geringste Deckung zu haben. Die Sache war kritisch; die Feinde anzugreifen und in das dichte Gestrüpp vorzudringen, wo man keine 3 Schritt weit sehen konnte, wäre ebenso gewagt als unklug gewesen, da wir keine Ahnung hatten, wie viel uns gegenüberstanden. Ebenso wenig konnten wir aber bleiben, und das einzig Vernünftige war, uns in unser Boot zurückzuziehen und den Rückzug so gut wie möglich zu decken. Während deshalb zwei Matrosen den Befehl erhielten, das Boot zu unserer Aufnahme fertig zu halten, bildeten wir übrigen acht eine Tirailleurlinie und warteten mit gespanntem Hahn auf den nächsten Schuß, um auf den Punkt eine Salve zu geben, wo wir den aufsteigenden Rauch bemerken würden. Daß von den fünf auf kaum 30 Schritt Entfernung auf uns abgefeuerten Schüssen nur einer getroffen, gab uns keine hohe Meinung von der Geschicklichkeit unserer Feinde. Überdies war der getroffene Matrose nicht einmal verwundet. Ein sonderbarer Glücksfall hatte es gewollt, daß die sonst unfehlbar tödliche Kugel auf ein Messer traf, das er im Gürtel stecken hatte, daran abprallte und weiter keinen Schaden tat, als durch das Hemd zu gehen und den Hosenbund durchzuschneiden. Wir hatten kaum eine Minute gestanden, als der erwartete Schuß fiel. Er war wiederum auf den erwähnten Matrosen gezielt; die Kugel ging hinten durch seinen Hemdenkragen, wunderbarerweise wieder ohne zu verwunden. Wir antworteten sofort mit einer vollen Lage, hatten jedoch noch nicht wieder geladen, als uns noch zwei Kugeln um die Ohren pfiffen, aber harmlos hinter uns in das Wasser fielen. Wir blieben die Erwiderung nicht schuldig, und unsere acht Kugeln knatterten in das Gebüsch, daß es eine wahre Freude war. Jetzt hörte das feindliche Feuer auf, entweder hatten wir getroffen oder eingeschüchtert, genug, wir nahmen den günstigen Augenblick wahr, um unser Boot zu besteigen und einige 100 Schritte vom Strand abzurudern. Wir mochten kaum 500 Schritte davon entfernt sein, als vier braunrote hohe Gestalten, mit langem schwarzen Haar und bis auf einen Schurz um die Hüften vollständig nackt, aus dem Gebüsch auf den Strand heraustraten und nach der Stelle hingingen, wo wir gelandet waren. Sie trugen jeder eine lange Luntenflinte in der Hand, und ein großer Hund begleitete sie. Wir hielten inne mit Rudern und nahmen sie auf das Korn; da jedoch die schwankenden Bewegungen des Bootes kein genaues Zielen erlaubten, trafen wir nicht, wenngleich die Kugeln in ihrer unmittelbaren Nähe einschlugen und dem Hunde ein Bein zerschmettert wurde. Die Wirkung erschreckte sie jedoch so, daß sich sofort alle niederwarfen und so schnell wie möglich auf allen Vieren in das Gebüsch zurückeilten. Ein fünfter, der hinter ihnen hergekommen war und wahrscheinlich sich als besonders mutig zeigen wollte oder auch unser schnelles Wiederladen nicht voraussetzte, blieb kühn stehen. Wir nahmen diesmal genauer Ziel; es knallte, der Formosaner sprang hoch in die Luft und stürzte auf den Sand nieder; er hatte seinen Vorwitz mit dem Leben bezahlt.

Wir fuhren jetzt an Bord zurück, und da das Schiff mit seiner Breitseite gerade nach dem Platze zugewendet lag, wo wir durch die Zweige der Bäume die Dächer von Hütten schimmern und Rauch aufsteigen sahen, beschlossen wir die Hinterlist der Eingeborenen durch einige Kanonenkugeln zu bestrafen und damit zugleich noch unsere rückständige Schießübung abzuhalten. Schon nach dem dritten Schuß bemerkten wir, daß wir das richtige Ziel genommen hatten. Eine Menge Menschen, darunter viele Weiber und Kinder, die sich hinter den Leibern von Ochsen, welche sie fortführten, zu schützen suchten, flohen auf die höher und weiter im Innern gelegenen Plateaus, zu denen sie jedoch nur gelangen konnten, wenn sie auf den Strand herauskamen und einige tausend Schritt auf ihm entlang gingen. Sie befanden sich demnach gerade in unserer Schußlinie, und wenn wir hätten unmenschlich sein wollen, konnten wir mit Kartätschen ein schreckliches Blutbad anrichten. Dies lag uns jedoch fern; wir richteten noch ein halbes Dutzend Kugeln auf das Dorf und begnügten uns mit dieser ausreichend erscheinenden Bestrafung, um so mehr, als wir selbst keine Verluste erlitten hatten.

Nach Dunkelwerden wurden wir noch einmal in eine kleine Aufregung versetzt; auf allen umliegenden Plateaus und Bergkuppen bis weit in das Innere flammten plötzlich Signalfeuer auf. Da wir am Strand Boote bemerkt hatten, glaubten wir eine Zeitlang an einen beabsichtigten nächtlichen Angriff auf unser Schiff und trafen alle nötigen Vorbereitungen, um ihn mit der gehörigen Kraft abzuweisen. Es blieb jedoch alles ruhig, und obwohl die Feuer die Nacht hindurch brannten, war während des ganzen nächsten Tags kein Eingeborener in der Nähe des Strandes zu sehen. Dagegen bemerkten wir sie weit im Innern auf den Plateaus, die wir vom Schiffe aus mit unsern Fernrohren rekognoszieren konnten.

So endigte dies kleine Abenteuer auf Formosa, das zwar ohne blutige Folgen für uns und deswegen interessant war, aber uns andererseits die seltene Gelegenheit abschnitt, die schöne, fast gänzlich unbekannte Insel näher in Augenschein zu nehmen. Wir mußten uns begnügen, sie von außen zu betrachten und ihre üppige Vegetation, ihre palmengekrönten Hügel und die majestätischen Höhenzüge zu bewundern, die weiter im Innern die Gipfel zu den Wolken emporsandten und in jenen bläulichen Tinten schwammen, die den tropischen Gegenden allein eigentümlich sind. Das Land erhob sich von der Küste an terrassenförmig aufsteigend, und die einzelnen Hochebenen gleichen künstlich angelegten Parks mit Rasenplätzen, Boskets und Waldungen. Auf einigen weidete Vieh der Eingeborenen, auf andern bemerkten wir Herden der erwähnten Tiere, die uns gänzlich unbekannt waren, und die wir bald für Bären, bald für Affen hielten. Sie hatten die Größe eines Schlächterhundes, waren lang geschwänzt und bewegten sich schwerfällig auf der Erde. Sobald jedoch ein ungewohntes Geräusch ihr Ohr erreichte, sprangen sie im fliegenden Galopp über die Ebenen und in ein paar Sätzen in die Bäume.

Das Reispapier und andere Schätze

Formosa liegt auf der Grenze des nördlichen Wendekreises; es erstreckt sich in nordöstlicher Richtung zwischen 120 bis 122° östlicher Länge von 21°55' bis 25°19' nördlicher Breite, also in einer Längenausdehnung von 51, bei einer Breite von 29 geographischen Meilen. Sein Flächeninhalt beträgt ungefähr 1.300 Quadratmeilen, ist jedoch nie festgestellt, da das Land nur einmal ein halbes Jahrhundert hindurch den Holländern zugänglich war, seit der Mitte des 17. Jahrhunderts aber allen Europäern verschlossen ist. Was man vom Innern der Insel weiß, ist sehr wenig. Die Holländer hatten nur den nächsten Umkreis ihrer Kolonien an der Westseite im Auge, und der einzige Europäer, welcher Formosa besuchte und beschrieb, der polnische Graf Benjowski, der über Kamtschatka aus Sibirien entfloh, hat in seinen Schilderungen offenbar mehr Dichtung als Wahrheit gesagt. Man kann jedoch die Insel fast ganz übersehen, wenn man sie umsegelt, und daß sie ein schönes und fruchtbares Land einschließt, geht aus den kostbaren Artikeln hervor, die sie teils nach China als Tribut, teils als Ausfuhr zum Handel ins Ausland sendet. Reis, Reispapier, Kampfer und Indigo nehmen unter ihnen die erste Stelle ein. Sie gehen über den den Fremden geöffneten kleinen Hafen Keelung an der Nordspitze der Insel teils nach Japan, teils über China nach Europa.

Das sogenannte Reispapier, durch die auf ihm ausgeführten kostbaren chinesischen Malereien auch in Europa bekannt, wird lediglich auf Formosa gewonnen, nicht aber aus Reis, wie der Name andeutet, sondern aus dem Mark einer bambusähnlichen Staude gefertigt, das in seiner Struktur viel Ähnlichkeit mit dem Mark unseres Hollunderbaumes hat. Die Staude wird ganz jung in Töpfe verpflanzt und, nachdem sie eine gewisse Stärke erlangt hat, gekocht und von der äußern harten Rinde befreit. Das oft 2 - 3 Zoll im Durchmesser haltende Mark wird dann in eine Drehbank eingespannt und, während es sich wie eine Walze dreht, vermittels eines sehr scharfen, feinen und breiten Messers in Blätter geschnitten, die sich der Länge nach abheben oder vielmehr abrollen. Die größten Bogen, welche die Konsistenz des Stoffs erlaubt, sind 18 Zoll lang und 9 - 10 Zoll breit. Das so gewonnene Papier ist außerordentlich weiß, zart, spröde und sieht aus, als ob seine Bestandteile zerstampfter Reis seien, was wahrscheinlich den Grund zu seiner Benennung gegeben hat. Zum Schreiben ist es gänzlich unbrauchbar, dagegen eignet es sich vortrefflich zum Malen, und die Reisbilder sind mit Recht durch ihre ungemeine Farbenpracht berühmt, die wir in Europa vergebens zu erreichen trachten.

Alle Metalle und Kohlen sollen überdies reichlich in den Gebirgen vorhanden sein. Das Land ist durch einen Höhenzug, der sich an verschiedenen Stellen bis 12.000 Fuß erhebt, in eine östliche und westliche Hälfte geschieden. Die letztere ist flach, eben und mit China durch eine Menge kleiner Inselketten verbunden, deren bedeutendste Pescadores bilden, die aber ebenso wie die ganze westliche Küste fast gar nicht näher bekannt und bestimmt sind. Der östliche Teil ist durchaus gebirgig, reich bewaldet und fällt sehr steil gegen das Meer ab. Von dem mittlern Höhenzuge laufen im rechten Winkel zu diesem und parallel untereinander in ziemlich gleichen Zwischenräumen Gebirgsrücken aus, in deren Tälern man überall reichkultiviertes Land, Dörfer und Städte erblickt. Die nördliche Spitze ist wieder ziemlich flach, ebenso die südliche, und beide erheben sich erst drei bis vier Meilen von der Küste bedeutender. Die ganze Ostküste besitzt keinen einzigen Hafen; nur eine kleine Bucht in der Mitte der Küste gewährt zweifelhaften Schutz gegen die Südwestmonsuns. Ebenso wenig haben wir dort ein Fahrzeug, sei es auch nur ein Fischerboot, entdeckt, und es ist daher wahrscheinlich, daß die Bewohner dieses Teils sich lediglich mit Ackerbau und Viehzucht beschäftigen. Der erwähnte Hafen Keelung ist gegen alle Winde gesichert, doch macht es Schwierigkeiten, ihn während des Nordostmonsuns, der eine schwere See vor ihm auftürmt, mit Segelschiffen zu verlassen. An der Süd- und Westseite sollen nach nautischen Angaben keine Häfen sein. Ich bin jedoch anderer Ansicht und überzeugt, daß bei näherer Untersuchung sich nicht allein an der West-, sondern auch an der Südseite Häfen finden werden. Die Bucht, in der wir lagen, gewährte während des Nordostmonsuns vollständigen Schutz, war jedoch nach Süden offen und mithin weder gegen Südwestwind noch gegen Taifun gesichert; dagegen bemerkten wir zwei Meilen westlicher einen tief in das Land gehenden Einschnitt, der ein trefflicher Hafen zu sein schien, und den ich unter allen Umständen zu erreichen trachten würde, wenn mich einer der in dieser Gegend so häufigen Taifune hier überraschen sollte. An der Westküste besaßen die Holländer 50 Jahre lang eine Kolonie, die jährlich von vielen großen Schiffen besucht wurde, und es ist kaum denkbar, daß dies praktische seefahrende Volk sich dort angesiedelt haben würde, ohne einen guten Hafen zu finden. Jedenfalls hat aber die Westseite der Insel vor China, Japan und allen umliegenden Ländern den großen Vorteil voraus, daß sie nicht von Taifunen heimgesucht wird, und bis jetzt noch keiner dort beobachtet ist. Im Chinesischen Meer wandern die Taifune fast immer von Südost nach Nordwest, also im rechten Winkel zur Lage Formosas. Wahrscheinlich werden sie durch den die Insel teilenden Höhenzug aufgehalten und abgeleitet. Mithin könnten an dieser Küste schon bloße Reeden die Häfen ersetzen, und es wäre wohl der Mühe wert, in dieser Beziehung genauere Forschungen anzustellen, um ein so reiches Land in den Bereich des Weltverkehrs zu ziehen und seine Schätze auszubeuten.

Malaien, Chinesen und Europäer im Kampf um die Insel

Formosa wird von zwei verschiedenen Rassen bewohnt, von Eingeborenen und Chinesen. Erstere bevölkern die östliche Gebirgsgegend, letztere die westliche ebene Hälfte. Die Formosaner gehören zum großen malaiischen Völkerstamm, zeichnen sich aber durch hohe Statur und kräftige Muskelbildung aus. Benjowski schildert sie gerade im Gegensatz zu den Erzählungen späterer Reisender, die der Zufall oder das Unglück an ihre Küsten verschlug. Sie sollen jetzt ein durchaus ungastliches, jedem Europäer feindlich gesinntes Volk sein, das auf keine Weise Verbindungen mit Fremden anknüpfen will und vorläufig durch die Unzugänglichkeit seiner Küsten gegen jeden Zwang in dieser Beziehung geschützt ist. Man könnte nur von Keelung aus zu ihnen gelangen, denn der Höhenzug bildet gegen Westen eine unübersteigliche Schranke. Mit den Chinesen liegen sie ebenfalls beständig im Krieg und überfallen sie unvermutet von den Bergen aus, so daß diese nur in größerer Anzahl und bewaffnet ihre fern gelegenen Äcker bebauen können.

Die Chinesen sind nämlich die Usurpatoren der westlichen Hälfte von Formosa, und an ihre Erscheinung knüpft sich die Vertreibung der Holländer. Zur Zeit, als diese noch die Herrschaft der Meere allen andern Nationen streitig machten und namentlich die Portugiesen aus ihren ostindischen Besitzungen zu vertreiben suchten, zu Anfang des 17. Jahrhunderts, wollten sie ihren Handelsverkehr auch auf China ausdehnen und machten der Regierung des Kaisers darüber Eröffnungen; jedoch erst nach 10 Jahren, 1624, gelang es ihnen, ihren Zweck zu erreichen. Mit Hilfe von Batavia aus nahmen sie einen Teil der formosanischen Westküste in Besitz und gründeten eine Kolonie, die durch eine starke Festung, Zeeland, geschützt wurde. Die neue Niederlassung gedieh ungemein und erweckte durch ihr schnelles Emporblühen nicht allein den Neid der Portugiesen und Spanier auf Makao und Manila, sondern auch der Chinesen, die, von jenen angereizt, den Holländern jetzt wieder die Handelsfreiheit entzogen. Letztere züchtigten indessen den Vertragsbruch durch ihre Flotten auf so energische Weise, daß China es geraten fand, andere Saiten aufzuspannen. Gegen Aufgabe der Pescadores-Inseln, welche die Holländer besetzt hatten, wurden diesen unbedingte Handelsfreiheit zugestanden. Die Holländer begannen nun zunächst die Eingeborenen der Insel Formosa zu zivilisieren und sich untertänig zu machen. Sie gründeten Residenzschaften im Innern, wie auf Java, gingen mit den einheimischen Fürsten Bündnisse ein, und ohne die Unvernunft und die Starrköpfigkeit eines ihrer Admirale würde Formosa wahrscheinlich heutigentags ein zweites Java sein.

Im Jahr 1644 fiel Peking und mit ihm alle nördlichen und ein Teil der südlichen Provinzen in die Hände der Tataren, die, von Norden her eindringend, mit einer Hand voll Leute China eroberten. Infolgedessen wanderten 25.000 chinesische Familien nach Formosa aus. Dieser Zuwachs an arbeitsamen und industriellen friedlichen Menschen war den Holländern anfangs sehr erwünscht, und sie ermutigten sogar die Einwanderung. Schließlich jedoch wurde es ihnen zu viel, obwohl sie, jetzt aber vergebens, dem Strom Einhalt zu tun versuchten.

Ein christlicher Chinese aus Makao, Nikolaus mit Namen, und anfänglich ein bloßer Kuli, war durch Handel mit den Europäern einer der reichsten Leute in China geworden. Als die Mandschu sein Vaterland überschwemmten, rüstete er in edlem Patriotismus eine eigene Flotte gegen sie aus und bekämpfte sie mit entschiedenem Erfolg. Von allen Seiten strömten ihm Schiffe zu, und bereits nach einem Jahre stand er als Admiral an der Spitze einer 300 Fahrzeuge starken Flotte. Nach verschiedenen gewonnen Schlachten wurde er mit dem Anerbieten eines hohen Ranges nach Peking an den Hof gerufen. Er konnte der Versuchung nicht widerstehen, nahm es an und übergab das Kommando seinem Sohn Kuasching, von den Portugiesen Koschinga genannt, welcher der chinesischen Sache treu blieb. Nach drei bis vier Jahren wußten es indessen die Tataren durch Verräterei so weit zu bringen, daß er die chinesische Küste verlassen mußte, und er zog sich 1650 mit seinen Scharen nach dem großen und fruchtbaren Formosa zurück.

Die Holländer machten sich jetzt auf Krieg gefaßt und verstärkten die Besatzung von Zeeland. Solange Kuasching seine Kämpfe gegen China fortsetzte, blieben sie noch unbelästigt, nachdem er jedoch 1660 vor Nanking eine totale Niederlage erlitten, blieb er gänzlich auf Formosa und gründete ein eigenes Königreich. Der Gouverneur hatte um Hilfe nach Batavia geschrieben. Die Besatzung von Zeeland ward darauf auf 1.500 Mann gebracht, und die erbetene Flotte von 12 Schiffen traf in der Kolonie ein. Kuasching heuchelte die freundschaftlichsten Gesinnungen, und obwohl der Gouverneur ihm durchaus nicht traute, ließ sich doch der holländische Admiral vollständig durch seine Freundschaftsversicherungen täuschen. Ja, der Admiral verklagte sogar den Gouverneur wegen Feigheit und falscher Rapporte, und dieser wurde deshalb 1661 zur Verantwortung nach Batavia zitiert. Der Admiral selbst ging mit seinen Schiffen nach Amoy, um dort gegen die Portugiesen zu kämpfen.

Kurz nach Abgang der Flotte indessen erschien Kuasching mit 20.000 Mann vor Zeeland, blockierte es und schnitt die Verbindung zwischen ihm und einer anderen festen Position ab, welche die Mündung des Flusses beherrschte, an dem die Hauptfestung erbaut war. Die Holländer machten mit 400 Mann einen Ausfall, wurden jedoch zurückgeschlagen. Auch zwei Kriegsschiffe, die noch im Hafen lagen, litten sehr; das eine wurde durch Brand zerstört, dem andern gelang es jedoch zu entfliehen und mit den Nachrichten nach Batavia zu segeln.

Unterhandlungen führten zu nichts; das kleine Fort mußte sich nach 8 Tagen ergeben, das große hielt tapfer aus, und Kuasching mußte es regelrecht belagern. Die Holländer waren jedoch furchtbare Feinde; ihr Geschützfeuer richtete entsetzliche Verluste unter den Chinesen an. Kuasching wurde infolgedessen zur Aufhebung der Belagerung gezwungen und mußte sich nur auf eine enge Blockade beschränken. Er verwüstete jetzt die ganze Umgegend, machte alle Residenten und Beamte mit ihren Familien zu Gefangenen und behandelte sie sehr grausam. Einer der ersten, dessen Frau und Kinder sich gleichfalls in Feindesgewalt befanden, wurde in das Fort geschickt, um es zur Übergabe aufzufordern, widrigenfalls mit der Ermordung sämtlicher Gefangenen gedroht wurde. Ein zweiter Regulus, mahnte jedoch der kühne und patriotische Mann zur Ausdauer, kehrte zurück und wurde mit allen übrigen niedergemacht. Indessen langte Succurs von Batavia an; 700 Soldaten kamen an, und die Belagerten gingen zur Offensive über. Weiber und Kinder wurden nach Batavia geschickt, und Kuasching wäre wahrscheinlich vernichtet worden, wenn nicht der neue Gouverneur im Einverständnis mit dem Admiral die Unklugheit begangen hätte, fünf der Schiffe dem tatarischen Vizekönig von Fukien gegen die Chinesen zu Hilfe zu schicken, wogegen dieser nach erfolgtem Siege seinerseits Hilfe gegen Kuasching versprach. Drei der Schiffe gingen in einem Taifun verloren, und die beiden andern kehrten schwerbeschädigt nach Batavia zurück. Kuasching war zufrieden, seine Feinde so geschwächt zu sehen; ein Deserteur verriet einen schwachen Punkt der Festung, sie wurde dort von drei Batterien angegriffen. Bald war Bresche gelegt und von seiten der Chinesen der Sturm beschlossen. Der Kriegsrat der Holländer erklärte Zeeland für unhaltbar. Nach neunmonatlicher Belagerung und einem Verluste von 1.600 Mann wurde Formosa aufgegeben, und 1662 kehrten die tapfern Verteidiger nach Java zurück.

Kuasching wurde unabhängiger Fürst von der Westseite Formosas. Im Jahre 1683 erkannte jedoch sein Enkel die Oberherrschaft der Tataren an, und seit jener Zeit ist die Westhälfte der Insel eine tributäre Provinz von China. Seit dem Abzug der Holländer ist keine fremde Macht mit Formosa in irgendwelche Verbindung getreten. Bei dem Umschwung der Verhältnisse in China wird wohl auch Formosa in den Vordergrund treten. Wie die Kohlenlager von Japan den Amerikanern den Vorwand für die Öffnung jenes Reichs gaben, werden auch wohl bald wegen der Kohlen sich Liebhaber für das harmlose Formosa finden.

Reisen ins Innere des Landes

NORBERT JACQUES (1880 - 1954)

Norbert Jacques stammt von Soldaten und Bauern ab, die in Belgien und Luxemburg lebten, wo er am 6.6.1880 zur Welt kam. Nach seinem Studium in Bonn war er zunächst Journalist in Hamburg und Berlin, machte seit 1906 ausgedehnte Weltreisen und siedelte sich nach dem Ersten Weltkrieg am Bodensee an, wo er als Schriftsteller, Landwirt und Fischer »mit Lust gelebt« hat. Neben seinen Reisebüchern schrieb er spannende Romane, die in exotischen Ländern spielen. In China war er um das Jahr 1910.

Abenteuerliche Hausbootreise durch die Schnellen des Jangtsekiang

Der Ziehweg hoch über den Felsen

28. November

Hoch in den Felsen steigt der Zieherweg. Er ist in die glatte, senkrechte Felswand eingehauen; wie der Weg eines ungetümen, vorsintflutlichen Wurms steigt er in Windungen auf und ab, aus dem Gestein gefressen. Droben gehen die Zieher. Sie schweben am Seil über der Tiefe. An einigen Stellen sind Ketten in die Wände eingelassen. Die Steine sind von den Leibern, die sich jahrtausendelang arbeitend und in Angst vor dem Abgrund angedrückt haben, glattgeschliffen.

Das Tal ist ungeheuerlich und anmutig. Die Zeit hat in ewigem Wechsel Burgen, Türme und gotische Kirchen aus den Graten der Berge gehauen, die Luft fließt um diese dunklen, strahlenden Gebilde. Altäre schauen mit farbigen Götterbildern aus hohen Felswänden. Die Höhlen sind von Opferfeuern geschwärzt, und kein Mensch weiß, wie die Beter hinaufgekommen sind. Felsberge bersten aus den gewaltigen Hängen heraus und führen ihre Schichtung in ungeheueren gewölbten Bogen gebrochen durch die Bergflanke. Dörfer und Städtchen liegen in schmalen Streifen oben in den Bergwänden, eingeschlossen in herbstbunte Tuffe von Bäumen, die golden und granatrot sind und einen Schimmer von Grün bewahrt haben. An einsamen, kahlen und dunklen Stellen bauchen sich die Kugeln einiger uralter, schwerer und grüner Pflaumenbäume über kleine weiße Tempel. Ein Landschaftsgefühl von verfeinerter Art hat sie so gestellt. Oft brennt hoch oben in den Hängen von braunem, dürrem Speergras die einzelne Flamme eines schmalen Herbstbaumes wie eine große, rote Edelsteinsäule. Kleine, weiße Ziegen hängen in Scharen zwischen den Sträuchern und laufen über die Kanten der Abgründe. Die großen Weihe schweben aus den hohen Felsen nieder und durchstreifen schreiend über uns die Luft. Alles ist Größe, von Anmut beschienen. Das ist China.

Der Singkuli ruft den Schrei der Weihe nach, und die Ruderer fallen ein: Dallalalala! rufen sie. Damit rufen sie den Gott des Windes, und wenn der Wind das Segel straff buckelt, dann hüten sie sich, diesen Schrei weiter auszustoßen. Die Kulis wechseln oft zwischen Ziehen und Rudern.

Wir übernachten am Fuß eines hochgebauten Städtchens. Wir waren dem Schiff vorausgegangen und hinaufgestiegen. Das Städtchen war steil gebaut. Die äußersten Häuser standen zum Teil auf hohen Pfählen überm Abhang. Die Hauptgasse führte manchmal auf Brettern über die Höfe und Dächer der unteren Häuser, und wenn sie keinen Platz hatte, mitten durch die Stuben der Chinesen. Unfreundliche Menschen kamen in die Türen und gingen an uns vorbei. Die Kinder riefen uns feindselig nach.

»Die Gratisblitzer«

Drunten im Jangtse sahen wir, schon in der Dämmerung, unser Hausboot gegen eine Schnelle kämpfen. Wir gingen hinab. Es wurde rasch Nacht. Das Boot war schon festgemacht, als wir unten ankamen. Unsere Lampen brannten. Der Kapitän, Laopan genannt, wollte uns etwas sagen. Ich mußte den Boy als Dolmetscher rufen. Der Laopan wollte uns erzählen, daß diese Schnelle der Schin Tan sei; jetzt gebe er sich noch harmlos, aber wenn wir wieder herunterkämen, dann sei er die gefährlichste Schnelle des Jangtsetales. Vielleicht aber wollte mir der Laopan etwas anderes sagen. Ich merkte, er vertrug sich nicht mit unserm Boy, und der Boy fuhr ihn manchmal jähzornig an. Ich fragte den Boy: »Wer sind die Leute, die immer hinten im Ruderhaus sitzen und nicht mitarbeiten?« Er sagte: »Sie gehören zum Kapitän«. Und erzählte, daß nur der eine von ihnen sein Freund sei. Der Laopan wollte von diesem für die Mitfahrt sieben Tael haben. Er habe aber kein Geld mehr.

Die Leute waren also ein Nebengeschäft vom Boy oder vom Laopan. Sie benutzten die Gelegenheit, daß wir ein Schiff gemietet hatten, um billig zu reisen. Da nannten wir sie »Die Gratisblitzer«. Es schienen sonst ordentliche Gesellen zu sein. Der Geldlose war Verkäufer, und ein anderer war Arbeiter in einer Gewehrfabrik. Mehr konnten wir nicht erfahren. Es war auch ein ganz Dicker unter ihnen, der den ganzen Tag irgend etwas aus seinen Taschen heraus aß. Man hatte mir erzählt, daß Chinesen mit Vorliebe auf dem Schiff eines Europäers reisen, weil diese Schiffe vor den Flußräubern sicherer waren als die Dschunken.

Wir aßen zu Nacht. Es war wunderbar, in dieser fremden Einsamkeit zu zweit zu hausen, und wir waren glücklich und immer neu gespannt von dem mannigfaltigen rätselhaften Dadraußen. Wir schoben ein Fenster in der Nacht auf. Die Schnelle rauschte. Die Nacht war finster, wenn man sich ins Fenster legte. Aber hatten wir eine Weile hinausgeschaut, so sahen wir plötzlich die Berge ihre schwarzen Bogen jäh über unsere Stirn aufbauen. Wir hatten sie ferner und sachter gedacht und erschauerten. Andere Boote lagen rund um uns mit einigen verdeckt brennenden Feuern und rasch lärmenden und verstummenden Rufen. Im Berg gegenüber gingen ein paar Lichter geheimnisvoll nach oben.

Acht Kleider kalt

29. November

Die Ufer sind überall mit ganzen Völkerschaften von Ziehern bedeckt, und an den stärkeren Schnellen ergänzen sie die Bewohner der nahen Berge. Der Boy steigt jetzt an jeder Schnelle aus. Die Frau Boy wäre nicht um einhundert schönster Nephritspangen an Bord zu halten und kollert mit den abgebundenen Füßchen, die in hellseidenen, blumenbestickten, fingerhutgroßen Schuhen staken, über die Steine. In der kühlen Witterung war es bei ihr mindestens acht Kleider kalt, und sie sah in all dem Zeug, das sie nach chinesischer Sitte übereinander anzog, aus wie ein Spatz, der sich aufbläst. Der Boy trägt in unserer Handtasche unser Geld, die Dokumente und die photographischen Platten. Die Gratisblitzer folgen ihnen. Die ganze Gesellschaft läßt sich stets sofort bei einem Garkoch nieder und fängt an zu essen. Der Beleibte schlägt dabei alle anderen. Sie lassen sich jedesmal Tee geben, essen ein Körbchen voll Erdnüsse, eins voll Sonnenblumenkerne, eins voll kleiner Orangen, drei bis fünf Reiskuchen, die in großen Scheiben locker gebacken sind, sechs bis zehn dicke, geröstete und überzuckerte Maiskugeln. Bäuerinnen hausieren zwischen den Steinen, Hütten und Schiffen mit allerlei eßbaren Dingen, die sie in Körben tragen, und auch bei ihnen kaufen die Eßfreudigen noch Vorrat für die Fahrt bis zur nächsten Schnelle.

Nur der arme, magere und bleiche Verkäufer streicht um die Buden herum und kann sich nichts kaufen. Auf dem Schiff geben ihm die andern mit zu essen. Reis bekommt er aus dem Faß der Kulis, soviel er will. Den Gratisblitzern genügt der Reis nicht. Bald bringen sie sich ein Stück Schwein, bald ein Stück Ziege und dicke Bündel von schönem, saftigen Gemüse mit. Wenn der Koch mit seinem Reis fertig ist, bemächtigen sie sich der großen Eisenhalbkugel und kochen und braten darin mit viel Umständlichkeit und Sorgfalt ihre Sachen. Der Boy hockt zwischen ihnen und ißt mit und redet ganz großartig, wie ein General, immer gegen den Kapitän.

Die Kulis kommen an unsere Fenster, wenn wir gegessen haben, schauen ein Weilchen herein und stecken dann den Daumen in den Mund, indem sie dabei die Faust hochheben. Anfangs dachten wir, sie wollten etwas zu trinken haben. Aber sie baten uns nur um die leeren Weinflaschen. Sie sammelten sie mit Leidenschaft, denn für jede Flasche bekommen sie hundert Käsch, das war soviel wie ein Taglohn. Zwanzig Pfennige! Wenn sie gut gearbeitet hatten, gaben wir ihnen Zigaretten. Sonst rauchten sie alle zwanzig aus einer Pfeife, die sie aus einem Bambus gemacht hatten, und in die eine Pille ihres haarfein geschnittenen gelben Tabaks ging. Sie drehten sich auch aus den dunkeln Tabakblättern dicke Zigarren. Sie sahen aus wie Schweizer Stumpen und wurden in einem Metallpfeifchen geraucht. Auch dieses Pfeifchen war gemeinsamer Besitz. Die Zigarren waren furchtbar stark, aber schmeckten nicht schlecht. Sie waren würzig und derb.

Wir stürzen flußabwärts
30. November
Wir wollten den Jeh-tan nehmen, eine der heftigsten Schnellen. Wir waren mitten drin. Die Schlepper hingen weit vor uns im Sand am Tau. Ihre Zahl war wenigstens verdreifacht worden. Die Schifferknechte warfen sich heftig auf das Vordersteuer. Aber das Boot konnte den Bug nicht gradaus halten. Die Wirbel drückten es heftig zur Seite. Auf einmal schoß es längsseits in den Strudel. Leute liefen aus den Verkaufsbuden am Ufer heraus. Auf den wartenden Schiffen hinter uns kamen alle heraus, um zu schauen. Der Seehund schlug auf die Trommel. Das Tau springt weg. Wir stürzen in der Schnelle sausend zurück, wieder flußabwärts. Der Boy fährt wütend aus seiner Kammer auf den Laopan am Steuer, brüllt ihm ins Gesicht, stößt ihn weg, nimmt selbst das Ruder und brüllt immer wieder dieselben Worte, während er den Balken führt: »Muo dsau, bu chau! Muo dsau, bu chau!« (Ich fragte nachher. Es heißt: »Du bist ein schlechter Trottel!«) Das Schiff gleitet von dem gefahrvollen Zusammenstoß mit den flußab wartenden Dschunken weg und treibt in der Mitte des Stromes hastig zu Tal. Auf dem Vorderdeck haben die Schiffer die Arbeit hingeworfen. Der eine mit den stachelig aufgerichteten Haaren, das Stachelschwein, schimpft. Alle schimpfen auf einmal zurück auf den Laopan. Am wütendsten ist der kleine Pockennarbige mit dem breiten, runden Rücken. Er ist ganz Gift und Galle. Dann setzt er sich vorn auf den Steuerbaum. Er sitzt da wie eine jähzornige, dicke, häßliche Eule. Der Laopan ruft Befehle. Niemand folgt. Alle schimpfen ihn an. Die Eule dreht sich nicht einmal um und wettert giftig mit seinem galligen abgewandten Gesicht und kurzen Worten. Eines der roten Rettungsboote war uns gefolgt. Aber die Strömung treibt uns von selber sacht dem Ufer zu.

Als wir zwei Stunden später, so weit waren wir den Fluß hinabgeworfen worden, von neuem in die Schnelle gingen, riß das Ziehtau. Auf einmal fiel es lautlos in zwei Stücke auseinander. Aber die Schiffer hatten das Boot vorher mit einem anderen Tau an einem großen Stein am Ufer festgemacht. Wir trieben nur gegen das Ufer. Die Zieher hatten gleich ein anderes Seil und zogen uns mit stöhnendem Seufzen aus den rasenden Wirbeln.

Den ganzen Tag über endigte das Gekeife zwischen Mannschaft und Laopan nicht. Sie fuhren immer wieder gegen ihn auf. Der Boy stand neben ihm auf der Steuerbrücke und schimpfte ihm zornig ins Gesicht. Den Laopan schien es wenig zu kümmern. Er antwortete kaum mehr.

Die auseinanderschweifenden Berge sammelten sich wieder, wogten ineinander hinein, ein jähes Tor von Felsenbergen und Pyramiden schlang uns ein; die Grate zackten sich stürmisch übereinander. Wolkenreiter fuhren in dunklen Scharen hindurch, preßten sich in die wilden, herbstlich gefärbten Seitenschluchten. Die Ufer waren felsenhohe Halden, aus Sand und zahllosen Steinblöcken aufgetürmt.

In einer solchen Landschaft legten die Schiffer das Boot in der beginnenden Dämmerung zwischen mächtige, hohe Ssetschuan-Dschunken. Über die Brüstungen der Dschunken beugten sich Scharen von tibetanischen Soldaten, um in unser Wohnzimmer zu schauen, in dem die Lampe schon brannte. Die Läden waren noch offen.

Beim Landen erneuerte sich der Streit mit dem Laopan. Nun rupften ihn die Zieher. Er hockte vorn zwischen ihnen und schimpfte abgewandt in die Dunkelheit hinein. Wir stiegen, um dem Lärm zu entgehen, zwischen dem Geröll hinauf. Aber wir kamen nicht bis an das bewachsene Land. Wir setzten uns oben auf einen Stein. Die Nacht war schon da. Auf den Schiffen unter uns brannten verhohlene Lichter und Feuer. Chinesen strichen unerkennbar zwischen den Steinen umher. Einige von den tibetanischen Soldaten schienen unter ihnen zu sein. Der Strom rauschte. Die Schlucht war in die Finsternis der Nacht gesunken und doch schroff und wüst in ihren Massen, die wie dunkle, stöhnende Atemzüge der Erde dann und wann aus der Nacht heraustauchten. Wir sahen mitten im Strom mit Geschrei und dem polternden taktfesten Lärm der Ruderschläge, dem dumpfen Skandieren der Ruderer, wie eine wilde Jagd, zwei große Gespensterschiffe die Schnelle herabstürzen. Wir sahen es und sahen es nicht, so wie die kernige Finsternis mit den Augen spielt. Es war fremd und kalt.

Wir stiegen hinab in unser gutes, warmes Wohnzimmer. Der Boy brachte das Nachtessen. Das Essen war merkwürdigerweise immer bereit. Er erzählte dabei, daß im vorigen Jahr an dieser Stelle des Nachts zwei Amerikaner in einem Hausboot von Chinesen überfallen wurden. Die Chinesen schnitten ihnen in den Betten die Hälse durch.

Eine der Dschunken, auf der Soldaten fuhren, stieß, von der Strömung gedrängt, mit einem dumpfen Gedonner an unser Boot. Wir erschraken. Der Boy sagte mit einem lächelnden Gesicht, uns könnte so etwas nicht geschehen wie den Amerikanern. Er ging ins Schlafzimmer und brachte die Büchse herein. Er sagte »Angenommen ... so macht der Herr piff, paff!« und gab mir die Büchse.

Wir schliefen schlecht. Die ganze Nacht war durchwühlt von tausend Geräuschen. Schließlich kam ein Geräusch immer wieder. Ein kleiner Feuerschein zuckte über die Decke des Wohnzimmers, die ich von meinem Bett aus sah. Der Lärm war vielleicht im Wohnzimmer, vielleicht draußen. Das konnte man nicht unterscheiden. Ich stand geräuschlos auf. Neben dem Bett lagen die Büchse und ein Revolver. Mit dem Revolver ging ich nach vorn. Das Wohnzimmer war leer. Aber vorn auf dem Deck lärmte es. Es war noch nicht drei Uhr. Ich zog die Tür auf, und aus dem Ofenloch lachte mich das fette Negergesicht des dicken Koches an. Um diese Zeit machte er schon Feuer und stellte den Reis auf, mit dem die Zieher ihren Arbeitstag begannen.

»Si-e, si-e! – Ho-e-ho!

1. Dezember

Wir fahren noch immer in der Schlucht. Alle Flanken und Flecken der Felsen sind mit Obstgärten, kleinen Äckern, Wiesen von zahlreichen Menschen ausgenutzt. Das sieht sehr lebendig aus. Aber schön ist es erst, wo das violettrote Herbstgesträuch auf Stein schäumt: das sind blühende Felsen, eine senkrechte norddeutsche Heide im Sommer. Die Bergwände sind lebendig von ihrer Schönheit, vom Fleiß der Bauern und der rufenden Arbeit der Schifferknechte. Immer in Rudeln treiben die Boote zu Tal. Es kommen wuchtige Fahrzeuge; sie haben hundert Menschen an ihren Wriggrudern, und alle sind in der heißen Bewegung von Dampfmaschinenkolben, der heiligen Bewegung des Erschaffens. Einer steht zwischen jedem Ruderpaar in der Mitte hoch über die anderen heraus. Er hat ein langes Rohr in der Hand und streichelt und prügelt damit. Er steht da wie der Taktschläger in den alten Kriegsgaleeren und singt den Takt für die mit kurzen Schlägen arbeitenden Ruderer: Si-e, si-e! Das Si-e, si-e zieht wie atemlos rasche Peitschenhiebe durch die arbeitende Masse auf dem Schiff. Und der Chor nimmt ab, feierlich fast: Ho e ho! Alles ist mit Gut bepackt. Die Waren überschwemmen die Dächer der Schiffe und sind an den Seitenwänden angebunden. Die Dschunken liegen tief im Wasser. Sie eilen mit dem Fluß schwer der Welt zu, die auf sie wartet. Heute überfuhren wir die Grenze von zwei Provinzen und sind nun in Ssetschuan.

Klosterschule

2. Dezember

Im frühen Tag, aufgeweckt durch den furchtbaren Lärm des Aufbruchs, stieg ich den Berg hinan. Gre pflegte noch ihren geliebten Morgenschlaf. Am Ufer zwängte sich eine lange, schmale Stadt mühsam in ihren grauen Mauern. Die Berge wichen hinter ihr zurück und fuhren fern mit merkwürdigen Launen durch die Landschaft. Die Schlucht lag nah hinter uns. Ein Berg schoß mit jähem Bogen an ihrem Eingang in die Höhe. Ich stieg durch Erbsenäcker und Hirsefelder bergan. Alle diese Pflanzen sind mit der Richtschnur eingesät, und sie leuchten in ihrem ersten Grün von saftiger Kraft. Die Bauernhäuschen, die braun und grau, schilfbedacht kaum aus den Steinen und Äckern herausschauten oder sich in Bambusbüschen bargen, verrieten sich nur durch die kleinen Rauchsäulen ihres Morgenfeuers. Der Geruch des nassen brennenden Holzes mischte sich in die Düfte, die von den Grashängen und den Wäldern herniederfielen. Hunde kamen mir von weitem entgegengesprungen. Sie waren gepflegt und ungebärdig und stellten mich mit wütender Energie. Die Frauen flüchteten vor mir in die Häuser. Die Hunde kamen mir nach. Ich sah drunten das Boot friedlich und langsam am Ufer hinaufkriechen. Es überholte mich; bald sah ich nur mehr das Segel, dann verschwand es hinter den

Felsen des Ufers. Über mir stand unter einem weiten, schweren Baum ein weißes, kleines Kloster und davor ein hoher steinerner Greif. Ich wollte noch hinauf und photographieren.

Unten kam August über eine Sandkuppe. August war der Schiffskuli, der aussah wie ein böhmisches Dienstmädchen. Er war ein pausbäckiger Junge mit blonden Haaren und vielen Sommersprossen, kurz und dick, und von der großen, humorvollen Gutmütigkeit, die im Namen August, den wir ihm gaben, für uns zu liegen schien. Als er mich über sich sah, rief und winkte er mit aller Energie, ich solle zurückkommen. Der Laopan hat ihn geschickt, dachte ich mir, und ich kümmerte mich nicht um sein Winken. Ich stieg dem Kloster zu. Dem Laopan lag an einer raschen Reise, weil er im Pauschale bezahlt wurde.

August stürzte mir nach und holte mich bald ein. Er sagte etwas. Er zupfte mich am Ärmel. Ich kniff ihn in seine dicke Backen und gab ihm eine Zigarre. Ich zeigte auf das Kloster. Aus seiner Tür trat in diesem Augenblick ein grau gekleideter Mönch, der zu uns herabkam, sich vor mir verbeugte und mich anredete. August deutete: nein! und zeigte aufs Schiff zurück.

Da dachte ich mir, daß mich der Mönch zum Eintreten eingeladen habe; ich faßte August am Genick und schob ihn mit. Ich verbeugte mich tief vor dem Mönch, und wir traten ein. Wir kamen in einen großen Raum, dessen Vorderwand aus geschnitztem Holzwerk bestand, das mit weißem Papier überklebt war. Es war eine Schule, und eine Anzahl Buben saßen in den Bänken. Einige ergriffen atemlos erschreckt die Flucht. Über den Schulbänken ragten Entsetzen einflößende Götter ins Dunkle der Decke hinaus. An einem Pult saß ein schöner, alter Mann mit einem milden Gesicht und einer hohen, merkwürdig gebundenen Mönchsmütze. Er stand auf, kam heraus und schüttelte sich die Hände, indem er sich oft verbeugte. Die Kinder, die den Mut hatten, sitzenzubleiben, schauten mich groß und mit offenem Mund an. Ich wurde durchs Kloster geführt. Hinter dem Schulraum lag ein Höfchen. Ein kleiner Tempel mündete hinein mit Göttern aus Gold und Farben, die bedrohlich von der Höhe ihrer Altäre auf uns niedergrinsten und in gespreizten, erschreckenden Stellungen die Glieder verrenkten. Auf der anderen Seite führte eine runde Tür in den Empfangsraum. Ich wurde unter hundert Verbeugungen dort hineingeleitet.

Ein Chinese kam herein, während wir umhergingen. Er wandte sich an einen der Mönche. Der nahm ihn mit in den Tempel. Sie stellten sich zusammen vor einen Altar. Der Mann brannte Papiergeld ab und zündete eine der papiernen Spiralen an, die von der Decke herabhingen. Der Mönch schlug oft auf einen Gong und schien laut zu beten. Er verrichtete allerlei Zeremonien um den Mann und den Altar. Dann ging der Mann wieder.

Wir setzten uns nieder. Ein Mönch dreht mir eine Zigarre, schob sie in seine Metallpfeife, und ich rauchte einige Züge daraus. Ich bekam Tee, Orangen und Sonnenblumenkerne vorgesetzt, und als wir gingen, gab man August einen Sack voll süßer Kartoffeln mit. Ich ließ dem Mönch ein Häuflein Käschstücke in die Hand gleiten. Da verdoppelte er die Portion der Kartoffeln.

Wir gingen schräg durch Erbsenäcker zum Fluß hinab. Die Kwaze lag in einer Bucht festgemacht. Alle winkten mir Eile zu. Ich ließ mich gemächlich über die Steine hinabgleiten. Gre lag im Fenster und zeigte mir ein riesenhaftes Butterbrot. Da machte ich rascher. Unser Frühstück war an jedem Morgen eine Verrichtung voll Poesie. Das Schiff zog langsam dahin. Die schöne Landschaft und der Strom schauten zu den Fenstern herein. Unsere Stube schwamm wundersam durch den aufgefrischten Tag.

Heute floß Schnelle um Schnelle. Jede zwei Stunden kämpften wir uns durch eine hindurch, bis die steilen Bergklötze aus dem weiten Land sich wieder zusammendrängten, eine Schlucht uns in ihre dunkle gepreßte Straße nahm und Felsen und Berge in abenteuerlichen, feierlichen und brutalen Gebilden sich hoch über uns errichteten.

Die gewaltige Fong-Siang-Schlucht

3. Dezember

Ein Weg war oben in die Felsen gehauen und folgte allen ihren Windungen. Es schien eine Verkehrsstraße zu sein, nicht nur ein Zieherweg. Von Weile zu Weile gingen beladene Menschen droben. Große Inschriften waren über dem Weg in den Felsen gehauen. Wir waren in der schönen, gewaltigen Fong-Siang-Schlucht. Der Weg war in die glatten Felswände hineingegraben. Die Zieher gingen nicht bis zu ihm hinauf. Er führte etwa dreihundert Fuß hoch über dem Wasser. Die Zieher durchkletterten die Felsenmassen, die am Ufer sich übereinandertürmten. Wir sahen sie manchmal gefährliche Kletterpartien machen. Hinter uns kam eine große Dschunke. Ihre Arbeiter und Kulis brüllten, daß das Tal scholl. Sie schienen uns überholen zu wollen. Die Dschunke hatte gegen hundert Zieher. Ihr dickes Tau ging schon über unsern Mast hinweg. Da sahen wir, wie auf einer schroffen Felsbank die Scharen ihrer Zieher mit unseren Kulis sich einen Augenblick mischten. Das Seil der Dschunke verfing sich gerade hinter einem Stein. Ein Kuli sprang hin und schob es los. Es war armdick. Es schnellte mit einem drohenden, grollenden Laut in die Luft und jagte wie eine Peitsche für Ichthyosauren von Stein zu Stein und auf die Felsplatte zu, auf der die Zieher an die Seile gespannt lagen. Es schlug in die Gruppe hinein. Die Menschen schwankten, stürzten hin, zwei überschlugen sich; sie griffen hoch in die Luft; aber die Tiefe besaß sie schon, und sie fielen haltlos hintenüber und sausten ohne Schrei und ohne Laut hinunter ins Wasser. Das Wasser hatte sie gleich in seinen Strudeln zermalmt und vergraben.

Die anderen ziehen weiter. Es ist nichts geschen. Es sind keine Menschen vom Fels gefallen. Die Treiber brüllen, die Kulis singen und ziehen. Die Schar der Hundert trennt sich allmählich aus dem Haufen unserer Zieher und strebt rasch vorwärts. Die schwere Dschunke gleitet nah an uns vorbei und überholt uns.

Wir wissen nicht, ob die Ertrunkenen zu uns gehören. Ich frage den Boy. »Was weiß ich!« lächelt er. »Angenommen, sie seien von uns, so gibt es in Kweitsoü tausend andere.« Ein Menschenleben war eine vorüberhastende Sekunde. Sie stürzten in Scharen durch die Tage. Sie ertranken spurlos in den kommenden. Es warteten Millionen, sie zu ersetzen.

Als das Schiff zum Reisessen anlegte, sprang die Schar unserer Zieher lustig und johlend zwischen den Steinen herab, dem Boot zu. Nur einer hinkte nach. Das war ein plumper, großer Bursch. Er hatte einen dicken Kopf und ein Gesicht wie eine Bogenlampe mit einer großen Nase und einem langen verbogenen Mund. Die Äuglein verschwanden in all den wurzelhaften Dingen dieses Gesichts, und wirre, unordentliche, nie gekämmte Haare fielen unter dem weißen Kopftuch heraus. Er hatte einen steifen, ungefügen Körper in einen Haufen flatternder Lumpen gekleidet, die aus allerhand Fetzen bunt zusammengestückelt waren. Auf seinen großen Füßen ging er mit komischer Plumpheit einher; und er lachte uns immer mit seinem faltigen Gesicht und seinen Schweinsäuglein zu, sobald er uns sah, und je fester gerudert wurde, um so mehr lachte er, als sei es eine ganz komische Geschichte, so wild zu arbeiten. Wir nannten ihn das Nilpferd.

Aber heute kam er mit einem elenden Gesicht lange hinter den anderen. Er hinkte, kroch aufs Schiff und setzte sich auf den Balken vor unserer Tür. Als wir später die Tür öffneten, standen sie zu vier dort, und die anderen zeigten ihn und sagten etwas. Er hob seinen großen Fuß hoch, und wir sahen, daß auf der Sohle ein tiefer Fetzen herausgerissen war. Gre wusch die Wunde und verband den Fuß. Das Nilpferd zeigte sich sehr befriedigt. Er saß auf dem Balken, schlug das Bein mit dem verbundenen Fuß hoch über das andere. Alle sahen es, und er schaute es immer bewundernd an. Abends wurde er wieder verbunden. Der ganze Trupp scharte sich herum, um zuzuschauen.

Stadt im sonnenlosen Tal

4. Dezember

Ein Pfad ging zu dem Felsweg hinauf. Wir ließen uns an Land setzen. Der Weg windet sich an den Felsen entlang, klettert auf und ab, biegt sich um die Schluchten, in denen sommers wilde Bäche niederstürzen. Einmal hängt ein Felsberg mit ungeheurer Masse schräg weit über den Weg geneigt. Auf den einsamen und weglosen Höhen wohnen Orang-Utans, die manchmal Steinblöcke auf die Schiffe herabschleudern.

Ein Häuschen ist an die Steine geklebt, in dem die Zieher Tee und Essen bekommen. August kommt uns entgegen. Er hat die Treidlerbande verlassen, weil er uns durch diese wilden Fährlichkeiten leiten zu müssen glaubt. Ich kaufe ihm vier gekochte Enteneier in dem Häuschen. Er bricht die Schale ab und bietet uns immer zuerst an, bevor er selbst ißt. Er geht stumm hinter uns. Nur wenn der Weg zu schmal wird, tritt er zwischen Gre und die Tiefe, wartet, bis sie vorbei ist, und lacht. Wir überholen zwei Zieher, die sich einsam daherschleppen. Der eine ist ein Knabe, der andere ein älterer Mann. Beide scheinen sich innerlich verletzt zu haben. Sie sind bleich und rasten jeden Augenblick. Tief unter uns fließen Schiffe zu Tal.

Andere ziehen den Strom hinan. Wir sehen unser Segel idyllisch dahinstreben. Leute kreuzen unseren Weg, die an Stangen die papierverklebten großen Körbe mit Baumöl oder Säcke mit Reis tragen. Der Weg ist wie eine schmale gewundene Rille im Fels. Der Fels steigt in wunderbarer Masse noch 1.500 Fuß über ihn, nackt, glatt und fürchterlich.

Schließlich wird der Weg etwas breiter. Unter einer riesenhaften goldenen Inschrift im Felsen sind einige Haufen von Steinen aufeinandergelegt. Wir fragen August. Er spricht nicht. Er weiß, das verstehen wir nicht. Er stellt sich an den Rand der Tiefe, wirft den Kopf hintenüber, reißt den Mund starr auf, schließt die Augen zu und zeigt mit beiden Händen unter sich in den Abgrund. Wir erschrecken, aber wir wissen gleich, daß das die Darstellung des Verunglückens ist und daß die Steinhaufen mit den Baumsäulchen und der großen Inschrift symbolisch Gräber abgestürzter Zieher sind.

Der Weg führt um den Berg herum, noch einmal hoch hinauf. Die Schlucht ist gewaltig, und um einen Berggipfel schlingt sich ein Wolkenkranz. Tragende Menschen glänzen an den Wegbiegungen schwarz über der Tiefe. Drunten schallt der Gesang der Ruderer. Der Weg fällt in ein Seitental. Der Fluß verschwindet. Wir gehen durch Äcker, umsteigen einen anmutigen zauberischen Berg, auf dem sich weiße Tempelanlagen im rotflaumigen Herbstwald leuchtend einbetten, und kommen in eine verfallene Stadt. Zwei Tore in Ruinen, eine lange Mauer im Verfall, armselige verkommene Häuser, schmutzige Menschen. Die Straße führt mitten durch ein Haus hindurch. Manchmal kommt der kleine Wegaltar eines Gottes. Aus einer dieser Nischen schaut die heilige Frau Kuan Jün. Am Rand des Steins stehen zwei Paar roter blumenbestickter Schuhe. Sie sind ganz winzig, so groß wie eine Streichholzschachtel. Frauen, denen der Wunsch nach Kindern von der Göttin erfüllt wurde, haben sie hingestellt, und Frauen, die mit diesem Wunsch der Göttin sich nähern, sollen sie mitnehmen und wenn ihr Schoß fruchtbar geworden, neue hinstellen. Gre nahm sich ein Paar, liebste, schöne, heilige Kuan Jün aus China!

Wir sahen den Jangtse wieder. Er fließt in einem breiten Bett. Wir gehen auf der halben Höhe eines weitansteigenden Hügels, der mit Gräbern übersät ist. An einem Grab am Wege sitzt ein Chinese und schreit und klagt. August wiederholte seine Darstellung des Todes, schlug sich aufs Herz und wischte sich die Augen aus. Das heulende Wehklagen des Trauernden erklang schauerlich in dem dürren Grasberg. Eine blaurote Sänfte kam schwankend über den sandigen, halb abgerutschten Weg. Eine tote Frau saß drin.

Unter der Ebene am Flußufer steigen Hunderte von blendendweißen Rauchwolken heftig aus einer großen Niederlassung, und hinter diesem seltsamen Ort baut sich auf einer Plattform über den Fluß grau und streng, wie alle Städte in diesem grauen sonnenlosen Tal, das große Kwei-tschu-fu auf. Die Mauer, mit regelmäßigen Zinnen, umgürtet die Stadt, weit ins Gebirge hinauflaufend. Eine dünne, glatte, weiße Pagode sticht auf einem hohen Berg in den Himmel.

Wir kommen zu der Niederlassung mit den vielen blendendweißen Rauchwölkchen, die so ungebärdig in die Luft quellen. Es ist ein Salzsiederdorf. Nur im Winter besteht es; denn es liegt eigentlich im Flußbett des Jangtse. In einem tiefen ausgemauerten Erdloch fließt eine Quelle, die salzhaltig ist. Eine Treppe führt hinab, und Hunderte von Kulis schöpfen ununterbrochen Wasser in ihr. Sie bringen es auf einen künstlich angelegten Hügel über der Quelle. Dort stehen zahlreiche Fässer. Aus jedem Faß führt eine Bambusrohrleitung zu einem Salzsiedekessel. Die Kessel liegen über großen, in die Erde gebauten Öfen. Jeder Kuli gießt sein Wasser in das Faß, das seinem Arbeitgeber gehört. Das Wasser läuft in dem Bambusrohr zum Ofen, verdunstet eilig mit festgeballten schneeweißen Wölkchen über der Hitze und läßt das Salz in der großen Eisenpfanne. Die weite Niederlassung wimmelt vor Arbeit. Hunderte von Menschen hasten und schaffen durcheinander. Aus einer nahen Kohlengrube bringen seltsam schön gebaute Kähne die Kohlen zum Heizen.

Wenn im Sommer der Fluß steigt, fliehen alle diese fleißigen Menschen, und der Jangtse überströmt bald die Quelle und die vielen großen Ofenanlagen.

August bekam Schelte, als wir wieder beim Boot anlangten. Aber ich sagte: »Laßt den August ruhig!« Sie lachten alle verbindlich und versuchten »ruhig« nachzusprechen. Die Kwaze schob sich dann bald in die lange Reihe von Dschunken und Wupans, die sich unterhalb Kweitschu Fus am Ufer zusammendrängten, die Kulis gingen an Land. Es war wie überall. In langen Reihen saßen Chinesen am Ufer und verrichteten, von Hunden umlagert, ihr Geschäft. Auf dem breiten Winterstrand hatte sich eine ganze Stadt gebaut. Große Reisläden, Ärzte, Händler mit alten Kleidern, Garköche, Teelokale, Töpferniederlagen, Bordelle ... alles durcheinander in geraden Straßen und mit Häusern aus Brettern, Bambus, Petroltins und Mattenwänden. Wir gingen auch oben durch die graue Stadt, gefolgt von Scharen von Männern und Kindern, denen wir eine Sehenswürdigkeit waren. Es gab mancherlei kunstfertige Dinge zu kaufen. Der Boy mußte für neue Lebensmittel sorgen. Er kam nachher mit seinen Einkäufen und zeigte sie uns. Er hatte Hühner und Fasane; sie kosteten etwa vierzig Pfennig das Stück. Hundert frische dicke Eier hatte er für zwei Mark gekauft, und schönes knochenloses Rindfleisch für sechs Pfennig das Pfund. Schweinskoteletten waren etwas teurer. Kräuterig gewürzter schmaler Schinken aus Jünan, kräftig und wohlschmeckend wie der beste Ardenner, war für achtzehn Pfennige das Pfund zu haben gewesen. Kleine Orangen kosteten sechzig Pfennig das Hundert. Nur Holzkohlen, mit denen unser Ofen geheizt wurde, waren verdächtig kostspielig, und ich unterhielt mich über ihren Preis etwas scharf mit dem Einkäufer. Der Boy wußte natürlich einen Grund für diese besondere Teuerung. Die Verkäufer hörten an seiner Sprache, sagte er, daß er Hupehchinese sei, und die Ssetschuanleute verkauftem dem gehaßten Nachbarn deshalb die Kohlen so teuer.

Plötzlich erscheint das Nilpferd lachend an der Tür. Er ist schön zurechtgemacht, trägt Kleider, die zwar nicht neu sind, aber doch nicht nur aus Löchern bestehen wie die ersten. Er hat den Vorderkopf reinlich ausrasiert, die Mähne geströhlt und in ein sauberes weißes Tuch eingefangen. Als Gre ihn sah und auf die Umwandlung deutete, indem sie: »Chau di! So bist du schön!« sagte, schmolz er vor Glückseligkeit. Er verbeugte sich mit weiten Schwankungen und einem wilden Hintenausschlagen zwanzigmal vor ihr. Er machte ganz verliebte Schweinsäuglein, alle Falten seines Gesichtes lachten; er humpelte vergnügt mit seinem lahmen Fuß umher und vollführte ein paar Schritte von einem graziösen Nilpferdtanz.

Es wurde dunkel, und Boote mit aufgeputzten Dirnen fuhren zwischen den Schiffen umher und boten käufliche Liebe an. Diese Liebe war in Kweitschu Fu nicht teurer als Rindfleisch. In der

Nacht fielen mitten in meinen Schlaf wie eine Katastrophe abenteuerliches Gebrüll und Feuerschein. Der Feuerschein floß in flammigen Bächen durch die Spalten der Läden herein. Wir jagen aus den Betten hinaus. Rundum brennt der Fluß. Flammeninseln zucken und wandern durcheinander. Die Schar der kleinen Bettlerboote liegt mitten im Feuer, und aus allen Kähnen schlagen Ruder mit irrsinnigem Entsetzen in die flammenden Wellen. Feuer spuken an den schlagenden Rudern in die Höhe. Ganze Völker brüllen und heulen. Die nackten Kulis und Schiffer halten die brennenden Wasser von unserer Kwaze ab. Streifen feuerzüngelnder Wogen fließen ein Stück in der Strömung. Die schwarzen Bettlerboote zucken über den feurigen Grund wie Fledermäuse, die eine Fackel in einem Gewölbe aufgescheucht hat.

Eine Petroleumdschunke war in Brand geraten. Die Dschunke war rasch zerstört. Sonst blieb alles unversehrt. Die Strömung trug den Brand rasch flußabwärts und löschte ihn.

5. Dezember

Das Nilpferd pflegt seinen verwundeten Fuß. Zweimal des Tages muß Gre ihn verbinden. Aber nun kommt jeder mit einem Leiden zu Gre. Die Frau Boy hat einen wehen Magen. August hat sich das Kreuz gezerrt. Der eine Gratisblitzer hustet, der Koch und der Stacheligel haben sich in den Finger geschnitten. Die Frau Boy bekommt Speisesoda, August eins hintenüber, der Huster Chinin mit Himbeersaft, der Koch und der Stacheligel einen rosa Leukoplaststreifen über den Finger. Diesen Streifen lieben sie stolz und zärtlich. Sie umwickeln ihn mit einem schmutzigen blauen Lappen, damit er reinlich bleiben soll.

Die Gratisblitzer essen noch an jeder Schnelle ihre guten Portionen und wechseln nur, je nach der Spezialität des Ortes, zuckergebackenen Mais- oder Reiskuchen. An Bord hat man sie fortwährend und überall aufgestört. Nun haben sie ihren Platz gefunden. Sie liegen auf dem Dach des Steuerhauses auf dem Bauch und spielen Karten.

Unterhalb einer Schnelle liegt das Wrack einer großen Dschunke. Es ist an Land gezogen, ragt mit seinem zerrissenen runden Bauch hoch aus dem Wasser. Nackte Männer arbeiten darauf herum. Die Ladung liegt über das Ufer zum Trocknen ausgebreitet. Es ist

Baumwolle und Tang, den die Chinesen leidenschaftlich gern essen. Am Nachmittag treffen wir noch mehrere gescheiterte Dschunken, denen es nicht gelungen ist, die Schnellen zu nehmen. Auch aus dem Sand des Ufers schauen manchmal die Gerippe von Schiffen heraus, und am Beginn einer Schnelle liegt eines der grünen Postboote bis an die Nase im Wasser. Man sagt, daß ein Schiff, das beim Hinaufgehen verunglückt, meist nur Teilschaden nimmt, daß aber das Schiff, dem das Herunterkommen mißlingt, mit Mann und Ladung rettungslos verloren ist. An den Schnellen liegen überall öffentliche rote Rettungsboote, bereit zu helfen.

Kleine, fremde, aufreizende Erlebnisse

6. Dezember

Alle Tage sind voll kleiner Erlebnisse. Alle Tage voll fremder aufreizender Dinge, voll Kampf und Genießen. Wir fuhren heut lang über die Dämmerung hinaus. Der Boy sagte, es sei kein Ort nahe. Man könne nicht allein in der Einsamkeit und der Nacht anlegen. Überall seien Flußräuber. Aber der Boy sprach nie den Namen »Räuber« aus. Er nannte sie immer nur: »Die schlechten Männer«. Die Finsternis deckte den Strom dicht zu. Auch vom Ufer sah man nichts. Aber das Ziehtau fuhr straffgespannt durch den Lichtschein des Reisherds in die Nacht hinein, und hin und wieder riefen und antworteten Stimmen. Die Fahrt fand kein Ende. Bis auf einmal ein paar Lichter auf einer Höhe erschienen, und unter ihnen ging das Schiff mit großem Gebrüll zwischen Laopan und Mannschaft an Land. Es dauerte eine Weile, bis alle Zieher sich aus der finsteren Steinwüste des Ufers auf dem Boot zusammengefunden hatten. Sie aßen stumm ihren Reis und fielen gleich nebeneinander in ihre zerlumpten Decken und schliefen ein.

7. Dezember

Das Dorf von gestern abend ist eine merkwürdige und große Stadt. Sie verschanzt sich über uns in Mauern. Vor Sonnenaufgang schreite ich hinauf, klettere etwas seitlich eine hohe Treppe zwischen Häusern auf die Mauer zu. Eine Herde von kleinen Pferden steigt, mit Säcken und Körben behangen, im Zickzack die Treppe herab. Oben laufe ich eine Stunde an der Mauer entlang, ohne an ein Tor oder in die Stadt zu kommen. Zwischen den Häusern, die sich zahlreich vor der Mauer zusammengebaut hatten, wuchsen hohe vielästige Kaktusbäume, die ich nirgends sonstwo gesehen. Ich klettere zwischen Gräbern in den Berg hinauf, bis ich in die Stadt hineinsehe. Sie liegt mit weiten Gebäuden, engen Treppen und Gärten langgezogen in der Mauer. Nun finde ich mich auch in sie hinein. Die Handwerker und Krämer öffnen gerade ihre Geschäfte. Bettler schliefen noch in Hausgängen. Ein dünner Sack deckte sie nur halb zu, der Kopf lag auf der kleinen Bettlertasse. Eine Straße führt auf der Mauer über den Fluß und dort durch Häuser hindurch. Man sieht in offene Schlafräume. Unten am Strand bläst der Wind den Sand in gelben Wolken auf. Im steilen Ufer der anderen Flußseite schmiegt sich eine prunkvolle Anlage von Pavillons in ein Felstal.

Und ich allein stand hoch über der fremden Stadt, und mein einsames Herz kämpfte um China.

Dann ging ich eine zerfallene Stiege von der Mauer herab in ein Geschluff von Gäßchen. Der Nebel drückte den Rauch der Herde tief zwischen die Häuser nieder. Kein Mensch war da. Nur ein schmutzender Hund bekroch die Ecke. Aus der ganzen Stadt hob sich der Gestank in den modrigen Winkel zusammen.

Da kam sie.

Langsam auf den kleinen Füßchen kam sie daher, und die enge Gasse erzwang von ihren Schritten den atemberauschenden Zauber, als ob sie gerade auf mich zukäme. Sie kam heran. So fern und so goldenbleich wie der Mond war ihr Gesicht einen Augenblick lang neben meinen Augen. Ich spürte den fremd riechenden Dunst ihrer Haut, so drängte die Gasse uns zusammen; aber der geschweifte Bogen ihrer Augen öffnete sich nicht ein Krümchen einer Sekunde zu dem fremden und ungewohnten Ausländer.

Mein Herz stammelte zu ihr: Jasmina!

Opalweißes Gesicht! Unter der pudrigen Schminke lockte die Haut föhnweich. Die kleinen Lippen leuchteten geschwungen wie zwei feuerrote Blütenblätter, die der Wind einer Geranie entriß und vor sich frei herschweben ließ. Auf der Stirn war der sanfte himbeerfarbene Kreis aufgemalt, Künder heimlicher Sitten und Gemächer ...

Wie ihre Augen waren, weiß ich nicht. Ein goldener Glanz vielleicht, von langen Wimpern in einem schmalen Spalt zurückgehalten, fremd wie Urgestein, das wieder in Feuer geraten war ... Aber ihre Wangen stiegen wie die gotischen Bogen unserer mittelländischen Dome hoch und geheimnisvoll in ihrem Gesicht auf. Ihr Gesicht begann durch die ganze Stadt zu leuchten, über die ganze Erde, umfassend Küsten und Rassen.

Es war das fremde Wunder, das sich mir, der nun monatelang europalos zwischen chinesischen Männern, Frauen und Kindern irrte und suchte, verschloß. Jetzt war es auf einmal greifbar wie eine Frucht vor mich hingestellt und ging auf porzellanen goldenen Lilien davon, Mythe fremdrassiger Körperlichkeit. Wie in einer Katastrophe war ich zu dir hingestellt worden, in diesem Nebeltag des Jangtsetals, allein mit dir in dieser Welt: China ... o schönste junge Frau des himmlischen Reichs!

Das Geheimnis der östlichen Augen hob das Geheimnis des östlichen Schoßes in die Phantasie, und ich ging hinter der Fremden her, gebannt an diese Koralle der ssetschuanesischen Stadt wie ein Verwunschener. Die weitfaltige Tracht verhüllte ihren Leib. Nur die Hüften unter dem vorsichtigen Zwang der Füßchen, die Schmutz und Steinen auswichen, schaukelten in morgenländischer Lust.

Jasmina, Unerreichbare! Hoch und gestaltenreich wie eine Wolke ... Mond und Perle, Muschel und Nebel ... Soll ich die Arme hoch und stark erheben? ... Aber ich war nur mit hundert Kniffen bedacht, daß mein Fremdländertum, zu dem sie die Enge der Gasse hinzwang, nicht ihre chinesische Weiblichkeit verletze. An jeder Ecke suchte ich Vorwände, etwas zu sehen, was in der Gasse, die ihre goldenen Linien immer in derselben kristallenen Kadenz gingen, meinen Weg hinter ihr rechtfertigte, ohne daß meine Verfolgung ihrer östlichen Scham zum Bewußtsein kommen könnte.

Ich trug meinen Apparat in der Hand. Mit tausend Wünschen hätte ich ihr Bild halten wollen. Aber ich durfte, dankbar, nicht stören, was das Haus eines chinesischen Mannes, wie die geheime Ampel des fremden Volkes, wundertätig mir in dem einsamen Nebelmorgen leuchten ließ.

Einziger Wunsch zu schauen, zu empfinden ... dann zu leiden an dem Unlösbaren ihrer Bindung an das Volk des östlichen Landes ... Wehmuterstrahlend ein keuscher Ritter zu sein, der den Weg nach dem Heiligen Land suchte, durchbohrt von der Sehnsucht ewig unstillbaren Mannestums. Seele und Leib hingen gekreuzigt über den Rassen.

Wie sie gekommen war aus dem Gewirr, so verschwand Jasmina ins Gerümpel der Stadt. Mein Abenteuer war aus. Ich stieg hinab aus der Stadt zum Hausboot. Meine Augen waren so heiß wie mein Herz. Es war geschehen, daß zum erstenmal Blut an Blut gekommen war zwischen China und mir.

Gre wurde nicht eifersüchtig und lachte mich auch nicht aus. Sie schwieg wie in der Messe, wenn die heilige Wandlung durch die Hallen steigt. Von der ich ihr erzählte, war ja kein Weib, war eine Lotosblume, auf eine Vase gemalt, auf einen Teich gezaubert, vom erhabenen Urrätsel China auf die grüne Wasserfläche heraufgehoben.

So soll sie nun die Jahre weiter blühen auf dem See meiner Seele.

Kampf gegen die Sin-Long-Schnelle

Wir segelten bald weiter und in einen ereignisvollen Tag hinein. Die mächtige Sin-Long-Schnelle machte uns schwer zu schaffen. Das erstemal wurden wir zurückgetrieben. Der Boy kam wutschreiend nach vorn gestürzt und zeigte mir, daß die Schiffer mit einem kleinen Ruder als Vordersteuer die Schnelle nehmen wollten. Sie hatten bei der Landung in der Nacht das große Steuer gebrochen. Der Laopan wollte kein anderes kaufen. Ich zwang ihn. Er pumpte sich bei mir das Geld zu einem Baum. Der Baum kostete eine Mark. Der Laopan fuhr ohne jeden Pfennig. Das Geld, das der Besitzer der Kwaze ihm mitgegeben, hatte er in Salz angelegt. Im Laopan war der Handelsgeist des Chinesen. Der Tansport kostete nichts, durch den Provinzzoll schmuggelte er die Waren, weil man Schiffe, in denen Europäer reisen, nie anhält, und er konnte sein Salz in Ssetschuan vorteilhaft verkaufen. Er hatte es unter unserem Wohnraum verborgen.

Der zweite Versuch, die Schnelle zu nehmen, warf uns auf einen Stein, von dem wir nur mit Mühe abkamen. Da flüchtete alles von Bord. Die Gratisblitzer voran; die Frau Boy kam ins Zimmer und sprach das einzige europäische Wort, das sie wußte: »Missie!« und deutete meiner Frau dringlich nach dem Ufer. Der Boy nahm die Handtasche. Wir blieben. Ich half vorn mit. Vom Ufer aus zerrten vier Reihen Zieher an unserem Boot. Alles was Arme und Beine hatte aus den Dörfern rundum war an den Seilen. Ein drittes Tau war oberhalb der Schnelle an einem Felsen befestigt. An ihm zogen die Schiffer; der Stacheligel und der Segelknecht und ich hielten uns mit Bambusstangen gegen das Ufer gestemmt, in dessen Steine die Strömung das Boot immer hineindrücken wollte. Auf einmal stießen die Strudel das Fahrzeug jach in die Mitte des Flusses. Da wurde gebrüllt, gesungen, getrommelt, gestöhnt, gezogen, die ganze Landschaft lauschte, wie erregt verstummt, dem Lärm unserer Kulis. Auf den Steinen am Ufer hockten Chinesen in ihren langen Kleidern wie riesenhafte Vögel. Die Gäste kamen aus den Garküchen heraus. Die Trommeln gingen eintönig und hölzern wie ein heftiger Pulsschlag all der Kraft, die sich hier gegen den großen Strom in die Taue festspannte. Das Wasser rieb sich rauschend am Leib des Schiffs. Es prasselte unter unseren Füßen wie von einem Gewitterregen. Das waren die Sandkörner, die die Strudel an die Planken hetzten. So kamen wir nach vier Stunden leidenschaftlicher Arbeit durch die Schnelle.

Am Abend gingen wir durch ein steiles Städtchen. In die enge dunkle Gasse warf eine offene Tür viel Licht, man hörte Lärm und Beckenschläge. Im Innern lagen und hingen Menschen, Tiere, Silberbarren, alles Flitterwerk aus farbigem Papier. Ein großer bunter papierener Tragstuhl mit Püppchen, Rosetten und Bändern stand da. Die Kerzen flatterten über die kühle Buntheit, und Schießfrösche krachten. Weiße buddhistische und schwarze taoistische Priester bewegten sich murmelnd, Gongs schlagend und Papier verbrennend, mit leblosen Gesichtern zwischen den farbigen Spielereien umher. Im Hintergrund ist etwas verhängt. Dort liegt ein Toter. »Der taoistische Priester führt ihn zum Himmel, der buddhistische öffnet ihm die Tür.« Auf der Gasse sahen wir auf einmal einen tellergroßen Teich zwischen einem Lehmwällchen, und darauf schwamm ein Schifflein mit einem Licht. Im Schifflein schwimmt die Seele in die Ewigkeit, und sobald die papierenen Anzüge, Pferde, Tragstühle, Diener drinnen durch das Aufgehen in Flammen eine reale Existenz für die Schattenwelt gewinnen, begleiten sie den Toten auf seiner Reise.

Höhentempel, Pagoden, Garköche

8. Dezember

Den Tag begannen wir mit dem Besuch eines großen Höhlentempels, der gegenüber der kleinen Stadt Pan To in Felsen liegt. Wuchtige Gestalten plumper Götter schlafen bunt bemalt im Stein. Durch einen Spalt über der abschließenden Wand fällt reiches Licht auf sie. Das übrige des Tempels schwimmt mit den Bildern sämtlicher Schüler des Kung Tse in mattem Dunkel. Die Mönche sind überaus liebenswürdig und führen uns bereitwillig durch alle Räume. Ich darf überall photographieren. Die Mönchszellen liegen in Felsenkammern. Außerhalb des Tempels ist, von einer kleinen Pagode umbaut, ein seltsamer Gott aus den Felsen gehauen. Er sitzt groß und schwerfällig da wie ein Elefant. Sein Körper ist bis zum Kopfscheitel mit Nischen besät, und in jeder Nische brennt ein Öllicht. Der ganze Gott trieft von herabfließendem Öl, und er hält das Insignum der männlichen Fruchtbarkeit, der sein Geist dient, trächtig zur Schau.

Der Mönch, der uns führt, verbeugt sich noch immer, während wir schon wieder den Weg zum Ufer hinablaufen. Wir fahren gleich weg. Ich sehe auf einmal die Eule am Steuer stehen. Unter dem Dach guckt ihr giftiges Gesicht zwischen den hohen Schultern böse heraus. Der Laopan aber läuft an Land mit den Ziehern. Das ist neu und interessant. Der Boy radebrecht die Erklärung. Er ist aufgeregt. Während wir oben im Tempel waren, haben sie den Laopan einfach abgesetzt. Der gestrige Tag hat sein Schicksal besiegelt. Er läuft, in seine dicken Kleider gepackt und mit seiner kleinen Gestalt hinter den Ziehern her und streckt den Ziegenbart hoch in die Luft. Er läuft da wie das fünfte Rad. Gres Herz schmilzt. Er bekommt die leeren Weinflaschen von gestern und heut. Eine war eine weiße. Für die gibt es in Tschungking einen halben Pfennig mehr.

Es regnet. Aber es regnet über einer fremden schönen Landschaft. Mehrstufige bewegte Höhenzüge dehnen sich ins Land hinein. Über alle Linien der Berggrate laufen einzelne auseinander stehende hohe Bäume. Sie verdichten sich auf einer Kuppe oder in einer Hügelflanke um einen weißen Tempel. Ferne und nahe Bergspitzen sind mit kleinen grauen Bergfestigungen wie mit Hüten bedeckt. Die Städte des Tals haben sie sich für unsichere Zeiten gebaut. Auch in hohen Felswänden sind Zufluchtsstätten ausgehauen, zu denen nur Leitern hinaufführen.

Der neue Steuermann setzt uns am Nachmittag auf einen Felsen auf. Die Gratisblitzer springen mit einer Stange ans Ufer und lachen ihn aus. Der Laopan steht am Ufer und tut, als sei nichts geschehen. Die Eule wird giftig. Sie schleudert jähzornige Flüche ans Land. Sie sagt dem Laopan: »Du flickst das Schiff mit Blechstücken von Petrolgefäßen, wenn etwas geschieht; ich schlage meine Knochen in das Loch, das ich hineinfahre.« Der Laopan hilft aber bald heißblütig mit, das Boot frei machen.

Nahe der Stelle, wo wir aufsaßen, wühlte eine Schar Menschen das Ufer auf. Wir gingen hin. Es waren Goldsucher. Sie hatten schiefe gerillte Bänke, über die sie die Körbe auswuschen, die andere Männer fortwährend mit Ufersand und Steinen füllten. Die Leute waren sehr mißtrauisch, und wir konnten nicht erfahren, wie sie dem ausgewaschenen Sand zum Schluß das Gold entzogen.

9. Dezember

Pagoden stachen weiß und spitz auf den Bergen in den Himmel. In der Tiefe des nebeligen Morgens dämmerten Hügelzüge auf, die dicht mit grauen Häusern übersät waren. Das war Wan Schien. Wir kamen näher. Wie dunkle schwere Blätter lagen die Dächer übereinander. Ein Nebenfluß des Jangtse durchschnitt die bebauten Hügel, und eine Brücke sprang als ein feiner dünner und doch mächtiger Bogen, wie ein Klang aus Stein, von Ufer zu Ufer. Auf dem Scheitel seines Gewölbes stand ein Haus. Auf den kahlen Stadtmauern breiteten Türme ihre ausgeschwungenen Dächer über mehrere Geschosse, und hinter der Stadt klang eine vertraute Landschaft auf. Wir sahen sie tausendmal auf chinesischen Vasen, auf Tuschbildern. Die zierliche Kühnheit des Schwungs dieser Berge, das zahllose abwechselnde Wiederholen derselben anmutig und kokett, bizarr und fremdartig aufhüpfenden Formen war so chinesisch wie die dunkle geschlossene Stadt und die flachäugigen struppigen oder gepflegten Männer, die am Ufer standen. Diese Landschaft war so, als ob Götter der Wohlförmigkeit, aus dem Himmel herniederfassend, sie mit schlanken feinen Händen aus der Erdkruste herausgezupft hätten.

Wir gingen gleich zur Stadt hinauf. Am Ufer dehnten sich die

Am Jangtsekiang

Buden einer weiten Winterstadt von Händlern und Garköchen aus. Darüber hockten auf hohen Stangen und an die Stadtmauer geklebt, Scharen von Häusern und Hütten. Treppen führten schmutzig und steil zwischen ihnen durch finstere Tore, in gewundene dunkle Gassen. Bettlerkinder fallen uns an. Ich begehe die Torheit und gebe einem mehrere Käsch. Obgleich dieses Wesen nackt war, so blieb es doch unerkenntlich, ob wir einen Knaben oder ein Mädchen vor uns hatten, so war sein magerer Leib schwarz verkrustet. Es hatte seine Schultern mit einem dünnen Sack bedeckt und hielt uns in der Hand eine Kumme bettelnd hin. Kaum hatte es sein Geld, so schwärmten auf einmal von allen Seiten verkrätzte und nackte Kinder herbei. Sie gingen hinter uns her, und das ganze Rudel plärrte im Takt mit weinender Stimme immer dieselben zwei Wörter. Die Stadt ist so malerisch, so dunkel hin und her und auf zum Licht und ab ins Düstere. Ihr Leben ist so heftig und so vielfach in die braunen Schatten der engen Gassenwirrnis gepreßt. In anderen Auslagen liegen tellergroße Reiskuchen aus farbigen Ringen, Kringeln und Blumen. Sie sehen aus wie ein schönes steifes Biedermeierbukett.

Die Bettlerkinder lassen uns nicht. Die Öfen der Garköche sind in die Gassen gebaut. In jedem warmen Ofenloch sitzt ein schwarzer nackter Balg vor der Kälte festgeklemmt. Man sieht nichts von ihm als den mageren geschwärzten Hintern. Sie alle löst der Zug hinter uns aus den warmen Steinen. »Jang sien scheng ... e ... ne, jang sien scheng ... e ... na« weinen sie im Rhythmus hinter uns her. Ich drohe. Es nützt nichts. Ich hebe den Stock. Sie kommen weiter mit. Sie betteln für einen Unternehmer. Dessen Stock wird kräftiger sein als meiner, wenn sie abends leer heimkommen. Sie haben also nichts zu verlieren. Sie fürchten sich auch nicht, weil sie auf die starke Gilde vertrauen, deren Macht sie schützend hinter sich haben. Ich kann mich schließlich nicht mehr anderes wehren und belade mich mit der Rachegefahr der ganzen Zunft. Ich haue dem ersten, den ich erreiche, meinen Stock einige Mal über das schmutzige Fell. Die ganze Bande schreckt ein wenig zurück. Aber gleich sind sie wieder alle um uns und skandieren jammernd: »Jang sien scheng ... e ... ne ..., jang sien scheng ... e ... naaaa ...!« Da kamen wir an zwei chinesischen Schutzleuten vorbei. Sie standen in der Straße und hielten dicke Knüppel in der Hand. Sie befreiten uns im Nu vom ganzen Schwarm.

Die »schlechte« Frau Boy

Während wir beim Mittagessen im Hausboot sitzen, entsteht in der Küche ein furchtbarer Lärm. Der Boy schreit, die Frau brüllt stöhnend. Ich gehe hinaus. Die Frau Boy hängt an ihrem Gemahl. Sie hat sich an seinem Kragen festgekrallt und läßt sich nachschleppen. Sie hat die Augen geschlossen und stöhnt. Eine alte Waschfrau wusch unser Zeug in einer roten Holzwanne. Die hilft mit, und wir befreien den Boy von der kleinen Furie. »Bad fu jen!« sagt der Boy. Eine schlechte Frau. Die Frau Boy zieht sich böse in die Schlafkammer hinter der Küche zurück. Von dort wirft sie uns ihre Haarspangen, ihr Halstuch und nach und nach all ihre Kleidungsstücke an den Kopf. Der Boy erklärt:

»Sie wollte nicht waschen für die Missie und sagte: wenn ich die Ama der Missie wäre, so würde ich waschen. Der Boy antwortete ihr: du kannst die Ama der Missie nicht sein, denn die Missie hat kein Baby! Die Missie hat thousand more und flickt ihre Sachen trotzdem selber, und wir haben zwanzig Dollar Monatslohn, und ich muß Wäscherinnen bezahlen. Der Boy sagt ihr auch: du hast fast nichts zu tun. Du kannst dir deine Schuhe doch selber nähen und sticken. Sie antwortete: Weshalb? Man bekommt ja Schuhe fertig zu kaufen ... Sie ist ein schlechtes Weib.« Der Boy war ganz rot und aufgeregt.

Es war wohl kein Zweifel, daß die Sache auch noch ein anderes Gesicht hatte. Es schien ein kleiner hysterischer Eifersuchtsanfall zu sein, der die Frau Boy so wild machte. Ihr Mann wollte gerade mit den genießerischen Gratisblitzern in die Stadt gehen ... Aber dieser Auftritt war nur eine Wiederholung von zahlreichen Beobachtungen, die wir in den Dörfern und Städten machten. Überall wird über die untergebene und unselbständige Stellung der chinesischen Frau geschrieben. Dem Buch nach besteht sie vielleicht. Aber das Leben überholt das geschriebene Wort. Der Chinese drängte seine Frau immer ins Innere des Hauses, und dort wucherten die Frauen in Unselbständigkeit und Faulheit, nur Konkubinen oder Erzeugerinnen. Sie setzten sich in ihrem passiven Dahinleben zusammen und klagten und schimpften, und allmählich hat sich in ihnen mit der Verkümmerung der vortrefflichen Instinkte ihrer Rasse auch eine Bosheit angesammelt, die heute manchem Chinesen das Leben schwer machen mag. Man sieht überall Chinesinnen, die mit einer Dynamik die Männer ankeifen, gegen die die berühmte Schlagfertigkeit der Damen der Hallen in Paris christliche Sanftmut ist. Die Frauen scheinen mir auch untüchtig zu sein, die Produkte des Lebens zu erziehen, zu denen das Wort des Gesetzes sie zwang. Das »Mulier taceat in ecclesia« hat in China auch gegolten und in den einfügsameren aber instinktstärkeren und zäheren Geist dieser Rasse üblere Folgen gebracht als in den christlichen Ländern. Die Frauen sind hübsch und gesund. Man sieht sie überall in den Türen ihren Säuglingen üppig fruchtbare schöne Brüste reichen; die Kinder sind meist von lieblicher Schönheit und kernigem Wohlergehen, aber verwahrlost wie das Innere der Häuser.

Auch im Kind liegt schon die eingepreßte Heftigkeit und Wehrhaftigkeit des Frauencharakters. Wie bei einem Konflikt mit den Eltern solch ein Kind seinen Willen durchsetzt, ist wertvoll zu erleben. Diese Vitalität des Trotzes! Diese Spannkraft des Gebrülls! Einmal sah ich ein Mädchen von etwa zwölf Jahren an einem Mann vorbeigehen, der eine der großen Laternenkugeln aus Marienglas trug. Das Mädchen schlug mit einem Korb unachtsam dagegen, und das Glas zersplitterte. Das Mädchen wartete nicht erst die Vorwürfe des Mannes ab, sondern ging sofort zum Angriff über, fuhr mit heißem Zorn gegen den armen Laternenträger los und nahm ihm mit wütender Strafrede jeden Einwand, daß doch sie es sei, die die Laterne zerstört habe, vor der Nase weg. Der Mann geriet in die Defensive und zog sich mit den Scherben seiner Laterne geschlagen zurück.

Nachdem die Frau Boy gebändigt in ihrem Bett lag, ging der Boy in die Stadt. Einer der fingerhutgroßen Schuhe flog noch zornig aus dem Vorhang heraus.

»Ihr Boy ist ein alter Flußpirat!«

Damit waren unsere chinesischen Erlebnisse dieses Tages aber noch nicht zu Ende. Als wir nachher zwischen den Buden der Winterstadt umherschlenderten, von August, dem Laopan und einigen unserer Schiffer begleitet, kam ein Chinese auf uns zu und grüßte uns. Wir hatten ihn nie vorher gesehen. Er blieb uns dicht auf den

Fersen, und als wir unser Boot wieder betraten, reichte er uns eine Visitenkarte und einen Brief. Auf der Karte stand: André Pithous, enseigne de vaisseau. Den Brief riß ich gleich auf. Er war von unserem Gastgeber aus Itschang. Er hatte folgenden Inhalt:

»Itschang, den 27. November.
Lieber Herr Jacques!
Namsang war soeben in großer Aufregung bei mir. Der Kapitän des Hausboots hat einen Boten hierhin geschickt, der um Unterstützung gegen Ihren Boy bitten soll. Ihr Boy hat acht Passagiere an Bord geschmuggelt, und da der Raum infolgedessen sehr beschränkt ist und der Reis nicht ausreicht, so fürchtet der Kapitän einen Streik seiner Leute. Es dürfen nicht mehr als 25 Chinesen an Bord sein, ausschließlich Ihrer Dienerschaft. Was darüber ist, ist vom Übel. Ihr Boy wird mir hier als ein minderwertiges Subjekt geschildert, und Namsang riet dringend, in Tschunking einen anderen Diener zu nehmen. Vor allem entledigen sie sich aller überflüssigen Menschen an Bord und vertrauen Sie nur dem Laopan. Sie setzen sich sonst der Möglichkeit eines Überfalls aus, denn wer weiß, was für ein dunkles Handwerk diese Passagiere Ihres Boys betreiben? Um so mehr, als Ihr Boy, wie an Bord der Kwei Li behauptet wird, ein alter Flußpirat ist und öfters im Gefängnis saß.

Unter den obwaltenden Umständen wäre es vielleicht geraten, ein Rotboot (Hung tschuan) mit Soldaten zu engagieren. Dann darf sich der Boy nicht mucksen. Vielleicht versuchen Sie, Namsangs Boy, der einen französischen Offizier, durch den ich Ihnen diesen Brief schicke, bis Wan Schien begleitet, zu engagieren. Suchen Sie jedenfalls Herrn Kanin auf, der in Wan Schien wohnt, ein deutscher Kaufmann ist und für die Firma Arnberg & Co. arbeitet ...«

Ich rief den Boy. Der Chinese, der uns den Brief gebracht, war spurlos verschwunden. Wir gingen den im Brief erwähnten Herrn aufsuchen. Die Stadt hatte etwa 100.000 Einwohner. Sie war dem europäischen Handel verschlossen, und wenn ein deutscher Kaufmann trotzdem in ihr wirkte, so tat er das im geheimen. Nach zwei Stunden hatten wir die Post und in der Post einen Chinesen gefunden, der den Fremden kannte. Er führte uns. Wir stiegen hoch hinan über zahlreiche hin und her irrende Treppen. Dann gingen wir in ein

Haus. Aber es war, als ob dieser ganze Stadtteil zu diesem einen Haus zusammengebaut wäre. Hundert Höfe, Galerien, einzelne Häuser wuschelten sich ineinander. Endlich kamen wir in das richtige Haus. Ich wurde bereitwillig aufgenommen, erzählte, und der Deutsche sagte: »Ich hab seit sechs Jahren einen Diener, das ist das schlaueste, halunkenhafteste Produkt der gelben Rasse. Den wollen wir auf Ihren Boy loslassen, und er soll zunächst ein wenig auskundschaften. Wenn Sie wollen, kann er Sie auch bis Tschunking begleiten.«

Dieser Boy kam. Er war ein schlank gewachsener, sehr schöner Kerl mit einem schmalen Kopf und großen feuchtglänzenden Augen, ein Apollo der gelben Rasse, eben, wie aus Bronze, schmachtend und verschlagen, geschmeidig und jung. Sein Herr erklärte ihm, er winkte »ja« und ging los.

Als wir abends an Bord kamen, saß der Sherlock-Holmes-Boy mitten zwischen der Mannschaft. Er ging mit uns ins Zimmer und sagte, daß alle acht Gratisblitzer zu unserem Boy gehörten, daß der Boy aber mit dem Laopan ein Übereinkommen getroffen habe. Später kam unser Boy und fragte uns mit verlegenem, lächelndem Gesicht, ob wir erzählt hätten, daß sein Freund im Kupferbergwerk arbeite, und ob wir erzählt hätten, er koche so gut und sei so fleißig und hielte den Laopan und das ganze Schiff in Zucht. Das war nun wahr und nicht wahr. Der Gauner schien sein Werk gut begonnen zu haben. Am nächsten Morgen sollte er nun die wichtigere Arbeit vollführen und etwas über die Vergangenheit und die Zuverlässigkeit unseres Boys erkundschaften.

Wir legten uns zu Bett, mit einem Kopf, der sich voll rätselhafter chinesischer Zeichen und Dinge drehte. Log der Laopan, log der Boy? Waren die Tatsachen, die wir gesehen hatten, das Streiten mit dem Laopan und seine Entthronung denn nur eine Lüge?

10. Dezember

Schön am frühen Morgen sahen wir den Detektiv wieder am Werk. Man hatte uns öfter gesagt, die Chinesen seien Polizisten immer mit einem einfachen überraschenden Aufblitzenlassen der Blendlaterne, mit der sie in der Nacht an den Gassenkreuzungen warten, Verbrechern Geständnisse abzufangen, so wie das Blinkfeuer eines Leuchtturmes die Vögel aus der Finsternis an die funkelnden Scheiben reißt. Man erzählte auch, daß der deutsche Polizeimeister von Hankau seine anerkannten großen kriminalistischen Erfolge dem Mitwirken seiner chinesischen Diener verdanke.

Der Chinese, der uns den Brief gebracht hatte, und der unter Umständen unseren Boy ersetzen sollte, ließ sich nicht mehr blikken. Wir entschlossen uns rasch zum ersten Schritt und befreiten uns von der unterhaltsamen Gesellschaft der Gratisblitzer. Wir taten es schweren Herzens. Ich ließ ihnen sagen, das Schiff habe nur die Konzession, außer den europäischen Reisenden 25 Mann chinesischer Besatzung mitzuführen. Dem Magistrat der Stadt sei von irgendwelcher Seite gemeldet worden, daß auf unserem Boot acht Mann mehr mitreisten. Und der Magistrat wolle am Nachmittag Soldaten schicken, die diese Angelegenheit untersuchten. Ich hoffe, daß sie uns den peinlichen Besuch des Militärs ersparten.

Sie begannen gleich ihre Sachen zusammenzulegen, stopften ihre Toilettedinge in die Waschschüssel, ihre Waschschüssel in einen Korb und umwickelten den Korb mit ihren Betten, schnürten zu, zogen alle ihre Kleider über und wollten gehen. Wir gingen zu ihnen hinaus und sagten, es täte uns leid, aber wir kämen gegen chinesische Vorschriften nicht an. Sie lächelten höflich, verbeugten sich vielmals vor uns und verließen das Schiff. Gott sei Dank, die Form der Kündigung schien ihnen »das Gesicht« nicht genommen zu haben, und wir konnten wenigstens ohne Furcht vor der Rache ihres beleidigten Ehrgefühls reisen. Nur dem dicken Genießer ging es an die Nieren, daß er das sichere und bequeme Boot aufgeben mußte. Er ging böse und ohne Adieu. Sie sollten zu Fuß über Land die Reise fortsetzen. Einen baten wir, an Bord zu bleiben. Es war der magere Geldlose.

Wir hätten alle Schwierigkeiten mit einem Schlag beendigen und den Boy und die Frau Boy an die Luft setzen können. Aber wir waren sonst so bequem mit ihm gefahren. Er hatte in einem französischen Haus kochen gelernt, und unser Tisch übertraf alle Küchen, die wir bisher in China genossen hatten. Ja, selbst wenn er Flußräuber gewesen wäre! In China hängt der Beruf nicht immer mit dem Charakter zusammen. Die sonderbaren und oft willkürlichen Umstände dieses dezentralisierten Reichs, Selbstwehr und Not mochten oft Menschen zu Räubern machen, die im Grunde etwas anderes waren. Es sprach wohl allerlei dafür, daß die Mitteilung stimmte. Der Boy kannte jeden Ort am Fluß, und sein rasches, tatkräftiges und fachmännisches Eingreifen, wenn der unfähige Laopan das Schiff in Gefahr brachte, seine Furcht vor Schiffsräubern vor allem, schienen auf seinen früheren Beruf hinzuweisen. Doch ich gestand mir den Hauptgrund, weshalb ich unseren Schwierigkeiten kein radikales Ende bereiten wollte, nur halb ein. Es schien mir von einem kämpferischen Reiz zu sein, fremdes Land mit einem Menschen zu durchreisen, der nicht nur brav und langweilig das war, was man an ihm sah, sondern noch Möglichkeiten von heftigen Zusammenstößen und nackten Abenteuern in sich barg.

Wir konnten uns vorläufig noch zu nichts anderem entschließen, als unsere stets offenen Koffer und die Kiste mit den Dollarstücken, die unter meinem Bett stand, zu schließen. Wir blieben noch den Tag in Wan Schien und warteten. Der Laopan pumpte mich noch einmal an, um Reis zu kaufen. Wir gingen wieder durch die graue Stadt. Es waren am Morgen große Plakate angeschlagen worden. Die Regierung begann ihren heftigen und rücksichtslosen Kampf gegen das Opium auch nach Ssetschuan auszudehnen. Diese Provinz lebte zum Teil vom Opiumbau. Der Krieg galt nicht nur den Genießern, sondern auch denen, die vom Mohnbau ihr Leben fristeten. Die Plakate drohten jeder Person, die Opium pflanzte, den Tod an. Auch die unverbesserlichen Raucher wurden erschossen, und überall an unserem Weg hörten wir von Hinrichtungen. China hatte auch gerade den Kampf gegen das englisch-indische Opium aufgenommen, und in Schanghai war eine Ladung verbrannt worden. Daraus drohte das tugendsame England, das so viel Geld aus den Lastern eines fremden Volks gewann und seit Jahrzehnten diese Laster emsig pflegte, einen Konflikt zu machen. In den Tälern hinter Wan sollten noch überall Mohnäcker blühen. Überall entstand Aufruhr, den das Militär kaum zu unterdrücken vermochte. Die Opiumbauer, deren Erwerb man so energisch unterband, wurden Räuber und machten den Verkehr auf dem Jangtse unsicher. Dschunken und Postboote wurden überfallen und ausgeraubt. Die chinesische Regierung hatte uns mit der Übergabe des Reisepasses zugleich mitgeteilt, sie warne uns, das Innere Ssetschuans zu bereisen und müsse jede Verantwortung für diese Gegenden ablehnen.

Während wir durch die Morgengassen gingen, kam uns auf

einmal ein seltsamer Zug entgegen. Vorn ging ein Mann, der hatte eine hohe Narrenmütze auf. Die linke Hälfte seiner Kleidung war blau, die andere rot. Er trug ein Schild an einer Stange, das mit Zeichen bedeckt war. Hinter ihm schritt ein Soldat, der einen festen Bambusstock in der Hand hatte. Hinter dem Soldaten kam wieder ein solch närrisch gekleideter Mann, gefolgt von einem anderen Soldaten. So gingen vier Männer und vier Soldaten durch die Gasse. Der Boy erklärte uns: auf den Schildern stand: »Jetzt haben wir wieder einen erwischt, der Opium geraucht hat.« Die Erwischten mußten ununterbrochen einer nach dem anderen rufen: »Ich habe Opium geraucht!« Die Bambusstöcke der Soldaten besorgten eine regelmäßige Folge dieser Rufe. Die Soldaten salutierten uns. Sie salutierten Europa, den Geist ihrer neuen Republik. Später trafen wir den Zug noch einmal, und wieder schlugen die Soldaten an.

Als wir abends nach Hause kamen, hörten wir, daß unser Untersuchungsboy da gewesen sei. Unser Boy sagte es uns mit einem betretenen Gesicht. Er schien die Gefahr zu riechen. Er war emsig, aufmerksam und briet zum Essen zwei Wildenten, ein Meisterstück. Wir hatten uns entschlossen, mit unserem Boy weiterzufahren. Wir schrieben dem Besitzer des schlauen Dieners adieu und Dank und gaben dem Laopan den Befehl, am nächsten Morgen um zehn Uhr aufzubrechen.

11. Dezember

Die Kulis sind widerspenstig. Sie sollen schon um sieben Uhr aufbrechen. Ich gehe einfach an Land. Da können sie nicht weg. Ein Leichenzug fährt über den Strom. Ein flaches großes Boot ist ganz in Rauch gehüllt, Pulverfrösche knattern endlos. Weißgekleidete Menschen fahren in einem Kahn voraus. Frauen und Mädchen, die über farbigen Seidenkleidern weiße Tücher sehr schön und sorgfältig um den Kopf gefaltet und hinten in langen Streifen herabhängen haben, stehen am Ufer und schauen dem Zug nach.

Bis zehn Uhr gehe ich photographieren. Nun sollen wir weg. Aber jetzt wollen die Kulis auf einmal nicht mehr. Diesmal scheint es gegen den Laopan zu gehen. Am Morgen ging es gegen mich. Ich sprach einmal energisch das Wort: Kuan! Das heißt: Magistrat, Behörde! Auf einmal griffen sie ans Ruder und fuhren. Der Boy sagte: »Es sind schlechte Männer. Es sind Ssetschuan-Männer!«

Das Boot fuhr den breiten schnellenlosen Fluß in eine sachte weite Landschaft hinauf. In einem Städtchen war Markt. Das Ufer wimmelte von blauen Chinesen. Sie hingen zwischen den Felsblöcken das Ufer hinan wie Beeren einer riesenhaften Dolde. Eine rotgekleidete Frau brannte zwischen all dem Blauen wie ein Flämmchen. Mit Menschen und Vieh überladene Kähne lagen am Ufer. Wu Lin Tschi hieß das Städtchen. Steil gingen seine Gassen in die einzige waagerechte Straße hinauf. Der ganze Markt kam uns nach. Einigen verschlug es den Atem, so unerwartet Fremde vor sich zu sehen, und Frauen und Kinder stürzten über Hals und Kopf in die nächsten Türen hinein. Aber die Menschen wurden rasch heimelig. Freundlich-schüchtern begannen sie bald uns zu folgen. Wir gingen in eine alte verkommene Tempelanlage hinein. Einmal ist ein Tempel nicht von Soldaten besetzt. Die wilden Götter tanzen in der dunklen Einsamkeit. Sie sind grausiger als sonstwo. Sie sind ein Haufen unheimlicher Scheusäligkeiten mit Vogelbeinen, aus den Flanken dringenden Rippen, gezückten Schwertern, Bleckkiefern mit Zahnsägen, Adlerköpfen, wüsten Nasen, drohenden Fäusten. Alle haben das Maul dick und schmutzig mit braunem Zucker beschmiert. Das soll sie gut stimmen. Mitten zwischen ihrer Gruseligkeit aber steht eine kleine zarte Frau, schmal, lieblich und ruhig. Sie trägt ein Kindlein auf dem Rücken, und an einem Arm hängt ein winziges Paar Schuhe, das Ex-voto eines fruchtbar gewordenen Schoßes – Kuan Jin.

Die Anlage des Tempels läuft nach hinten in eine düstere, großartig grausame Landschaft, in der zwischen grauen ungestümen Felsblöcken sich zahllose Gräber eingenistet haben. Auf dem Kamm der Anhöhe aber wachsen mächtige Baumkronen in den Himmel. Fern hinter der Stadt, die allmählich in das graue Gräberfeld versinkt, zieht ein ungeheures Gebirge auf. Wir gehen über die Felder auf den hohen schmalen Dämmen, die die Reisäcker voneinander trennen. Am Tempel bleibt das ganze Städtchen stehen und schaut uns nach.

Jin – Jang

12. Dezember

Beim Morgengange kam ich in ein Töpferdorf, das in einem Hügel qualmte. Schon von weitem schallten mir wild aufgeregte Stimmen entgegen. Oben im Dorf hatten zwischen den kleinen Töpfen und den faßdicken Wassertöpfen ein Mann und eine Frau Streit. Die Frau stand oberhalb des Wegs, der Mann im Weg. Der Mann brüllte im Baß, die Frau schrillte im höchsten Sopran. Sie hatten beide die Gesichter in die Luft gestreckt wie kampfbereite Hähne, und schauten immer aneinander vorbei, wenn sie sich anschrien. Sie sprangen gegeneinander wie zwei Hunde, die wütend an ihren Ketten hängen. Der Lärm war furchtbar. Aber sie wußten, daß sie nicht aneinander kämen. Die Frau keifte wie ein tollwütiges Piston hinab, und er dröhnte wie eine verstimmte Orgel hinauf, bei der auf einmal alle Luft rasend durch eine Pfeife jagt. Keiner vermittelte, wie es sonst bei chinesischen Streitereien sofort geschieht. Jedermann wußte: die Entfernung schützt vor dem Äußersten. Die Entfernung ließ jedem »sein Gesicht«. Es brauchte keiner die Beleidigungen durch mutige Ohrfeigen zu rächen, um sein gekränktes Ehrgefühl wieder zu heilen.

August ging mit mir. Er nahm sonst das Leben von der allerheitersten Seite. Jede krumme Schulter stachelte sein lustiges Gemüt. Hier ging er vorbei, als ob die beiden friedfertig zusammen plauderten. Er schaute nicht hin. Ich zupfte ihn und zeigte auf die beiden. Aber er winkte mir mit der Hand ab. Er schnitt ein geringschätziges Gesicht, sagte: bu chau, das ist nicht schön! und ging weiter. Auch die Arbeiter, die Töpfe zum Strand hinuntertrugen, schienen den Auftritt nicht zu bemerken.

Unten, wo das Hausboot auf mich wartete, lag ein Haufen fertiger Tonsachen. In die Wand eines faßgroßen Gefäßes war das Zeichen des Jin Jang eingeschnitten. In den Städten sah man dieses Zeichen manchmal auf Hauswänden gemalt. Es war ein schwarzer Fisch, der eng mit einem roten zusammengeschlungen war. Es waren keine Fische, es waren Fötusse. Die Entstehung dieses merkwürdigen Zeichens war die folgende: Anfangs war das Nichts. Aus ihm dämmerte allmählich die Form auf, die erste Begrenzung einer Einheit. Das war ein Punkt in einem Kreis, die »erste Ursache«, »ein Zeitgeist«.

Lange später spaltete sich dieser Zeitgeist in zwei Prinzipien. Das eine war ein tätiges, das andere ein stilles. Das eine war »ja«, das andere »nein«. Das Licht und die Finsternis, das Männliche und Weibliche. Und alle Dinge entstanden aus der vereinten Wirkung dieser beiden Prinzipien. »Die beiden Elemente der Natur sind des Menschen Eltern«, lehrte Laotses Schüler Tschuang Tse. Das war die chinesische Erschaffung der Erde und alles Lebens. Das wurde Jin Jang genannt.

Das Zeichen war das Rätsel von allem chinesischen Leben. Es war voll fruchtbarer Geheimnisse, eine Sichtbarmachung der geheimsten und stärksten Dinge der Rasse. Wir hatten es wie oft erlebt auf unserer Reise. Die Verwaltung hatte nie einer bewaffneten Gewalt bedurft. Die Instinkte ergaben sich dem Ganzen. Die Gesellschaft hatte sich von selbst in Kreise eingeteilt, von denen der eine sich in den anderen fügt. Und doch war, trotz dieses Einordnungsgefühls der Masse, in einzelnen etwas Widerspenstiges. Es sah so aus, als ob mit diesem Widerspenstigen ein jeder seinen Zwang sich einzufügen regelmäßig regulierte und seine Kraftinstinkte frisch hielt, dem Jin das Jang vermählte.

Der Europäer hält die Chinesen im allgemeinen für Schurken, weil sie sich in ihrem alten Landgebilde nicht so ohne weiteres den europäischen, oft räuberischen Erwerbssinn gefallen ließen, und sich nicht beeilten, den Jang Kwei Tse, den fremden Teufeln, ihre Seele zu erschließen, die aus ganz anderen Ursubstanzen besteht und aus anderen Evolutionen entwickelt ist als unsere. Unsere Kulis hielten wir auch nicht mehr für die harmlosen Naturburschen, für die wir sie anfangs ansahen. Sie hatten Tücken. Sie waren heut Freund und Arbeiter in unserem Dienst, glühend vor Arbeitskraft und konnten morgen, wenn eine andere Macht sie kaufte oder ein anderer Gedanke sie führte, unsere Mörder sein, mit derselben Wut der Hingabe, derselben selbstlos überschäumenden Härte, mit der sie jetzt am Ziehseil und an den Rudern hingen.

Wir reisten mit offenen Koffern. Unser Geld war jedem zugänglich. Es wurde nie etwas gestohlen. Aber auf dem Kohleneinkauf betrog uns der Boy. In jedem Chinesen waren endlose Abstufungen hinab des Befehlens und Befohlenseins. Alles, was wir in den letzten Wochen an Chinesischem erlebt hatten, war unklar und zwiespältig geblieben. Das Land war ein Hexenkessel von Ehrlichkeit und Betrug, feiger Hinterlist und Mut. Das rote und das schwarze Prinzip kreise durch alle seine Atome.

So schien im Zeichen dieses Jin Jangs die Volksseele die geheimnisvollen Mysterien ihres Innern gefunden und zu einem Bild gemacht zu haben. Schlechtes und Gutes, das in ewigem Kreislauf ineinander drängt und sich – ein Fluidum fortwährender Erzeugungskraft – zu stetem Neuwerden befruchtet; eine ewig fließende Regeneration aus den Spannungen der Rasse. Die Ausübung der alten Gesittung und Gewohnheiten schienen uns teils närrisch, teils verbrecherisch; das Wissen und Denken fossilienhafte Formelversteinerung. Aber in den Elementen, die wir aufspürten, und die lebendig in den Menschen waren, lebte eine Wahrheit, die uns schauern machte. Wir konnten sie aus unseren fremden Gefilden heraus nur intuitiv erfassen, und das Jin Jang gab uns in seinem Bild ihr Symbol.

In diesen beiden feindlichen Fötussen, die sich so innig zu solcher Gemeinsamkeit umschlingen, wirkt etwas wie die Naturkraft der positiven und negativen elektrischen Ströme, die sich anziehen und abstoßen, und eine Philosophie, die machtvoller ist als die, die jemals ein europäischer Kopf ersann. Denn sie ist nicht aus der Spekulation gedanklicher Erwägungen, aus dem Aufrechnen hirnhafter Abstraktionen gegeneinander entstanden, sondern ist eine schöpferische Wirksamkeit, die in 400 Millionen Seelen wahrhaftig und schwebend lebendig ist. Ein erregendes, tiefes und hohes Geheimnis des Menschseins – uns halb gelüftet, mit Wonnen und Schauern, Grübeln und sich verlierendem Versinken von uns genossen.

Das stand auf dem großen Tongefäß. Das Tongefäß fährt aber vielleicht dieser Tage auf einer Dschunke nach Schanghai hinab und kommt in ein europäisches Haus, und ein Kaufmann steigt morgens zum Bad hinein und denkt dabei nach, wie er immer mehr der Angestellte seines chinesischen Komprador wird, als dessen Herr er sich aufspielt. Das erscheint ihm von seiten Chinas als hinterlistig und betrügerisch und das Zeichen des Verkommens.

13. Dezember

Die Operation in Wan Schien, die wir anfangs fürchteten, hat unerwartet geholfen. Der Pirat ist von großer Aufmerksamkeit, gehorcht auf einen Wimpernschlag und läßt alle Künste seines Kochtalents spielen. Nur einmal noch versucht er etwas zu retten. Er begann in seinem englisch-chinesischen Gestammel den Deutschen aus Wan Schien schlechtzumachen. Er kenne ihn von früher ... Er peitsche seine Diener und habe zwei chinesische Mädchen gekauft usw. ... Ich sagte ihm: »Es ist gut, spring mein Sohn, die Sache ist erledigt.« »Finish?« fragte er. Er verstand nicht. Ich winkte ja.

Der geldlose Freiblitzer scheint von Dankbarkeit erfüllt zu sein. Er lacht uns immer an mit seinem gelben abgemagerten Gesicht und hilft, wo es geht. Er macht dem Boy plötzlich die halbe Arbeit. Der Boy tyrannisiert ihn und spielt ihm gegenüber den Herrn. Er hat ihm wahrscheinlich gesagt, daß er auf seine Fürsprache bleiben durfte, und er rechne darauf, daß er ihm das lohne.

Einen neuen Patienten haben wir auch. Unter den Ziehern sind zwei Brüder, zwei kräftige Kerle mit langen Haaren und langen Röcken. Sie sehen aus wie Pilger aus »Tannhäuser«. Der Kranke scheint Ischias zu haben. Vielleicht ließen ihn aber auch die Pflaster der anderen nicht ruhen. Jedenfalls gibt Gre ihm dreimal am Tag ihr Universalmittel Chinin mit Himbeersaft und außerdem Säcke mit heißem Sand. Er ist nun der Held. Es ist eine außerordentlich wichtige Sache, diesen Trank zu nehmen und die Säcke aufzulegen. Alle sind bei dieser Operation beschäftigt. Wenn wir kommen, zeigt er auf seine Schenkel, lacht und sagt, es sei schon besser. Er kann sich nicht bewegen, und wohin er sich setzen will, trägt ihn sein Bruder mit nie müder Bereitschaft.

August hat, seitdem es ihm mit seinen Kreuzschmerzen nicht geglückt war, eine Wunde am Bein. Er bekommt eine der kleinen Reisweintäßchen voll Wasser, in das ein wenig Karbol gemischt wird. Bevor wir Zeit haben, ihm zu sagen, daß er sich damit die Wunde auswaschen solle, hat er es rasch hinuntergetrunken. Das bekam ihm wenig. Es scheint sich aber allmählich die Vorstellung herausgebildet zu haben, daß wir die Reise nur unternehmen, um Medizin zu verteilen. Der Singkuli Nr. 2 pufte Gre heute in die Seite, rieb sich den Bauch und verzog das Gesicht. Dann winkte er, sie müsse ihm etwas dagegen zu trinken geben. Ich wies ihn mit einem Nasenstüber ans Ufer, wo sechs Chinesen auf Steinen ausdauernd und andächtig und von Hunden umlagert bei ihrem Geschäft saßen.

14. Dezember

Tse Pau Tsai. Ein merkwürdiger Klang. Es heißt Edelstein. Einer Ebene am Jangtse entsteigt plötzlich die schmale Säule eines schroffen hohen Felsens. Ein Städtchen schachtelt sich um seinen Fuß herum. Aus den Dächern heraus lehnt sich eine Pagode an den Fels und ihre geschwungenen Dächer, die wie Nasen übereinander stehen, reichen bis über die obere Kante des Steins. Droben erscheinen niedrige weiße Gebäude. Wir gehen zur Stadt hinauf. Schöne Tempel sind in ihr. Ein jeder liegt voll Soldaten, und in den Höfen stehen altertümliche schwere Gewehre mit gußeisernen Rohren auf verfallenen Gestellen. Die Soldaten tun sehr wichtig und ernst und schießen ihre scharfgeladenen Gewehre in die Luft, als wir wieder gehen. Dann steigen wir durch die Pagode zum Felsen hinauf. Es ist ein Kloster oben. Viele Hallen liegen voll Götterfiguren. Sie sind in Trümmer zerschlagen. Ein Chinese tat es, der ihnen untreu wurde und das Christentum, das er annahm, fanatisch gegen sie wandte. So bleiben sie nun liegen. Es müssen merkwürdige Darstellungen gewesen sein. Man sieht in ihnen viele Torsos von schwangeren und gepfählten Frauen. Fern ziehen durch die graue Luft die mächtigen Stufen eines riesenhaften Gebirgszugs. Um den Felsen-Einsamen fließt eine milde, weiche Landschaft auseinander, die drunten im Dunst des Tages silbern verschwimmt.

Wir wollen den ganzen Tag hierbleiben. Ich gebe der Mannschaft einen Djau. Sie bringen es fertig, mit diesen anderthalb Mark sich zu fünfundzwanzig Mann zu betrinken. Es ist das erstemal auf der Reise, daß sie Branntwein trinken. Sie kommen abends streitsüchtig an Bord und brüllen herum. Sie legen sich gleich schlafen. Auf einmal wird es wieder laut. Bums! fliegt unsere Tür auf, und ein nackter Bursche stürzt die Treppe herunter. Ich befördere ihn hinaus und sende ihm etliche deutsche Flüche nach. Bald schlafen sie. Nur August steigt noch herum. Aber er hat einen fröhlichen Rausch. Während wir baden, öffnet er von außen das Fenster. Ich gieße ihm einen Topf warmen Wassers über den Kopf. Er lacht und winkt, ich möge ruhig sein, er schaue nicht mehr herein.

Stadt der Tempel
                                                15. und 16. Dezember

Die Stadt der Tempel – Tsongtsau! Eine Stadt, die stirbt und in der die Reste alter Blüte verfallen. Ein einziger Tempel macht eine Ausnahme. Es ist die schönste Tempelanlage, die wir in China gesehen. Die Gebäude wachsen eng nebeneinander auf, Tempel, Theater, Höfe, Pavillons. Es ist eine Seidenstickerei auf Goldbraun. Mächtige Holzsäulen halten Dächer über den Besucher, die aus farbigem Email zu sein scheinen. Am Theater sind subtile Schnitzarbeiten. Viel Gold und Farben sind in die weiche Düsternis der Anlage eingelassen. Es ist Größe und spielende Freude an Ausschweifung in Kleinigkeiten. Die Strenge und Anmut Chinas ist in diesem Werk. Es ist der einzige Tempel, der gepflegt ist. Fast alle anderen Tempel Tsongtsaus sind geschlossen, einige Kasernen.

Die Stadt liegt in eine weite Mauer gegürtet auf Felsen, und mit merkwürdigen Überraschungen durchklettern sie ihre Gassen. Einst blühte sie als Examenstadt. Das ist vorbei. Aber von jener Zeit hat sie noch einen Hauch in ihrem Innern, in schönen, sonderbaren, reichen Hausfassaden, feinen Brückenbauten, mächtigen Anlagen von Beamtengebäuden und Tempeln. Am Fluß ist eine große Winterstadt mit breiten Straßen aufgebaut. Ein emsiges Leben erfüllt sie. Viele Schiffe reihen sich an ihr auf. Ganze Haufen von Orangen und Nüssen gibt es, Fasanen und Hasen; ich kaufte ein paar Wildtauben für zwölf Pfennige. Das Leben gibt sich so chinesisch wie es ist. Bettler jammern einen halben Tag vor unserem Boot und folgen uns bis in die Stadt. Es sind entsetzliche, krätzige Wesen, Knaben, kleine Mädchen und Männer, mit Schmutzkrusten bedeckt, mit nie gereinigten Haaren, von den Ofenlöchern geschwärzten Leibern und, als einzige Bekleidung, den zerfetzten Sack auf dem Rücken. Sie dringen bis aufs Hausboot hinauf. Die Chinesen wagten nicht, sie zu vertreiben. Ich mußte es selber besorgen.

Scharlatane und Wahrsager, Barbiere und Ärzte schieben ihre Tische mitten in den Verkehr. Alte Herren tändeln durch die Menge und rauchen ihre selbstgedrehten Zigarren aus anderthalb Meter langen Bambuspfeifen. Ein jeder Platz ist Bedürfnisanstalt; doch findet man schon Rudimente des W.C. Eine Matte ist im Halbkreis aufgestellt. Primitivste Freudenhäuser mit einer urhaften Einrichtung locken die Kulis. Große Teehallen beben vom Geschrei ihrer Besucher. Mitten in den Wegen vermieten am frühen Morgen Leute Waschbecken, warmes Wasser und Tücher an die Kulis.

Wir blieben zwei Tage in Tsongtsau. Man durchstreift eine solche Stadt wie zu einer Entdeckungsreise, und die Neugier ihrer Bewohner folgt uns wie Dorfkinder einer Menagerie. Diese Neugier ist gutmütig und liebenswürdig, teils scheu, teils naiv-aufdringlich. Der photographische Apparat feiert Triumphe. Wenn ich die Chinesen durch die Mattscheibe schauen lasse, sind sie ganz weg vor Entzücken und Heiterkeit. Dieses liebliche Reduzieren der Zeichnung, belebt vom kühlen Glanz der Farben, ist etwas, das ihrem Sinn liegt.

17. Dezember

Eine leere Stadt, eine Stadt, die keine Stadt ist, liegt auf einem Berg. Weite Festungsmauern umspannen mit schönen betürmten Toren ödes Land, aus dessen dürrem Gras nur Haufen von entlaubten Maulbeerbäumen wachsen. Im Innern verfallen einige große Jamen und Tempel. Kein einziges Wohnhaus hat diese Stadt jemals besesssen. Es ist ein Fungtuschien, das kein Fungtuschien wurde. Das wirkliche Fungtuschien liegt eine Weile davon ab, unten am Fluß. Es wurde einst vom Hochwasser weggespült, und die Regierung wollte die Bewohner, die gerettet wurden, in sicherer Lage neu ansiedeln. Sie baute die Mauern und die öffentlichen Gebäude. Aber die Bewohner kümmerten sich nicht darum und setzten sich wieder in ihr altes Nest.

Wir kamen auf einem langen Fußweg über Land in die Stadt. Eine große weiße Pagode auf einer Bergspitze hatte seit langem ihre Nähe angezeigt. Der Zugang führte über eine gedeckte Brücke, auf der sich drei Haushalte eingerichtet hatten. Fungtuschien ist eine Wallfahrtsstadt, oder ist es gewesen. Wir fanden all die zahlreichen Tempel – jedes dritte Haus ist ein Tempel – von Soldaten besetzt oder an Handwerker und Teehäuser vermietet. In einem wurden Möbel gezimmert, im anderen Gewehrrohre fabriziert, hier war ein Reismarkt, dort eine Garküche und dort eine Spinnerei und Weberei, wo vordem die Götter einen Lieblingsplatz hatten, von dem aus sie den Menschen geneigter waren als anderswo. In allen Tempeln waren feine Schnitzereien, und überall hielten »Hunde Fo« Wache, die wunderbare Ornamente aus Stein waren. Aber die Gassen wimmeln von Mönchen. In jedem Ofenloch klebt ein

Die Felsen von Wu-Schin in Fukien

schmutziger Bettler, und unter den Geschäften gibt es viele Pfandleihhäuser, in denen das verstorbene Regime einige alte, seidene, reichbestickte Mandaringewänder für uns untergebracht hat.

Im Nebel zeigt sich das Fremde noch fremder
18. Dezember
Der Strom kommt mit verhaltener Macht aus der Unendlichkeit des Nebels. Auf einem Bergkamm wischt der Nebel langsam eine plumpe Pagode aus der Luft. Die Hügel laufen so zart rund um den grauen Dunst. Nur die Äcker leuchten von dem starken Grün der Pflanzen. Ein Ufer ist nur ein Hauch. An dem anderen Ufer, an dem wir fahren, ist alles Silhouette. Stromauf schmiegen sich die hohen Flügel der Segelschiffe, die uns vorausfahren, in die weiche Luft, und an ihrer Seite tauchen rasch die großen, vom Rudern erdonnernden, vom Schreien erfüllten großen Dschunken auf und gleiten hastig und mächtig zu Tal. Ein feiner Staub sprüht aus der Luft. Der Westwind wirft ihn heftig gegen unsere Gesichter. Aus den zerrissenen Felsenufern erheben sich von Zeit zu Zeit große Reiher, segeln einsam und in bizarrer Körperhaltung vor uns vorbei, bis der Nebel ihre breiten Flügelschläge ganz einschlürft.

Im Nebel zeigt sich das Fremde noch fremder: die weißen Hausgiebel in Akkoladenform, die kleinen Türme mit den Dächern, die wie Tannenäste von der Achse des Gebäudes abschweifen, die kargen hohen Pagoden, die Eingänge der Tempel, die wie mit bunten kleinen Scherben beworfen in den großen, einfachen weißen Mauern stehen, und über dem Menschenwerk die Schöpfung Gottes – die mit dünnen langen Baumreihen ausgezogenen, spielerischen Züge der Hügelkämme ... ein landschaftliches Pizzicato.

Wir haben uns angewöhnt, seitdem das Land gemächlicher geworden ist, die Hälfte des Tages zu Fuß am Land zu gehen. Am Ufer sind jetzt überall ganze Scharen von Goldwäschern. Ihre Arbeit zwischen Steinen sieht in der grauen farblosen Luft so armselig aus. Die Leute sind alle zerlumpt gekleidet. Es ist lächerlich, daß sie Goldgräber sind.

Allenthalben kommen die steilen Weglein zwischen den Ackergärten Menschen herab und setzen sich ins nächste Fährboot. Wenn es so voll ist, daß es fast untergeht, beginnt es rasch in den grauen

Strom hineinzufahren und sich quer ans andere Ufer treiben zu lassen. Wir hören die Trommel unserem Schiff Zeichen geben. Eine Schnelle rauscht, und Zieher schreien unsichtbar im Nebel.

Da kommt jenseits auf der halben Höhe eines Berges ein Leichenzug. Schalmeien tönen hart und dumpf, der Gong brummt wie eine Glocke, und langsam taucht der Zug durch den Nebel vorbei: weiße Fahnen, ein roter Baldachin, ein roter Tragstuhl, weißgekleidete Menschengruppen. Die Landschaft ist eintönig, einsam und traurig. Die Musik des Leichenzuges ist wie der Atem dieser eintönigen, wehmütigen und sonderbaren Nebellandschaft.

Aber diesen grauen Tag schloß die einzige Sternennacht, die wir bisher auf der Reise hatten. Stromauf und -ab flutete ein leiser heller Nebel, in dem die Strömung sacht rauschte. Der Sand knisterte am Boot unter unseren Füßen. Die Gipfel der Berge waren voll schwarzer Klarheit, und darüber dehnte sich der flimmernde Glanz des Himmels. Ein Boot mit einer Fackel kam im Nachtnebel heran. Ein Mann wollte uns Gemüse, Eier und Hühner verkaufen. Er hatte auch in kleinen runden Schüsseln die vielen Speisen für die Chinesen.

19. Dezember

Futso'u ist eine große Stadt. Sie taucht uns geheimnisvoll und langsam auf einer Bergecke entgegen, und plötzlich scheint die Sonne über sie. Sie ist nicht viel anders wie die anderen Städte, die wir durchgegangen sind. Sie liegt über dem Zusammenfluß des Kung tan Ho mit dem Jangtse. Im Kung tan Ho lagen die merkwürdigsten Schiffe, die ich jemals gesehen. Es waren riesenhafte, plumpe Fahrzeuge darunter. Aber sie waren alle wie verdrückt. Sie waren nicht in graden Linien gebaut wie andere Schiffe, sondern wie ein Pfropfenzieher umgebogen. Die Kiellinie verlängerte sich nach außen durch den Rand der Steuerbordreling. Hoch über ihre Mitte ging eine fliegende Brücke, bis zu der das Steuer reichte, dessen Hebel aus einem etwa 30 Meter langen Baumstamm bestand. Die Chinesen nannten diese Fahrzeuge Wai pi kü'rh. Die Kenntnis der Ursache, weshalb diese Dschunken so absonderlich gebaut waren, hatte sich unter den Schiffern verloren. Der Fluß hatte eine besonders heftige und in kurzer Biegung drehende Stromschnelle, und es waren vielleicht alte Erfahrungen, die den Schiffen nach und nach diese Form gegeben hatten.

Hinter Futso'u liegen alte Opiumbau-Täler. Die Bevölkerung war, seitdem die Regierung das Mohnpflanzen verbot, in Aufstand getreten und zum Teil Räuber geworden. Vor zwei Tagen hatten Soldaten hier zwölf dieser Räuber gefangen und nach Tschunking geführt. Ich sah, daß hier noch Opium geraucht wurde und ließ mich von dem brenzligen Geruch auf ein Schiff im Kung tan Ho führen. In einem offenen Verschlag lagen zwei Chinesen an einem Opiumlämpchen, bereiteten sich gegenseitig die Pfeifen und schauten mich, stumpfsinnig und schon in ihr Verdämmern gesunken, an.

Als wir auf das Schiff zurückkamen, trat mir ein Chinese entgegen, der ein ganz zartes schönes Mädchen von etwa sechs Jahren auf den Armen hatte. Er verbeugte sich und zeigte uns den Kopf des Kindes, der von bösem Ausschlag verwüstet war. Wir konnten ihm nur »schi, schi!« sagen, d.h. sauberhalten. Dieser Besuch wurde abgelöst durch den Besuch eines im Jangtsetal gefangenen kleinen Orangs, der uns allerlei komische Kunststücke vormachte. Dann sahen wir den Laopan den Hügel von der Stadt herunterkommen. Die kleine dicke Kugel kam, wie an einer Schnur hin und her pendelnd, rasch heruntergelaufen. Er hatte die Hälfte seines Reises verkauft. Das sah man ihm und, als wir weiterfuhren, auch dem Schiff an. Man hatte ihn für die Abfahrt ans Steuer gelassen. Ich vermute, um ihm vor seinen Bekannten, die am Ufer standen, »das Gesicht« nicht zu nehmen. Ein Rausch in China war ungewöhnlich selten, aber auch ungewöhnlich billig. Wir blieben über Nacht an einem Dorf, in dem nur Körbe und Matten gemacht und Schweine geschlachtet wurden.

20. Dezember

Wir sind glücklich, daß die Schwierigkeiten, die uns in Wan über den Weg liefen, so gut überwunden sind. Der Boy ist vielleicht ein Pirat gewesen, aber er ist ein ganz außerordentlicher Diener. Wenn es nur keine Holzkohle gäbe! In Futso'u mußte er wieder welche kaufen. Wir haben bisher mehr Geld für Holzkohlen als für Essen verbraucht. Dafür besteht im China der Europäer das Wort »Squeeze«. Es gab einen Zusammenstoß. Ich glaube, er weinte. Aber nach solchen Auftritten, bei denen seine ehrgeizige Veranlagung sehr zu Schaden kommt, ist er immer von neuer Frische. Die

Instinkte seines chinesischen Einordnungsgefühls sind neu gestärkt. Er tritt in seinen Kreis zurück. Das Jin hat über das Jang gesiegt.

21. Dezember

Mit der Flinte ging ich morgens einen Hügel hinauf, der steil über dem Fluß stand. Eine weite Mauer umschloß ihn. Es sind Türen in der Mauer. Aber sie sind fest und verschlossen. An einer brüchigen Stelle klettere ich hinauf. Innerhalb liegen nur Äcker. In einer Mulde steht ein Bauernhof und Bambus. Von unten hat man ihn nicht gesehen. Ich gehe hin. Männer und Knaben kommen mir entgegen. Der alte Bauer hat eine Pfeife wie eine Waffe in der Hand. Sie ist ganz aus Eisen, eine kleine Keule. Er ruft mir zu »Zoa, zoa!« (Geh', geh'!) Er war sehr heftig und bös. Ich ging doch am Hof vorbei, weil ich nicht denselben Weg zurück nehmen mochte. Alle kamen ein Stück hinter mir drein wie Räuber, die sich nicht sicher sind, ob sie den Überfall wagen dürfen, bis sie sahen, daß ich den Pfad zum Fluß hinabging. Sie riefen etwas nach. Aber ich bin nicht sicher, ob es das Fluchwort gegen die Fremden war, das gefürchtete »Jang Kwei Tse« – Fremder Teufel! Wir haben es noch nirgends gehört.

22. Dezember

Die Landschaft wechselt wieder. Kleine heftige Hügel sprangen im silbernen Dunst aus den Uferfelsen. Hinter ihnen wogte das Land hügelig weiter bis zu kühn gewölbten Gebirgen, die der Nebel in sich gefangenhielt und nur figurenweise der Luft gab. Bauernhöfe lagen im Bambus verborgen. Nur ihr Rauch verriet sie. Rund um sie war der Boden bis ins allerletzte ausgenutzt, und die Äcker mit Hirse, Getreide, Kohl, Erbsen sahen aus wie Mustergärten. Alle die Millionen kleiner Pflanzen standen in geraden Strichen, und der fettbraune Boden schimmerte durch. Die Äcker waren heftig grün, wie Patina auf Bronze, über die dunkle Erde gelegt.

Die Hunde der Bauernhäuser fielen mich an. Die Weiber standen mit offenem Munde, von meinem Erscheinen betroffen, in den Höfen und stürzten plötzlich Hals über Kopf ins Haus. Der Riegel klappte zu. Schwere feindselige Wasserbüffel gingen durch die Landschaft. Über einer Stadt, hoch im Gebirge, zog eine zinnen- und turmbebordete Mauer über Anhöhen und in Täler hinab.

Gegen Abend weitete der Jangtse sich aus. Er wurde ein See, im Dunst der Abendröte erglühend. Schiffe mit hohen Segeln standen mit langsamem Weg im Blut des Wassers. Wasserbüffel pflügten auf der Kante der Hügel gegen den brennenden Himmel und glimmerten dunkel gegen das Licht. Der Bauer führte den alten Pflug. Er sah aus in seiner Faust wie ein starker, hölzerner Bogen.

Wir kamen in ein kleines Dorf, das in den Ausgang einer Schlucht gebaut war. Ein kleiner Tempel ohne besonderes Aussehen stand am Weg. Er war offen, und wir gingen hinein. Es schien der Tempel einer Schiffergilde zu sein. Überall lagen roh gezimmerte Schiffsmodelle. Überall war auch Verfall in ihm. Nur auf allen Altären standen Fayencen von großer alter Schönheit, blau und weiß, eigenartig und seltsam in den Zeichnungen, und tief und leuchtend im Schmelz. Es waren zum Teil kindergroße Vasen, immer in abgestimmten Sätzen von fünf Stück zusammen. Ein alter, halbvertrotelter Chinese kam nach langer Zeit heraus, sagte etwas mit seinem zahnlosen Mund, und ich gab ihm einiges Geld.

Wir lagen über Nacht eine halbe Stunde flußaufwärts. Ich sagte dem Boy, er solle mit dem Gratisblitzer in das Dorf und zu dem Tempel gehen und versuchen, ob er die Fayencen kaufen könne. Das Trinkgeld für ihn, wenn es gelinge, sei sein doppelter Monatslohn. Wir warteten erregt auf die Rückkehr der beiden. Es wurde tiefe Nacht. Ach, wir haben uns umsonst erregt. Der Alte ließ uns sagen, er möchte ja wohl die Gefäße verkaufen, aber jedermann in der Gegend kenne sie, und ich solle ihm es nicht verargen, daß ihm sein Kopf lieber sei als meine Silberstücke. Diese fünfundzwanzig Vasen waren so mächtig, so schön, so seltsam wie ein ganzer Berg voll blauen Rittersporns in einer Schneelandschaft und unter einem seidenblauen Himmel.

Drei kleine chinesische Erlebnisse

                  23. Dezember

Drei kleine chinesische Erlebnisse hatte ich heute.

Morgens drohte eine Dschunke mit uns zusammenzustoßen. Alle Mann stemmten sich gegen das schwere Fahrzeug. Ich griff mit ein und kam gerade neben den Koch. Dieser schwerfällige fette Kerl glitschte aus und sank zwischen die Wände der beiden Boote, die unaufhaltsam sich einander näherpreßten. Ich bekam ihn noch rechtzeitig zwischen den Beinen zu fassen und zog ihn heftig hinauf. Dabei rutschte sein Kopftuch ab, und ein anderthalb Meter langer Zopf rollte sich auf. Alle Kulis stürzten auf ihn los, einer nahm sein Messer, einer ein Beil, und sie wollten ihm im Scherz den Zopf abschneiden. Andere traten doch besorgt dazwischen. Keiner hatte gewußt, daß der Reiskoch noch einen Zopf trug. Heimlich verbarg er das Zeichen, mit dem er an dem alten China hing. An den Toren der Städte standen Soldaten, die jedem den Zopf abschnitten, der vorbeikam.

Mittags stand ich einem Chinesen drei Minuten lang auf der nackten dicken Zehe. Das kam so: Wir gingen in einen Tempel, der ganze Ort hinter uns drein. Sie schoben sich einer vor den anderen, um von den fremden Affen keine Bewegung zu verlieren. Im kleinen Tempel, von Menschen umringt, sah ich einen merkwürdigen Gott. Ich blieb plötzlich stehen, zog den Apparat heraus und trat einen Schritt zurück, um Distanz zu bekommen. Ich fühlte, daß ich auf etwas Weichem stand, schaute zum Boden und sah einen nackten Fuß. Er rührte sich nicht. Meine Stiefel waren nicht aus Samt. Ich dachte mir: mach' die Probe und bleib' auf der Zehe stehen. Ich machte die Aufnahme. Es dauerte eine ganze Weile. Ich spürte die weiche Zehe unbeweglich unter meinem Absatz. Als ich fertig war, gab ich die Zehe frei und drehte mich rasch um. Hinter mir stand ein junger Mann mit einem schönen, ebenen Gesicht. Er schaute an mir vorbei auf den Gott. Er warf keinen Blick auf seine geschundene Zehe und brachte nicht einmal durch Zurückziehen des Fußes den Verdacht darauf, daß irgend etwas an ihm mit mir zu tun hatte. Was war die Ursache eines solchen Benehmens?

Abends kamen wir auf einmal an eine Bucht, die das Flußufer zwischen Felsen bildete. Es wäre schwierig gewesen und ein großer Umweg, über die Felsen zu klettern, und ein Chinese hatte sich in seinem Erwerbssinn diesen Umstand zunutze gemacht, seinen alten Kahn in der Bucht verankert und von achtern und vom Bug Bambusstangen ans Ufer gelegt. So war eine primitive und nicht sehr sichere Brücke geschaffen. Wir turnten hinüber, hinter unseren Ziehern her. Unser Schiff legte mit anderen gleich hinter der Brücke an, und der Chinese ging mit seiner Fackel absammeln. Der Laopan gab ihm für jeden Zieher etwa einen halben Käsch. Ich gab ihm für uns beide dreißig. Hätte ich ihm auch nur einen halben gegeben, so wäre er zufrieden gewesen. So aber kam auf einmal, durch das unerwartete Überzahlen angelockt, der Geist des Verdienens mit den Vorspiegelungen abenteuerlicher Möglichkeiten, die er aus den reichen und wohl auch dummen Fremden herausholen könnte, über ihn. Er kam gleich und wollte mehr haben. Die halbe Nacht lang mochte er sich nicht vom Hausboot trennen, und er verbrannte eine Fackel nach der anderen vor unseren geschlossenen Fensterläden und rief seine Forderungen herüber.

24. Dezember

Wie eine Überleitung kommt ein Auftakt in die Landschaft. Aus dem Hügelland sammeln sich wieder die Berge zu einer breiten Schlucht. Sie ist voll Buchten, und eine jede sieht mit ihren verzogenen Ufern und dem ruhig und breit strömenden Fluß aus wie ein Gebirgssee. Überall heben sich die Schächte kleiner Kohlengruben aus den Flanken der Berge. Auf fernen Höhen stehen religiöse Denkmäler: Ehrenbogen, aus denen sich zahllose steinerne Arme wie Krallen zum Himmel aufheben. Eine stürmische Bö jagt uns mit vollem Segel durch die Schlucht.

In einer Nachmittagsstunde erschienen, erst in der grauen Luft geheimnisvoll zurückgehalten, die Dächerreihen von Tschunking hoch über dem Strom auf einem geneigten, riesenhaften Felsenplateau, in grauen Farben in die dunstige dunkle Luft geschüttet. Der Strom ist hier, 3000 Kilometer von seiner Mündung ins Meer, noch zwei Kilometer breit. Die Stadt baut sich über seiner mächtigen Bahn fremd und großartig auf. Ein breiter Fluß strömt in den Jangtse, und an seinem Ufer, gegenüber von Tschunking, dämmert eine andere große Stadt im Nebel.

Wir mußten mit unserem Boot zuerst am Zoll anlegen, warten. Die Zollstation war auf dem der Stadt entgegengesetzten Ufer. Wir gingen am Strand hinauf und schauten sehnsüchtig und voller gieriger Erwartung nach Tschunking hinüber. Was wartete dort auf uns? Die Stadt war eines der großen Mäusenester Chinas. Wir sahen am Ufer unterhalb eines Tores dunkle schwere Menschenmassen sich zusammendrängen. Wir gingen zum Boot und fragten. Der Boy erkundigte sich. Er kam, lächelte und erzählte, daß man jetzt drüben die zwölf Räuber köpfte, die man vor einigen Tagen in

Futsou gefangen hatte. Die Menschenmasse quoll hin und her. Die hohe Treppe zum Tor hinauf war wie ein dunkles bewegtes Band.

Den Fluß abwärts standen steile Gebirge im grauen Abend. Es waren die ersten Regungen des Tibet. Sie hatten kalte, verhüllte, befremdende Formen. In dieser Stunde begann man zu Hause in Europa den Weihnachtsbaum anzuzünden.

MARIE VON BUNSEN

Die Flutwelle von Hang-Tschau

Oktober 1911

Auf dem Bahnhof von Hang-Tschau wurde ich nicht von Dr. Duncan Maine erwartet, ein Telegramm hatte sich verirrt. Ich tat, was eine Europäerin jenseits von Port Said in solchen Fällen tut, ich bat auf englisch irgendeinen europäischen Herrn – sei er Deutscher oder Däne, Portugiese oder Russe – um freundliche Hilfe. Der Name des bekannten Missionars und Chinakenners, Duncan Maine, war dem Angeredeten geläufig. Er gab dem Rickschakuli die entsprechende Weisung. Im Missionsgebäude kam ein blasser Herr heraus, Dr. Maine wäre verreist, er könne mich leider nicht aufnehmen, die hiesigen Gasthöfe seien unmöglich, doch würde sein verheirateter Kollege mich gewiß bewillkommnen. Er stotterte vor Nervosität, blickte mir, als ich davonfuhr, erleichtert nach.

Also weiter. Vernachlässigte Straßen, enge Gassen. Dann hielt ich vor einem netten englischen Gartenhaus, wurde in ein typisch kleinbürgerliches englisches Zimmer geführt; an den Wänden eingerahmte, mit Blümchen aufgeheiterte Sprüche. Ein alter Missionar, Bibel in der Hand, empfing mich – er war filmgemäß. Es täte ihm überaus leid, mich nicht einladen zu können, seine Frau läge jedoch mit Fieber zu Bett. Ein neues Hotel solle halbwegs europäisch eingerichtet sein, wenn nicht, würde ein jungverheirateter Kollege, dem Dr. Maine sein Haus am See neben der Großen Pagode geliehen hatte, sich freuen.

Also weiter. Ein wuchtiges Stadttor mit Trödlern, Bettlern und Wachen, vor einem schmuddeligen Gebäude neben riechenden

Unrathaufen hielt der Rickschaläufer, sagte: »Hotel«. Innen ging es drüber und drunter, alles war unsauber und ärmlich, das sogenannte »europäische Zimmer« hatte drei Bettstellen, sonst war es leer. Ich bin anspruchslos, doch gibt es Grenzen. Also zum Haus neben der Großen Pagode. Vor mir erstreckte sich ein inselreicher Bergsee, am Fuß einer Anhöhe stieg ich aus, ging die in den Fels gehauenen Stufen hinauf, in einer Felswand sah ich bemalte Göttergestalten. An einem europäischen Häuschen klopfte ich – keine Antwort. Tür und Fenster waren verschlossen. Der Kuli und ich nahmen einen andern Steinstufenweg, auch hier stand ein Häuschen, auch dieses war verschlossen. Sollte ich auf die morgen stattfindende Flutwelle von Hang-Tschau verzichten müssen? Sollte ich nach dem (von der alten Chinesenstadt abgesehen) abstoßend öden, nüchternen, reizlosen Schanghai zurückkehren müssen? Da zeigte sich ein chinesisches Wesen und wies nach oben. Weiter heraufklimmend sah ich dann ein stattliches Haus mit Loggien und Gartenterrassen, in nächster Nähe eine mächtige alte Pagode! Es erschien ein Diener, es erschien eine sympathische junge Dame, der ich die Sachlage beschrieb. Natürlich müßte Dr. Maines Gast bei ihnen wohnen; auch der Gatte, ein junger Arzt-Missionar, war unbedingt dieser Ansicht. So übernachtete ich an einer der fesselndsten Stätten des Himmlischen Reiches.

Die Pagode war schon alt, als am Ende des 13. Jahrhunderts Marco Polo sie sah, in monumentaler Strenge erhob sich sein tausendjähriger verwitterter Turm. Ringsumher Terrassen, Balustraden, steinerne Bänke inmitten einer Blumenfülle; zwischendurch Felsblöcke, überhängendes Gestein. Und überall Blumen, Balsaminen, Mirabilis, Cosmeen, strahlendfarbige Zinien. Alles wirkte einheimisch, absichtslos, selbstverständlich, es war die Schöpfung des kunstverständigen Dr. Maine, vor fünfzehn Jahren umgaben nur öde Felsen die verfallende Pagode. Unten der See, der schimmernde Fluß, in der Ferne die gewaltige Millionenstadt, welche selbst die 20 Kilometer langen Mauern nicht zu fassen vermögen. Hinter ihr blaßblaue Berge.

Nachts erwachte ich, sah von meiner Loggia auf die fremde Welt. Es war eine verschleierte Vollmondnacht, blaß verschwommen leuchtete die Scheibe auf dem regungslosen See.

Morgens warteten vor der Tür vier Träger mit der Sänfte; sie war aus schwarzlackiertem Rohr, hatte einen blauen Vorhang, innen geblühmtes Papier. Es ist ein erstaunlich angenehmes Beförderungsmittel; vor mir hatte ich ein schmales Brett, und so glatt war die Bewegung, daß ich nicht nur gut lesen, auch gut schreiben konnte. Unmerkbar lösten die Träger sich ab, gleichmäßig war ihr leicht federnder Laufschritt. So, sagte ich mir, reisten einst römische Feldherren mit ihren Damen nach Xanten am Rhein, so reiste Karl V. Beim Aussteigen gibt es eine hübsch stilisierte Linie, die Sänfte wird gesenkt, der Vorhang zurückgeschlagen, der Insasse tritt heraus. Wohlbekannt, vom Theater her, von Bildern.

Jetzt durchquerte ich die Stadt, und es war unendlich viel zu sehen. Manchmal überspannten Bogen die schmalen Gassen, manchmal Matten, von den Dächern hingen trocknende gefärbte Stoffe in herrlichen Farben hernieder. Die Läden zeigten oft reichgeschnitzte Verzierungen, hatten meist ankündigende Schilder, so Mandarinhüte, so riesenhafte ausgespreizte Scheren, so Jacken und bestickte Schuhe. Alle Läden waren nach der Straße offen, da standen geschnitzte Holzmöbel, Töpfereien, da hingen kunstvoll geknüpfte seidene Schnüre, flott hingemalte Rollbilder. Alles bodenständiges Handwerk. Zwischendurch Buden, Garküchen mit brodelnden Kesseln, mit fremdartigen Schaltieren und Fischen, mit Haufen der goldroten Persimonfrüchte. Es kamen feingeschwungene Steinbrücken mit Kapellchen für die Schutzgötter, mit Bänken, auf denen Wanderer ruhten, es kamen Gassen, in denen überall gewebt und gespult wurde; wie mir gesagt worden war, kommen seit Hunderten von Jahren die kostbarsten Brokate des Reiches aus Hang-Tschau und noch heute beliefern diese Weber den Kaiserhof. Seidenglanz leuchtete auf dem Webstuhl.

Europäische Reisende finden chinesische Straßen »unbeschreiblich schmutzig«. Sie sind schmutzig, ungefähr so verwahrlost waren jedoch im 18. Jahrhundert unsere Hauptstädte, und damals staunten Europäer über die Sauberkeit der chinesischen Straßen. Bei uns hat sich der Zustand merklich gebessert, hier sich verschlechtert.

Dann aus dem lauten Gewühl in die ruhige Gegend der reichen Chinesen (das Europäerviertel liegt außerhalb in anderer Richtung). Hohe Bäume, geschwungene verzierte Dächer, Gartenhäuschen mit buntleuchtenden Kacheln waren zu sehen, spiegelten sich in Kanälen.

Aus dem Stadttor hinaus, an den riesenhaften altergetönten Mauern vorbei in das offene Land. Eine gartenmäßige Kultur, auf den schmalen, mit Steinplatten belegten Pfaden eilten Männer, die auf dem Querholz schön gefügte Holzkübel trugen. Das war der Unrat der Stadt, bis weit hinaus wird er an jedem Morgen gebracht und hierauf beruht dieser intensive Landbau. Vereinzelte Häuser, Frauen spannen an vorzeitlichen Spindeln, Knaben, nur mit dem großen Rohrgeflechthut bekleidet, ritten auf Büffeln vorbei.

Nun erreichten wir den Uferdamm, der seit Jahrhunderten das reiche Land vor der Oktoberflutwelle schützt. Durch den Herbstvollmond wirken die Gezeiten überall in gesteigertem Maß, nirgends so wie in Hang-Tschau. Kein Segel war auf dem mächtigen Strom zu sehen, alle Fahrzeuge hatten sich vor dem Anprall der Welle in Sicherheit gebracht.

Blumen umblühten den weidenbeschatteten Weg, es leuchteten die orangegelben Judenkirschen; ringsumher flatterten Wasservögel. Hier drängte sich eine farbenfreudige, vorwiegend in Seide gekleidete, festlich heitere Menschenmenge. Ich dachte an Marco Polos vor 600 Jahren über die Bewohner von Hang-Tschau geschriebenen Worte: »Sowohl in ihren geschäftlichen Beziehungen, wie in ihren Waren erweisen sie sich überaus ehrlich, und so verbreitet ist Wohlwollen und nachbarliche Gefälligkeit zwischen Männern und Frauen, daß man die Bewohner einer Straße für Mitglieder einer Familie erachten würde.« Allerdings rügte er den Kleiderluxus, der ihnen übrigens noch heute nachgesagt wird, auch ihren unkriegerischen Sinn; ebenfalls von diesem hört man.

Sehr unterhaltend war diese mich umgebende Menschheit. O Freude, nicht ein Europäer war zu erblicken! Die Fremdenkolonie, die Reisenden und die offizielle chinesische Welt erwarten, wie ich später hörte, die Flutwelle von einer näher am Meer gelegenen Stelle; dort bringt der höchste Beamte am Ufertempel den Flußgöttern ein feierliches Opfer. Hier ging es volkstümlich zu. Ansprechend komisch wirkten die Schubkarren, in denen Kulis ihre Herrschaften vorüberrollten; in einer Karre saßen enggedrängt vier Frauen, auf ihrem Schoß zahlreiche Kinder mit rotdurchflochtenen drolligen Zöpfen. In einer anderen saß seelenvergnügt ein vorzüglich angezogenes älteres, bebrilltes Ehepaar. Zwischendurch jagten

Reiter vorbei, wohl die goldene Jugend der Stadt, barhäuptig mit flatternden hellblauen und hellila seidenen Kleidern.

Vom künstlerischen Standpunkt wirken hierzulande die Männer besser als die Frauen, vorzüglich ist die Linie dieser langen schlanken Gewänder, hierzu paßt der noch vorwiegend getragene lange, keineswegs groteske Zopf. Viele Männer waren groß und vortrefflich gewachsen, viele der Alten hatten durchgeistigte kluge Gesichter, und menschlich, freundlich war der Ausdruck der inmitten ihrer Kinder und Enkel einherschreitenden Greise. Oft trugen Frauen reichbestickte Kleider, die meisten hatten verkrüppelte Füße, infolgedessen einen stöckerigen, stelzenhaften Gang. Chinesische Dichter – aber nur diese – ersahen hierin »die Bewegung einer wildbewegten Blume am Zweig«.

Es wimmelte auch von Soldaten, alle Garnisonen der Umgegend hatten Urlaub erhalten; vergnügt krebsten die Mannschaften in Teichen, auf denen gewaltige Blätter einer der Viktoria Regia gleichenden Wasserlilie schwammen. In der Nähe lag ein Tempel, er war verkommen, baufällig, doch wurden die grimmigen Statuen andächtig begrüßt. Es zeigte sich jahrmarktähnliches Treiben; hinter Büchern mit geheimnisvollen Zeichen hockten Wahrsager, sie hatten guten Zuspruch, auch Wunderärzte mit Kräutern und den heilbringenden Tigerzähnen. Garküchen dampften, fettgebackene Kuchen wurden von fliegenden Händlern ausgeboten. Ich fand eine schattige Stelle am Deich, ließ mir den Proviantkorb bringen und frühstückte im Gras unter den Weiden. Ein dichter Menschenschwarm folgte dem Vorgang; daß ich die soeben gekauften Persimonfrüchte mit Mineralwasser begoß und mit der Serviette abtrocknete, bildete den Höhepunkt des Interesses.

Plötzlich ging eine Bewegung durch die Menge. Meine Träger eilten herbei und ich stellte mich am Deichrand auf. Alle sahen nach der fernen Strommündung. Dort in der Luftlinie war ein heller Strich sichtbar geworden; jetzt schien er zu zittern, jetzt breitete er sich aus, erstreckte sich schließlich bis über die ganze große Bucht. Nun konnte man das Annahen erkennen, und schließlich – unsere Spannung wurde immer erregter – sahen wir deutlich eine gewaltige, sich oben fast überschlagende Welle. Sie kam immer näher, sie rauschte und stürmte und dröhnte. Alle schrien durcheinander, aber noch lauter war das Toben dieser furchtbaren Welle.

Unaufhaltsam, mit ruhiger entsetzlicher Macht schwoll und donnerte der Wasserwall vorüber. Beglückt kehrte ich zurück.

Meine Wirte waren beschäftigt, ich eilte hinunter nach dem See, an den in die Steinfelsen gehauenen Götterbildern vorbei. Ein schmaler Quaderweg zog sich am Ufer entlang, ein weidenbestandener alter Damm führte nach den Inseln, und dort wanderte ich in der zerfallenden Pracht umher. Gelborangene Häuser mit geschwungenen Dächern, steinerne Balustraden und Portale, Teehäuser, Gärten mit gewaltigen Bäumen, mit gelben und roten Callalilien. Es kamen geschwungene Steinbrücken, es kamen Tempel; vor dieser monumentalen Ehrenpforte, an diesen steinernen Stufen haben wohl einst die Kaiser gelandet. Gewiß sind die Bauten erneut worden, alt mögen jedoch die steinernen Löwen, die Marmorstelen und verschlungenen Drachen sein. Ein Hauch hochverfeinerter, verblaßter Kultur lag über diesen Inseln, noch eindringlicher als auf den gleichzeitigen Bildern, aus den naiv hübschen Novellen wurde die einstige Welt lebendig. Wie damals glitten auf dem spiegelglatten See Nachen mit hellgekleideten Menschen vorüber, diese landeten unter den Bäumen, an der verblichenen farbigen Mauer.

Den entlegeneren Damm überschreitend, fand ich einen verwilderten Pfad, der vermutlich nach dem Pagodenberg führen würde. Abendwolken spiegelten sich bereits im See, wie in einer Verzauberung ging ich am Ufer entlang. Zwischen fliederfarbenen Astern, weißen Chrysanthemen und hohen Gräsern kam ich auf verfallende Grabanlagen, Steinbogen, Säulen mit Löwen, auch auf eine lebensgroße Priestergestalt. Das alles war schon fast in die blühende Natur übergegangen, große weiße Blüten wehten von einigen Bäumen hernieder. Stille Einsamkeit, nur hin und wieder kehrten Landarbeiter heim.

Immer weiter auf den schmalen Quadersteinen des verwilderten blumenumrankten Pfades, dann in der anbrechenden Dunkelheit auf den Pagodenberg.

Früh am nächsten Vormittag verließ ich die freundlichen, vortrefflichen Wirte; bei der Morgenandacht wurde für jeden Hausgenossen einzeln gebeten, auch für mich: Gott möge es mir gewähren, meine Heimat gesund zu erreichen. Ich war gerührt; längere Zeit über, gewiß mehrere Monate lang sagte ich kein kritisches Wort über die angelsächsischen Missionsanstalten in Ostasien.

In Tibet

KARL JOSEF FUTTERER (1866 - 1906)

Karl Futterer kam gerade von seiner Reise in unbekannte Gebiete Zentralasiens zurück, als Wilhelm Filchner sich in dem sehr aktiven Kreis um ihren gemeinsamen Lehrer Ferdinand von Richthofen auf seine erste große Expedition nach Nordosttibet vorbereitete. Das Ziel beider Forscher war der Oberlauf des Hoang-Ho, des »Gelben Flusses«. Futterer und sein Partner Holderer kamen auf einem langen Weg von Westen her, »von den Ufern des Rheins und der Donau«. Sie zogen am Fuß des Kaukasus vorbei »durch die Wüsten der Turkmenen« und überwanden zur Winterzeit 1897/8 die eisigen Pässe am Pamir. Dann erst ging es »hinab nach Osten, durch das von alters her berühmte Tarimbecken mit seinen Resten uralter, unter toten Sandflächen begrabenen Kultur, durch die Felswüste der Gobi, durch das vom Bürgerkrieg verwüstete, westliche Kan-su (nordwestliche Provinz Chinas) und durch das ungastliche, hochgelegene Tibet – das verbotene Land«. Wir treffen Futterer im nordöstlichen Teil von Tibet, in den Weidegebieten und Zeltlagern der Tanguten, einem mit Mongolen vermischten buddhistischen Volksstamm, der um das Jahr 1000 im östlichen Kan-su einen unabhängigen Staat gründete und die wichtigen Handelswege zwischen China und Innerasien nach Belieben sperrte. Als Räuber waren sie auch noch zu Zeiten von Futterer und Filchner gefürchtet. Den Staat der Tanguten hat schon Dschingis-Chan 1227 vernichtet. Futterer besucht anschließend noch die »ältesten Ansiedlungsgebiete seßhaft gewordener, chinesischer Bevölkerung«, überschreitet »die hohe Markscheide

Das Kloster des Dalai-Lama in Lhasa

zwischen dem nördlichen und dem südlichen, dem regenarmen und dem regenreichen China« und kehrt über Hankau und Shanghai 1899 wieder in die Heimat zurück. Er war einer der ersten und besten Asienforscher. Er starb zu früh, um sich einen großen Namen zu machen.

Tangutenhäuptlinge und Hirtenhunde am Baa-Fluß

Bei seinem Austritt aus der tibetanischen Gebirgswelt durchfließt der mächtige Strom (Hoang-Ho) ein ausgedehntes Steppenhochplateau, das sich weit nach Westen gegen das wild- und viehreiche Tsai-dam erstreckt, während die Ausdehnung der Steppenflächen nach Norden, Osten und Süden nicht mehr bedeutend ist. Das feuchtere Klima und die regenreichen Winde von Osten haben die Hochplateaus im Südosten aufgelöst und in einen reichen Wechsel von Tälern und Bergen zerlegt. Der Weg, der in dieser Richtung nach Min-tschou und weiter in die Provinz Sze-tschuan aus dem Stromgebiet des Hoang-Ho in das des Jang-tse-kiang führt, überschreitet hohe Pässe in dicht gedrängten Gebirgskämmen und tiefe nach Osten gehende Täler. Die Gliederung des tibetanischen Hochlandes durch den nach Osten und Südosten gehenden Wasserabfluß beginnt aber schon bedeutend weiter westlich, näher an den Quellflüssen des Hoang-Ho und höher oben. Die Karawane von Futterer und Holderer folgte mit 42 Yaks und 18 Pferden zunächst der tiefen Schlucht des Hoang-Ho, die sich der Fluß durch die Steppenebene gegraben hatte. Die mit Steppengras bedeckten Terrainwellen bestehen aus sterilem Boden. Sandstein bildet in den Tälchen und auf den Bergspitzen schroffe Abstürze und Felsklippen. Über allem aber liegt bis zu einer Höhe von 4.000 m eine Löß- und Lehmdecke, die Trägerin und Ernährerin der mannigfaltigen Gräser- und Pflanzenwelt. Futterer reiste in den Monaten Oktober und November, in einer regenreichen Jahreszeit. Längs dieses hügeligen Gebirgsvorlandes halten sich in den Tälchen zahlreiche Tanguten mit ihren Herden auf. Kein Tag vergeht, ohne daß man ihren Zelten begegnet oder sie in der Ferne erblickt, wo sie wie schwarze Flecken auf der grünen Fläche erscheinen. An feuchten Stellen ist diese

Steppenoberfläche durch einen herrlichen Flor bunt blühender Blumen geschmückt. Zu Tausenden erheben sich die blaßblauen Sternenköpfchen einer neuen Art von Doldengewächsen, die tiefblauen, großen Kelche einer neuen Enzianart, vereinzeltes Edelweiß und ein Rasen von weißen, strohblumenartigen Blüten verleihen der monotonen Steppe einen seltsamen Reiz. Erst gegen Norden hin ändert die Steppe ihren Charakter. Vom hochgelegenen Wege aus ist zu erkennen, wie vom Gebirgsrand weg die Grasdecke dürftiger wird, Zelte und Viehherden verschwinden, und jenseits der tiefen, engen Talschlucht eines größeren Flusses, der die ebene Steppenfläche dem Hoang-Ho zu durchströmt, erscheinen die eigentümlichen, scharfkantigen, kleinen gelben Hügel- und Dünenformen der Sandwüste. Weithin sichtbar durchzieht diese Schlucht mit ihren steilen, bis zu 50 m tief abfallenden Talwänden die leicht geneigte Steppenfläche, hebt sich dunkel von ihr ab, und mündet weit draußen im Nordwesten in das noch tiefer gelegene Hoang-Ho-Bett.

Am Fuß des Dschupar-Gebirges, einen Tagesmarsch vom Hoang-Ho entfernt, schlugen wir unser 24. Lager auf, in dem wir längere Zeit bleiben wollten; denn Dr. Holderer mußte nach Kuei-tö hsien reiten, um unsere Vorräte zu ergänzen. Die chinesischen Führer verließen die Expedition, um nach Si-ing fu zurückzukehren. Von nun an waren wir bis auf weiteres ganz auf uns selbst und auf die tangutische Führung angewiesen, die häufig wechselte und je weiter wir nach Süden kamen, immer schwerer zu erlangen war. In unserer Nähe hatten Tanguten ihre Zelte aufgeschlagen. Wir konnten von ihnen Schafe, Milch und Butter erhalten. Während des zehntägigen Aufenthalts wurden wir nie von ihnen belästigt; auch ihre Neugier störte kaum. Ein alter Lama brachte mir Birnen zum Geschenk und tauschte einen Rosenkranz gegen eine Brille ein.

Unser Lager 27 schlugen wir weiter nördlich, in der Nähe des Baa-Flusses auf. Dort hatten auch Tanguten ihre Sommersiedlung mit rund 100 Zelten aufgebaut. Ihr alter, wohlbegüterter Stammeshäuptling trug als Zeichen seiner Würde eine Pfauenfeder an der Kopfbedeckung. Seine Leute waren uns beim An- und Abmarsch behilflich. Nur der Alte war ziemlich anspruchsvoll, impertinent neugierig. Er ließ sich seine Dienste mit einem Repetierkarabiner, 50 Patronen und einem Revolver bezahlen. Dagegen wurden wir in seiner Jurte und in den Zelten seiner Anverwandten sehr liebenswürdig aufgenommen. Tee und Tsamba (Brei aus Gerstenmehl) wurde immer gleich für die Gäste zubereitet. Außerdem beschenkten sie uns mit importiertem Obst, vor allem mit den hier besonders wertvollen Birnen. Die Frau des Alten, eine würdige Matrone und ein fleißiges Jurtenmütterchen, war im Gegensatz zu den meisten Tibetanerinnen, den Fremden gegenüber durchaus nicht scheu und zurückhaltend. Als sie mir erlaubte, ihr Schmuckgehänge auf dem Rücken zu fotografieren, ließen sich auch die anderen Frauen und Mädchen dazu bewegen. Nur ein junger Tangute ließ seine hübsche, reich gekleidete Frau nur unter der Bedingung fotografieren, daß er neben ihr aufgebaut wurde. Das freundliche Wesen dieser Leute entschädigte einigermaßen für die Zudringlichkeit vieler anderer, die von weit her aus ihren Jurten kamen, um die fremde Karawane anzustaunen. Dabei wurden Pferde gekauft, schlecht gewordene Yaks ausgetauscht. Dieser Handel ging zur Zufriedenheit aller vor sich.

Im Zeltlager des Häuptlings gab es eine große Menge ungewöhnlich stattlicher, tibetanischer Hunde. Sie hatten schöne große Köpfe und langes Haar, das am Hals besonders reich und etwas gekräuselt war, so daß es wie eine Mähne wirkte. Es waren starke, große Tiere, meist dunkelbraun oder schwarz, seltener hellbraun. Sie waren gutmütig und ließen sich im Gegensatz zu den einfachen Hunden in den tibetanischen Dörfern streicheln. Sonst kommt man an keinem Zeltlager vorbei, ohne daß sich die bissigen Hunde von allen Seiten auf den Fremden stürzen und an den Pferden hochspringen. Meist genügt es allerdings, mit der Reitpeitsche zu drohen, um sie auf Distanz zu halten. Die Eingeborenen vertreiben sie durch Würfe mit Steinen oder Erdschollen. Mitunter schlossen sich diese meist häßlichen Tiere unserer Karawane an, begleiteten uns eine Zeit und verschwanden wieder ebenso plötzlich, wie sie gekommen waren, um weiter zu nomadisieren. Sie waren sehr wachsam, fielen uns aber oft lästig, weil sie nachts oft stundenlang einen unruhig gewordenen Yak mit ihrem Gekläff verfolgten.

Die Kosaken verlassen uns

Von diesen Lagern aus unternahm ich oft Exkursionen, ganz allein, nur mit einem geologischen Hammer bewaffnet. Als ich eines Abends zurückkehrte, fand ich zu meiner Bestürzung, daß die beiden Kosaken, die uns die russische Regierung zur Verfügung gestellt hatte, Vorbereitungen trafen, um uns zu verlassen. Dr. Holderer teilte mir mit, daß er den einen der beiden, den Nicolai, der die Aufsicht über die Yak-Karawane hatte, für ein verlorengegangenes Gewehr verantwortlich gemacht habe. Hierauf habe Nicolai sich mit seinem Gefährten besprochen, und beide hätten erklärt, zurückkehren und die Expedition nicht mehr weiter begleiten zu wollen. Ich versuchte alles, um sie umzustimmen, indem ich auf die Folgen hinwies, den ihr eigenmächtiger Schritt für sie haben müßte; sie waren ja als Soldaten zu diesem Dienst, dem Schutz der Expedition und der Hilfeleistung bei wissenschaftlichen Arbeiten abkommandiert. Sie erklärten auch, mit mir weitergehen zu wollen, aber nicht mit Dr. Holderer; dieser war aber der Leiter und Führer der Expedition. Holderer weigerte sich nun, den beiden die für die Rückreise notwendigen Mittel auszuzahlen; denn er wollte nicht die Verantwortung für die Folgen dieses gefährlichen Vorhabens übernehmen. Daraufhin verlangten die beiden ein kleines Gelddepost zurück, das ihnen gehörte. Außerdem leisteten wir Ersatz für einige persönliche Besitztümer, die ihnen im Laufe der Reise verlorengegangen waren. Beides wurde ihnen ausgefolgt, und damit waren sie mit der Expedition fertig. Sie blieben noch bis zum Morgen, kamen aber nicht mehr den ihnen aufgetragenen Diensten nach und waren taub gegenüber allen Vorstellungen, die ich ihnen machte. Jede Vermittlung scheiterte.

Ich sah sie sehr ungern scheiden. Der jüngere, der mich bisher zu begleiten hatte, war gut eingeschult auf die Handhabung und Hilfeleistung bei den Instrumenten und bei dem fotografischen Apparat. Ich hatte in der Tat bis dahin keine zerbrochenen oder beschädigten Instrumente zu beklagen gehabt; er hatte mit mir getreulich die Anstrengungen der Gobi geteilt, hatte ohne Murren in der Hitze des Tages mit mir das Lager verlassen und auf hartem Steinboden ohne Nahrung bis tief in die Nacht auf das Eintreffen der Karawane gewartet, während seine Gefährten es bequem hatten, über die heiße

Tageszeit schliefen und erst des abends in der kühlen Luft im langsamsten Tempo der Kamelkarawane folgen konnten. Wie oft teilte ich meine Zigarre mit ihm, wenn die grün und blau gewordenen Eier ungenießbar waren, und nie hörte ich eine Klage, wenn er sah, daß sein Herr es nicht besser hatte als er. Das änderte sich erst, als nach dem Wegschicken des (dritten) erkrankten Kosaken er auch bei vielen anderen Arbeiten im Lager aushelfen sollte und zwei Herren dienen mußte. »Wer zwei Herren hat, dient keinem«. So kam es auch hier, und der unzufriedene Nicolai wußte, ihn zu bereden, sich dem folgenschweren Schritt anzuschließen.

Sie ritten ab; der Winter stand vor der Tür; die Gobi mit ihren Schrecknissen lag auf ihrem Wege. Ich konnte nicht umhin, ihren Mut zu bewundern; und ich wünschte nur, er hätte uns auf der Reise in Tibet zur Seite gestanden; dann hätten wir wohl auch unbelästigt Sun-p'an thing und unser Ziel am Hoang-Ho erreicht. Erst nach der Rückkehr in die Heimat hörten wir wieder von den beiden Kosaken. Sie hatten die Unterstützung der chinesischen Behörden in Anspruch genommen, und diese hatten sie bis Urumtschi, wo sich ein russisches Generalkonsulat befand, geschafft. Dort gaben sie als Grund für ihre Desertion die schlechte Behandlung an, die sie erfahren hätten. Davon war nun allerdings keine Rede, und der krank von Si-ing fu nach Hankau gesandte dritte Kosak stellte dort das Zeugnis aus, daß die Kosaken nie einen Grund zur Klage gehabt hätten, solange er bei der Expedition gewesen sei. In Wirklichkeit hatte die Furcht vor Tibet, die Nachwirkung des schlechten Geistes von Sobolew, der sie gegen uns Deutsche aufhetzte und ihnen durch Schauergeschichten Angst vor Tibet einflößte, die Desertion der Kosaken veranlaßt, und es bedurfte nur eines unbedeutenden Anlasses, um die Entscheidung zur Rückkehr herbeizuführen.

Am Großen Sche-Tsche-Fluß

Von unserem 35. Lager kamen wir über einen 3.775 m hohen Paß an ein kleines Flüßchen in einem breiten Steppental, das sich nach Süden in das weitläufige Tal des Großen Sche-Tsche-Flusses öffnet. Am Flüßchen war ein großes Zeltlager, hauptsächlich große, runde Zelte des mongolischen Typus. Es war das Lager eines Fürsten, das

Wan-saong genannt wurde, was wahrscheinlich Fuchshöhle heißt. Die Bevölkerung des ganzen umliegenden Gebietes ist stark mit mongolischen Elementen vermischt. In manchen der hiesigen Zeltlager ist die runde Jurtenform der weißen Mongolenzelte häufiger als die schwarze, viereckige der Tangutenzelte. Unsere Chinesen nannten die Bevölkerung auch »Ta-tse«, während die Tanguten bei ihnen »Fant-tze« hießen. Wahrscheinlich gehört der nichtmongolische Teil der Bevölkerung noch zu den Tanguten, obwohl sich diese immer schlecht mit ihren Nachbarn vertragen. Äußerlich ist kaum ein Unterschied festzustellen. Die scharf geschnittenen, bartlosen Gesichter lassen sich nur schwer von denen echter Tibetaner unterscheiden. Im allgemeinen sehen die Leute ärmlicher und schmutziger aus. Die Pelzmützen haben mitunter eine andere Form. Viele reiten auf ungesattelten Yaks. Sie sind mit Handschwertern und Spießen, nur selten mit Gabelgewehren bewaffnet. Sie sind über Gebühr zudringlich und haben einen entschiedenen Hang zur Dieberei. Wir mußten auf alle außerhalb der Zelte liegenden Geräte besonders achten. Sie konnten alles gebrauchen. Sie waren ganz besonders aufsässig und nicht von unserem Lager wegzubringen. Das gilt auch für die zahlreichen Lamas des Fürsten. Während wir eine kurze Exkursion an den Hoang-Ho machten, versuchten sie am hellen Tage einige unserer Pferde und Yaks wegzutreiben. Der Fürst und die hohen Lamas wohnten in runden weißen Filzzelten, die nach Art der Kirgisen-Jurten nicht außen, sondern innen von Stäben gestützt werden und ein Dach aus Filzdecken tragen.

Eine solche runde Jurte kann recht behaglich eingerichtet sein. Bei unserem Besuch wurden wir nicht vom Fürsten selber empfangen, sondern von einem hohen Lama aus dem nur einige Tagereisen weit entfernten Kloster La-brang. Er stand im Rang über dem Fürsten. Über dem Zelt waren an vier hohen Stangen mehrere Reihen Wimpel und Tuchstreifen übereinander aufgehängt, so daß sie ein Viereck bildeten, in dem die Jurte steht. Sie vertreten die Wollflöckchen und Zeugstückchen, die an den Zeltschnüren der Tanguten hängen und Lung-ta heißen, »Windpferde«, die Unheil und böse Geister von der Wohnung abhalten. Sie haben also eine ähnliche Aufgabe, wie die Geistermauer vor den Eingängen chinesischer Häuser.

Der hohe Lama saß auf einer Decke am Boden vor einem niederen, pultartigen Gestell. Er erhob sich nicht, als wir eintraten, sondern lud uns mit einer Handbewegung ein, an seiner Seite Platz zu nehmen. Jeder von uns bekam einen Chadak geschenkt, eine aus dünnem, lockeren Seidengewebe bestehende Binde, die man den Göttern und vornehmen Personen verehrt. Hinter uns drängten viele Leute nach. Sie hockten und standen in dichten Reihen. Wir übergaben in feierlicher Zeremonie unsere Geschenke: einen Leibgürtel mit imitierter Silberstickerei und eine große Spieldose. Dann baten wir um Führer für unsere Exkursion ins Hoang-Ho-Tal und für unseren weiteren Weg. Man sagte uns beide zu. Der Lama war ein Mann in den besten Jahren, von schmächtiger Gestalt, mittlerer Größe, und mit einem feingeschnittenen, durchgeistigten Gesicht. Er schien uns wohl gesonnen zu sein. Seine blaßblaue Haut war viel heller als die der stark gebräunten Leute seiner Umgebung. Er machte einen sympathischen, aber sehr stillen Eindruck. Nur als die Musik ertönte, glitt ein flüchtiges Lächeln über seine sonst unbeweglichen Züge. Seine Kleidung war denkbar einfach. Nichts wies auf dem roten Priesterrock auf den hohen Rang des Trägers hin. In der Jurte trug er keine Kopfbedeckung. Beim Empfang war auch eine Frau anwesend, die reiches, silbernes Gehänge trug. Sie hielt sich aber ganz im Hintergrund.

Die Jurte war wie ein Tempelchen eingerichtet. In einem Regal mit vielen kleinen Fächern waren zahlreiche Heiligenfiguren als Puppen aufgestellt. Jede hatte ihr eigenes Fach. Sie trugen den Strahlenkranz der Heiligen um den Kopf und weiße Gewänder, die reich mit künstlichen Blumen geschmückt waren. An den Wänden hingen außerdem kleine Heiligenbilder. – Nachdem unser Musikapparat eine Weile gespielt hatte, wurden wir zum Tee eingeladen. Er wurde in einem anderen Zelt gereicht. Wir verabschiedeten uns also von dem Lama, der während des ganzen Empfangs kein Wort gesprochen hatte. Im Mittelpunkt der sehr großen, runden zweiten Jurte stand ein riesiger Feuerherd. Mehrere Frauen bereiteten Tee und Tsamba in zwei umfangreichen, schweren Kupferkesseln. Man nahm auf Decken um den Herd herum Platz. Dem Jurteneingang gegenüber saßen im halbdunklen Hintergrund Lamas mit einem stattlichen religiösen Apparat, mit Pauken, Ledertrommeln in allen Größen, Schellen und kleinen Opferschalen. An den Wänden standen über mannshohe Stapel mit Vorräten, und auf einem Holzgestell sahen wir sehr schöne, große Holzkannen mit Messingbeschlägen aus dem Kloster La-brang. Der Tee war bald getrunken. Der Lama schickte uns als Gegengeschenk einen Hammel und die Zusage, uns am folgenden Tag Führer zu schicken, die uns zum Hoang-Ho bringen sollten.

Ein Vergiftungsversuch

Mit einheimischen Führern, die den Reisenden im Auftrag ihrer Häuptlinge begleiten, kann man hier ungefährdet reisen, obwohl die Tanguten sich oft feindselig und sogar aggressiv gegen fremde Eindringlinge verhalten. Hat man die Gunst des Stammeshäuptlings durch passende Geschenke erworben, dann kann man selbst durch dicht bevölkerte Gebiete unbelästigt ziehen, ja oft kommt es in den Lagern sogar zu freundschaftlichem Verkehr mit den gefürchteten Tanguten. Sobald sie sich übermächtig fühlen und keine Ahndung befürchten müssen, sind sie zu Räubereien und Gewalttaten aufgelegt. Um die Insassen des Zeltes und die besonders furchtsamen Chinesen zu ängstigen, wurde unser Lager am Großen Sche-tsche-Fluß nachts beschossen. Die Chinesen leben in ständiger Angst vor den Fan-tze und Ta-tze. Eines Tages stürzten zwei Chinesen, die wir als Begleiter auf eine Expedition mitgenommen hatten, am helllichten Tag zu unserem Zelt und schrien nach Waffen und Hilfe. In der Tat kam eine größere Anzahl der gefürchteten, wie immer bewaffneten Gestalten das Tal herauf auf uns zu geritten. Sie hatten aber einfach denselben Weg wie wir und ritten ohne die geringsten feindseligen Absichten an uns vorbei. Den Chinesen wird nun einmal die Furcht vor den Nomaden von Jugend an eingeprägt, nichts vermag sie davon abzubringen. Deshalb ist es keineswegs leicht, Leute für Reisen nach Tibet anzuwerben. Diese ängstlichen Gemüter schreckte ja schon das nächtliche Geheul der Wölfe, die noch weit ab durch die Nacht schweiften.

Schlimmer war ein anderer Vorfall, den wir in unserem Lager erlebten: ein Vergiftungsversuch. Eines Tages kamen zwei Lamas zu uns und boten Milch und Mist zum Verkauf an. Als wir den Kauf ablehnten, weil unser Präparator Bock Verdacht schöpfte, gossen

Lama-Kloster in der Tartarei

die Lamas die Milch in einen Kessel, der auf dem Herd stand und warfen den Mist zu dem herumliegenden Brennmaterial. Dann entfernten sie sich, trieben sich aber noch über eine Stunde in der Nähe des Lagers herum und beobachteten uns. Das bestärkte Bock in seinem Verdacht. Er gab die Milch einem herrenlosen Hund, der fünf Minuten später verendete. Glücklicherweise erlebten wir solche Fälle nicht öfter; und als wir dem Fürsten die Diebstähle meldeten, sorgte er dafür, daß wir die geraubten Gegenstände zurück bekamen, ja, er stellte uns sogar einen Yak, der spurlos verschwunden war, eine hier fürwahr ganz unerwartete Großmut und Noblesse.

Während der letzten Tage am Großen Sche-tsche-Fluß zogen Hunderte von Nomadenfamilien mit Sack und Pack, Hausgerät und Jurten, Kindern, Frauen und Herden an uns vorüber, ein eigenartiges, buntes und reizvolles Bild. Sie kamen in einzelnen Gruppen aus den Tälern des Nordens über den Fluß gezogen, alle durch die einzige begehbare Furt des großen Flusses. So weit man die breiten Flußniederungen und Talflächen übersehen konnte, war alles schwarz von den wandernden Scharen und ihren Yakherden, während die Schafherden sich hell von dem braunen Grundton der Steppe abhoben. Sie marschieren rasch. Die mit den zusammengelegten Jurten beladenen Yaks, die Pferde mit den Lederballen und Kisten eilen vorbei. Frauen und Männer sitzen zu Pferde. Die Frauen sehen in ihren rotbesetzten Pelzmänteln, den weißen Pelzmützen mit den farbigen, hohen Tucheinsätzen und mit den weit herunterhängenden, messingglänzenden Rückgehängen fast kokett aus. Die Männer begleiten ihre Frauen eifersüchtig, wenn sie zu nahe an das fremde Lager heranreiten. Kleine Kinder, die noch nicht reiten können, werden von den Eltern vorn in den Bausch des Pelzmantels gesteckt, die größeren sitzen vor oder hinter ihnen auf dem Pferd oder auf dem Yak. Zahlreiche schöne, bissige Hunde begleiten die Herden, die familienweise zusammenhalten. Die ganze Einwohnerschaft einer weiten Landschaft war unterwegs, eine kleine Völkerwanderung. Viel anders konnten sich auch die Hunnen nicht fortbewegt haben, nur daß sie dabei sengten, brannten, mordeten und plünderten. Das würden diese Leute im Kriegsfall genau so machen, mit ihren Gabelgewehren, den Lanzen und den einfachen Handschwertern.

Die Mönche im Kloster Schin-se

Es war Ende Oktober. Drei Tage lang konnten wir den Zug beobachten. Dann mußten auch wir unseren Marsch nach Südosten fortsetzen. Der tibetanische Winter stand vor der Tür und wir mußten uns noch wochenlang in Höhen von 3.000 bis 4.000 m bewegen. Am 6. November mußten wir ein enges Flußtal verlassen, weil es keinen Raum ließ für einen Weg. Wir waren gezwungen, uns wieder nach Osten zu wenden und über einen 3.720 m hohen Paß zu steigen. Die steilen und felsigen Berggipfel unmittelbar neben der Paßhöhe überragten nur um 150 bis 200 m. Es war ein höchst unangenehmer Marsch gegen scharfen Wind, den feiner Schneefall begleitete. Dieser nahm uns die Sicht. Diese wäre für uns wichtig und sicher umfassend gewesen, denn der Punkt lag nach Süden und Südwesten ziemlich frei. Nach diesem hohen Übergang sind wir oberhalb von Lant-schou in ein neues Stromgebiet gelangt, das vom Thao-ho als Hauptfluß eingenommen wird. Dieser Fluß kommt aus einem engen Tal im Nordosten und windet sich zwischen steilen Sandsteinbergen mit spitzen Felsgipfeln, tritt vorüberfließend in eine breite Senke und verschwindet weiter im Süden wieder in einer neuen Enge. Auf einer der schmalen Flußniederungen liegt das große Kloster Schin-se (»Neues Kloster«?). Der Weg führt uns über das Hochufer an ihm vorbei, auf alten lehmbedeckten Flußterrassen, auf denen Hafer, Korn und Weizen angebaut werden. Dort liegt auch das ganz aus Lehmmauern gebaute Dorf Mane, in dem auf hohen Holzgerüsten reiche Stroh- und Hafervorräte getrocknet und überwintert werden. An den Berghängen wachsen Tannenwälder und eine dichte Buschvegetation. Wir sahen zahlreiche Fasanen. Die Jagd war im Bereich des Klosters verboten. Auch die großen Raubvögel durften nicht getötet werden, weil diese Tiere manchem Lama nach seinem Tode zum vorübergehenden Aufenthalt dienen. Chinesen, die um das Kloster herum wohnen, halten wieder Schweine und Hühner, die bei den Tanguten fehlen. Auch die Tanguten wohnen hier neben ihren weitläufigen Viehhöfen in fest gemauerten Lehmhütten. Das Volk ist ebenso unsauber wie zudringlich, vor allem die Frauen. Man muß hier zwei Schichten von Menschen unterscheiden: die Mönche des Klosters, die aus allen Ecken des nordöstlichen Tibet kommen und die armen, Ackerbau treibenden Tanguten und Mongolen. Die Kleidung war fast dieselbe, wie die der nomadischen Tanguten. Die Kinder liefen trotz der Kälte meist ohne jede Kleidung herum.

Über den Thao-Fluß führt unterhalb des Klosters Schin-se eine Brücke, die ihrer Konstruktion nach von chinesischen Baumeistern errichtet sein muß. Sie ist nur für Fußgänger nutzbar, nicht für beladene Lasttiere. Man kann höchstens einmal ein Pferd am Zügel hinüber führen. Der Fluß ist an dieser Stelle 36 m breit, sehr reißend und über die halbe Breite des Strombettes nur einen Meter tief. Die größere Hälfte muß also schwimmend überwunden werden. In den an den Berghängen hochsteigenden Klostergebäuden wohnen über 300 Lamas. Die einfachen Zellen liegen jeweils um einen rechteckigen Hof, von dem man nur die über mannshohen weiß getünchten Mauern mit den Zelleingängen sieht. Wenn die Bewohner ausgehen, wird das große hölzerne Hoftor mit Messingschlössern verwahrt. Einige Lamas trugen hier schwach entwickelte schwarze Vollbärte. Nur einer hatte einen starken Schnurr- und Knebelbart. Die anderen waren glatt rasiert. Über den dunkelrotbraunen Unterkleidern trugen sie hellere, oft auch rot gefärbte Überwürfe. Bei den älteren und wohl auch ranghöheren waren die Kleider violett gefärbt. In vielen Räumen fanden wir farbige Heiligenbilder, die auf Schiefertafeln und andere Steinplatten gemalt waren. Die ebenso zahlreichen Gebetsmühlen sind alle bemalt und dicht mit Schriftzeichen bedeckt. Eine war 2,50 m hoch und hatte einen Durchmesser von 1,50 m. Sie stand in einem eigenen Häuschen. Die meisten bestehen aus kleinen, abgenutzten und schmutzigen Holz- oder Lederrollen. Liegen zwei Rollen hintereinander auf derselben Achse, dann ist das Gebet wohl besonders wirksam. Die Tanguten, Männer und Frauen, laufen ständig an den langen Reihen der Gebetsrollen entlang und versetzen sie in drehende Bewegung. Dabei gehen sie immer so, daß das Gebäude zu ihrer Rechten liegt. Die Tempelbauten mit ihren vergoldeten Spitzen und Metallornamenten auf dem Dach wurden uns nicht geöffnet. Die Tempel lagen auf der Bergseite, die Wohnungen der Oberlamas offenbar mehr auf den Fluß zu in großen Gebäuden.

Als wir dem höchsten anwesenden Lama unseren Besuch machten, wurden wir aber in ein sehr dürftiges Gebäude geführt, in die Holzzelle eines alten Klostergeistlichen, die durch Rauch und Alter geschwärzt war. Auf der Seite der mit Stäben vergitterten und mit weißem Papier beklebten Fenster erhob sich eine hölzerne Estrade, die nur eine Stufe hoch war. Sie trug vier Tischchen, neben denen man auf Decken Platz nehmen konnte. In zwei Tischchen waren große Messingschalen eingelassen, in denen ein Holzkohlenfeuer brannte über dem wieder eiserne Dreifüße standen. In einem einfachen Holzgestell am Fenster standen einige Tassen, kleine Gerätschaften und in Tücher gewickelte Gebetbücher. Im übrigen gab es noch ein weitläufiges Holzgestell mit verschließbaren Fächern und bunt bemalten Türchen. Das war die ganze Einrichtung.

Der alte, grauhaarige Geistliche zeigte ein sehr verwittertes Gesicht. Er saß in einem Winkel am Fenster auf einer Decke und lud uns mit einer Handbewegung ein, ihm gegenüber Platz zu nehmen. Er war dunkelrot gekleidet. Seine Oberarme waren frei, um die Unterarme trug er aber stulpenartige rote Ärmel, die seine mageren verknöcherten Finger frei ließen. Er hatte eine sehr schöne, reich mit Ornamenten bedeckte, kupferne Gebetsmühle vor sich, die man mit einem Holzstäbchen bewegen konnte, das oben aus der Mitte herausragte. Der Alte ließ sich durch uns nicht in seiner Morgenandacht stören. Bedächtig holte er ein hölzernes Etui vom Fenstergestell herunter, entnahm ihm eine riesige schwarze Hornbrille mit runden Gläsern und befestigte sie mit Schnurschleifen an den Ohren. Dann wickelte er ein Buch aus einem Tuchumschlag und legte es vor sich hin. Mit der einen Hand wurde die kleine Gebetsmühle auf seinem Schoß in Bewegung gesetzt, mit der anderen ergriff er eine Lederschlinge, deren langer Riemen bis zu einer Gebetsmühle führte, die an der gegenüberliegenden Wand hing. Auch sie bewegte sich. So murmelte er seine Gebete, von zwei Gebetsmühlen und dem Andachtsbuch unterstützt. Wir existierten für ihn nicht mehr. Man reichte uns Tee, und wir mußten lange warten bis endlich der junge Lama kam, mit dem wir verhandeln sollten. Wir überreichten noch unser Geschenk, eine Weckeruhr mit Spielwerk, und begaben uns dann in ein anderes Gebäude, wo die Unterredung halb im Freien, auf einer Veranda stattfand.

Raubüberfall auf unser Lager

Der junge Lama hatte sich zwei Abende zuvor uns gegenüber sehr freundlich gezeigt, als wir große Schwierigkeiten mit den Tanguten hatten. Aber dazu muß erst über die Ereignisse berichtet werden, die sich vor unserer Ankunft beim Kloster Schin-se zugetragen haben und die für den weiteren Verlauf unserer Expedition verhängnisvoll wurden, weil sie uns zwangen, Tibet schon hier zu verlassen und auf dem kürzesten Wege nach China zu ziehen. Wir hatten unser Lager auf dem rechten Flußufer, dicht unterhalb der Brücke über den Thao aufgeschlagen. Es stand auf einem kleinen Hügel, der gegen die Flußebene vorsprang. Hinter diesem Hügel streckte sich ein Tälchen in südlicher Richtung in die Berge, durch das ein Weg zu benachbarten Tanguten-Siedlungen führte. Gegen den Fluß zu war eine weite, freie Fläche, auf der die Pferde und die Yaks der Karawane reichlich Futter fanden. Flußabwärts bog das Tal bald um einen Bergvorsprung, so daß der weitere Verlauf des Tales vom Lager aus nicht beobachtet werden konnte. Der Platz war schlecht geschützt, wenn man Feindseligkeiten erwartete. Dazu hatten wir aber in der unmittelbaren Nähe des großen Klosters keinen Anlaß, zumal uns der oberste Lama Führer zugesagt hatte.

Das Ungewitter kam von einer ganz anderen Seite. Die beiden ersten Tage blieb es ruhig, niemand ahnte etwas Böses. Die vielen Lamas und Tanguten, die in unser Lager kamen, waren zwar unangenehm zudringlich, und einer unserer Chinesen hatte einen Wortwechsel mit einem Tanguten, bei dem dieser mit seinem Schwert und der Chinese mit seinem Revolver drohte. Aber schließlich lief alles gut ab und die Tanguten entfernten sich wirklich. Mittags waren wir Gäste bei hier ansässigen chinesischen Händlern, von denen wir mit trefflich zubereiteten Speisen bewirtet wurden. Nichts zeigte außergewöhnliche Ereignisse an. Inzwischen war es 5 Uhr abends. Ich war wenige hundert Meter vom Lager weg, nur mit einem Steinhammer versehen, auf den Bergvorsprung zugegangen, um den das Flußtal sich nach Süden wendet. Plötzlich tauchte vor mir ein Trupp mit etwa zwölf schwer bewaffneten Reitern auf, der in schärfster Gangart dicht an mir vorbei ritt. Im Nu hatten sie unsere Pferde und Yaks, die in der Nähe des Flusses weideten und gerade von zwei Chinesen zusammengetrieben wurden, umringt.

Um den Tieren Schrecken einzujagen, feuerten sie in Richtung auf unser Lager. Die Chinesen ergriffen die Flucht und rannten in die Zelte, um Waffen zu holen. Unterdessen wurde auch von dem Hügel hinter dem Lager auf uns geschossen. Die Angreifer wollten wohl unsere Aufmerksamkeit von den Pferden ablenken. Dr. Holderer und einige Chinesen eilten den Pferdedieben nach, um wenigstens die Reittiere zu retten. Sie schossen mit den weittragenden Repetierkarabinern hinter den Räubern her. Unser Diener Bock und ich versuchten, das Lager zu schützen. Die Chinesen benahmen sich sinnlos vor Angst. Sie feuerten ihre Revolver völlig sinnlos gegen den Hügel ab, auch wenn sie niemand sahen. Dazu schrien und lärmten sie, als wären sie schon tödlich getroffen. In der Verwirrung konnten sie ihre Waffen nicht mehr bedienen, sie brachten die abgeschossenen Patronenhülsen nicht mehr heraus und stürzten nun alle zu Bock, der ihre Gewehre wieder in Ordnung bringen sollte. Schließlich verlor auch Bock den Kopf und schrie und lärmte.

Dies trug sich beim Hauptlager mit dem großen Gepäck zu, das wie immer im Viereck gestapelt und mit einem großen Tuch bedeckt war. Etwa 20 Schritt davon entfernt stand das große wasserdichte Zelt, das Dr. Holderer und ich bewohnten. Dort hielt ich mich auf. Wenn ich einen Angreifer sah, feuerte ich auf die Höhe zu. Von dort aus wurde unser Zelt planmäßig beschossen. Ich sah die Leute auf der Höhe anspringen und sich niederwerfen. Dann waren sie für uns im Gestrüpp verschwunden. Wir konnten erst auf sie schießen, wenn sie wieder aufstanden, um zu laden. So ging das Feuer hin und her, und mehrfach pfiffen die Kugeln dicht an meinem Kopf vorbei. Der Aufenthalt war höchst unbehaglich. Das Zelt war zwar wasserdicht, aber nicht kugelsicher, selbst nicht den Kugeln der tibetanischen Gabelflinten gegenüber. Es wurde an zwei Stellen durchlöchert, hinter denen man mich vermutete. Ich war froh als die Kerle auf der Höhe endlich vertrieben waren und nicht mehr schießen konnten. Am Fluß unten hatte der Feuerwechsel noch nicht aufgehört. Aber die flüchtigen Räuber hatten mit ihrer Beute von 17 Pferden schon einen großen Vorsprung. Unsere unberittenen Leute konnten ihnen nicht folgen. Die Tanguten hatten die Tiere über den für Unberittene nicht passierbaren Fluß getrieben. Außerdem war es inzwischen dunkel geworden, und wir mußten uns auf einen zweiten Überfall während der Nacht vorbereiten. Bei der Kopflosigkeit der Chinesen konnten die Angreifer durchaus mit dem Erfolg einer weiteren Attacke rechnen. Wir blieben die Nacht über alle unter den Waffen. Dr. Holderer ging noch eine Patrouille und verjagte drei Tanguten, die sich auf der Höhe hinter dem Lager festgesetzt hatten. Die Nacht war keineswegs ruhig; aber wir wurden nicht überfallen.

Am nächsten Morgen mußten wir vor allem einen neuen Lagerplatz finden, der weniger exponiert war. Auf der linken Seite des Flusses, unmittelbar neben dem Kloster, gab es einen großen Viehhof, der mit einer niedrigen Mauer umfriedet war. Er schloß sich an die Wohnungen chinesischer Händler an, die dort ansässig waren. Der Stammeshäuptling der Tanguten, die im Klosterbereich wohnten, gestattete uns gegen hohes Entgelt die Benutzung des Hofes. Wir konnten dort unser Gepäck unterbringen und die kleinen Zelte aufschlagen. Da die Flußbrücke für bepackte Lasttiere nicht passierbar war, mußte das ganze Gepäck hinüber getragen werden. Das nahm sehr viel Zeit in Anspruch. Dabei kam es zu zahlreichen Diebereien; denn die Räuber umdrängten schon vom frühen Morgen an unser Lager. Im Laufe des Tages stießen neue bewaffnete Banden aus den Seitentälern zu ihnen. Nur die in Schinse ansässigen Tanguten verhielten sich nicht feindlich. Den schwer beladenen Trägern wurden auf dem Weg von Lager zu Lager Gegenstände entrissen, ohne daß sie sich wehren konnten. Die Haltung der Menge wurde immer drohender. Als gegen 2 Uhr mittags die letzten Lasten über den Fluß getragen wurden, machten einige der Räuber ihre Gewehre schußfertig. Eine zweite Bande wartete offenbar unmittelbar neben dem neuen Lagerplatz eine Gelegenheit zum Angriff ab. Unsere Lage war denkbar schwierig. Unsere Chinesen zeigten solche Angst, daß sie bei einem erneuten Zusammenstoß mit den Feinden sicher geflohen wären. Wir drei Europäer hatten zwar gute Waffen, wären aber sicher der überwältigenden Übermacht erlegen. Die drei Kosaken fehlten uns nun. Wir verbrachten am Nachmittag des 11. November bange Stunden. Vom niederen Dach einer Chinesenwohnung aus konnte man die Bewegung der Belagerer gut beobachten. Sie führten ihre Pferde in einen der großen Höfe neben dem Kloster und versammelten sich dort alle. Eine Weile blieb alles ruhig. Dann gaben sie den Mönchen und anderen Zuschauern, die sich auf einer Anhöhe hinter unserem Lagerhof versammelt hatten, Zeichen, sich zu entfernen. Die Höhe wäre bei einem Angriff zweifellos von ihren Kugeln bestrichen worden. Das war ein sehr kritischer Augenblick. Wir machten uns auf das Schlimmste gefaßt. Unsere Chinesen hockten in finsterer Ruhe in einer Ecke. Offenbar dachte keiner von ihnen an Widerstand. Sie hofften, ihr Leben dadurch zu retten, daß sie sich willenlos fügten. Im übrigen dachten sie wohl auch, daß sie keinen Anlaß hätten, sich für uns und unsere Sachen ihre Hälse abschneiden zu lassen. Die langen Stunden gingen qualvoll vorüber. Zunächst erfolgte kein Angriff. Gegen Abend führten einzelne Banditen ihre Pferde über die Brücke und zogen ab. Die große Mehrzahl aber blieb im Klosterhof. Planten sie einen nächtlichen Angriff?

Wir hofften, daß einer der hohen Klosterlamas, die Feinde dazu bringen könnte, weitere Angriffe zu unterlassen. Wenn wir hier im Klosterbereich erschlagen wurden, mußten ja auch die Lamas die Folgen der Untat fürchten. Die Angreifer sollten sich mit den gestohlenen Pferden und der Yakherde, die sie noch am vorhergehenden Abend auf einen weit entfernten Viehhof getrieben hatten, mit unseren wertvollen Waffen und vielen Gegenständen, mit denen sie kaum etwas anfangen konnten, begnügen. Vielleicht hatten sie unser Lager nur deshalb den ganzen Nachmittag über bedroht, um zu verhindern, daß wir etwas zum Schutz unserer Yakherde unternahmen. Ich werde nie vergessen, mit welchen Blicken ein junger, hochaufgeschossener Mann mit tief gebräunter Hautfarbe, kühner Adlernase und herkulischem Körperbau unseren großen Warenvorrat im Lager musterte, nachdem er vor dem Tor sein Pferd abgegeben hatte und in den Hof kam. Als Stammeshäuptling war er mit einem reichgeschmückten Schwert bewaffnet. Als er sich entfernte, mußte er am Ausgang an mir vorbei. Unsere Blicke trafen sich, und wir wußten beide, daß es bei einer weiteren Begegnung um Leben und Tod gehen würde.

Die Chinesen von Schin-se intervenierten ständig zu unseren Gunsten. Durch sie erhielten wir auch laufend Berichte über den Stand der Dinge und über die Absichten der Räuberbande. Der Nachmittag, der Abend, und schließlich die Nacht des 11. November vergingen, ohne einen neuen Überfall. Er konnte aber jeden Tag erfolgen. Ohne Pferde und Yaks konnten wir nicht weiterziehen.

Außerdem mußten wir auch auf der kürzesten Rückzugslinie von Tibet nach China jederzeit damit rechnen, von den herumstreifenden Banden erneut überfallen und erst recht gründlich ausgeraubt zu werden. Die Tage bis zum 17. November verliefen in beängstigender Ungewißheit, aber ohne Feindseligkeiten. Wir befanden uns in einer Art Gefangenschaft; denn man hatte uns davor gewarnt, den Lagerhof zu verlassen, weil sich nach wie vor feindliche Horden in der Nähe aufhielten und jeden unserer Schritte beobachteten.

Nach sechs langen Tagen war es Dr. Holderer in langen, mühseligen und harten Verhandlungen endlich gelungen, von den Chinesen Yaks und Pferde bis Thao-tschou (heute: Lin-t'an) zu mieten, während der Häuptling der im Klostergebiet ansässigen Tanguten zwanzig Bewaffnete zu unserem Schutz stellte. Beide nützten unsere hilflose Lage dazu aus, teure Wucherpreise zu machen. Nun war nur noch eine Schwierigkeit zu überwinden: einige Angreifer waren bei dem Überfall am 10. November zum Teil schwer verwundet worden; einer befand sich in Todesgefahr. Die Tanguten verlangten nun sehr hohe Schmerzensgelder und drohten mit neuen Überfällen und der Ermordung der Europäer, wenn der Schwerverwundete sterben sollte. Als sich das Befinden des Verletzten besserte, begnügten sich die Tibetaner mit den geraubten Yaks und Pferden, ja sie gaben sogar einige Pferde zurück.

Wir konnten also am 17. November mit großer Bedeckung aufbrechen. Wir legten den Weg durch das gebirgige Gebiet auf dem nördlichen Ufer des Thao-Ho in beschleunigten Märschen zurück und waren schon nach vier Tagen in Thao-tschou. Wir hatten schon am 11. November einen reitenden Eilboten an den dortigen Missionar geschickt, ihm unsere Lage geschildert und ihn gebeten, die Behörden in Neu-Thao-tschou zu verständigen und schnelle Hilfe anzufordern. Der Bote begegnete uns schon am ersten Marschtag, begleitet von Rev. Schanz, der sofort mitgeritten war, um uns möglichst noch in Schin-se behilflich zu sein.

Während der sechs letzten Tage in Schin-se konnten wir als »Gefangene« und mit Rücksicht auf die schwierigen Verhandlungen mit den Chinesen, dem Tangutenhäuptling und den Lamas nichts unternehmen. Wir lernten aber in dieser Zeit die vier oder fünf chinesischen Familien näher kennen, die dort auf vorgeschobenem Posten lebten. Sie waren alle Mohammedaner. Die mohammedanischen Chinesen zeichnen sich vor den Konfuzianern, Buddhisten und Taoisten fast immer durch höheren Mut und größeren Unternehmungsgeist aus. Sie wohnen wie die ansässigen Tanguten. Ihre Häuser sind nur etwas geräumiger und besser eingerichtet. In dem niederen Lehmhaus mit dem Flachdach ist ein Raum als Warenlager eingerichtet. Er ist durch eine Barre, die zugleich als Verkaufstisch dient, gegen den Hof abgeschlossen. Wer kaufen will, kommt also über den Hof. Es gibt Stoffe, Tee und Tabak, Feuerzeuge, kleine Pfeifen zum Rauchen, bunte Bänder, Schnüre und Tücher. Es gibt aber auch die langen Gabel-Gewehre, von Scetschouan eingeführte Pantherfelle für die Pelzmäntel und dergleichen mehr. Neben dem Verkaufsraum liegt die Küche mit einem Herd für zwei große Kessel. Der Wohnraum ist nur klein. Um einen großen Holztisch laufen auf drei Seiten mit Decken belegte, breite Bänke, auf denen man tagsüber sitzt und nachts schläft. An den Wänden kleben bunte chinesische Blumenbilder. An der Innenseite der Hofmauer liegen die Stallungen und Vorratsräume. Stroh, Holz und Reisig liegen oft auf den flachen Dächern.

Die Chinesen suchten uns den erzwungen Aufenthalt in Schin-se dadurch angenehmer zu machen, daß uns alle Familien der Reihe nach zum Mittagessen einluden. Es gab gute und schmackhafte Gerichte, wenn auch die vielen, starken und scharfen Gewürze nicht immer den europäischen Vorstellungen entsprachen. Das Hauptgericht bestand meist aus gekochtem und gebratenem Hammelfleisch in einer Art Suppe mit Reis. Dazu gab es feine, kleine Kartöffelchen und Wurzelknollen der Potentilla anserina (Gänse-Fingerkraut), die Dschuma genannt werden und gedämpft ähnlich wie Bataten schmecken. Frische, ungesäuerte, den Mazzen ähnliche Kuchen und Reisschnaps, der in kleinen, kaum Fingerhut großen Porzellannäpfchen aufgetragen wird, vervollständigten die Mahlzeiten. Sie waren eine schöne und angenehme Abwechslung zwischen unseren Konservensuppen.

Von einer programmäßigen Fortsetzung der Reise konnte nun keine Rede mehr sein. Ein erneuter Versuch, in dem Gebiet um das Hoang-Ho-Knie zu forschen, hätte uns nur die räuberische Feindschaft der dortigen Stämme eingebracht. Wir verzichteten schweren Herzens, waren aber gleichzeitig dankbar, der großen Gefahr glücklich entronnen zu sein.

KOREA

Einführung

Das für asiatische Verhältnisse kleine Korea, »Land der hohen Berge und der glitzernden Ströme«, liegt seit Jahrtausenden im Spannungsfeld der drei volkreichen Nachbarn: China, Mongolei und Japan. Es wird von diesen Mächten in einem für das Volk mörderischen Wechsel in die Rolle der Brücke oder des Prellbocks gedrängt, wird von Süden, Westen und Norden überrollt, unterjocht, zerstört und tributpflichtig gemacht und schließlich 1945 im Interesse der Supermächte USA und UdSSR geteilt. Erst seit 1971/72 verhandeln die beiden Republiken direkt über die Möglichkeit einer Wiedervereinigung.

Die Nordgrenze der Halbinsel Korea gegen die (chinesische) Innere Mongolei verläuft mehrere hundert Kilometer tief im Festland, über ein schwer zugängliches, bewaldetes Gebirge. Die über 500 km lange Westküste zum Gelben Meer und die schmale Südküste sind stark zergliedert durch zahlreiche Buchten, die oft tief in das Land eindringen. In dem flachen Becken des Gelben Meeres (Höchsttiefe 100 m), unmittelbar vor diesen Küsten, liegen Schwärme von insgesamt 3.479 Inseln, von denen nur rund 1.100 größer sind als einen Viertelquadratkilometer. Riffe und wandernde Sandbänke erschweren die Passage schon für kleine Schiffe. Dazu kommt der ungewöhnlich hohe Gezeitenhub, der bei Flut bis zu elf Meter anwachsen kann, so daß sich zwischen den Gezeiten in den Prielen reißende Ströme bilden, durch die Fahrrinnen und Untiefen ständig verändert werden. Die Ostküste zum Japanischen Meer wird dagegen von zwei mächtigen Gebirgskämmen gebildet, deren steile Ostwände unmittelbar ins Meer abfallen und dort Tiefen zwischen 1.000 und über 3.000 m erreichen. Diese von See her fast unangreifbaren Bastionen geben nur an wenigen Plätzen Buchten und geeignete Landeplätze frei. Der normale Gezeitenhub beträgt dafür nur einen halben Meter.

Es war zu allen Zeiten schwierig, in dieses schon von Natur verschlossene Land einzudringen. Die Europäer hatten erst im 20. Jahrhundert Gelegenheit, sich selbst ein Bild von dem Schicksal der Koreaner zu machen. Bis dahin gab es nur spärliche, meist unzuverlässige Nachrichten. Araber, die mit Indien und China Handel trieben, erzählten, was sie beiläufig über die Halbinsel gehört hatten. Marco Polo erwähnte sie in seinem Reisebericht. Aber selbst den Jesuiten, die im 17. Jahrhundert in China und Japan wirkten, gelang es nicht, Näheres zu erfahren. Nur der holländische Proviantmeister Hendrik Hamel und seine Matrosen waren nach einem Schiffbruch an der Küste der Insel Quelpart (d. i. Tschedschudo vor der Südspitze von Korea) 1653 lange Jahre Gefangene des Königs. Den französischen Patres, die im 19. Jahrhundert unter ständiger Lebensgefahr heimlich in Korea missionierten, begegnen wir im folgenden Text. Im ausgehenden 18. und in der ersten Hälfte des 19. Jahrhunderts sind verschiedene europäische Expeditionen unterwegs, um die nordostasiatischen Seewege zu vermessen. Sie suchen dabei auch die koreanischen Küstenstriche auf, ohne in das Land eindringen zu können. Die erste topographische Aufnahme der Halbinsel erfolgte unter der Leitung der Japaner in der Zeit des Ersten Weltkriegs.

Die Vorgeschichte Koreas läßt sich bis ins dritte Jahrtausend vor Christus zurück verfolgen. 108 v. Chr. erobert die chinesische Han-Dynastie den ersten koreanischen Teil-Staat Tschössön (Tschauhsien). Chinesen geben damals den Anstoß zu einer beachtenswert hohen kulturellen Entwicklung des Landes. Später entstanden auf dem Boden der Halbinsel drei Königreiche, die sich – wieder mit chinesischer Hilfe – 936 zu einem Staat zusammenschließen, der (mit Unterbrechungen) bis 1895 unter chinesischer Oberhoheit steht. Bis zu den ersten Mongoleneinfällen 1231/32 hatte Korea nur 200 ruhige Jahre. Die Invasionen der Mongolen wiederholen sich. Nach zahlreichen kleinen Einbrüchen treten die Japaner 1592 zum Großangriff an und verwüsten das Land in einem siebenjährigen Krieg, den sie schließlich ohne Gewinn aufgeben müssen. 1627 folgen die Mandschus. Daraufhin schließt sich das Königreich 250 Jahre (bis 1876) hermetisch gegen die Außenwelt ab. Das verarmte Bauernvolk ist nun der Willkür eines absoluten Herrschers und einer rücksichtslosen adeligen Beamtenkaste ausgeliefert, die nicht imstande sind, die reichen natürlichen Quellen des Landes zu erschließen und zu nutzen. Es bleibt ein »Ruinenland« (F. Ratzel) an der Grenze zwischen Ansässigkeit und Nomadentum bis Japan sich nach seinem Sieg im russisch-japanischen Krieg Korea (1905) einverleibt und mit seinem planmäßigen Aufbau beginnt. Der Hauptgewinn dieser erfolgreichen Entwicklung blieb freilich nicht im Lande. Er fiel den Japanern zu. Der einfache Mann spürte nicht viel von dem wirtschaftlichen Aufstieg. Die sozialen Verhältnisse blieben ungeordnet. Die Japaner hatten kein Interesse daran, eine geschlossene, autarke koreanische Volkswirtschaft zu schaffen. Sie entwickelten nur die ihnen nützlichen Teilgebiete. Der Nachteil dieser einseitigen Planung wirkt sich nach der Teilung der Halbinsel doppelt aus, weil sich nun die ungleich auf die beiden Staaten verteilten Rohstoff- und Energiequellen, Verkehrswege, Landwirtschaft usw. nicht mehr natürlich ergänzen.

ERNST JAKOB OPPERT (1832 - 1903)

Ernst Jakob Oppert wurde am 5.12.1832 in Hamburg geboren. Er ging 1851 nach Hongkong, ließ sich später als Kaufmann in Shanghai nieder und gründete dort ein eigenes Handelshaus. Von dort aus machte er seine Forschungsreisen ins Innere von China, Japan und Korea. Er suchte Kontakte mit den Regierungen und mit Kaufherren dieser Länder, um mit ihnen freundschaftliche Gespräche über die Aufnahme von Handelsbeziehungen zu führen. Englische und chinesische Großhändler überredeten ihn, zu diesem Zweck das 1866 noch völlig unzugängliche Königreich Korea zu besuchen. Das größte englische Handelshaus in Shanghai stellte ihm für eine erste, fünftägige Erkundungsfahrt an der Westküste von Korea ihren Raddampfer »Rona« zur Verfügung. Es war einer der ersten Versuche, in das verschlossene Land einzudringen, das erst 1876 durch die Japaner gewaltsam geöffnet wurde. Man wußte damals nicht genau, wo die Hauptstadt Koreas liegt. Man hatte nur erfahren, daß sie an einem Fluß liegt, der in irgendeiner der zahlreichen Buchten ins Gelbe Meer mündet. Diesen Wasserweg in die Residenzstadt wollte Oppert finden. Die Seekarten waren unbrauchbar, und mit der Hilfe koreanischer Lotsen konnte man nach Lage der Dinge nicht rechnen. Opperts erste Reise brachte keinen Erfolg. Er wiederholte sie zwei Mal; vergeblich. Wir bringen Auszüge aus seinen ersten Berichten über diese abenteuerlichen Unternehmungen, die 1879 unter dem Titel »Ein verschlossenes Land« als Buch veröffentlicht wurden. Er schrieb später noch mehrere Bücher über seine ostasiatischen Wanderungen. Oppert starb am 19.9.1903 in Hamburg.

Das Abenteuer der ersten Reise

Das kleine, flach gebaute Schiff nahm von Schanghai aus direkten Kurs auf den mittelkoreanischen Meerbusen und tastete dort in dem Seegebiet um die (ihm unbekannte) Insel Kanyhwa alle Wasserläufe und Buchten ab, ohne die Mündung des gesuchten Flusses zu finden. Nach den Berichten einer französischen Segelfregatte sollte an einer bestimmten Bucht eine Stadt mit etwa 4.000 Einwohnern liegen. Sie konnten nirgends eine Spur von diesem Ort finden. Die See ging ziemlich hoch und ein starker Nordost wehte direkt in die Bucht, so daß die Landung sehr schwierig geworden wäre. Wir begaben uns deshalb in die einige Meilen weiter nördlich gelegene Carolinen-Bai, die uns einen geschützten und sicheren Ankerplatz bot. Es war eine schöne, fast kreisrunde Bucht, von anmutigen Hügeln eingefaßt, die in der Morgensonne wie Gold und Silber glänzten. Am Strand waren nur ein kleines Fischerdorf und vier oder fünf Boote zu entdecken. Hier betrat ich zum ersten Mal koreanischen Boden, zusammen mit Kapitän Morrison und einem Dolmetscher. Als sich unser Boot dem Strand näherte, lief eine Menge weißgekleideter Personen, so schnell sie konnte, den Hügel hinauf. Nur wenige, gebrechliche alte Männer blieben zurück. Sie erwarteten uns mit offensichtlicher Besorgnis am Dorfeingang.

Freundliche Dörfler am ersten Ankerplatz

Ein steinalter, ehrwürdiger Mann kam mir mit Zeichen großer Unterwürfigkeit entgegen. Er hatte eine Pfanne mit glühenden Holzkohlen in der Hand – vielleicht um die bösen Geister zu vertreiben, für die sie uns halten mochten. Die alten Männer fühlten sich sichtlich erleichtert, als sie unsere freundschaftlichen Absichten merkten. Und als die Eingeborenen auf dem Hügel beobachteten, daß keine Gefahr zu befürchten war, kam einer nach dem anderen herab, bis wir von einer großen Menge umgeben waren, die sich in lauten Ausrufen über unser fremdartiges Aussehen wunderte.

Wir wurden gebeten, in die wenig einladenden Hütten einzutreten. Leider scheiterten die Versuche, mit den Leuten zu reden. Keiner konnte die chinesische Schriftsprache (mit der man sich in

Ostasien oft zur Not verständigen konnte). Schließlich waren wir froh, daß wir die Hütten mit ihrer stickigen Luft wieder verlassen konnten. Unsere Versuche, von den Anhöhen aus, mehr von dem Land zu sehen, waren vergeblich. Sie waren nicht hoch genug. Zum Abschied überreichte uns der alte Mann 20 sehr schöne, frische Heringe, die ich mit Dank annahm. Wir teilten als Gegengabe einige leere Flaschen und andere Kleinigkeiten aus. Sie wußten nichts damit anzufangen, wollten aber alle Flaschen haben. Die Berghänge waren übrigens gut mit verschiedenen Gemüse- und Kohlarten bebaut.

Am Strand lud man uns dringend ein, auf das größte Fischerboot zu kommen. Da einer der Eingeborenen die chinesischen Schriftzeichen lesen konnte, folgten wir der Einladung in der Hoffnung, doch noch Auskünfte über den Wasserweg zur Hauptstadt zu bekommen. Der Mann war aber viel begieriger, selber Fragen zu stellen als unsere zu beantworten. Das Boot, das zwischen 30 und 40 Mann fassen konnte, war bald gedrängt voll, und die Gewänder der Eingeborenen, die aus der Ferne hell und freundlich wirkten, waren alles andere als sauber. Wir zogen uns deshalb bald zurück, nachdem wir einige unserer neuen Freunde vergeblich zu einem Besuch auf der »Rona« eingeladen hatten.

Mittlerweile war es zu spät geworden, um den sicheren Ankerplatz zu verlassen. Wir warteten darum bis zur Flut am nächsten Morgen. Mit ihr dampften wir weiter nordwärts. Wir befanden uns nun in einem Archipel mit Hunderten von Inseln. Unmittelbar südlich der Insel Kangwha gibt es neun Wasserarme, die sich bis zu 30 Meilen tief ins Land strecken, die aber in keine Karte eingezeichnet sind. Unsere Karte zeigte nur einen einzigen Kanal. Wir dampften ungefähr zehn Meilen weit hinein. Dann mußten wir anhalten. Der Wasserstand reichte für unser Schiff nicht aus. Der Wasserarm war an dieser Stelle ungefähr eine halbe Meile breit. An beiden Ufern erhoben sich Hügelketten mit terrassenförmig angelegten bebauten Feldern. Man sah auch einige kleine Ortschaften, aber weit und breit kein Lebenszeichen. Wir beschlossen, den weiteren Verlauf unseres »Kanals« und einer Abzweigung zu erkunden. Der Maschinist wurde mit einem Kommando in den Nebenarm geschickt; der Kapitän und ich segelten mit dem großen Kutter den Golf hinunter. Mit Hilfe eines starken, günstigen Windes erreichten wir das Ende des Gewässers in zwei Stunden. Wir landeten am Fuß eines Hügels, auf dessen Gipfel eine ziemliche Anzahl von Koreanern versammelt war. Ich forderte sie durch unseren Dolmetscher auf, den Ältesten des nächsten großen Dorfes zu holen. Die Einwohner hier sahen reinlicher und behäbiger aus; die Mehrzahl verstand auch die chinesischen Schriftzeichen. Der Bote kam nach kurzer Zeit zurück. Der Dorfälteste folgte ihm auf dem Fuße, langsam und feierlich, mit der Grandezza eines spanischen Hidalgo. Er hatte einen langen Stab in der Hand. Man breitete eine Matte auf dem Boden aus, auf der er nach Landessitte hockte, den Dolmetscher neben sich. Und nun begann, umdrängt von Hunderten, die schriftliche Unterredung.

Ich erfuhr, daß wir uns im Distrikt Hei-Mi befanden, daß der höchste Beamte des Bezirks 30 Li (3 englische Meilen) entfernt wohne und wegen Krankheit erst morgen erscheinen könne. Auf die Frage nach der Lage der Hauptstadt konnte zunächst niemand antworten, weil wir nur die falschen Namen der europäischen Karten nennen konnten. Als wir nach der Residenz des Königs fragten, antworteten alle wie aus einem Mund: »Söul«. Mehr konnten wir nicht erfahren. Die Stadt sollte 2.000 Li entfernt sein, eine Übertreibung, die uns hindern sollte, unseren Besuch dort überhaupt zu erwägen. Im übrigen erhielten wir auf unsere Fragen nur ausweichende Antworten. Die Leute hatten offensichtlich Angst, sich durch allzu große Offenheit zu kompromittieren. Der Dorfälteste bat uns am Schluß dringend, ihm die Niederschrift der Unterhaltung zu überlassen, damit er sie seinem Vorgesetzten vorlegen könne. Inzwischen waren auch die Bewohner der Nachbarorte gekommen; die Menge um uns hatte sich erheblich vermehrt. Es gab keinerlei Zeichen von Feindseligkeit. Dagegen fielen uns die Beweise der Freundschaft eher lästig, vor allem nachdem wir Zigarren und Zündhölzchen verteilt hatten. Niemand war bewaffnet. Einigen Wißbegierigen erklärten wir das System unserer Revolver, die sie mit großer Scheu betrachteten, nachdem wir ein paar Schüsse in die Luft gefeuert hatten. Die Leute trugen grob gewebte Baumwollkleider. Nur wenige Wohlhabende hatten seidene Gürtel angelegt, in denen Pfeife, Tabakbeutel und andere Kleinigkeiten steckten. Die Haare trugen sie in einem zusammengebundenen Schopf am Oberkopf. Das Haar der Kinder und der jungen Leute war in der

Mitte gescheitelt und zu Zöpfen geflochten. Wir hielten sie zuerst für Frauenzimmer, erfuhren aber dann, daß diese Haartracht für Kinder und unverheiratete junge Männer vorgeschrieben ist. Es verstößt gegen die Landessitte, daß sich Frauen bei Tage im Freien zeigen.

Wir trennten uns in aller Freundschaft von den Eingeborenen und gingen über die Hügel an der Bucht entlang wieder auf unser Schiff zu. Aus allen Dorfschaften, die wir passierten, strömten die Leute auf uns zu und begrüßten und begleiteten uns bis zum Schiff. Nach einigen Stunden fanden wir auf dem Abhang gegenüber unserem Dampfer eine Masse Neugieriger. Zunächst wollte keiner mit uns an Bord kommen. Wir waren schon im Boot, als einige Wenige Mut faßten und uns folgten. Nun wollten natürlich alle auf das Schiff, und wir mußten unsererseits eine Auswahl treffen. Wir bewirteten unsere Gäste mit Wein, und sie zogen höchst befriedigt wieder ab. Die meisten der uns wichtigen Fragen über Land und Leute blieben unbeantwortet. Wir hatten die Leute aber zutraulich gestimmt und durften hoffen, daß sich unser guter Ruf bald in der ganzen Gegend verbreiten würde.

Der feierliche Besuch des Kam-Ta-Wha

Am nächsten Morgen begann schon in aller Frühe ein reges Treiben an den Ufern des Golfs und auf den Bergabhängen gegenüber. Schon um 6 Uhr strömten von allen Seiten weiß gekleidete Gestalten herbei. Auf der Kuppe des höchsten Hügels wurde eine mit Matten bedeckte Hütte errichtet, um die man dreikantige blaue Fahnen steckte. Aus der Ferne hörte man Trompeten- und Hörnersignale und um 7 Uhr wurde auf dem Bergkamm ein langer Zug sichtbar. Trompeter schritten ihm voraus und ein Schwarm von Reitern eskortierte die Sänften der Beamten, die unter dem Schutzdach ausstiegen und Platz nahmen. Wahrscheinlich erwarteten sie unseren Besuch an Land. Ich schickte ihnen jedoch unser großes Boot mit dem ersten Offizier und einem Dolmetscher und ließ sie an Bord bitten. Nach einigem Hin und Her wurde die Einladung angenommen. Der Distriktsbeamte und seine nächsten Diener wurden im Schiffsboot an Bord gebracht; sein zahlreiches Gefolge schiffte sich in große koreanische Fahrzeuge ein. Unser Besucher war wirklich krank. Er konnte nur mit Mühe und Unterstützung seiner Diener die bequeme Schiffstreppe ersteigen. Die ausdrucksvolle und würdige Erscheinung des alten Mannes überraschte mich. Sie zeigte keine Spur der glatten Gelecktheit chinesischer Mandarine. Sein mächtiger, grau melierter Bart reichte ihm bis auf die Brust; die strengen Gesichtszüge eines energischen Mannes wurden durch die Wärme ausstrahlenden Augen sehr gemildert.

Über dem üblichen weißen Kleid der Koreaner trug er mehrere hellblaue Jacken aus geblümter chinesischer Seide, mit Ärmeln, die beinahe eine Elle vom Armgelenk abbauschten; den breitrandigen, fein geflochtenen Hut hatte er auf eine Zobelmütze gesteckt, deren Schulterklappen seinen Nacken schützten. Trabanten trugen die Zeichen seiner Würde: einen 3 Fuß langen, an den Enden mit Metall beschlagenen Stab, der mit bunten Bändern umwunden war; ein stark verrostetes, kurzes japanisches Schwert; Pfeifen, Tabak und andere Kleinigkeiten. Der Polizeichef in seinem Gefolge fiel durch sein bizarres Kostüm auf. Er trug als Oberzeug eine ursprünglich rote, stark ins Gelbliche verschossene, zerschlissene seidene Jacke, auf die er sehr stolz war. Sein breitrandiger, schwarzer koreanischer Soldatenhut mit spitzem Kopfteil war mit einer roten Hahnenfeder und einem Fuchsschwanz geschmückt. Von seinem Rücken hingen Bogen und Köcher mit Pfeilen herab, von denen er mir im Laufe des Tages mehrere verehrte. Er gab sich große Mühe, die an Bord strömenden Eingeborenen durch lautes Kommandieren in Ordnung zu halten, obwohl sich die Leute ganz gesittet benahmen. Sie zeigten nur eine leicht verzeihliche Neugier und einen erstaunlichen Durst nach Weinen und Liqueuren. Es war belustigend, zu sehen, wie er mit Händen und Füßen gegen Landsleute eiferte, die sich zuviel herausnahmen, und ohne Zweifel konfiszierte er die Extraportionen, die andere glücklich erobert hatten nur aus Diensteifer und Pflichttreue – und nahm sie selbst zu sich. Als er sein schweres Tagewerk vollendet hatte, befand er sich in einem Zustand höherer Seligkeit und glühte vor Wein und Aufregung.

Sobald der Distriktsmandarin mit seinen Sekretären im großen Salon der »Rona« Platz genommen hatte, fing die schriftliche Unterhaltung an. Der Beamte sprach zunächst seine Bewunderung für das Wagnis der Reise aus, die uns »so weit über das Meer in unbekannte Gegenden geführt« habe. Dann folgte die gegenseitige Vorstellung. Bei jedem neuen Namen erhob sich der alte Mann, hob seine Arme hoch über den Kopf, legte die Hände zusammen und machte eine feierliche Verbeugung. Diese unvermeidliche Zeremonie dauerte fast eine Stunde. Dann wurden zur Erfrischung Weine und Kirschgeist gereicht, und die Herzen unserer Besucher öffneten sich leicht. Sie fühlten sich behaglicher.

Ich erklärte dem Kam-Ta-Wha (dem Distriktsgouverneur Ta-Wha), daß ich als Freund nach Korea gekommen sei, um Handelsbeziehungen anzuknüpfen. Ich wolle den Dampfer zurückschicken und mich hier an Land begeben, um in der Zwischenzeit die Verhandlungen mit Korea zu einem guten Ende zu bringen. Der Kam-Ta-Wha erwiderte, daß diese wichtige Sache nur von der Regierung in Söul entschieden werden könne. Er war aber bereit, sofort einen Brief mit meinen Vorschlägen durch Kurier nach Söul zu schicken. Er werde mein Vorhaben, auch im Interesse seiner Landsleute befürworten und hoffe ernstlich, daß die Regierung auf Verhandlungen eingehe. Wir könnten eine schriftliche Antwort oder den Besuch eines mit den nötigen Vollmachten versehenen Abgesandten binnen 4 bis 6 Tagen erwarten. Ich wandte ein, daß ich den Dampfer nicht so lange zurückhalten könne und deshalb darauf dringen müsse, daß mir an Land ein Haus angewiesen werde. Der Kam-Ta-Wha zeigte Verständnis für meinen Wunsch, bat mich aber mit beredten Worten, an Bord zu bleiben. Eine eigenmächtige Entscheidung in dieser Sache könne ihn den Kopf kosten. Er wolle aber meine Interessen gegenüber den geeigneten Stellen nach Kräften unterstützen.

Inzwischen war es später Nachmittag, die notwendigen Niederschriften der Dolmetscher und Schreiber hatten viel Zeit gekostet. Ta-Wha wurde zutraulicher und klagte über seinen Gesundheitszustand. Wir gaben ihm gegen seinen Rheumatismus Pflaster und Medikamente aus der Schiffsapotheke mit. Die Einladung zum Essen nahm er mit seinen Begleitern gerne an. Sie aßen mit Behagen. Als wir uns zu Tisch setzen wollten, schickte ein Militär-Mandarin im Range eines Oberst seine Karte in den Salon mit der Bitte, seine Aufwartung machen zu dürfen. Er warf sich zuerst dem Kam-Ta-Wa zu Füßen, der ihn nach vielen Komplimenten wieder aufhob. Die Leute leisteten Außerordentliches im Konsumieren der ungewohnten europäischen Getränke und wurden recht lustig. Ihre Fröhlichkeit steigerte sich noch, als wir ihnen einige Musikdosen vorführten. Der Oberst vergaß seine Würde und tanzte. Nur der Kam-Ta-Wha blieb nüchtern und ruhig und beobachtete befriedigt das Treiben seiner Leute. Gegen Abend verabschiedete er sich dankend und in guter, freundschaftlicher Gesinnung.

Der Pächter verweigert jede Auskunft und einen Führer

Am nächsten Morgen ging ich mit einem chinesischen Dolmetscher, dem ersten Ingenieur und einigen Leuten der Schiffsmannschaft als Bedeckung an Land. Ich wollte zunächst einen alten Pächter besuchen, der zwei Tage vorher unseren zweiten Erkundungstrupp freundlich empfangen und versprochen hatte, uns weitere Auskünfte zu geben. Nach mehrstündigem Marsch über die Berge fanden wir sein festes, mit Ziegeln gedecktes Steinhaus in einem größeren Dorf, in dem es sonst nur ärmliche Lehmhütten gab. Das Haus lag reizend an einem Abhang, von dem aus man eine schöne Aussicht über die gepflegten Felder in der Ebene hatte. Als wir uns näherten, flohen zwei Töchter des Pächters in die Frauengemächer. Wir bekamen sie nicht mehr zu sehen. Der Wirt empfing uns freundlich. Er führte uns sogar, wider den koreanischen Brauch, in die äußere Wohnung und setzte uns Saki vor. Er verweigerte uns aber die versprochenen Auskünfte und einen Führer; denn inzwischen hatte sich die ganze Bevölkerung der Umgebung vor dem Haus versammelt, und der Pächter hatte Sorge, von einem der vielen Zuhörer und Zuschauer verraten zu werden. Es blieb mir nichts anderes übrig, als den Erkundungsgang auf gut Glück fortzusetzen. Als wir in die große Ebene hinabstiegen, trafen wir Eingeborene, die sich in bestimmten Abständen im Gelände niedergelassen hatten und versuchten, uns durch drohende Zurufe und Gebärden am Weitergehen zu hindern. Die Hand am Revolver, ging ich auf den ersten zu und machte ihm unmißverständlich klar, daß wir keine Angst hätten und daß man uns nicht aufhalten könne. Daraufhin änderten die Burschen schlagartig ihr Mienenspiel, ja sie warfen sich vor Schreck zu Boden. Ohne sie weiter eines Blickes zu würdigen, zogen wir möglichst nahe an ihnen vorbei. Es war das erste und letzte Mal, daß man versuchte, uns irgendein Hindernis in den Weg zu legen. Im Gegenteil; man kam uns überall freundlich und artig entgegen.

    Meilenweit führten die schmalen, aber gepflegten Wege bergauf und bergab. Wir fanden aber keine Höhe, von der aus wir weiter sehen konnten als in das nächste enge Tal, in dem Reis und Gemüse angebaut war. Auf den Hügeln wuchsen in kleinen Gehölzen wilde Baumwollstauden, Fichten, Buchen, Eschen und Zwergeichen. Ein Segen für das Land ist die Fülle von Quellen, die ihr Wasser bis weit ins flache Land hinein führen und auch als Wasserwege benutzt werden. Gegen 4 Uhr nachmittags erreichten wir endlich die Spitze eines sehr hohen Berges, von dem aus wir eine weite Aussicht nach allen Seiten hatten. In einer Entfernung von etwa 15 englischen Meilen begann eine große Ebene, in der Kung-cha liegt, die bedeutendste Stadt dieses Distrikts. Wir waren aber nun so weit von unserem Schiff, daß wir umkehren mußten, wenn wir nicht in die Gefahr kommen wollten, im Dunkeln den Weg zu verlieren. Als wir wieder in dicht bevölkertes Gebiet kamen, sammelten sich bald Hunderte von Eingeborenen um uns, und einige gaben gegenüber ihren Landsleuten groß an, weil sie gestern bei uns an Bord waren und uns nun als alte Bekannte begrüßen konnten. Auch hier gab es nicht die geringste Andeutung von Feindseligkeit. Die Leute wurden höchstens lästig, wenn sie alle durch unsere Ferngläser gucken wollten und sich nicht von ihnen trennen konnten.

    Von einer großen Volksmasse begleitet, erreichten wir endlich den Ankerplatz der »Rona« und verabschiedeten uns. Um keine Zeit zu verlieren, schrieb ich an den Kam-Ta-Wha noch am selben Abend einen Brief, in dem ich ihm mitteilte, daß ich mir bis zur Rückkehr des Dampfers eine Wohnung an Land nehmen und ihn morgen besuchen werde.

Das »lebensgefährliche Unternehmen« scheitert

Wir segelten schon am frühen Morgen im Schiffkutter den Golf hinab, weil wir hofften, den Zugang zu der großen Ebene, die wir gestern gesehen hatten, dann schneller zu erreichen. Unser erstes Ziel war ein enger Bergpaß, über den der Weg hinunter führen mußte. Aber schon nach wenigen Meilen kamen wir in seichtes Wasser und mußten an einem denkbar unangenehmen lehmigen Ufer landen. Wir wateten fast eine halbe Meile durch knietiefen Schlamm, bis wir wieder festen Boden unter den Füßen hatten. Das Land ringsum war öde und menschenleer, und wir brauchten mehrere Stunden bis wir den Paß wieder zu Gesicht bekamen. Er lag immer noch 12 bis 15 englische Meilen vor uns, und wir mußten den Plan aufgeben, die Ebene zu erkunden. Wir gingen nun über die Hügelketten direkt ins Land hinein und erreichten nach einem langen, ermüdenden Marsch ein sehr großes Dorf, in dem man uns sehr freundlich empfing. Als der Dorfälteste hörte, daß wir den Distriktsgouverneur besuchen wollten, gab er uns sofort einen Führer mit. Nach wenigen Meilen überholte uns ein Polizeioffizier zu Pferd, neben dem ein Polizeisoldat mit einer blauen Fahne herlief. Der Reiter war der uns schon bekannte Polizeibeamte, diesmal ohne Federhut und seidene Jacke. Als er hörte, wohin wir wollten, schloß er sich unserem Zug an und übernahm selbst die Führung. Sein allzu großer ängstlicher Eifer kam mir von vornherein verdächtig vor; und mein Argwohn wuchs, als ich merkte, daß er uns nicht ins Land hinein, sondern zur »Rona« zurückführte. Ich war aber nicht bereit, mich narren zu lassen, ließ den Zug halten, forderte ihn auf, abzusteigen und erklärte ihm zu seinem nicht geringen Schrecken, er möge sich hüten, uns irrezuleiten. Ich würde in diesem Fall Mittel finden, ihn streng zu bestrafen. Ich konnte mir denken, daß mein Besuch in Hei-Mi nicht gerade angenehm war. Der Distriktsgouverneur war persönlich nicht abgeneigt, mich zu empfangen, er war aber besorgt, sich der Regierung gegenüber zu kompromittieren. Er hatte meinen Besuch schon abgelehnt, als er bei uns an Bord war, mit der Begründung, »seine Wohnung sei so entlegen und armselig, daß er mir keinen angemessenen Empfang bereiten könne.«

Meine drohende Haltung hatte sofort den gewünschten Effekt. Der Oberst bat demütig, ihm nicht zu zürnen; denn er wolle mich wirklich zu Kam-Ta-Wha führen, der nach dem Empfang meines Briefes sofort aufgebrochen sei und sich an Bord der »Rona« verfügt habe. Es war unwahrscheinlich, daß der Mann unter den gegebenen Umständen die Unwahrheit sagen würde. Ich erklärte ihm, daß ich ihn erst freigebe, wenn ich seine Angaben bestätigt finde. Und wir zogen weiter.

Wir kamen durch ein dicht bevölkertes Tal. In dem ersten bedeutenden Dorf ereignete sich ein komischer Vorfall. Ich war etwas zurück geblieben, weil es sehr heiß geworden war. Als ich einige Zeit nach meinen Leuten in das Dorf kam, fand ich dort eine große Menschenmenge versammelt. In ihrer Mitte tobte und gestikulierte unser Polizeioberst. Da lag ein unglückseliger Koreaner ausgestreckt auf dem Bauch, seiner Unaussprechlichen beraubt, und der Polizeisoldat war – mit offensichtlichem Behagen – damit beschäftigt, ihn mit einem flachen Holz zu prügeln. Ich unterbrach die Exekution und erfuhr, daß es sich um den Dorftrompeter handle, der »es mir gegenüber an der gebührenden Achtung habe fehlen lassen«, denn er habe es unterlassen, bei meinem Eintritt in das Dorf seine Trompete zu blasen. Der unglückliche Trompeter wäre wahrscheinlich nie bestraft worden, wenn unser Freund nicht eine Gelegenheit gesucht hätte, seine durch den Streit mit mir erschütterte Autorität wenigstens vor seinen Landsleuten wieder aufzubessern. Der arme erlöste Trompeter marschierte nun an der Spitze des Zuges, in der einen Hand sein Horn, dem er schreiende Töne entlockte, mit der anderen Hand aber den schmerzenden Körperteil reibend.

Der Gouverneur wartete tatsächlich seit Stunden auf unsere Rückkehr. Mein Brief hatte ihn in Schrecken versetzt. Als ich in den Salon trat, erstattete der Polizeibeamte dem Distriktsgouverneur aufgeregt Bericht über unsere Begegnung; er habe sich in nicht geringer Lebensgefahr befunden. Ta-Wha hörte die Erzählung schweigend an und warf mir von Zeit zu Zeit lächelnde Blicke zu, um anzudeuten, daß er meine Absicht, den Mann nur zu erschrekken, wohl durchschaue. Dann bat er mich dringend, meine Pläne, an Land zu gehen, aufzugeben. Die Regierung würde ihm auch dann die Verantwortung aufladen, wenn ich gegen alle Einsprüche bleiben würde. Er könne mich freilich nicht zwingen, bitte mich aber nochmals, die Abfahrt des Dampfers zu verschieben, bis die Antwort aus Söul da sei. Er wolle noch einmal einen Kurier nach Söul schicken, mit der Bitte, die Entscheidung zu beschleunigen.

Die Entscheidung war für mich nicht leicht. Aufgrund der Abmachungen mit dem Eigentümer, konnte ich den Dampfer nicht länger hier festhalten. Es blieben mir also nur zwei Möglichkeiten: den Dampfer zurückzuschicken und den Ausgang der Unterhandlungen an Land abzuwarten, oder die ganze Unternehmung für diesmal abzubrechen. Ich neigte immer noch dazu zu bleiben; denn ich fürchtete nicht für unsere Sicherheit. Als aber der einzige chinesische Dolmetscher aus Angst vor dem »lebensgefährlichen Unternehmen« sein Versprechen zurücknahm und nicht bei mir bleiben wollte, mußte ich aufgeben. Ich teilte dem Kam-Ta-Wha diese Entscheidung erst spät in der Nacht in einem Brief mit. Gleichzeitig schrieb ich ihm, daß ich zur Wiederaufnahme von Verhandlungen zurückkommen werde.

Gegen Abend legte ein großes Boot an unserer Seite an und ein General kündigte seinen Besuch an. Er sei 20 Meilen weit hergekommen, um uns zu sehen. Er stand im Rang höher als Ta-Wha und hatte feine, angenehme Manieren. Er kam nicht in offiziellem Auftrag und gab sich frei und ungezwungen. Er lud mich in seine Wohnung ein und war bereit, frische Provisionen (Verpflegung) und Vieh zu schicken. Ich mußte beide Angebote ablehnen, weil wir am nächsten Morgen abdampfen mußten. Er verließ uns erst am späten Abend mit dem Wunsch, daß sein Land bald für den Fremdenverkehr geöffnet werde. Wir verließen bei Tagesanbruch die Bucht.

Die zweite abenteuerliche Reise

Nach unserer Rückkehr erfuhren wir, daß man zur Zeit unseres Besuches französische Missionare in Korea ermordet hatte. Das erklärte die schwierige Lage, in der sich Ta-Wha uns gegenüber befand. Ich konnte meine Geschäftsfreunde trotzdem von der Notwendigkeit einer zweiten Reise überzeugen. Ich wollte den Fluß finden, der das Meer mit der Hauptstadt verbindet, eine direkte freundschaftliche Verbindung mit der koreanischen Regierung suchen und die Aufhebung der Schranken erreichen, die das Land von der Außenwelt trennten. Die Öffnung der Grenzen hätte nach unseren Beobachtungen gelegentlich der ersten Reise auch dem Wunsch aller koreanischen Bevölkerungsschichten entsprochen. Ich hoffte nach wie vor, daß die koreanische Regierung die Absperrungspolitik aufgibt, wenn man mit ihr über einen entsprechenden Handelsvertrag verhandelt. Ich wußte damals allerdings noch nicht, wie verworren die politische Lage im Lande war, und ich wußte noch weniger über den Charakter des Regenten.

Unsere erste Sorge war die Suche nach einem geeigneten Fahrzeug. Dampfschiffe standen damals in China sehr selten zum Verkauf. Es war ein glücklicher Zufall, daß man uns das Räderboot »Emperor« anbot, ein Flußschiff, das beladen nur 7 Fuß tief ging und eine starke Maschine hatte. Wir brauchten einige Zeit, um das Schiff für unsere Zwecke umzurüsten und eine zuverlässige Mannschaft anzumustern. Die Besatzung bestand schließlich aus 6 Europäern und 19 Eingeborenen (Manilaleuten und Chinesen). Unsere Bewaffnung war keineswegs glänzend. Wir verfügten über einen Neunpfünder, drei kleine Drehkanonen, Gewehre, Revolver, Lanzen und Marinesäbel. Ein zweites schweres Geschütz mußten wir wegen Platzmangel zurücklassen. Es hätte uns nicht viel genützt; denn nach der Abreise wurde festgestellt, daß man das Pulver für die Kanonen aus Nachlässigkeit nicht an Bord gebracht hatte.

Sandbänke, Ebbe, Sturm, Spione und der alte
Kam-Ta-Wha versuchen, die Fahrt nach Söul zu verhindern

Von schönem Wetter begünstigt, fuhren wir ohne Unfall über die streckenweise fast schwarz gefärbte See und landeten nach fünf Tagen in der Bucht, die uns schon bei unserer ersten Fahrt aufgenommen hatte. Die Eingeborenen versammelten sich wieder in großer Zahl und begrüßten uns freundlich. Wir dampften aber bald weiter; denn ich wollte mit dem alten Ta-Wha Verbindung aufnehmen, um mich über die Stimmung in den Regierungskreisen zu orientieren. Außerdem wollte ich wenigstens den Versuch machen, einen Lotsen anzufordern. Es war schwierig genug, die Landestelle wiederzufinden, von der aus wir das erste Mal unsere Erkundungsgänge gemacht hatten. Wir mußten unseren Weg durch zahlreiche kleine Inselchen und Felsen suchen, von denen eine wie die andere aussah und schließlich hatten wir die Wahl zwischen neun Abzweigungen der Bucht, in die ich einfahren wollte. Wir landeten am Fuß eines bewaldeten Hügels, auf dem eine Menge Eingeborene versammelt waren, die sehr erfreut auf uns zuliefen, als wir an Land gingen. Ich sah manchen alten Bekannten und erfuhr, daß der

Kam-Ta-Wha noch in Hei-Mi war. Man kündigte mir seinen Besuch an.

Am nächsten Morgen liefen wir auf einer Sandbank auf Grund und mußten die Flut abwarten, um wieder frei zu kommen. Die Nachricht von unserem Besuch mußte sich blitzschnell in der ganzen Nachbarschaft verbreitet haben; denn wir waren bald von einer ganzen Flotte von Booten eingekreist. Die Leute wollten alle zu uns an Bord kommen. Wir konnten aber keine Besuche brauchen, solange wir auf dem Trockenen lagen und hatten große Mühe, die allzu voreiligen Besucher wieder los zu werden. Als wir endlich frei kamen, dampften wir in den Arm des Golfs, der auf Hei-Mi zuging. Von dort aus meldete ich dem Ta-Wha meine Ankunft und bat, uns so bald wie möglich zu besuchen. Der ganze Tag und der nächste Morgen vergingen ohne ein Zeichen des Gouverneurs. Daraufhin schrieb ich ihm noch einmal, daß ich selbst zu ihm kommen werde, wenn er nicht bis zu einem bestimmten Termin bei mir an Bord erscheine. Das half. Wenige Stunden später kündigte der Schall von Trompeten und Hörnern sein Erscheinen an.

Europäer, die das Land betreten, sind zu töten!

Gleichzeitig mit dem feierlichen Zug kam ein großes Boot an, in das er sich mit seinem Gefolge einschiffte. Er war noch hinfälliger als vor wenigen Monaten und offensichtlich sehr verlegen; denn er wußte nicht, inwieweit ich über die Ermordung der französischen Missionare unterrichtet war. Er war sichtlich erleichtert, als ich kein Wort über diese Untat verlor. Er wünschte mich sicher viele tausend Meilen weg, hieß mich aber sehr herzlich willkommen. Ich hatte auch keinen Anlaß, an seiner persönlichen Zuneigung und Freundschaft zu zweifeln. Aber bei den koreanischen Beamten überwog die Furcht vor der Regierung und drängte alle persönlichen Gefühle und Rücksichten zurück. Ich mußte damit rechnen, daß ihn mein Besuch nur in große Verlegenheit brachte und daß er sich mir so schnell wie möglich mit guter Manier entziehen würde.

Er entschuldigte die Verzögerung seines Besuches mit dringenden Amtsgeschäften. Er hege nach wie vor freundschaftliche Gesinnungen für mich, nachdem er die guten Absichten kenne, mit denen ich in sein Land gekommen sei. Im übrigen sei inzwischen nichts vorgefallen, was der Rede wert sei. Er habe allerdings auch keine weiteren Befehle eingeholt, weil er nicht damit gerechnet habe, daß ich ihn schon so bald wieder besuchen würde. Er wolle aber jetzt keine Zeit mehr verlieren und sich sofort mit Söul in Verbindung setzen. Er müsse nur wissen, ob ich diesmal bereit sei, geduldig auf eine Antwort zu warten. Ich sagte ihm, daß mir jetzt wenig an einer Antwort läge. Diese Gleichgültigkeit war ihm offensichtlich rätselhaft. Darauf erklärte ich, daß ich nicht die Absicht hätte, eine Antwort abzuwarten. Ich sei nur zu ihm gekommen, um Neuheiten zu hören. Ich sei auf dem Weg in die Hauptstadt und werde mir dort meine Antwort selbst holen.

Er sah mich erstaunt und bestürzt an und lächelte dann ungläubig als ob er sagen wollte: »Damit fängst du mich nicht, mein Junge! Übrigens bist du auch noch nicht da!« Ich sah ein, daß es nutzlos sein würde, weitere Worte über diese Frage zu verlieren oder um einen Lotsen zu bitten. Deshalb erklärte ich die geschäftlichen Verhandlungen für heute abgeschlossen, was ihm nur recht war. Wir aßen und tranken zusammen, die Stimmung schlug um, wurde heiter und gelassen, und ich hätte mir nach den Worten meiner Gäste keine besseren und aufrichtigeren Freunde wünschen können. Der Kam-Ta-Wha verließ uns erst am späten Abend, des süßen Weines voll und mit den innigsten Wünschen für die Dauer unserer Freundschaft.

Dringender Hilferuf französischer Missionare

Kurz nach Tagesanbruch kam der Kapitän sehr erregt von einem Landgang zurück. Ein Koreaner hatte ihm verstohlen einen Brief in die Hand gedrückt. Der Absender des französisch geschriebenen Briefes war Herr Ridel, einer der drei französischen Missionare, die der Wut des Regenten entgangen waren. Sie wurden seit Monaten verfolgt, mußten sich in den Bergen, in Wäldern und Höhlen verstecken, und fristeten ihr elendes Leben mit den wenigen Nahrungsmitteln, die ihnen mitleidige Eingeborene insgeheim zustecken konnten. Als ich nach der Lektüre des Briefes aufblickte, sah ich gegenüber von unserem Ankerplatz mehrere Eingeborene, die das

Zeichen des Kreuzes machten, als sie mich sahen. Ich antwortete Herrn Ridel sofort, sagte ihm jede Hilfe zu, die in meiner Macht stand und bot ihm den Dampfer als Zufluchtsort an. Außerdem teilte ich ihm mit, auf welcher Route ich bis in die Hauptstadt vordringen wollte. So konnte es ihm nicht schwer fallen, uns jederzeit zu erreichen.

Herr Ridel schrieb wie folgt: »Mein Herr! Der Regent von Korea hat die Hinrichtung von neun Franzosen (zwei Bischöfen und sieben Missionaren) veranlaßt. Drei von uns sind in den Bergen versteckt. Wir werden indessen ohne Zweifel bald entdeckt und zu Gefangenen gemacht werden. Die Regierung hat allen Europäern Rache geschworen und droht einen jeden derselben, der das Land zu betreten wagt, zu töten. Ich höre, daß fremde Schiffe an der Westküste sind, und ich will es darauf ankommen lassen, Ihnen diesen Brief zu senden, mit der dringenden Bitte, uns zu helfen und die Nachricht unseres Unglücks an Herrn Libois, Provicarius der fremden Missionen, gelangen zu lassen. Diese Verfolgung ist durch das Erscheinen russischer Kriegsschiffe an der Ostküste hervorgerufen. Sollte Ihr Schiff sich entfernen, ohne uns schleunige Hilfe zu gewähren, so würde unsere Lage noch schlimmer als bisher sein. Der Regent hat keine Streitmacht zur Verfügung und jedermann hierzulande erwartet einen Krieg mit den Europäern. Indem ich Sie nochmals bitte, mit unserem Elend Mitleid zu haben, bleibe ich mit der Versicherung unserer Hochachtung

F. Ridel
Miss. Apost. «

Dieser Brief war mehrere Monate alt, als er in meine Hände kam. Ich brachte meinen Antwortbrief selbst zu den Boten, die ängstlich an Land warteten. Sie waren überglücklich, daß sie ihren Brief endlich an die gewünschte Adresse gebracht hatten. Unglücklicherweise hatte sich sofort nach meinem Erscheinen an Land eine Menge Volks eingefunden. Man konnte ihre gut gemeinte Zudringlichkeit nicht zurückweisen, ohne Argwohn gegen die Konvertiten zu erregen. Ich mußte deshalb darauf verzichten, die drei Männer sofort an Bord zu nehmen und weiter auszufragen. Mit Hilfe der Bootsmannschaft gelang es mir aber, die Leute kurze Zeit fern zu halten, so daß ich den Brief, ohne Aufsehen zu erregen, übergeben konnte.

Einer von den Dreien hatte sich hinter einem Felsblock versteckt, und dort folgenden lateinischen Text auf einen Zettel geschrieben: »Ich, Philippus, ein koreanischer Schüler, bin nach Übereinkunft mit zwei Schiffern gestern vor Mitternacht in diesem unserem Bestimmungsort angekommen, und wir haben die ganze Nacht hindurch auf der Wache gestanden. Es würde gut sein, wenn ein kleines Boot heute Abend nach Dunkelwerden kommen und uns abholen könnte – wir werden uns alsdann hier einstellen ...«. Es war wahrlich ein merkwürdiger Anblick, diesen armen, verwilderten und erschöpften Eingeborenen lateinische Briefe schreiben zu sehen, als habe er sein Leben lang nichts anderes getan. Wir verabredeten uns für 8 Uhr abends. Dann war es höchste Zeit für sie, sich den neugierigen Blicken und Fragen der Volksmenge zu entziehen. Ich ging erst wieder an Brod, als ich sie in Sicherheit wußte.

Drei Mann fanden sich am Abend pünktlich ein; ein vierter war mit meiner Antwort unterwegs zu den zwei anderen flüchtigen Missionaren, die sich weit im Inneren des Landes versteckt hatten. Es ist kaum möglich, die Freude dieser armen Menschen zu beschreiben, die sich bei uns an Bord für kurze Zeit sicherfühlten, und von der ganzen Mannschaft, samt den Lascar-Matrosen (indonesische Seeleute), herzlich begrüßt wurden. Sie hatten seit 48 Stunden nichts mehr zu sich genommen; denn sie hatten es nicht gewagt, in der fremden Umgebung jemand anzusprechen. Nachdem sie ihren Hunger einigermaßen gestillt hatten, gaben sie mir einen ausführlichen Bericht über die jetzige Lage im Lande. Von den drei Missionaren hielten sich nur noch zwei mit einigen ihrer Katecheten im unzugänglichen Gebirge auf, ständig ihr Versteck wechselnd, von den Spionen bedroht, die sie verfolgten, und den Angriffen zahlreicher wilder Tiere ausgesetzt, so daß sie Tag und Nacht auf der Hut sein mußten. Herrn Ridel war es, noch ehe ich seinen Brief in Händen hatte, gelungen, sich bis zur Küste durchzuschlagen. Dort stellte ihm ein nicht bekehrter Koreaner sein Schiff für die Flucht zur Verfügung, »damit die Begebenheiten im Lande und der unerträgliche Druck, unter welchem dasselbe leidet, in der Welt bekannt würden, und in der Hoffnung und der Erwartung, daß alles geschehe, das koreanische Volk von dem Joch zu befreien, das es zu tragen habe.« Zu meinem größten Bedauern hörte ich erst jetzt, daß mehrere eingeborene Christen schon während meines ersten

Besuchs vergeblich versucht hatten, Verbindung mit mir aufzunehmen. Vielleicht hätte ich damals noch das Leben der inzwischen ermordeten Priester retten können. Wir bewunderten diese drei schlichten Männer, die mutig allen Gefahren trotzten, um ihre Lehrer zu retten. Alle, auch unsere chinesischen Begleiter mußten eingestehen, daß kaum einer dasselbe Maß an Selbstverleugnung aufbringen könne.

Die allgemeine Christenverfolgung war ganz plötzlich und unerwartet ausgebrochen. Niemand konnte einen stichhaltigen Grund dafür angeben. Dann wurde die Hetze auch auf Nichtchristen ausgedehnt, die man für unzufrieden hielt. Man wollte die Unzufriedenheit mit der jetzigen Herrschaft im Keine ersticken, um eine allgemeine Erhebung gegen das verhaßte Regime des Tai-ouen-kun (offizieller Titel des Regenten) zu verhindern. Einige Vertreter der höheren Adelskaste hatten dem Regenten eingeflüstert, er könne nur an der Macht bleiben, wenn er ohne Verzug die von ihnen vorgeschlagenen Terroraktionen durchführe und vor allem den Europäern ein für allemal eine Lektion erteile, die ihnen jede Lust nehme, sich weiterhin mit dem Land Korea zu befassen.

Ich erwog nun ernstlich, ob es nicht meine Pflicht sei, ins Innere des Landes zu gehen, um die Missionare mitsamt ihren Leuten zu retten. Die drei Koreaner sprachen sich aber einstimmig gegen meinen Vorschlag aus. Sie erklärten mir, daß mein Eingreifen die Rettung nur erschweren würde. Die Leute könnten allein unbeobachtet reisen. Die Begleitung fremder Leute würde die Aufmerksamkeit aller sofort auf sie ziehen. Die Missionare machten sich übrigens sofort nach dem Empfang meines Briefes auf den Weg zum Dampfer »Emperor«. Sie fanden ihn aber nicht, weil man ihnen einen falschen Ankerplatz angegeben hatte. Es gelang ihnen aber später, ohne Unfall an die Küste und von dort zu Schiff nach China zu entkommen.

Wir suchen vergeblich die Einfahrt in den Flußweg zur Hauptstadt

Als ich den Koreanern mitteilte, daß ich den Fluß Hangang hinauf bis zur Hauptstadt fahren wolle und einen Lotsen suche, bot mir einer der Leute, ein Schiffer von Beruf, seine Dienste an. Ich wollte ihn gleich an Bord behalten; er bat mich aber um die Erlaubnis, nochmal an Land zu gehen, um seine Sachen zu holen. Er wollte in der kommenden Nacht an derselben Stelle auf unser Boot warten. Am folgenden Tag besuchten uns zahlreiche Leute aus der Nachbarschaft. Um 9 Uhr nachts fuhr ich selbst mit dem Boot zum vereinbarten Landeplatz. Wir näherten uns dem Land so geräuschlos wie möglich. Die Nacht war so dunkel, daß wir erst im letzten Augenblick ein großes, stark bemanntes Fahrzeug bemerkten, das unmittelbar vor unserem Ziel ankerte. Einige Männer gingen mit Laternen am Strand auf und ab, riefen sich von Zeit zu Zeit an und erwarteten offenbar eine bestimmte Person. Wir blieben bis tief in die Nacht still auf unserem Posten, bis wir die Hoffnung aufgeben mußten, daß unser Mann sich angesichts dieser strengen Bewachung zeigen werde.

Ich konnte die für den nächsten Vormittag befohlene Abfahrt nicht weiter aufschieben; denn wir mußten an der Einfahrt vom Golf noch frisches Wasser aufnehmen. Wir wollten gerade absetzen, als der Lotse mit einem seiner Freunde am Strand erschien und durch Zeichen bat, sie abzuholen. Die Wachen hatten ihn in der letzten Nacht verhindert, sich zu zeigen. Als wir unser Boot bestiegen, sahen wir zu unserem unaussprechlichen Verdruß, wie Kam-Ta-Wha sich eine Meile flußaufwärts einschiffte, um an Bord unseres Dampfers zu kommen. Er hätte wirklich keinen unpassenderen Zeitpunkt für seinen Besuch wählen können. Ich konnte den Lotsen nicht an Bord nehmen, solange die vielen Gäste auf dem Schiff waren. Er war auf dem »Emperor« in Sicherheit. Ohne unseren Schutz mußte er aber später mit dem sicheren Tod rechnen. Der arme Teufel bat flehentlich, ihn nicht dieser Gefahr auszusetzen und da zu lassen, wo er war. Ich mußte ihn gehen lassen. Für alle Fälle nannte ich ihm nur noch unseren nächsten Ankerplatz.

Ich war äußerst ungehalten über den unzeitigen Besuch des Distriktgouverneurs, der nur meinen nächtlichen Besuchen an Land nachspüren wollte, und ich war nicht dazu aufgelegt, leere Redensarten und Freundschaftsbeteuerungen auszutauschen. Deshalb gab ich, sobald ich an Bord war, den Befehl zum Aufbruch, komplimentierte Ta-Wha mitsamt seinem Gefolge kurzerhand in ihr Boot und dampfte ab. Die Leute sahen uns etwas verdutzt nach. Nach mehreren Stunden erreichten wir den Hügel, aus dessen Quellen wir Wasser aufnehmen wollten. Während die Mannschaft mit dieser langwierigen Arbeit beschäftigt war, beobachteten wir Koreaner, die auf der Spitze des Berges in aller Ruhe ein Mattenzelt errichteten, von dem aus sie uns ungeniert beobachten konnten. Ich hatte bisher alle Spionageversuche ignoriert, obwohl sie in keiner Weise mit den freundschaftlichen Versicherungen in Einklang zu bringen waren. Nach den nächtlichen Erlebnissen und dem Verlust des Lotsen war aber nun das Maß voll. Ich fand, man müsse den Behörden zeigen, daß sie unserer Geduld und unserer Gutmütigkeit zuviel zumuten. Deshalb erklomm ich mit einigen Leuten die Bergspitze, und ehe die erschrockenen Koreaner Zeit hatten, sich von ihrem Erstaunen zu erholen, war das Wachthaus niedergerissen, seine Teile zusammengepackt und der Wachmannschaft auf den Rücken geladen. Wir entließen die Leute mit dem Bescheid, daß wir jeden weiteren Versuch zum Spionieren energisch zurückweisen würden. Die armen Kerle, die ja nur höhere Befehle ausführten, verschwanden so schnell wie möglich, froh, daß sie ohne größeren Schaden davongekommen waren. Seit dieser Demonstration konnten wir keine Aufpasser mehr beobachten.

Da unser koreanischer Lotse nicht erschien, mußten wir unsere Entdeckungsreise ohne ihn antreten. Wir befanden uns wieder zwischen zahllosen Inseln, Riffen und Sandbänken, das Wasser wurde immer seichter und wir mußten ankern. Der Kapitän und ich verließen das Schiff, um von einem höheren Berg aus einen Überblick zu gewinnen und nach Möglichkeit einen schiffbaren Kanal auszumachen. Nach einem mehrstündigen, beschwerlichen Marsch wurden wir durch eine herrliche Aussicht über den ganzen Archipel belohnt. Zahllose Inseln lagen im grünen Schmuck ihres Laubwerks und glänzten unter den Strahlen der Morgensonne. Zu unseren Füßen dehnten sich meilenweit, bis fern ins Meer hinaus, die zur Ebbezeit völlig ausgetrockneten Sandbänke. Was wir aber auch mit unseren Ferngläsern nicht fanden, waren Anzeichen eines Flusses. Ziegenhirten konnten uns keine Auskunft geben. Wieder auf dem Schiff, dampften wir langsam weiter. Die Besatzungen vereinzelter Fischerboote wiesen uns bei dem Zuruf »Söul!« nach Norden.

Am Abend zwang uns ein heftiger Sturm, im Schutz einer größeren Insel vor Anker zu gehen. Dort fanden wir auch einige koreanische Boote. Herr Parker begab sich mit einem Dolmetscher auf eines der Fahrzeuge, um Erkundigungen einzuziehen und kam mit dem Bescheid zurück, daß wir auf zwei große Inseln im nördlichen Teil des Archipels Kurs nehmen müßten. Dort seien wir dann ganz in der Nähe der Flußmündung. Die Fischer schickten uns eine Menge ausgezeichneter Fische, lehnten es aber ab, uns einen Lotsen zu stellen. Am nächsten Morgen kamen wir wieder nicht weit voran, denn schon nach wenig Meilen brach ein Orkan aus, der den ganzen Tag, bis in den nächsten Nachmittag hinein wütete. Wir lagen wieder vor Anker und kamen ohne Schaden davon.

Am Abend nach dem Sturm stattete ich der Insel, neben der wir lagen, einen Besuch ab. Die männliche Bevölkerung der dicht bevölkerten Dörfer fand sich sehr schnell bei uns ein und begrüßte uns freundschaftlich. Sie gaben mir auch bereitwillig und offen Auskünfte, bis der oberste Beamte der Insel erschien. Er hatte sich wahrscheinlich verspätet, weil er erst seine Galakleider anlegen mußte. Er war von der Wichtigkeit seiner Person überzeugt, und die Leute zogen sich scheu zurück. Er ließ mit einigem Umstand die Schreibutensilien für eine Unterredung vor uns ausbreiten. Ich lehnte jedoch jedes Gespräch ab, bis er seine Sachen verstimmt und ärgerlich wieder wegräumen ließ. Statt meine Zeit mit diesem mürrischen Herrn zu verlieren, machte ich einen Spaziergang um die Insel, auf dem ich durch viele reizvolle Ausblicke belohnt wurde. Die Felder waren reich mit Mais und allen Gemüsesorten bestellt. Sie waren durch niedrige Hecken voneinander getrennt. Hinter einer saß eine arme alte Frau, völlig teilnahmslos; das einzige weibliche Wesen, das uns in Korea je zu Gesicht gekommen ist. Man hatte sie vermutlich vergessen, als alle Frauen vor uns in die Häuser flohen. Sie war offenbar darauf gefaßt, von uns getötet zu werden. Hoffentlich hat sie sich von dem Schrecken erholt, nachdem wir an ihr vorbeizogen, ohne Notiz von ihr zu nehmen.

Die Männer an Bord werden mutlos

Wir steuerten die uns von den Fischerbooten angegebene Richtung an, ohne die Flußmündung zu finden. Dabei sollten wir sie schon am folgenden Morgen passieren. Wir hatten nun den ganzen Archipel, über 80 Meilen weit, erforscht und waren unserem Ziel nicht näher gekommen. Das Schlimmste aber war, daß alle an Bord, vom Kapitän abwärts mutlos wurden. In ihrer Niedergeschlagenheit meinten alle, daß es den Fluß gar nicht gebe, den wir suchten. Ich ließ mich aber nicht von der Meinung abbringen, daß wir auf dem richtigen Weg sind und ich war fest entschlossen, nicht nachzugeben, bis mir eindeutig nachgewiesen wurde, daß ich im Irrtum war. Die besten Seekarten hatten sich als völlig unzuverlässig und wertlos erwiesen. Nach ihnen segelten wir bereits 25 Meilen über festes Land. Aber nun wollte sich alles gegen mich verschwören. Der Maschinist meldete, daß der Kohlenvorrat nun sehr rasch abnehme und daß er nicht beurteilen könne, wie lange er noch reichen würde. Änderungen am Kessel hatten die früheren Berechnungen des Verbrauchs über den Haufen geworfen. Wir mußten uns über diesen Punkt Gewißheit verschaffen, ehe ich weitere Entscheidungen treffen konnte. Wir beschlossen deshalb, bis zu den Tsai-Tong-Inseln im nordwestlichen Teil des Archipels zu fahren, dort zu ankern und unsere Vorräte zu überprüfen. Wir brauchten dazu einen ganzen Tag. Herr Parker, unser tüchtiger erster Offizier, erbot sich, im Schiffskutter eine Küstenbesichtigung zu machen. Da ich mich selbst zu unwohl fühlte, um ihn begleiten zu können, ließ ich ihn schweren Herzens allein gehen, gab ihm unsere besten und zuverlässigsten Leute und Vorräte für mehrere Tage mit. Er sollte die schiffbaren Kanäle zwischen den Inseln feststellen, dann auf die Küste zu segeln, um die Flußmündung auszumachen, einige Meilen im Mündungsgebiet flußaufwärts fahren und dann ohne Verzug zum »Emperor« zurückkehren. Dabei sollte er nicht länger als 36 Stunden ausbleiben. Diese Versuchsfahrt mußte das weitere Schicksal der Expedition entscheiden. Ich befand mich in einer denkbar unangenehmen Lage. Der sonst so energische Kapitän war ganz mutlos und drängte zur Rückkehr. Wenn der Kohlenvorrat nicht reichte, mußten wir nach Shanghai zurück oder in Chefoo (= Jentei in Schantung/China) teure Kohlen einnehmen. Dazu versetzte mich die Untätigkeit und die Spannung, mit der wir den Ausgang der Versuchsfahrt erwarteten in einen Zustand fieberhafter Aufregung. Nachts ließen wir, wie verabredet, Raketen steigen. Das Boot erwiderte aber unsere Signale nicht. Die Stunden des nächsten Tages schlichen schwer und langsam vorüber. Am Nachmittag brachte mir der Maschinist die erfreuliche Kunde, daß die

Kohlen noch neun bis zehn Tage reichen, wenn wir ständig mit Volldampf fahren. Wenn die Suche nach der Flußmündung Erfolg hatte, konnten wir unsere Unternehmung noch zu einem guten Ende bringen.

Ich wanderte nachts ruhelos auf dem Deck hin und her, ohne daß von unserem Boot ein Zeichen gegeben wurde. Dabei sollte es bei Tagesanbruch zurückkehren. Bei Sonnenaufgang waren alle Mann an Deck und auf dem Lugaus. Wir sahen aber nichts von unserem Segelboot. Die festgesetzte Zeit war schon um mehrere Stunden überschritten und wir wurden immer unruhiger. Als ich gegen Mittag das Deck für einen Augenblick verlassen hatte, wurde ich durch ein lautes allgemeines Hurra zurückgerufen. Eben war das weiße Segel unseres Kutters aufgetaucht. In der Freude über die Rückkehr unserer Mannschaft vergaßen wir vorübergehend die Frage nach dem Fluß. Es dauerte eine weitere, langsam dahinschleichende Stunde, bis sich das Boot auf Sprechweite genähert hatte. Das »Hurra!« der Mannschaft und der Ruf »Der Fluß« ließen uns alle Sorgen und Ängste vergessen. Sie hatten die Mündung des großen Flusses Han-Gang gefunden. Der Kapitän eines Fischerbootes hatte Herrn Parker den Fahrweg genau beschrieben und ihm dazu eine Skizze gegeben.

Hurra! Der Fahrweg ist gefunden!

Mutlosigkeit und Indolenz waren wie durch einen Zauber verschwunden. Die ganze Besatzung faßte frischen Mut. Sie hatten die Kesselfeuer schon angezündet, als der Kutter in Sicht kam. Unser Ankerplatz lag etwa 15 Meilen nördlich der Mündung. Wir dampften mehrere Stunden an Sandbänken entlang und passierten dann endlich die erste Insel vor der Einfahrt in den Han-Gang. Bald darauf zwang uns ein heftiges Gewitter, vor Anker zu gehen. Neben uns lagen zahlreiche Fischerboote, die mit ihrem Fang von der See zurückkamen. In jedem waren 30 bis 50 Mann, die nicht das geringste Kleidungsstück trugen. Statt einem Deck hatten die Fahrzeuge nur einzelne lose Planken über dem Schiffsraum, der mit Seewasser gefüllt war. Die Mannschaft war gerade dabei, den Fang in den Netzen einzuziehen, zu sortieren und in das Schiff zu werfen. Man bot mir Fische an. Aber die Leute und ihre Fische sahen so unappetitlich aus, daß ich dankend ablehnte. Alle bestätigten mir aber, daß wir uns auf dem Han-Gang befanden und auf dem richtigen Weg nach Söul seien.

Ehe sich an Bord der Fischerboote irgend jemand rührte, dampften wir schon wieder flußaufwärts. Das Flußbett, das bisher 1 bis 1 1/2 englische Meilen breit war, verengte sich stark. Wir mußten sehr langsam und vorsichtig fahren, um die vom Wasser bedeckten Felsenriffe und Sandbänke zu meiden. Es gab keine gerade Fahrrinne. Wir fuhren jetzt dicht unter den Ufern entlang und hatten eine sehr malerische Landschaft vor uns: blühende, sorgsam bebaute Täler wechselten mit dicht bewaldeten Hügelketten, deren steile Felswände unmittelbar in den Fluß abfielen. Dahinter waren die Spitzen gewaltiger Berge zu sehen. Größere Orte und kleine Dörfer lagen dicht beieinander und waren offensichtlich stark bevölkert. Von allen Seiten eilten die Einwohner an die Ufer, um das fremde Schiff zu sehen, das ohne Segel flußaufwärts fuhr.

Nach mehreren Stunden mußten wir die Boote zu Wasser lassen, um die immer seichter werdende Fahrrinne auszuloten. Trotzdem saßen wir gegen 1 Uhr auf einer Sandbank fest, in der Höhe der Südspitze der Insel Kang-Wha und angesichts des ersten Forts. Der Fluß bildet an dieser Stelle ein großes Bassin, und mitten im Fahrwasser erhebt sich ein steiler Felsen, der selbst zur Flutzeit noch 20 Fuß hoch aus dem Wasser ragt. Als wir uns endlich von der Bank gelöst hatten, fuhren wir auf diesen Felsen zu und ankerten dort in tiefem Wasser. Nun fuhr ich mit Herrn Parker in unserem Boot voraus. Wir mußten gegen eine starke Strömung von fast sieben Knoten ankämpfen und brauchten fast eine Stunde, bis wir eine Stelle des Ufers fanden, an der wir landen konnten. Dies glückte uns auf einem Felsplateau, das dicht mit Eingeborenen besetzt war. Die Leute halfen uns freundlich aus dem Boot und begleiteten uns auf die Spitze des Hügels, der sich über der Landestelle erhob. Von dort aus hatten wir einen herrlichen Blick über das Land, auf die Windungen des Flusses und auf eine bedeutende Stadt, die von den Koreanern Kiau-Tong genannt wurde. Unsere Ferngläser gingen von Hand zu Hand. Wir verteilten Zigarren und Zündhölzer, und die Leute gaben bereitwillig Auskunft über den Weg nach Söul. Die

Angaben über die Entfernung waren aber sehr verschieden. Einige Leute hätten gerne genauere Auskünfte gegeben, fürchteten sich aber vor Mithörern, auf die sie verstohlen hinwiesen.

Die einzige unangenehme Begegnung mit einem koreanischen Beamten

Wir waren schon ziemlich lange auf dem Hügel, als wir in der Stadt große Bewegung merkten: Boote wurden bemannt und der oberste Distriktsbeamte wurde in seinem Tragsessel eilig ans Ufer getragen. Er bestieg mit seinem großen Gefolge von Beamten und Soldaten die Schiffe. Wir glaubten, daß der Gouverneur zu uns auf den »Emperor« kommen wolle und liefen zu unserem Boot. Das große Fahrzeug des Beamten legte in dem Augenblick am Felsplateau an, in dem ich den Fuß des Hügels erreichte. Er machte auf mich einen derart unangenehmen und abstoßenden Eindruck, daß ich es ablehnte, an Ort und Stelle mit ihm zu verhandeln. Ich befahl meiner Bootsmannschaft, sofort zum »Emperor« zu rudern.

Wütend über meine Weigerung, mich mit ihm einzulassen, gab der Beamte einigen seiner mit dreizackigen Lanzen bewaffneten Trabanten den Befehl, unser Boot mit Gewalt zurückzuhalten. Unsere Leute reagierten aber schneller. Sie hieben mit erhobenen Rudern auf die ersten Angreifer ein, so daß sie überstürzt die Flucht ergriffen. Als der Beamte unsere Revolver auf seinen Kopf gerichtet sah, willigte er eingeschüchtert und mürrisch ein, mir auf das Schiff zu folgen. Ich gestattete ihm nur, mit zwei Sekretären an Bord zu kommen. Sein Gefolge mußte in den Booten warten. Ich folgte ihm erst nach einer Weile aufs obere Deck. Ich hatte bis jetzt keinen Eingeborenen getroffen, der einen derart bösartigen und finsteren Eindruck auf mich machte. An seiner feindseligen Gesinnung war nicht zu zweifeln, und wir behandelten ihn entsprechend. Er stellte sich als der höchste Beamte des Distrikts Kiau-Tong vor und versuchte auf jede Weise, mich zur Umkehr zu bewegen. Wir führten folgendes Gespräch:
Ich fragte: »Wie heißt dieser Fluß?«
»Ich weiß es nicht. Er hat keinen Namen.«
»Wollen Sie damit sagen, daß Sie nicht wissen, daß dies der Han-Gang ist?«

»Nein, dies ist nicht der Fluß Han-Gang. Dieser Fluß liegt in einem ganz anderen Landesteil.«

»Wir befinden uns also nicht auf dem Weg nach Söul?«

»Nein, Sie sind vollständig im Irrtum über Ihren Weg; auf diesem werden Sie Söul nie erreichen.«

»Wie weit ist Söul von hier entfernt?«

»Oh, viele tausend Li; außerdem können Sie nicht weiterfahren, weil das Wasser bald seicht wird. Selbst kleine Boote haben Schwierigkeiten, wenn sie auf dem Fluß weiter hinauf fahren wollen. Ihr Schiff würde dann verloren gehen, und das wäre schlimm.«

»In der Tat? Wir fürchten aber den Verlust unseres Schiffes nicht. Wenn dies nicht der Han-Gang ist, wie andere behaupten – und diese anderen müssen sich irren, weil Sie ohne Zweifel die Wahrheit sagen –, dann müssen wir es eben darauf ankommen lassen. Sie sehen, ich habe nicht die Absicht umzukehren.«

»Es wäre aber wirklich besser, umzukehren; denn auf diesem Weg werden Sie nie nach Söul kommen. Fremde haben bisher nie gewagt, hierher zu kommen.«

»Gut, dann sind wir eben die ersten, die dies Wagnis unternommen haben, noch mehr, die es wagen werden, weiter zu gehen. Haben Sie sonst noch etwas zu bemerken?«

»Nein! Alles, was ich noch hinzufügen kann, ist, daß dies nicht der Fluß ist, den Sie meinen.«

»Desto schlimmer für uns. Ich bin aber entschlossen, den Fluß weiter hinauf zu fahren, und ich kann nur bedauern, daß Sie mich nun für zu halsstarrig halten müssen, Ihren Rat zu befolgen.«

Wir waren während dieser Unterredung ohne Aufenthalt weiter gedampft. Der Herr log mit größter Ruhe und Unverschämtheit. Als er aber sah, daß er mit seiner Rederei nichts erreichte, wurde er unruhig, fühlte sich offenbar ungemütlich und versank in tiefes Nachdenken. In diesem Augenblick meldete man mir, daß sich ein Koreaner in einem Boot hinter unserem Heck befinde, der mich insgeheim sprechen wolle. Ich ließ ihn durch eins der hinteren Kajütenfenster einsteigen und ging zu ihm hinunter. Den finster blickenden, unliebenswürdigen Besuch überließ ich seinen Gedanken. Ich war über die Kühnheit des Mannes erstaunt, der es wagte, unter großer Gefahr, an dem ganzen Gefolge des Beamten vorbei, zu uns zu kommen. Er warnte uns vor dem »bösen Mann«, der bei uns an Bord war, sagte uns, daß wir noch 50 Meilen von Söul entfernt seien und erklärte, daß er und seine Landsleute froh seien, daß wir endlich den Weg in die Residenzstadt gefunden hätten. Um den Mann nicht unnötigen Gefahren auszusetzen, ließ ich ihn unser Schiff auf dem gleichen Weg verlassen, auf dem er gekommen war. Ich kehrte erst auf Deck zurück, nachdem ich mich überzeugt hatte, daß er glücklich und unbemerkt entkommen war. Meine Besucher waren recht ärgerlich darüber, daß ich sie so lange allein gelassen hatte. Als der Distriktschef jedoch wieder mit seinen alten Reden anfangen wollte, erklärte ich ihm kurzweg, wie sehr ich es bedaure, mich seiner angenehmen Gegenwart schon nach so kurzer Bekanntschaft berauben zu müssen. Ich müsse ihn aber jetzt bitten, in sein Boot zurückzugehen, weil wir jetzt schneller fahren müßten. Er blickte mich höchst erzürnt an, als er merkte, daß sein Zureden und seine Lügen umsonst waren. Ich lächelte dagegen immer freundlicher, als ich ihn mit meinen besten Wünschen in sein Boot geleitete. Als er sah, wie wenig sein Zorn auf uns wirkte, wurde er noch grimmiger, und ich bin überzeugt, daß der letzte Wunsch, den er uns von seinem Boot aus zurief, alles andere als ein Segenswunsch war. Wir dampften vergnügt weiter. Er blieb lange aufrecht in seinem Fahrzeug stehen und blickte uns starr und verwundert nach. Das Letzte, was wir von seinem Schiff sahen, war, daß es von der starken Strömung an den Strand der Insel Kang-hwa gedrückt wurde. Dies war das Ende der Kiau-Tong-Episode, der einzigen unangenehmen Begegnung mit einem koreanischen Beamten.

Der Besuch hatte uns lange aufgehalten, und wir versuchten, wenigstens einen Teil der verlorenen Zeit wieder einzuholen. Einige Meilen oberhalb Kiau-Tong passierten wir ein besonders gefährliches Riff, das nur bei Ebbe über dem Wasserspiegel lag. Zwischen ihm und dem Festland war aber ein sicherer Kanal, den auch Schiffe mit großem Tiefgang benutzen konnten. Er läuft die längste Zeit dicht unter dem Ufer der Insel Kang-Hwa. Die Zahl der Forts nahm nun zu. Sie waren aus großen viereckigen Quadersteinen gefügt, jetzt aber verfallen, von Moos und Buschwerk überwachsen, ohne Kanonen und ohne Besatzung. Als es dunkel wurde, ankerten wir gegenüber einem dieser verlassenen Forts. Der Kapitän und ich fuhren in unserem Boot noch einige Meilen stromaufwärts, um zu rekognoszieren.

Der freundliche Gouverneur mit dem silbernen Kranich

Die Nacht verlief ruhig. Wir waren schon früh unterwegs. Die Gegend belebte sich mit jeder Meile mehr. Wir befanden uns offensichtlich in der Nähe einer großen Stadt. Gegen 8 Uhr morgens tauchte ein pyramidenförmiger Hügel auf, von dessen Gipfel sich eine mehrere Meilen lange Mauer bis zum Wasser hinunter streckte. Auf der anderen Seite zog sie über einen zweiten Hügel, auf dem ein Wachtturm stand, den zwei riesige Bäume beschatteten. Diese Befestigung sollte sicher einen wichtigen Ort schützen, und alle an Bord glaubten, daß wir nun dicht vor unserem Ziel wären. Ich teilte diese Meinung nicht, denn nach der letzten Aussage mußte Söul noch erheblich weiter weg liegen. Das Stromtal bog nun nach Westen ein. (Sie verließen damit den Wasserarm zwischen dem Festland und der Ostküste der Insel Kang-Hwa und bogen in das eigentliche Strombett des Han-Gang ein). Die Zahl der Boote auf dem Fluß nahm ständig zu, und an den Ufern hatte sich eine Volksmenge von mehreren Tausend Köpfen versammelt, um das fremdartige Schauspiel zu erleben. Von der Masse abgesondert stand eine Gruppe mit Beamten aller Grade, mit ihren Leibwachen, Fahnenträgern und Soldaten, die alle ihre blauen Uniformen trugen.

Da ich annahm, daß keiner der Beamten unaufgefordert an Bord kommen würde, entschloß ich mich, mit dem Kapitän sofort an Land zu gehen, um zu erfahren, wo wir sind und mit wem wir es zu tun haben. Um mit der nötigen Würde auftreten zu können, wurde unser Bootsmann in einen alten roten Jagdrock des Kapitäns gesteckt, obwohl der Seebär keinen großen Wert darauf legte, uns als einziger Schutzmann zu begleiten und diese Verkleidung keineswegs spaßhaft fand. Aber er nahm schließlich allen seinen Mut zusammen und folgte uns mit einem Gewehr bewaffnet an Land.

Unterwegs begegnete uns ein Boot mit einem Unterbeamten, der einen Brief über dem Kopf schwenkte. Wir nahmen keine Notiz von ihm und beobachteten nur, daß er sich an Bord begab. Wir hielten auf die Beamtengruppe zu, die dicht am Ufer stand, während sich die Volksmenge in ehrfurchtsvoller Entfernung hielt. Auch ich befand mich jetzt nicht gerade in einer spaßhaften Stimmung, denn ich war mir wohl bewußt, in welcher Gefahr wir uns gegenüber der großen Volksmenge befanden, deren Gesinnung wir nicht kannten.

Wir konnten hier ja nicht auf die Gutmütigkeit des einfachen Volkes bauen, mit dem wir uns bisher überall leicht auf freundschaftlichen Fuß stellen konnten. Jetzt traten uns hohe Beamte auf ihrem eigenen Grund und Boden gegenüber, die uns trotz der armseligen Bewaffnung ihrer Soldaten ohne jede Schwierigkeit überwältigen konnten. Dazu kam, daß die Regierung jeden Fremden, der koreanischen Boden betrat, mit dem sofortigen Tod bedroht hatte. Schon als wir uns dem Ufer näherten, fiel uns der Ausdruck des Staunens, ja des Schreckens auf, mit dem alle unserer Begegnung entgegen sahen. Es sah so aus, als ob die Beamten die Fassung verloren hätten und nicht recht wüßten, wie sie sich nun benehmen sollten. Langes Besinnen war in einem solchen Fal unangebracht. Das leiseste Zeichen von Furcht konnte verhängnisvoll und gefährlich werden. Ich hatte lange genug unter Asiaten gelebt, um zu wissen, daß Mut und Entschlossenheit immer Eindruck auf sie machen. Ich schritt also ohne Zaudern direkt auf den Beamten zu, den ich seiner achtunggebietenden Erscheinung und seiner Rangabzeichen wegen für den Vornehmsten hielt. Er trug einen außergewöhnlichen Hut aus einem feinen Strohgeflecht mit einem runden Kopfteil, an dem ein drei Zoll hoher silberner Kranich befestigt war. Er hatte mich die ganze Zeit gebannt angestarrt. Nun nahm ich seine Hand, die er mir ohne Widerstand überließ, und schüttelte sie unter herzlichen Gebärden. Dann nahm ich seinen Arm und gab ihm damit zu verstehen, daß ich ihn an Bord einladen wolle. Ich bat ihn, mir dort eine Unterredung zu gewähren. Bis zu diesem Augenblick hatte sich die Masse des Volkes und die Beamtengruppe völlig lautlos verhalten. Jeder stand unbewegt und stumm in der Erwartung des Kommenden.

Als man jedoch sah, mit welcher Herzlichkeit ich den alten Herrn begrüßte, war der Bann gebrochen. Ich konnte an den heiteren Gesichtszügen ablesen, daß ich das Spiel gewonnen hatte. Der höchste Beamte fragte mich freundlich, ob die vorläufige Besprechung nicht hier an Ort und Stelle stattfinden könne. Ich lehnte diesen Gegenvorschlag wiederholt höflich ab. Nach einer kurzen Konferenz mit einigen Leuten aus seinem Gefolge nahm er die Einladung schließlich an. Man stellte mehrere große Fahrzeuge bereit, und wir warteten die Einschiffung ab. In der Zwischenzeit umdrängte uns die bisher zurückgehaltene Menge, um uns herzlich zu begrüßen. Wir standen freilich im Schatten unseres rotbekleideten Begleiters, der zu seinem Kummer den Löwenanteil der allgemeinen Aufmerksamkeit und Bewunderung auf sich zog. Als die Barken abgelegt hatten, eilten auch wir an Bord zurück, um noch einige Vorbereitungen für den Empfang zu treffen.

Inzwischen hatte der Bote, der uns unterwegs mit einem Brief zugewinkt hatte, sein Schreiben an Bord abgegeben. Es enthielt die Fragen: wer wir seien? Woher wir kämen und was wir wollten? Dann wurde uns mitgeteilt, daß wir uns in unmittelbarer Nähe der königlichen Residenz befänden und daß es »keine gute Sitte« sei, so weit ins Land einzudringen. Das verstoße gegen die Gesetze und Gebräuche des Landes. Man forderte uns auf, sobald wie möglich umzukehren, »unser Gesuch könne alsdann aus einer größeren Entfernung eingeschickt werden.« Herr Parker hatte den Brief ohne Erwiderung zurückgegeben. Daraufhin war der Bote mit der Bitte um eine sofortige Antwort ein zweites Mal gekommen. Als der erste Offizier dem Boten mitteilte, daß er keine Instruktion habe, einen derartigen Brief zu beantworten, zog der Mann mit langem Gesicht wieder ab.

Inzwischen waren das Deck und der Eßsalon mit Flaggen dekoriert worden. Die Besatzung bildete in ihren Festanzügen, mit Gewehren, Säbeln und Lanzen bewaffnet Spalier für die Gäste, die wir feierlich an der Schiffstreppe empfingen. Sie benahmen sich jetzt freier und ungezwungener als bei unserem ersten Treffen an Land und würdigten die Anstalten, die wir zu ihrem Empfang getroffen hatten. Besondere Aufmerksamkeit erregte unser stattlicher Neunpfünder, den wir inzwischen geladen hatten. Die meisten gingen jedoch ziemlich weit um ihn herum, und keiner war bereit, ihn zu berühren.

Die drei höchsten Beamten nahmen in unserem Salon Platz. Der Vornehmste war der 60 bis 70 Jahre alte Herr mit dem silbernen Kranich. Er hatte ein gütiges, offenes Gesicht, nippte an seinem Wein mit einem befriedigten Lächeln und nickte mir von Zeit zu Zeit freundlich zu, wie wenn er sagen sollte, er freue sich, daß er sich in seiner vorgefaßten Meinung über uns getäuscht habe. Er trug eine reiche braune chinesische Seidenrobe, mit einer gelbseidenen Jacke, deren Ärmel einen Meter lang vom Handgelenk herabhingen. Ein Diener trug sein kleines japanisches Schwert und den Amtsstab mit den bunten Bändern. Nach mehreren Gläsern Wein begann die übliche Vorstellung. Der alte Herr war der Kim-Tschai-Heuni, der Gouverneur der Insel Kang-Hwa, eines sehr wichtigen Distrikts. Auf seine Frage nach dem Grund unserer Reise, erwiderte ich, daß ich den Wunsch hätte, freundschaftliche Handelsbeziehungen mit seinem Land anzuknüpfen, das sich so lange von aller Welt abgeschlossen habe. Ich erklärte ihm, daß ich in der Hoffnung auf die Weisheit seiner Regierung damit rechne, daß sie unseren Vorschlag schon mit Rücksicht auf ihre eigenen Vorteile gerne annehme. Um dies zu erreichen, sei ich auf dem Weg nach Söul.

Ein amüsantes Gespräch über einen Verhandlungstermin
mit der Regierung

Ich wußte, daß er mir kaum eine andere Antwort geben könne als der Kam-Ta-Wha in Hei-Mi. Auch er war für die Aufhebung der Handelsschranken, konnte aber den Vorschlag nur weitergeben und selbst keine Entscheidung treffen. Er bat mich dringend, mit dem Dampfer nicht bis Söul zu fahren. Die Hauptstadt sei ganz in der Nähe und man könne die Verhandlungen mit Leichtigkeit auch hier an Ort und Stelle führen. Ich wäre nie bereit gewesen, diese Bitte zu erfüllen, wenn mich nicht zwei andere Tatsachen dazu gezwungen hätten. Erstens reichten unsere Kohlen, unter Berücksichtigung einer kleinen Reserve, nur noch für die Rückfahrt nach Shanghai. Zweitens hatte ich früh am Morgen ein Boot 10 Meilen stromaufwärts geschickt, um das Flußbett zu untersuchen. Der Bericht des leitenden Offiziers war denkbar ungünstig. Der Fluß wurde immer seichter und für uns an einigen Stellen nur bei höchster Flut schiffbar. Hochfluten gab es bestenfalls einmal im Monat. Ich machte also aus der Not eine Tugend und erklärte mich zur großen Befriedigung des Gouverneurs bereit, hier zu bleiben. Voraussetzung war allerdings, daß die Verhandlungen nicht zu lange hinausgeschoben würden. Die Regelung der Terminfrage ergab ein originelles Gespräch, das ich hier im Wortlaut zitiere: Ich sagte:
»Wenn ich nun, aus Gefälligkeit für Sie, darauf verzichte, nach Söul zu gehen, wie lange kann es dauern, bis ein Abgesandter der Regierung hierher kommt, um mit uns zu verhandeln?«

Diese Frage verursachte eine lange Diskussion der Beamten unter sich. Ich war darauf vorbereitet, daß man mich viel länger als nötig hinhalten würde. Die Koreaner gingen aber jetzt mit ihrem Vorschlag weit über die Grenzen der Vernunft hinaus. Der Kim-Tschai-Heuni antwortete mir nämlich mit liebenswürdigem Lächeln:

»Da Sie so freundlich sein sollen, die Abgesandten der Regierung hier zu erwarten, so muß ich Sie bitten, sich einen Monat zu gedulden, da dieselben so lange brauchen werden, bis sie hier sein können.«

Ich antwortete in aller Ruhe, aber in einem sehr entschiedenen Ton: »Achten Sie wohl auf meine Worte! Sie verlangen, daß ich hier einen Monat warten soll, obschon Sie wissen, daß die Gesandten in wenigen Tagen hier sein können, und obwohl Sie genau wissen, daß ich dies auch weiß. Ich will Ihnen jedoch eine Frist von vier Tagen gewähren, den heutigen Tag mit eingeschlossen. Ist am Morgen des vierten Tages kein Abgesandter aus Söul hier eingetroffen, dann werde ich sofort nach Söul aufbrechen.«

Daraufhin steckten sie ihre Köpfe noch einmal zusammen, und endlich der Gouverneur: »Wir sind zu der Überzeugung gekommen, daß es vielleicht unnötig ist, auf dreißig Tagen zu bestehen. Wird es Ihnen genehm sein, wenn wir binnen zehn Tagen hier sind?«

»Durchaus nicht! Ich werde nicht länger als vier Tage warten.«
»Gut, wir wollen acht Tage sagen?«
»Keine Stunde über vier!«
»Sie können aber unmöglich vor sechs Tagen hier sein; so lange werden Sie doch hier warten?«

»Ich denke nicht daran. Ich weiß, daß vier Tage völlig genügen, und ich habe nicht die Absicht, auch nur eine Stunde länger zu warten. Sie können natürlich tun, was Sie wollen. Wenn Sie aber meinen vernünftigen Vorschlag jetzt nicht annehmen, werde ich, anstatt vier Tage zu warten, den Befehl geben, innerhalb einer Stunde nach Söul aufzubrechen. – Für die Folgen werden Sie verantwortlich sein!«

Diese Drohung hatte den gewünschten Erfolg. Wir einigten uns ohne Schwierigkeiten auf vier Tage, und Tschai-Heuni erbot sich, für die Einhaltung des Termins zu bürgen. Er und seine Kollegen waren übrigens keineswegs beschämt, daß sie nachgeben mußten. Sie hatten versucht, uns mürbe zu machen. Das war mißlungen. Über die Sache war kein weiteres Wort zu verlieren.

Und nun passierte etwas sehr Komisches. Unser Kapitän hatte einige Meilen flußaufwärts einen wesentlich besseren Ankerplatz ausfindig gemacht und wollte das Schiff möglichst bald dorthin bringen. Deshalb setzte sich der Dampfer plötzlich in Bewegung. Die Koreaner erbleichten. Ein Mann aus dem Gefolge stürzte wie von Sinnen in den Salon und teilte mit, daß der Dampfer mit allen Booten im Schlepptau und mit allen Besuchern auf- und davonfahre. Sie wußten nicht, ob sie nach Söul unterwegs waren oder über See nach China gebracht werden sollten. Es kostete keine geringe Mühe, ihnen den panischen Schrecken zu nehmen und sie von der Grundlosigkeit der Befürchtungen zu überzeugen. Als sie die Angst endlich überwunden hatten, genossen sie ihre erste Fahrt mit einem Dampfer und waren, als wir eine halbe Stunde später am neuen Ankerplatz ankamen, enttäuscht, daß die Fahrt schon zu Ende war. Besonders groß war das Interesse für die ruhige und regelmäßige Bewegung der Maschine. Der alte Tschai-Heuni zeigte sich sehr liebenswürdig. Wir tauschten zum Abschied Höflichkeiten aus. Ich hatte jede Anspielung auf die tatsächlichen politischen Verhältnisse im Lande vermieden. Unsere Besucher hätten uns doch keine Auskünfte geben können, ohne sich selbst ernsthaft zu gefährden.

Die Bevölkerung mußte sehr schnell Nachrichten über unser gutes Einvernehmen mit den Behörden erhalten haben, denn bald waren wir von einer Unzahl von Fahrzeugen aller Größen umringt, und alle Insassen wollten an Bord kommen. Wir begrüßten sie natürlich gern bei uns und ließen sie auf dem Schiff frei herumlaufen. Ich hatte unter anderem einige Gros kleiner Spiegel mit vergoldetem Rahmen mitgebracht, die ich nun verteilte. Sie reichten bei weitem nicht für alle Interessenten, die sich mit kindlichem Vergnügen im Spiegel betrachteten. Glas und Spiegel waren damals in Korea noch unbekannt. Der alte Tschai-Heuni fühlte sich so wohl bei uns, daß er erst am späten Nachmittag aufbrach. Er war in heiterster Laune und kündigte uns eine Sendung mit Hühnern, frischen Gemüsen und anderen Lebensmitteln an, die wir dankbar annahmen. Die koreanischen Beamten waren sonst sehr zurückhaltend und alles andere als freigebig.

Trotz des guten Einvernehmens hatten die koreanischen Behörden ihr Spioniersystem nicht ganz aufgegeben. Sie führten es hier nur auf eine elegantere Weise durch. Unter der großen Menge von Flußfahrzeugen um uns herum waren eine Anzahl kleiner Boote, die man zwischen dem »Emperor« und dem Strand stationiert hatte. Sie sollten die Besucher und uns selbst unter Kontrolle halten. Bei dem starken Verkehr untertags waren uns diese Spione gar nicht aufgefallen. Sie hatten sich in regelmäßigen Abständen am Ufer entlang verteilt. Sie wären uns auch am Abend nicht weiter aufgefallen, wenn sie nicht selbst auf sich aufmerksam gemacht hätten. Als Herr Parker und ich uns nämlich einem der Boote näherten, erhoben die Wachen ein großes Geschrei und forderten uns auf, zum Dampfer zurückzufahren. Ich ließ unser Boot daraufhin direkten Kurs auf das nächste Wachboot nehmen, ließ dort anlegen und war eher auf dem koreanischen Fahrzeug, ehe die Eingeborenen Zeit hatten, sich von ihrem Erstaunen über den plötzlichen Besuch zu erholen. Nun krochen sie plötzlich vor uns und baten kniefällig um Vergebung. Wir entließen sie ungeschoren unter der Bedingung, daß sie sich sofort entfernen und nie wieder hier auftauchen. Die Wachmannschaften der übrigen Boote hatten den Vorgang beobachtet, nahmen sich nicht die Zeit, die Anker zu heben, sondern zerschnitten die Ankertaue und machten sich so schnell wie möglich davon. In Zukunft gab es keine Wachschiffe mehr in unserer Umgebung.

Wir machten einen langen Spaziergang auf Kang-Hwa, hatten von einem Hügel aus einen weiten Blick über die fruchtbare Ebene, auf zahlreiche Dörfer und auf mächtige Bergketten in der Ferne, deren höchste Gipfel sich in den Wolken verloren. Von hier aus konnten wir auch die vielfachen Biegungen und Windungen des Han-Gang verfolgen, der sich in unserer Nähe in drei Arme teilte. Zu unserer Rechten lag friedlich die Stadt Kang-Hwa in einer hochkultivierten Gegend. Die uns bekannten koreanischen Städte unterscheiden sich nur durch die Größe von den kleinen Dörfern. Dicht unter uns lagen die Ruinen zweier verlassener Batterien, in denen jetzt landwirtschaftliche Geräte aufbewahrt wurden. Das Festlandufer auf der anderen Seite war wildromantisch: mächtige Felsen, die hart bis ans Wasser reichten, mit tiefen Einschnitten und Schluchten. Wir trennten uns ungern von dem Bild dieser Landschaft, die in feierlicher Ruhe im magischen Licht der untergehenden Sonne lag, mit den feurig roten Bergen im Hintergrund und den Schatten der Nacht, die sich tiefer und tiefer in die Täler und Ebenen senkten.

Ich hatte die Begleitung von Eingeborenen abgelehnt und nur ein paar koreanische Knaben als Führer mitgenommen. Als die beiden sahen, daß ich mich für Bergpflanzen interessierte, sammelten sie so viele, daß wir kaum die Hälfte mitnehmen konnten. Es gelang mir, einige nach China zu bringen, wo sie später gut gediehen. In einem großen Dorf am Ufer erwartete uns der Dorfälteste, um sich zu bedanken, daß wir unterwegs kein Haus betreten und die Bewohner nicht erschreckt hatten. Ich kannte die strenge koreanische Sitte, daß man ein Haus nie ohne die Einladung des Besitzers betreten darf und daß die Frauengemächer in jedem Falle tabu sind.

Der nächste Tag brachte uns schwere Stürme mit Regengüssen, die es uns unmöglich machten, an Land zu gehen. Schon am frühen Morgen waren große Dschunken aus entfernten Landesteilen angekommen, bis zum letzten Platz besetzt mit Besuchern für uns. Sie mußten auf Besserwetter warten. Am Nachmittag schickte Tschai-Heuni die versprochenen Lebensmittel. Wir gaben den Boten Wein, Kirschgeist, Zucker und andere Geschenke mit, mit denen wir dem Gouverneur Freude machen wollten. Zur großen Belustigung der Koreaner schickten wir auch das einzige Schaf mit, das wir an Bord hatten. Das arme Tier hatte auf dem Schiff kein behagliches Leben geführt, und in Korea waren Schafe so selten, daß wir es für ein passendes Geschenk hielten.

Zu dieser Zeit waren koreanische Bootsleute mit ihren Freunden an Bord, um sich den Dampfer näher anzusehen. Plötzlich wurden wir durch einen furchtbaren Lärm aufgeschreckt. Zwischen Eingeborenen war auf dem Oberdeck ein Streit ausgebrochen. Als wir kamen, hatten sie einen ihrer Landsleute gepackt und waren dabei, ihn jämmerlich zu prügeln. Er hatte vom Fensterbrett der Kapitänskajüte einen silbernen Teelöffel genommen und in seinen Ärmel gesteckt. Einer seiner Kameraden hatte ihn dabei ertappt. Wir hatten große Mühe, den Mann vor dem Volkszorn zu beschützen. Es gab erst Ruhe, als man ihn der Wachmannschaft auf dem Boot übergeben hatte. Aber auch dort hatte er wenig Aussicht auf Gnade. Diebstahl wird in Korea mit dem Tode bestraft. Das war aber auch der einzige Diebstahl, den ich auf meinen vielen Reisen durch das Land erlebt habe.

Der Sturm tobte die ganze Nacht und legte sich erst gegen Mittag. Nun konnten wir endlich unsere Besucher an Bord kommen lassen. Das Gedränge nahm den ganzen Tag kein Ende. Die Leute kamen zum Teil weit her. Die meisten waren Angehörige der mittleren und höheren Schichten, große, kräftige Menschen mit ausdrucksvollen Gesichtern. Gegen Abend kam ein Bote mit folgendem seltsamen Brief des Gouverneurs: »Unsere Unterredung hat mir vielen und wahrhaften Trost bereitet. Wie ich höre, befinden Sie und Ihre Leute sich wohl. Ich bin darüber sehr glücklich und dankbar. Was mich betrifft, so bin ich inzwischen von einem Augenleiden heimgesucht worden, das mich an mein Lager fesselt und mich am Ausgehen hindert. Alle Ihre Befehle sind auf das Pünktlichste ausgeführt worden. Ich hatte gehofft, imstande zu sein, Sie heute zu sehen. Da meine Augenschmerzen sich aber nicht vermindert haben, sondern unverändert anhalten, war es mir nicht möglich, meinen Besuch auszuführen. Haben Sie Geduld und warten Sie das Kommende in Ruhe ab – sobald ich mich besser befinde, werde ich kommen und mich mit Ihnen unterhalten.
Peing-in, den 17. des 7. Mondes.
Kim-Tschai-Heuni sendet Ihnen seinen Dank.«

Die Kommissare der Regierung

Wir beschlossen den Tag wieder mit einem langen, sehr angenehmen Spaziergang. Da die Kommissare der Regierung nicht vor dem nächsten Tag zu erwarten waren, hatten wir für den Morgen einen längeren Ausflug ins Innere vorbereitet. Gegen 10 Uhr vormittags beobachteten wir aber eine große Bewegung an Land. Inmitten einer großen Volksmenge waren zahlreiche Standartenträger aufmarschiert. Man erwartete offensichtlich ein besonderes Schauspiel. Gegen Mittag bewegte sich ein langer Zug von Kang-hwa auf das Ufer zu. Die Beamten verließen ihre Tragsessel und schifften sich mitsamt ihrem Gefolge ein. Bald darauf machten zwei Kommissare mit ihren Sekretären ihren Besuch an Bord. Der Kim-Tschai-Heuni führte sie ein. Ein schöner, großer Mann, der fließend chinesisch sprach, hatte seine Karte abgegeben: »Ni-Eung-ini, 37 Jahre alt, Gesandter der Regierung.« Er war früher Attaché einer Gesandtschaft in Peking. Er war der gebildetste Koreaner, den ich bis jetzt getroffen hatte, und Tschai-Heunis Bericht über uns muß sehr gut ausgefallen sein, denn der Gesandte kam mir von Anfang an offen und freundlich entgegen. Seine Begleiter waren niederen Ranges und beteiligten sich kaum an der folgenden Verhandlung. Die Herren kamen von der Regierung in Söul und sollten unsere Wünsche entgegennehmen.

Ich sagte ihnen, daß wir als Freunde nach Korea gekommen seien, mit dem Vorschlag, das Land für den internationalen Handel zu öffnen, eine Maßnahme, die für das Land selbst nur von Vorteil sein könne und die alle Schichten der koreanischen Bevölkerung begrüßen würden. Wir seien der Hoffnung, daß die koreanische Regierung unsere freundliche Gesinnung erwidere, so daß es zu einem befriedigenden Abschluß unserer Unterhandlungen kommen könne. Ich sei selbst von keiner Regierung abgesandt oder bevollmächtigt und vertrete jetzt nur mich selbst. Ich sagte wörtlich: »Ich habe seit langer Zeit ein tiefes Interesse an Ihrem Volk und an Ihrem Land und ich weiß, daß dieses Interesse von den Menschen der meisten europäischen Länder geteilt wird. Wenn die koreanische Regierung die Grenzen ihres Landes öffnet, werden andere Staaten bald Separatverträge abschließen und Ihrem Land dieselbe freundschaftliche Gesinnung entgegenbringen wie ich.«

»Was ich von Ihnen verlange, ist weder unvernünftig noch ungerechtfertigt. In unseren Zeiten kann sich kein Land der zivilisierten Welt abschließen und isolieren. Keines hat die Macht, diesen Zustand auf die Dauer aufrecht zu erhalten. Ich kann mir nicht herausnehmen, Ihrer Regierung einen Rat zu geben, aber ich möchte doch feststellen, daß meine wohlmeinenden Vorschläge Ihnen eines Tages als harte Forderungen anderer Regierungen aufgezwungen werden. Sie werden dann nicht mehr die Wahl haben, sie anzunehmen oder abzuschlagen, Sie werden auch keine Möglichkeit haben, sie zu modifizieren!«

Ni-Eung-ini hörte aufmerksam zu und nickte einige Male beifällig. Als ich fertig war, sagte er: »Ich erkenne die Richtigkeit Ihrer Bemerkungen voll und ganz an. Ich kann Ihnen versichern, daß meine Regierung diese Angelegenheit für sehr wichtig hält, und keineswegs abgeneigt ist, Ihre Vorschläge anzunehmen. Sie möchte aber die Verantwortung für eine Entscheidung mit solcher Tragweite nicht allein auf sich nehmen, sondern sich erst der Einwilligung des Kaisers von China versichern. Erst dann kann sie entscheidende Schritte unternehmen. Ich bin indessen heute nicht hierher gekommen, um Ihnen eine endgültige Antwort zu bringen, sondern nur zu einer vorläufigen Unterredung. Nach meiner Instruktion soll ich sofort nach unserer Unterredung nach Söul zurückkommen und Bericht erstatten. Im Laufe der nächsten zwei Tage werde ich mit einem Gesandten höheren Ranges zu Ihnen kommen und Ihnen den Entschluß der Regierung mitteilen.«

Die Absicht der Regierung war nun leicht zu erkennen. Sie hatte keinen stichhaltigen Grund, um meine Vorschläge abzulehnen und sie wollte eine offizielle Ablehnung vermeiden. Es war begreiflich, daß die zur Zeit herrschende Partei die Ausländer so lange wie möglich fern halten wollte. Seit der Ermordung der französischen Missionare waren erst wenige Wochen vergangen. Die Günstlinge des Regenten, die dazu geraten hatten, fürchteten sicher nicht mit Unrecht, daß man sie zur Rechenschaft ziehen würde, wenn Ausländer sich im Lande niederlassen würden. Sie wollten Zeit gewinnen, die Verantwortung für die Ablehnung unserer Anträge aber einem anderen aufbürden. Sie meinten, der Kaiser von China könne diese Schuld ohne Schaden tragen. Im übrigen nahm man an, daß ich über die politische Lage in China und das Verhältnis Chinas zu Korea nicht unterrichtet sei. Ich wußte aber nur zu gut, daß das arme überbürdete kaiserliche Kind in Peking mit der Sache ebensoviel zu tun hatte wie der Khan der Tatarei oder irgendein anderer ferner Potentat. Aufgrund dieser Überlegungen antwortete ich dem Gesandten:

»Nach Ihrer Mitteilung halte ich es für ratsam, Ihren zweiten Besuch und Ihren Vorgesetzten abzuwarten, ehe wir uns eingehender mit der Sache befassen. Ich muß Ihnen aber schon jetzt sagen, daß ich genau so gut wie Sie darüber unterrichtet bin, daß der Kaiser von China nicht das Geringste mit dieser Sache zu tun hat. Er wird sich auch nicht mit ihr befassen. Ferner möchte ich zur Beruhigung Ihrer Regierung noch sagen, daß sich kein Ausländer in die innenpolitischen Verhältnisse Koreas einmischen wird.«

Ni-Eung-ini versprach, über den Inhalt unserer Unterredung getreulich zu berichten. Er werde dabei die freundliche Gesinnung, mit der wir ihm entgegengekommen sind, besonders hervorheben. Der Gesandte war äußerst höflich und zuvorkommend, und er entledigte sich seiner keineswegs angenehmen Mission mit Takt und viel Geschick. Er war in großer Eile, weil er sofort nach Söul zurückkehren wollte. Die Konferenz hatte nur eine gute Stunde gedauert. Vor ihrer Abfahrt beschenkte ich ihn und den alten Tschai-Heuni noch mit einigen Kleinigkeiten, z.B. Bleistiften, die sie vorher bewundert hatten. Der Ni-Eung-ini versprach mir als Gegengabe einige koreanische Hüte und andere Artikel mitzubringen. Sie verließen uns offensichtlich einigermaßen befriedigt. Der Gouverneur von Kang-Wha hatte sich nicht an der Besprechung beteiligt.

Unmittelbar nach dem Aufbruch der Kommissare ließen wir uns an Land bringen, um den geplanten Ausflug zu machen. Wir streiften meilenweit durch den Distrikt Kang-Wha und wurden nirgends belästigt oder aufgehalten. Als wir auf dem Rückweg gegen Abend einen größeren Flecken passierten, überraschte uns der Älteste des Platzes mit einer Einladung in sein Haus. Man hatte ihm wahrscheinlich entsprechende Befehle gegeben, sonst hätte er es nicht gewagt, Ausländer aufzunehmen. Man hatte ein reiches Mahl vorbereitet, und wir durften uns diese unerwartete Gastfreundschaft als besondere Ehre anrechnen. Trotzdem hätte ich lieber abgesagt, um den vielerlei unbekannten (und fragwürdigen) Delikatessen zu entgehen, die man hinunterschlucken mußte, um den Wirt nicht zu beleidigen. Auch die benachbarten Notabilitäten waren zum Festmahl geladen, das sie sehr genossen. Man trank riesige Mengen von dem widerlichen koreanischen Saki, der noch schlechter schmeckt als der chinesische. Die Gesellschaft war bald in gehobener Stimmung. Man war sehr freundlich zu uns und wünschte uns guten Erfolg. Es war beinahe Mitternacht, bis man uns endlich ziehen ließ. Die Gesellschaft bestand darauf, uns bis ans Ufer zu begleiten. Dort nahmen wir herzlich Abschied voneinander. Der Wirt schenkte mir noch einen langen Stab aus besonders hartem Holz, den ich heute noch als Spazierstock benütze.

Die Regierung versteckt sich hinter dem Kaiser von China

Am übernächsten Tag kündigte ein Zug von Standartenträgern die erwarteten Gesandten aus Söul an. Diesmal erschien Ni-Eung-ini als zweiter Bevollmächtigter. Der erste Kommissar ließ mir folgende Besuchskarte bringen »Pang-Ou-Seu, Gesandter der Regierung, mit der Weisung, die Fremden gut zu empfangen, 78 Jahr alt«. Von zwei anderen Beamten geführt, erschien ein sehr alter, aber noch rüstiger und lebhafter Herr. Er wurde mit allen seinem hohen Rang gemäßen Ehren begrüßt und fühlte sich bald sichtlich wohl bei uns. Er sprach fließend chinesisch. Herr Ni-Eung-ini schenkte mir drei typisch koreanische Fabrikate: mehrere schöngeflochtene Strohhüte, weiße und rosenfarbige Papierfächer und mehrere Dutzend enge Holzkämme. Nach Erledigung der unumgänglichen Formalitäten sprach Pang-Ou-Seu:

»Ich habe Befehl, Sie im Namen der koreanischen Regierung willkommen zu heißen, und die Ankunft Ihres Fahrzeuges als das Zeichen des beginnenden Verkehrs zu begrüßen, der sich im Laufe der Zeit zwischen diesem Land und fremden Völkern entwickeln kann. Nach dem Empfang des von Ni-Eung-ini erstatteten Berichts ist der Staatsrat zusammengerufen worden, um Ihre Wünsche und Vorschläge in ernstliche Erwägung zu ziehen. Die Regierung ist durchaus nicht abgeneigt, auf dieselben einzugehen. Indessen wünscht der König, mein Herr, eine so äußerst wichtige Angelegenheit nicht allein, und ohne den Rat und die Beistimmung des Kaisers von China zu entscheiden. Können Sie sich daher nicht nach Peking begeben und sich daselbst einen Brief vom Kaiser verschaffen, der den König zur Eröffnung dieses Landes autorisiert? Im Besitz eines solchen Schreibens wird man Ihren Wünschen aufs bereitwilligste Gehör schenken, und auf diese Weise können alle ferneren Schwierigkeiten aus dem Weg geräumt werden.«

Pang-Ou-Seu hatte seine Rede sehr feierlich und eindringlich vorgetragen. Nun blickte er forschend auf, um zu sehen, welchen Eindruck er gemacht hatte. Nach den Andeutungen, die Ni-Eung-ini neulich gemacht hatte, war ich nicht erstaunt über die Art und Weise, in der die Regierung versuchte, die Frage zu umgehen und die Entscheidung möglichst lange hinauszuschieben. Es ärgerte mich aber, daß man auf eine derart hohle Ausrede verfallen war, in der Annahme, daß ich über das wirkliche Verhältnis zwischen China und Korea nicht orientiert bin. Meine Antwort sollte den Gesandten unzweifelhaft klar machen, daß sie durchschaut waren. Sie lautete:

Die Mission ist gescheitert

»Ich höre mit tiefstem Bedauern, daß die Regierung es für angemessen hält, sich eines so leeren und nichtssagenden Vorwandes zu bedienen, um die ihr unterbreiteten freundschaftlichen Vorschläge abzulehnen. Sie wissen mindestens so gut wie ich, daß es vollkommen sinnlos wäre, in Peking ein zustimmendes Schreiben zu erbitten. Wenn die koreanische Regierung die Ausländer für so unwissend hält und glaubt, daß wir über die tatsächlichen Verhältnisse zwischen den beiden Reichen nicht unterrichtet sind, dann schlage ich Ihnen vor, daß Sie den Behörden in Söul diesen Irrtum nehmen. Ich halte es für einen sehr schlechten Vorwand der Regierung, wenn sie sich jetzt plötzlich auf eine Abhängigkeit von China beruft, die seit vielen Jahren nicht mehr besteht, nur um mein Gesuch ablehen zu können. Es wäre besser und anständiger gewesen, mir offen und ehrlich einen abschlägigen Bescheid zu geben, dann hätte ich gewußt, mit wem ich es zu tun habe. Ich hätte dann auch keinen Grund, an der Aufrichtigkeit und Wahrheitsliebe Ihrer Regierung zu zweifeln. Bei meinen Besuchen in Ihrem Lande war ich immer bemüht, den Behörden und der Bevölkerung gegenüber zu beweisen, daß der Verkehr mit Ausländern beiden Teilen Nutzen und in keinem Falle Schaden oder Gefahr bringt. Dabei habe ich erfahren, daß die weitaus größere Mehrzahl der Bevölkerung Ihres Landes, die Aufhebung der Absperrung begrüßen würde. Ihre Regierung handelt also gegen den ihr wohlbekannten Wunsch des Volkes. Das ist um so mehr zu bedauern, als es kaum eine zweite, derart günstige Gelegenheit für die Aufnahme von Beziehungen mit dem Ausland geben wird. Alle Staaten würden gerade jetzt das Entgegenkommen der koreanischen Behörden mit Freude begrüßen, und man kann mit Sicherheit annehmen, daß damit die bösen Folgen abgewendet würden, die nun nach der unverantwortlichen Ermordung der französischen Missionare unvermeidlich sind. Aus Rücksicht auf Ihre Regierung, und als Beweis für meine freundschaftliche Gesinnung, habe ich es bisher vermieden, diese peinliche Frage zu erwähnen. Wenn ich es jetzt doch tue, geschieht es, um Ihnen zu zeigen, daß wir draußen mehr über die Vorgänge in Ihrem Lande wissen als Sie annehmen. Ich kann Ihre ausweichende Antwort deshalb nur für das nehmen, was sie ist, nämlich als eine endgültige, unbedingte Abweisung meines Gesuches. Unter diesen Umständen kann ich unseren weiteren Aufenthalt in diesem Lande nicht rechtfertigen. Wir werden unsere sofortige Rückfahrt vorbereiten. Ihre Regierung wird es sich selbst zu danken haben, wenn unser freundschaftliches Verlangen eines Tages in einer für sie weniger angenehmen Form wiederholt wird.«

Die Gesandten hörten aufmerksam zu, ohne eine Miene zu verziehen. Ihre Sekretäre schrieben mit. Als ich auf die Ermordung der Missionare zu sprechen kam, zuckten sie zusammen und sahen einander an, als ob sie sich wunderten, daß diese Tatsache im Ausland bekannt ist. Die beiden Gesandten erhoben sich, traten auf mich zu und versuchten, meinen Zorn zu besänftigen. Es tat ihnen offensichtlich leid, daß ich mir ihre Absage so zu Herzen nahm. Sie sprachen die Hoffnung aus, daß sich die Angelegenheit im Laufe der Zeit zu aller Zufriedenheit regeln lasse. Ich solle nur die Geduld nicht verlieren und ihnen persönlich nichts nachtragen.

Ich erwiderte ihnen, daß ich keinen Grund hätte, gegen sie persönlich zornig zu sein. Sie seien an ihre Instruktionen gebunden gewesen. Ich sei aber mit Recht über die Regierung erbittert, die nicht bereit ist, auf die Stimme der Vernunft und des Friedens zu hören. Sie werde eines Tages statt dessen Kanonen hören müssen. Ihr Land könne sich weder an Größe noch an Macht mit China oder Japan vergleichen. Beide Reiche seien gezwungen worden, die Fremden zuzulassen. Um wieviel weniger würde Korea imstande sein, sich gegen Forderungen der Großmächte zu sträuben. Die beiden Herren drückten daraufhin noch einmal ihr Bedauern darüber aus, daß ihre Mission kein besseres Ende gefunden habe. Sie gaben zu, daß unter den jetzigen Machthabern keine Umkehr der Regierung zu erwarten ist. Sie hüteten sich natürlich, die Maßnahmen ihrer Vorgesetzten offen zu tadeln. Man sah es ihnen aber an, daß sie mit der augenblicklichen Lage unzufrieden waren.

Nachdem sie ihre Boote bestiegen hatten, trafen wir die letzten Vorbereitungen für unsere eigene Abreise. Wir sahen am nächsten Tag die romantischen Schönheiten der Insel Kang-Wha noch einmal im rosigen Farbenspiel der aufgehenden Sonne. Ein Salut aus unserem schweren Geschütz unterbrach die Stille des Morgens. Dann wandte sich unser wackerer kleiner Dampfer heimwärts. Die hohe Flut führte uns sicher über alle Gefahren und Riffe des Flusses. Am Abend erreichten wir die Mündung des Han-Gang. Nun richteten wir unseren Kurs auf die weniger schönen, aber gastfreien Küsten Chinas, die wir nach wenigen Tagen ohne Unfall erreichten.

Oppert beteiligte sich 1869 noch einmal an einem dritten Versuch, die Öffnung der koreanischen Grenzen durchzusetzen. Eine Gruppe koreanischer Christen glaubte, den Regenten auf unblutige Weise so in die Hand zu bekommen, daß er alle ihre Bedingungen erfüllen müsse: die Beendigung der grausamen Unterdrückung ihrer Landsleute, die Freigabe der Häfen für den Welthandel und die Öffnung der Grenzen. Der abergläubische Tyrann hatte nämlich an einem abgelegenen Ort alte »Reliquien« versteckt, von deren Besitz das Glück seiner Familie abhängen sollte. Man hatte das Versteck ausgekundschaftet, wollte die »Reliquien« rauben und sie dem Regenten erst zurückgeben, wenn alle Forderungen an ihn erfüllt waren. Zum schnellen Abtransport der »Reliquien« und der an dem Unternehmen beteiligten Leute brauchte man einen Dampfer, den Oppert stellen sollte. Er war dazu bereit. Die Operation scheiterte daran, daß die Leute nicht in der Lage waren, die schwere Steinmauer zu durchbrechen, unter der die »Reliquien« lagen. Der Dampfer mit den Christen erreichte knapp vor Anbruch der Ebbe wieder tiefes Wasser. Außerdem wäre es fraglich gewesen, ob der Regent mächtig genug war, die Teilhaber seines strengen Regiments zum Frieden zu zwingen.

JAPAN

Einführung

Im Jahr 1542 wird die Dschunke des chinesischen Piraten Samiposcheka nach dreiundzwanzig stürmischen Tagen von einem Taifun an die Küste der japanischen Insel Tanega-shima vor dem südlichsten Zipfel des Reiches verschlagen. Der Seeräuber hat drei desertierte portugiesische Matrosen angeheuert, unter ihnen den erfahrenen Ostasienfahrer Fernam Mendes Pinto, der bald entdeckt, daß er sich weit am Rande des Ostmeers auf der unerschöpflich reichen Goldinsel Zipangu befindet, von der Marco Polo berichtet hat. Er schenkt dem Inselfürsten einen seiner »eisernen Stöcke«, die tötende Blitze ausspeien und zeigt ihm, wie man das Pulver herstellt, mit dem die Arkebuse geladen wird. Der Mikado befiehlt den Fremden zu sich. Pinto heilt die Gicht des kranken Herrschers mit einem feuchten Stück Holz, wahrscheinlich mit Guajakholz, das die Welser damals aus den amerikanischen Ländern nach Europa importierten. Auf diese Weise kommt der erste Kontakt zwischen Europäern und Japanern zustande. Die »Goldinsel« lockt – das meiste Gold war nur aus Messing! –, und bald eröffnen portugiesische und spanische Kauffahrer einen lebhaften Handel mit Japan, der reichen Gewinn bringt. Den Handelsleuten folgen die Missionare, an ihrer Spitze der spanische Jesuit Franz Xaver (1505 - 1552). Die Portugiesen und die christlichen Prediger können sich im ganzen Reich ungehindert bewegen und Niederlassungen gründen. Die kleinen Landesfürsten unterstützen die Missionare. Um 1616 soll sich fast die Hälfte der Japaner zum neuen Glauben bekannt haben.

Damals regierten in Nippon zwei, dem Buchstaben nach fast gleichberechtigte Herrscher: das geistliche Oberhaupt, der Dairi oder Mikado, und der weltliche Machthaber, der Dshogun. Der Mikado galt als der »Sohn des Himmels«, eine aus dem Jenseits stammende, fast göttliche Person, dessen Füße die Erde nicht berühren durften. Nur 1732 ging der Dairi nach einer schlechten Ernte barfuß über Land, um vom Himmel Fruchtbarkeit zu erbitten. Die weltliche Macht lag schon seit 1135 in der Hand des obersten militärischen Befehlshabers, des Dshogun. Nach einem Umsturz im Jahr 1584 verlor der Dairi den letzten Rest seiner Macht. Er wurde in den Stand einer heiligen Person erhoben, die nur wenige Untertanen von Angesicht zu Angesicht sehen durften. In seinem prächtigen Palast wurde er von einem Statthalter bewacht, der dem Dshogun verantwortlich war. Er konnte aus dieser Isolierung kaum etwas gegen das Vordringen des Christentums unternehmen, das den von ihm vertretenen Buddhismus ernsthaft bedrohte. Erst als die eingeborenen Christen sich unter dem Einfluß der Jesuiten auf die Seite des buddhistenfeindlichen Dshogun Nobunaga schlugen und Feuer an die Pagoden legten, schaltete sich die mächtigere Gegenpartei ein. Die Christen wurden verfolgt, hart bestraft und mehrere Millionen verloren das Leben. 1637 erklärte man die Portugiesen und alle Christen zu Staatsfeinden und verbannte sie für ewige Zeiten aus Japan. Die Häfen des Reiches wurden für alle fremden Schiffe geschlossen. Nur chinesische und holländische Kauffahrer durften unter harten, zum Teil entwürdigenden Bedingungen in Nagasaki chinesische und europäische Waren umschlagen, auf die man in Japan doch nicht verzichten wollte. Späterhin konnten die Engländer vorübergehend eine kleine Niederlassung halten. Die Russen schickten wiederholt Gesandte, die Handelsbeziehungen aufnehmen sollten. Ihre Besuche wurden nicht angenommen. Der deutsche Naturwissenschafter Georg Heinrich von Langsdorff berichtet z.B. von der Expedition des russischen Seeoffiziers Iwan Fjodorowitsch von Krusenstern (1770 - 1846), der 1803 bis 1806 im Auftrag des Zaren Alexander I. die erste russische Weltumseglung durchführte. Er nahm in Kamtschatka den Gesandten des Zaren von Resanow auf, segelte mit ihm Nagasaki an und wartete dort im Hafen fast sechs Monate vergeblich auf die Einladung zu einer Audienz beim Mikado. Dem Vizeadmiral Graf

Putjatin ging es 48 Jahre später (1883/4) nicht besser. Iwan A. Gontscharow schreibt in seinem Bericht über diese Reise am 9. August 1883: »Endlich gelangten wir nun an das Ziel der zehnmonatigen Reise und aller Mühen. Da ist dieser verschlossene Schrein mit dem verlorenen Schlüssel, das Reich, in das man bis jetzt vergeblich hineinzublicken versucht hat, das man mit Gold und Waffen und schlauer Politik einer Annäherung geneigt machen wollte. Da ist ein nicht so kleines Häuflein Menschen, das dem Joch der Zivilisation geschickt ausweicht, indem es wagt, nach eigenem Gutdünken und eigenen Gesetzen zu leben, das die Freundschaft, die Religion und den Handel der Fremdvölker hartnäckig zurückweist, über unsere Versuche, es aufzuklären, lacht und die inneren, willkürlichen Gesetze seines Ameisenreiches dem natürlichen, nationalen und jedem anderen europäischen Recht oder Unrecht entgegenstellt.«

Mit der Ausweitung des europäischen und amerikanischen Handels mit dem Fernen Osten wuchs die Notwendigkeit, auf dem weiten Weg von Kontinent zu Kontinent Stützpunkte zu finden, die man als Fluchthäfen vor Unwettern, zur Aufnahme von Wasser und frischen Nahrungsmitteln, später auch zum Bunkern von Kohle anlaufen konnte. Deshalb erzwangen 1854 amerikanische Kriegsschiffe unter dem Kommando des Commodore M.C.Perry (1794 bis 1858) die Öffnung der Häfen Simoda und Hakodate für den internationalen Handel. Beide Häfen erwiesen sich als unzureichend. Erst 1859 wurden auch die günstiger gelegenen Häfen Kanagawa und Nagasaki geöffnet. 1858 wurde in Kanagawa der erste Handels- und Niederlassungsvertrag mit den Amerikanern geschlossen. England, Frankreich, Holland und Rußland folgten den Vereinigten Staaten bald mit ähnlichen Abmachungen. Spanien und Portugal waren in Japan vergessen.

Die gewaltsame Öffnung des Landes für den Handel löste in weiten Teilen des Reiches, vor allem im Süden, wilde Aufstände gegen die Ausländer aus. Dshogune, die den Kontakt mit den überseeischen Staaten förderten, starben unter ungeklärten Umständen. Der Minister Kamon-no-Kami wurde kurz vor der Unterzeichnung des Vertrages über die Öffnung der Häfen Kanagawa und Nagasaki ermordet. Fanatisierte konservative Klans begannen erneut mit einer planmäßigen Christenverfolgung. Der Schlachtruf

Blick in den Krater des Fusi-Jama

der »ronin« (Wogenmänner) war überall zu hören: »Ehre dem Kaiser! Hinaus mit den Barbaren! Schließt die Häfen!« Die Shogune standen unter dem Druck der eigenen aufsässigen Klans und der Drohung der fremden Staaten, jede feindliche Maßnahme rücksichtslos zu vergelten. Die Lage besserte sich erst als der Shogun (am 1.1.1868) nach 700 Jahren die Macht an den Mikado zurückgab und damit die Regierung wieder der althergebrachten Autorität unterstellte.

Deutsche in Japan

In den 60er Jahren des 19. Jahrhunderts gab es noch keine deutsche Nation. Die erste deutsche Gesandtschaft schickte der König von Preußen im Jahr 1860 unter der Führung von Graf Fritz von Eulenburg auf dem Kriegsschiff »Arcona« nach Japan. Alle deutschen Reisenden, die vorher nach Japan kamen, reisten und dienten unter fremden Flaggen. Die meisten standen im Dienst der »Holländisch-Ostindischen-Gesellschaft«. Der erste war der Schwabe Wolfgang Braun aus Ulm, der 1639 in Hirado einen Mörser goß, mit dem man eine Granate 300 Meter weit schießen konnte. Die Japaner gestatteten ihm daraufhin wie einer vom Adel zu Pferde zu reiten oder sich in einer Sänfte tragen zu lassen. Ihm folgten im Lauf der nächsten 50 Jahre mindestens sechs Deutsche, von denen wir wissen, und sicher noch mancher unbekannte Seemann, der als Matrose auf holländischen Schiffen nach Nippon gesegelt ist.

1690 bis 1692 wirkt Engelbert Kämpfer als Arzt der holländischen Faktorei in Nagasaki. Er bringt den ersten umfassenden und sachlich begründeten Bericht über Japan nach Europa. In der Zeit bis zur Öffnung der japanischen Häfen haben nur noch zwei Deutsche bemerkenswerte Aufzeichnungen über ihre Besuche in Japan hinterlassen: der in russischen Diensten stehende Naturforscher und Arzt Georg Heinrich von Langsdorff 1804, und der

Arzt Philipp Franz von Siebold, der 1823 in Nagasaki an Land ging, um die Stelle von Engelbert Kämpfer einzunehmen.

Japanische Gesetze haben die Bewegungsfreiheit der Ausländer, die Sammlung von Unterlagen über die Geographie und Geschichte des Landes, über politische und wirtschaftliche Fragen, über Kunst und Wissenschaft, ja über den Alltag des Japaners außerordentlich eingeschränkt. Die Holländer und Chinesen, die ständig in Nagasaki leben mußten, hausten auf zwei kleinen, künstlichen Inseln, die Holländer auf Deshima (Vorinsel). Sie hatten nicht die Möglichkeit, die Stadt Nagasaki oder ihre nähere Umgebung kennenzulernen. Auf den sogenannten Gesandtschaftsreisen wurden sie streng überwacht und auf einer genau festgelegten Route durch das Land geschleust. Jeder Japaner, der sich »ausfragen« ließ, setzte dabei sein Leben aufs Spiel. Langsdorff konnte das Schiff nur zu wenigen offiziellen Empfängen beim Gouverneur unter Führung japanischer Beamten verlassen. Um so erstaunlicher ist, daß es den drei Männern gelang, ein zutreffendes Bild des großen, damals völlig unbekannten Reiches zu schaffen, das bis zur Abdankung des letzten Dshoguns (1867) gültig blieb.

ENGELBERT KÄMPFER (1651 - 1716)

Engelbert Kämpfer (1651 - 1716) gilt mit Recht als der größte deutsche Reisende der Barockzeit. Er wurde am 16. September 1651 als Sohn eines Pfarrers in Lemgo geboren, besuchte die Gymnasien in Lemgo, Hameln und Lüneburg und machte mit 17 Jahren seine erste Bildungsreise nach Holland. Bald darauf finden wir ihn an den Gymnasien von Lübeck und Danzig und beim Studium in Thorn und Krakau. Er ist ständig unterwegs, studiert die Naturwissenschaften und Medizin und spricht sechs Sprachen. 1683 verläßt er als Sekretär einer schwedischen Gesandtschaft Stockholm, mit der er über Helsinki, Moskau, die Wolga abwärts, über Astrachan und das Kaspische Meer nach Persien reist. 1685 trennt er sich in Isfahan von der Gesandtschaft, um als Arzt die notwendigen Mittel für seine Forschungen zu verdienen. Später tritt er in den Dienst der Niederländisch-Ostindischen-Kompanie, reist über Ceylon, Sumatra, Java und Siam nach Japan und bleibt dort zwei Jahre. Am 31.10.1692 kehrt er über Java, das Kap der Guten Hoffnung und Amsterdam zurück, um in Lemgo die reiche Beute seiner zehnjährigen Reise auszuwerten. Es kommt nicht dazu. Die Grafen zur Lippe ernennen ihn zu ihrem Leibarzt und stehlen ihm damit die Zeit für seine eigentliche Aufgabe. Er beklagt sich bitter: »Wir Deutschen sind ja jetzt bekanntlich Leibeigene unserer Fürsten. Und wer ihre Lasten auf sich nimmt, kann sie nicht ohne Ungnade und Schaden wieder abschütteln.« Freunde überreden ihn, eine reiche Kaufmannstochter zu heiraten, um sich von dem Sklavendienst zu befreien. Er heiratet mit 50 Jahren eine 16jährige, die ihm die Hölle heiß macht. Er braucht 18 Jahre bis 1712 sein erstes und einziges Buch erscheinen kann, die »Amoenitates Exoticae« (Schönheiten des Auslands). Fast abgeschlossene andere Manuskripte bleiben liegen, das Material für weitere Werke ist unbearbeitet, als er am 2. November 1716 mit 65 Jahren stirbt.

Mit dem Manuskript über Japan werden 1725 andere Aufzeichnungen nach England verkauft. 1727 erscheinen die zwei Bände des Japanwerkes in London in englischer Sprache. Zwei Jahre später liegen sie auch in holländischer und französischer Sprache vor. In Deutschland wird erst 1735 ein aus dem Französischen übersetzter, unzureichender Auszug des Buches in einem Sammelwerk von Du Halde gebracht. Nach Jahrzehnten wird ein zweites deutsches Manuskript gefunden, das die Grundlage für die erste vollständige deutsche Ausgabe bildet. Sie wird 1779, 87 Jahre nach dem Abschluß der Japanreise, veröffentlicht. Die Zahl der Subscribenten ist nicht groß, die Wirkung entsprechend gering. Aber das Conversations-Lexicon von Brockhaus macht auf den »berühmten Reisenden« aufmerksam. 1783 erscheint eine gekürzte Ausgabe und erst 1964 erfolgt ein Neudruck der großen, von Dohm besorgten Edition von 1779.

Das ist die fast tragische Geschichte eines außerordentlich begabten großen Reisenden, der aus der Enge in die weite Welt aufbricht und dessen Werk nach der Heimkehr in der Enge erstickt.

Kämpfer muß eine außerordentliche Gabe gehabt haben, Menschen zum Sprechen zu bringen und aus den mühsam gesammelten Mosaiksteinen ihrer Aussagen und eigener Beobachtungen ein klares Bild aufzubauen. Er hatte nur einen einzigen ständigen Helfer, einen 24 Jahre alten Japaner, den ihm der japanische Gouverneur von Nagasaki zur Ausbildung zugeteilt hatte. Der junge Mann sollte sein Leibarzt werden. Kämpfer konnte nicht japanisch sprechen, aber der Assistent lernte bei ihm in einem Jahr holländisch, ohne daß die Wächter des Dshogun etwas merkten. Seinen japanischen Patienten aber löste Kämpfer die Zunge zuweilen mit »liqueur«.

Wir bringen nun einige Proben aus dem Japanbuch.

Die Reise von Nagasaki nach dem kaiserlichen Hof in Jedo

Vorbereitungen zu unserer Hofreise und Beschreibung der inländischen Art zu reisen

Seit den Zeiten des Joritomo, des ersten weltlichen Erbkaisers, der die jetzige Regierungsform einführte, ist es Gewohnheit geworden, daß nicht nur die Gouverneurs der kaiserlichen Städte und Besitzungen, sondern auch alle übrigen sogenannten Daimjo (»großer Name«) und Sjomjo (mittlerer und niederer Adel), das sind die Statthalter vom ersten und zweiten Range, einmal im Jahr am Hof erscheinen müssen. Die ersteren, als die vornehmsten, die man wohl auch wegen ihres sehr großen Ansehens Könige oder Fürsten nennen könnte, bezeugen sodann ihre Ehrerbietung dem Kaiser selbst, die anderen aber nur dem Collegio der versammelten Reichsräte. Beide überreichten zugleich Geschenke zum Zeichen der Huldigung, so wie es ihre Würde erfordert.
So wie sich die Portugiesen zu ihrer Zeit zu dieser Ceremonie bequemen mußten, so tun es auch jetzt der Resident und Agent der löblichen holländischen ostindischen Gesellschaft. Einen Wundarzt nebst einem oder zween Sekretärs können sie mit auf diese Reise nehmen, außerdem aber werden sie von einer Schar Japaner verschiedenen Standes und Würden begleitet, welche von den Gouverneurs der Stadt Nagasaki, unter deren Befehlen sie stehen, dazu ernannt werden. Es sollte dieses zwar den Anschein haben, als ob denen, so den Kaiser zu sehen verlangen, hiermit eine Ehre gezeigt würde, in der Tat aber war die Absicht, die man mit dieser Eskorte verbarg, eine ganz andere, und der gleich, die man bei Spions und Gefangenen hat. Es sollte nämlich dadurch verhütet werden, daß unterwegs verdächtige Unterhandlungen und Gemeinschaft mit den Eingeborenen des Landes gepflogen, daß ihnen nicht etwa Kreuze, Bilder, Reliquien oder was sonst auf das Christentum einige Beziehungen hat, in die Hände gespielt, daß ihnen nicht durch Verkauf oder Verehrung einige fremde Sachen und Seltenheiten aus christlichen Ländern beigebracht würden, und daß nicht etwa gar einer sich abschleichen und zur Fortpflanzung des Christentums oder Erregung sonstiger nachteiliger Unruhen im Lande verstecken möge.

Es werden zu dieser Begleitung gemeiniglich Hausbediente des Gouverneurs gebraucht, oder auch Leute, die bei dem holländischen Handel Arbeit oder die Aufsicht haben, und von deren Treue und Aufrichtigkeit man sonst überzeugt ist, wiewohl sie überdas vor der Abreise sich noch mit Eid und Blut schriftlich verbinden müssen, daß sie alles, was sie von den Holländern oder auch selbst von ihren eigenen Landsleuten auf der Reise Verdächtiges hören oder sehen mögen, anzeigen wollen. Der vornehmste Führer des Trupps bis zu dem geringsten Diener ist hiervon nicht ausgenommen, als nur die Pferdeknechte, die man zum öfteren wechselt.

Zweimal habe ich einer solchen Hofreise beizuwohnen das Vergnügen gehabt. Das erstemal im Jahr 1691, in Gesellschaft eines Herrn Henrich von Bütenhem, der ein rechtschaffener, gutherziger und wohldenkender Mann war, der Japaner Manier und Sprache sehr wohl kannte, und der mit einer besonderen Klugheit seine und der holländischen Nation Ehre aufrecht erhielt. Das anderemal in dem darauf folgenden Jahre mit dem Bruder des jetzigen Generalgouverneurs auf Batavia, dem Herrn Cornelius Outhorn, einem belesenen, erfahrenen und sprachkundigen Manne, welcher sich durch seine angeborene Leutseligkeit bei den mißtrauischen Japanern überaus beliebt gemacht hatte, und also dadurch das Wohl der Compagnie sehr beförderte.

Ich will das, was mir auf beiden Reisen jeden Tag Denkwürdiges vorgekommen, in diesem Buch nach der Ordnung beschreiben, vorher aber noch kurz einige allgemeine Anmerkungen machen, die zu desto besserem Verständnisse der Sache dienen können.

Zu den Vorbereitungen der Reise gehört folgendes:
Zuvörderst wird die Wahl der Geschenke für den Kaiser, für seine Minister und einige andere hohe Kronbedienten in Jedo (auch Edo – heute Tokio), Miaco (heute Kyoto; seinerzeit Residenz des Mikado) und Osaka, die auf eine gewisse Summe Geldes hinauslaufen, vorgenommen. Dann werden die Geschenke selbst verteilt und für jeden bestimmt, darauf werden sie in lederne Beutel oder Felleisen getan, die man sorgfältig mit Matten umschlägt, damit sie auf der Reise wohl verwahrt sind und endlich versiegelt. Eben diese Wahl geschieht von den Gouverneurs von Nagasaki, nach Maßgabe dessen, wie sie ungefähr glauben, daß die Geschenke dem kaiserlichen Hofe angenehm sein werden. Hierbei (nutzen sie wohl auch)

Das Packpferd wird gesattelt

bisweilen die Gelegenheit, eigene Sachen, die ihnen die Chinesen geschenkt haben, mit unterlaufen zu lassen. (Sie berechnen sie dann) zum allerteuersten, willkürlichen Preis oder sie vertauschen sie gegen andere Güter. Aber es trägt sich auch öfters zu, daß die Geschenke von den Gouverneurs, die hierinnen strenge Richter sind, nicht geachtet werden. So wollten sie zu meiner Zeit zwo messingene Feuerspritzen von der neuesten Erfindung nicht als Geschenk für den Kaiser annehmen. Sie gaben sie zurück, obwohl sie erst die Probe damit gemacht und auch ein Modell davon behalten hatten. Das Nämliche widerfuhr dem Vogel Kasuarius, der als Geschenk aus Batavia gekommen war, als sie vernommen hatten, daß dieser Vogel viel fresse und nichts verstehe.

Ist die Wahl und die Vorbereitung der Geschenke beendet, dann werden sie mit allen zur Reise nötigen Bedürfnissen in eine Barke gebracht, die drei bis vier Wochen über See bis zu dem Städtchen Simonoseki (am Ende der Insel Nippon) vorausfährt und dort unsere Nachkunft zu Lande erwartet. Ehemals sind Menschen und Güter zugleich, mit Ersparung der vielen Kosten und Umstände, die eine Landreise erfordert embarquiert worden. Weil man aber einst durch einen Sturm in große Gefahr gekommen war, und weil die Seereise auch oft wegen ungünstigen Winden sehr langwierig ausfällt, hat diese auf kaiserlichen Befehl abgestellt werden müssen.

Nachdem denn also die vornehmsten Sachen vorausgeschickt sind, bringt man die Zeit bis zur wirklichen Abreise mit Zurüstungen zu, als wenn man eine Expedition in eine fremde Welt unternehmen wollte.

Das erste bei dieser Zurüstung ist die Ernennung der hohen und niederen Bedienten, welche uns zur Begleitung beigegeben werden. Die Gouverneurs wählen einen aus ihren Joriki (Polizeioffizier im Range eines Bugja = Statthalters), dem eine Pike nachgetragen wird, um dadurch die Hoheit dessen anzudeuten, der ihm den Posten übertragen hat. Ihm wird ein Dosin (Offizier zweiten Ranges) beigegeben. Hierzu kommen noch zwei Staatshäscher mit dem Titel Tsjoosin (eine Art Wachtmeister). Diese und die Dosin sind, zufolge ihres Amtes, mit einem Strick versehen, um auf den geringsten Wink des Joriki den Verbrecher schnüren und erwürgen zu können.

Von den Dolmetschern wird uns aus ihrer Ober- und Unterzunft derjenige zugeordnet, der im abgelegten Jahr zwischen dem Hof und uns das Amt eines Unterhändlers und in ihrer Zunft das jährliche Präsidium geführt hat. Man hat diesen beiden jetzt noch einen ihrer Lehrlinge beigefügt, um diese für ihr dereinstiges Amt durch Augenschein und Erfahrung frühzeitig tüchtig zu machen. Ein jeder von ihnen hat seine Bedienten, teils zur Aufwartung, teils auch um Staat zu machen. Allen Reisegefährten ist es einige Zeit vor der Abreise erlaubt, uns auf Deshima zu besuchen und sich mit uns bekannt zu machen. Es gibt viele entschlossene und muntere Köpfe unter ihnen, die wohl wünschten, mit uns vertrauter und freier zu leben. Sie dürfen uns aber, aus Furcht des einen vor dem anderen, nicht freundlicher begegnen, weil ein jeder, Kraft des geleisteten Eides, des anderen Verräter ist.

Hiernächst muß für die Bestellung der Träger und Pferde gesorgt werden. Dies geschieht durch den Oberdolmetscher, den ersten Vorsorger und Cassierer des Reisetrains. Er muß seine Vorkehrungen so treffen, daß die Reise zu der bestimmten Minute, die dem Bugjo (Statthalter) gefällt, angetreten werden kann. Er muß auch überzählige Träger und Pferde in Bereitschaft halten, damit der schnelle Aufbruch in keinem Falle behindert wird.

Zwei Tage vor dem Aufbruch wird die Equipage so zusammengebunden, daß man sie den Pferden in einem Augenblick auf- oder abpacken kann. (Der Reiter sitzt nämlich auf dem mit Gepäck behängten Holzsattel) bequem und gemächlich, wie auf einem platten Tisch, mit unter sich gekreuzten Beinen. Er hat sich aber wohl in der Mitte zu halten, damit nicht die eine oder die andere Seite das Übergewicht bekommt. Man steigt von vorne auf, was für einen Steifbeinigen mühsam ist.

Zur völligen Ausrüstung gehören noch die ledernen Felleisen für leichte Waren, die man während der Reise nach Möglichkeit nicht öffnet; ein dünnes hölzernes Futteral für die Dinge, die man auf der Reise am nötigsten braucht. Es wird am Sattel festgeschnallt und hat ein verschließbares Türchen, so daß man es öffnen kann, ohne es abpacken zu müssen. Ferner braucht man einen Riemen für die durchlöcherten Messingmünzen, eine Leuchte aus gefirnißtem Papier mit dem Wappen des Besitzers, einen Staubwedel, einen Wassereimer und Strohschuhe für Knechte und Pferde, die häufig gewechselt werden müssen. Die Pferde in Japan kennen keine Hufeisen. Strohschuhe hängen in allen Dörfern genugsam feil und werden den Knechten auch von Bettelkindern auf den Straßen zum Kauf angeboten. Ich möchte deshalb wohl sagen, daß in keinem Lande der Welt mehr Hufschmiede wohnen als hier, wo dennoch eigentlich keine zu finden sind.

Es sei mir erlaubt, hier anzumerken, daß ich außer den angezeigten Reisegerätschaften für meine eigene Person eine japanische (von Batavia mitgebrachte) schlechte rindene Schachtel bei mir hatte, in welcher ich einen großen Kompaß verborgen hielt, womit ich unvermerkt die Wege, Berge und Täler allemal abmaß. Äußerlich war es wie ein Schreibzug, und ich nahm jederzeit Kräuter, Blumen und grüne Zweige zur Hand, wenn ich den Kompaß brauchte, damit es so aussah, als ob ich diese nur abzeichnen und beschreiben wollte. Das mußte mir um so eher gelingen, als alle japanischen Reisegefährten, fürnehmlich der Bugjo selbst, bis auf den letzten Tag unserer Reise sich bemühten, mir alles, was ihnen von raren Gewächsen und Pflanzen vorkam, zuzubringen, um den wahren Namen und Gebrauch davon zu erfahren. Auf diese Weise konnte ich keinen Argwohn erregen, der auch für meine Landsleute von Nachteil gewesen wäre.

Im übrigen möchte ich auch nicht in Abrede stellen, daß ich gleich von Anfang der Abreise an ganz besonders darauf dachte, mir eines jeden Gefährten Liebe und Freundschaft zu erwerben. Ich stand ihnen mit Arzneien, mit allem guten Rat zu ihrer Gesundheit bei, ich begegnete ihnen so höflich als ich konnte und belohnte den allergeringsten Dienst mit heimlicher Erkenntlichkeit.

Man vergißt auch nicht, sich auf der Reise mit einem Regenmantel zu versehen. Derselbe ist aus gefirnißtem, in Öl getauchtem doppeltem Papier gemacht und so weit und lang, daß man Pferd und Ladung damit bedecken und schützen kann. Die Fußgänger tragen bei Regen Röcke aus gleichem Papier.

Um sich vor der Sonnenhitze zu schützen, bedient man sich eines großen Hutes aus gesplissenem Bambus oder Stroh, nett und künstlich geflochten, in der Figur eines ausgespannten Sombreiro oder Sonnenschirms. Man bindet ihn mit halbseidenen und baumwollenen Bändern unter dem Kinn fest. Er ist durchsichtig und leicht, läßt aber dennoch, sobald er feucht geworden, keinen Regen durch.

Nicht nur die Mannspersonen tragen ihn auf der Reise, sondern auch die Frauenspersonen in Dörfern und Städten geben sich zu jeder Zeit damit ein schönes Aussehen.

Auch haben die Japaner auf ihren Reisen weite Pumphosen an, die bis zur Bedeckung der Waden eng herunter gehen und auf beiden Seiten einen Schlitz haben, um ihre langen Röcke darin aufzufassen, die ihnen sonst beim Reiten oder Gehen unbequem sein würden. Über diese langen Hosen ziehen sie wohl auch einen kurzen Mantel an. Andere machen statt der Strümpfe eine breite Binde um die Waden. Gemeine Bediente brauchen keine Hosen, sondern schlagen, um geschwinder zu sein, ihre Röcke auf und stecken sie in den Leibgürtel, so daß ihr ganzer Unterleib zum Vorschein kommt, welches bei ihnen keine Schande ist.

So wie wir Europäer selten ohne Handschuhe auszugehen pflegen, ebenso ist es bei den Japanern mit dem Fächer, den beide Geschlechter als ein Ehrenzeichen führen. Auf den Reisen haben sie eine Art derselben, worauf die Meilen, Herbergen und Preise der Lebensmittel angewiesen und gedruckt stehen. Außerdem sieht man viele Bettelkinder auf den Wegen, die den Reisenden kleine Bücher feil bieten, worin man eben dasselbe verzeichnet findet. Kein Ausländer darf (wenigstens nicht öffentlich) dergleichen Unterricht kaufen.

Dieses wäre demnach die Art, wie man sich in diesem Lande zur Reise ausrüstet. Ein Japaner, der denn so zu Pferde sitzt, macht von weitem eine sehr sonderbare und komische Figur; denn da er ohnedem von kurzer und breiter Statur ist, und nun der große Hut, die breit abstehenden Mäntel und Pumphosen noch dazu kommen, so wird er beinahe ebenso breit wie lang. Auf dem Wege reitet man einzeln hintereinander. Kaufleute lassen ihre, mit zwei oder drei Packen oder Felleisen schwer beladenen Pferde vor sich her leiten und reiten auf Lastpferden nach. Der Zaum wird nicht vom Reiter, sondern vom Pferdeknecht geführt, der zur Rechten neben dem Kopf des Pferdes geht. Er singt dabei mit seinen Kameraden ein lustig Liedchen, um sich die Zeit zu vertreiben und die Pferde aufzumuntern.

Sonst hat man auch noch eine Art von Cangos (auch Kago), Sänften oder Tragkörbe, in welchen man sich auf der Reise fortbringen läßt. Dadurch wird aber viel Aufwand verursacht, ob es gleich die ansehnlichste Art zu reisen. Zwischen den Sänften vornehmer und geringer Leute ist aber ein merklicher Unterschied. Die kostbaren, prächtig ausgestatteten Sänften der Reichen werden Norimon genannt. Äußerlich unterscheiden sie sich durch die Länge und Schönheit der Tragbäume. Die der Cangos ist schlecht, grob und kurz, die der Norimons lang, fein verarbeitet und hohl. Die Höhe und Länge dieser Tragbalken ist durch die Polizeiordnung einem jeden nach seinem Stande zugemessen, man erkennt daher an der Höhe derselben zugleich die Hoheit des Fürsten oder eines sonstigen großen Herrn. Wer sich mehr dünkt als er ist, läßt bisweilen seine Bäume höher machen als ihm zukommt. Er läuft aber öfters übel an; denn er muß sie zu seiner Beschimpfung wieder abschaffen, auch wohl daneben eine beträchtliche Geldstrafe geben. Das Frauenzimmer betrifft diese Ordnung hingegen nicht, sondern diese können ohne Unterschied so lange Tragbäume haben wie sie wollen.

Ein Norimon ist von kubischer länglicher Figur und so groß, daß eine Person darin bequem sitzen und ruhen kann. Er wird aus fein gesplissenem Bambus artig geflochten, auch wohl zierlich und kostbar lackiert. Er hat auf jeder Seite eine Schiebtür und in oder bei derselben, bisweilen auch hinten und vorn ein kleines Fenster und zu den Füßen eine Klappe, um ausgestreckt darin schlafen zu können. Oben ist er mit einem kleinen Dach versehen, das man, wenn es regnet, zum Überfluß noch mit einer gefirnißten Papierdecke überzieht. Er wird von zwei, drei, vier, acht oder mehr Menschen (je nachdem einer vom Stand ist) auf Schultern, und wenn es ein Prinz oder Gouverneur ist, mit Händen empor getragen. Diese Träger, die alle einerlei Livree und auf derselben das Wappen ihres Herrn führen, werden von anderen, die neben ihnen gehen, öfters abgelöst.

Eine Cango macht nicht so viel Figur und ist kleiner. Sie wird mit einem starken viereckigen oder auch runden Tragbaum, der über oder unter dem kleinen Dach durchgeht, fortgetragen. Diejenigen, die man gemeinhin auf Reisen hat und worin man fürnehmlich über die Gebirge getragen wird, sind manchmal sehr einfältig und so klein, daß man mit untergeschlagenen Füßen und niedergebücktem Kopf darin hocken muß. Oft besteht er nur aus dem runden Boden eines Korbes, dessen Handhaben gleich in die Höhe bis unter das kleine Dach gehen. Man legt in diesen Cangos Wege über hohe Klippen und Berge zurück, die man nicht mit Pferden bereisen kann. Eine jede wird von drei Menschen getragen, die alsdann gewiß ihre Last fühlen.

Die Wege zu Wasser und zu Land von Nagasaki bis in die Residenz Jedo

Das japanische Reich ist von alters her in sieben Landschaften eingeteilt. Zu jeder führt eine Haupt- oder Heerstraße, auf der man durch das ganze Reich zu einer jeden dieser Landschaften gelangen kann. Aus den anliegenden Provinzen führen besondere Wege zu den Heerstraßen, die wie Bäche zu den großen Strömen geleitet werden.

Die Heerstraßen sind so breit und geräumig, daß zwei Reisetrains, ohne sich zu hindern, aneinander vorbeiziehen können. Wer »hinauf« nach Miaco reist, muß die linke, wer von Miaco herab kommt, muß die rechte Seite des Weges einhalten. Der eingeführte Brauch hat dies zum Gesetz gemacht. Die Heerstraßen sind mit Meilenzeigern bezeichnet. Die Jedosche Hauptbrücke, die gemeinhin Nippon bas, d.i. die Brücke von Japan genannt wird, ist der Standpunkt, von dem aus gemessen wird, so daß man auf der Reise an allen Orten gleich weiß, wie weit man von dieser Brücke und von der Residenz entfernt sei. Zu einem Meilenzeichen dienen zwei gegen einander stehende Hügel, welche zu beiden Seiten des Weges aufgeworfen und mit einem oder mehr Bäumen bepflanzt sind. Wo die Gebiete kleiner oder großer Herren endigen, findet man hölzerne oder steinerne Pfähle mit Inschriften, welche die Grenzen und Herrschaften melden. Wo Seitenwege abzweigen, kann man an Wegweisern ablesen, wohin sie führen und wie weit der nächste Hauptort abliegt.

Von diesen Heerstraßen berühren wir zwo, und reisen zwischen beiden einmal zu Wasser, so daß die ganze Hofreise gleichsam aus drei Stationen besteht. Die erste geht von Nagasaki zu Lande über die Insel Kyushu bis zu der Seestadt Kokura. Sie dauert gemeinig-

Brücke Kin-tai-hasi über den Fluß Nisiki Kawa

lich fünf Tage. Zwei japanische Meilen weiter setzen wir mit kleinen Fahrzeugen zu den Städtchen Simonoseki über, wo wir uns auf die Barke begeben, die dort vor Anker liegt und auf uns gewartet hat. Diesen Landstrich und Teil des Weges nennen die Japaner Sai kai do, d.i. der Westgrundweg. Mit der Barke machen wir uns auf das zweite Stück des Weges. Je nach den Windverhältnissen kommen wir in acht oder in weniger oder mehr Tagen entweder gleich bis Osaka oder nur bis vor die Stadt Fjogo, die zu Wasser noch dreizehn japanische Meilen von Osaka entfernt liegt. In solchem Fall langen wir sodann samt unseren sämtlichen Gütern mit kleinen Fahrzeugen in der großen See- und Handelsstadt Osaka an. Die dritte Station wird dann wieder zu Land zurückgelegt, über die große Insel Nippon (oder Japan) bis zur kaiserlichen Residenzstadt Jedo. Die Japaner nennen diesen Landstrich Tookaido, d.i. Grundweg, auf dem wir vierzehn oder mehr Tage reisen. Nach gehabter Audienz bei der Kaiserlichen Majestät, den abgelegten Besuchen bei den Großen des Hofes und nach der endlich erlangten Erlaubnis zum Abschied, haben wir etwa zwanzig Tage in Jedo verweilt. Wir ziehen nun wieder den nämlichen Weg nach Nagasaki zurück und endigen damit die ganze Reise innerhalb drei Monaten.

Auf der ersten Station zu Lande sind die Wege über Sai kaido zum Teil, über To kaido aber allenthalben (außerhalb der Städte und Dörfer) zu beiden Seiten mit einer dichten, geraden Reihe von Tannenbäumen bepflanzt, die dem Reisenden Schatten geben. Dem Regen sind bequeme Abflüsse nach den niedrigen Feldern angewiesen und gegen die Höhe zierliche Erddämme aufgeführt, um dadurch das anfließende Wasser abzuwehren, so daß der Reisende zu allen Zeiten einen guten Weg vor sich hat, es wäre denn bei anhaltender nasser Witterung auf lehmigem Boden.

Wenn ein vornehmer Herr reist, wird der Weg kurz vorher mit Besen gereinigt, auch werden zu beiden Seiten desselben einige Tage zuvor kleine Sandhaufen angefahren, um diese auszustreuen und den Weg damit abzutrocknen, wenn es etwa bei seiner Ankunft regnen möchte. Ist er ein Prinz von kaiserlichem Geblüt oder ein Gouverneur, so setzt man alle zwei oder drei Meilen Laubhütten an die Wege, wobei ein heimlicher Nebengang abgezäunt ist, in welchen sie denn zur Lust oder auch zur Notdurft absteigen können. Die Wegeaufseher haben in Ansehung der Unterhaltung reinlicher

Wege wenig Mühe, indem sich der nächst wohnende Landmann die Unsauberkeiten mit Begierde alsbald zu Nutze macht. Die tägliche abfallenden Blätter und Tannäpfel sammeln sie zum Verbrennen und kommen damit dem Mangel des Holzes, der sich an vielen Orten befindet, zu Hilfe. Die Bauernkinder sind gleich dahinter her, um den Pferdemist, wenn er noch warm ist, aufzuraffen und auf ihre Äcker zu tragen, ja, die menschlichen Exkremente der Reisenden sogar heben sie zu eben der Absicht auf. Auch die abgenutzten und weggeworfenen Strohschuhe von Menschen und Pferden werden gesammelt, verbrannt und die Asche davon unter die Exkremente gemischt, das denn überall den Dünger abgibt. Von dieser übel riechenden Masse wird ein Vorrat gemacht, den man auf den Feldern und an einem Aborte in den Dörfern in großen Fässern verwahrt, welche offen und unbedeckt der Erde gleich eingegraben sind: da der faule Geruch von Rettichen, die der Landleute tägliche Kost sind, hier nun noch hinzu kommt, so kann man denken, daß, so sehr die schönen Wege das Auge ergötzen, die Nase im Gegenteil viel Unangenehmes zu empfinden hat.

Wege über Gebirge kommen zuweilen auch vor. Diese sind so steinig, steil und mühsam zu ersteigen, daß man sie nicht zu Pferde, nur in Cangos bereisen kann. Indessen sind diese Berge durchweg quellreich. Man reist immer durch grüne Büsche und wird, besonders im Frühling, durch die Blumen tragenden Stauden und Bäume aufs angenehmste ergötzt. Man hat in der Tat hier Anblicke, wie man sie sonst nirgends findet.

Unter den Flüssen, über die wir setzen mußten, sind verschiedene, die wegen der nahe gelegenen hohen Schneegebirge mit einer schnellen Gewalt zur See eilen, vornehmlich wenn es geregnet hat, Sie überschreiten dann die Schranken ihrer steinigen Ufer, so daß Brücken und Fahrzeuge nichts mehr nutzen. Sie müssen durchwatet werden. Hierzu gibt es dazu bestellte ortskundige Leute, denen man sich auf ihre Gefahr anvertraut. Sie wissen auch Pferde und Reiter wider die Macht des Stromes und der abrollenden Steine mit den Armen sorgfältig zu unterstützen und zu führen. Auch die Norimons werden von ihnen auf den erhobenen Händen hinüber getragen.

Die übrigen tiefen Flüsse, die ein festes Ufer haben, sind allemal mit breiten, starken Brücken von Zedernholz belegt, die so fleißig unterhalten werden, daß sie stets wie neu aussehen. Durchs ganze Land kennt man kein Zoll-, Wege- oder Brückengeld. Jedoch ist es an einigen Orten Brauch, daß man in der Winterzeit dem Brückenwärter einen Senni oder Heller verehrt.

Der Weg zur See, der auf unserer Reise vorfällt, wird längs dem Ufer der großen Insel Nippon genommen, die man zur linken Hand im Gesicht behält. Man entfernt sich nicht weiter als zwei Seemeilen von ihr, damit man sich bei aufsteigendem Gewitter in einen ihrer Häfen begeben kann. Wenn wir aus dem engen Simonosekischen Paß kommen, behalten wir zur Rechten zwar das südöstlich abfallende Ufer der Insel Kyushu noch im Gesicht, bis sich statt dessen die Insel Awadsi und die feste Landschaft Idsumi zeigen, wo uns der Osakische Hafen aufnimmt und unsere Seefahrt beschließt. Diese Seestraße wird täglich nicht nur von fürstlichen auf- und abreisenden Personen und von ihrem Gefolge befahren, sondern auch und am meisten von inländischen Kaufleuten, die von einer Stadt und Provinz zur andern auf den Handel gehen. Bisweilen kann man an einem Tag hundert Schiffe unter Segel zählen.

Das feste Land der vorerwähnten Provinzen ist voller Felsen und Berge. Sie sind indessen keineswegs wüst, sondern stehen in einer guten Kultur. Man sieht auch Dörfer, Flecken, einige Schlösser und verschiedene wohlgelegene Häfen, in welche die Schiffe gegen Abend einlaufen und einen guten Ankergrund von vier bis acht Klaftern Tiefe finden.

Auf dieser Wasserreise sieht man ferner unzählbare viele Inseln, mit denen dieser Seestrich angefüllt ist. Sie sind alle bergig, die meisten wüst, steinig und unfruchtbar. Nur wenige haben noch einen guten Boden, süßes Wasser und sind deshalb bewohnt. Der steilsten Anhöhen und der mühsamen Bepflügung ungeachtet sieht man hier Äcker bis an die Gipfel der Berge aufsteigen, so weit sie nur tragen wollen. Die obersten kahlen Höhen sind mit Reihen von Tannenbäumen bepflanzt, die einen sehr artigen und sonderbaren Prospekt machen. Auch die Gebirge der unbewohnten Inseln sind bisweilen so geschmückt.

Auf diesen Inseln gibt es ferner zahlreiche Ankerplätze, die den inländischen Schiffsleuten wohl bekannt sind. Sie kommen ihnen sehr zu statten, denn sie müssen sie beim geringsten Unwetter aufsuchen. Ihre Schiffe, auch die, welche nach obrigkeitlichen Vorschriften gebaut werden, sind nämlich so schlecht, daß sie schon wenigen Sturmwogen nicht widerstehen und ihre Waren nicht gegen Seewasser und Regen schützen können, wenn sie nicht alsbald Anker werfen und den Mast niederlassen. Das Verdeck ist so undicht, daß das Wasser gleich von oben eindringt, wenn es nach dem Umlegen des Mastes nicht mit dem Segel und Strohmatten bedeckt wird. Der Hinterteil des Schiffes ist ganz offen gebaut, so daß starke Wellen in die Innenräume einbrechen, wenn es nicht gelingt, zu ankern und das Schiff so gegen die See zu drehen, daß sich die Wogen am Bug brechen.

Posthäuser, Herbergen, Garküchen, Teebuden und das Menschengewimmel auf den Straßen

Die vornehmsten Flecken und Dörfer an unserer Landstraße sind für die Reisenden mit einem herrschaftlichen Posthaus versehen, wo man eine Menge Pferde, Träger, Boten, und was zur Beförderung der Reise nötig ist, um einen gewissen Preis zu aller Zeit haben und die ermüdeten Pferde und Menschen auswechseln kann. Diese Poststationen, japanisch Sjuku genannt, werden gern aufgesucht. Sie liegen jeweils anderthalb bis vier Meilen auseinander, sind aber auf der Insel Kyushu nicht so gut wie auf Nippon. Die Häuser selbst sind nicht für die Wirtschaft gebaut, sondern als Stallungen für die Pferde. Sie liegen an großen Plätzen, damit die öffentliche Straße nicht durch die Ansammlung von Menschen und Tieren beim Pferdewechsel gesperrt wird. Viele Schreiber und Buchhalter besorgen die Unterhaltung des Postwesens. Sie müssen darüber Rechnung bei der herrschaftlichen Kammer ablegen. Der Preis für die Passagiere ist durch das ganze Reich festgelegt.

Für die Beförderung der kaiserlichen und der landesfürstlichen Briefe stehen Tag und Nacht Postläufer bereit. Diese bringen die Post ohne den geringsten Verzug in ununterbrochenem Lauf bis zur nächsten Poststelle. Sie tragen die Briefe in schwarz lackierten Kästchen, die mit den Wappen des Absenders bemalt sind, an einem Stab über die Schulter. Diese Boten laufen stets zu zweit miteinander, damit, wenn einem etwas zustößt, der andere seinen Dienst versehen kann. Trägt er Briefe des Kaisers, dann muß ihm alles, selbst

Zug der niederländischen Gesandtschaft nach Jedo

ein fürstlicher Train ausweichen, um seinem Lauf nicht hinderlich zu sein. Er zeigt sein Kommen dann schon von ferne durch Geläute an.

Mit Herbergen ist unsere Heerstraße gleichfalls gut versehen. Die ansehnlichsten findet man in den Postflecken, wo auch die jährlich auf- und abreisenden Herren einkehren, weil sie dort alle Bequemlichkeiten haben können. Sie haben wie andere wohlgebaute Häuser ein Stockwerk, sind ebenso breit, aber bis zu 40 Klafter tief. Hinter dem Haus liegt ein Haus- oder Lustgärtchen, das mit einer sauberen weißen Wand eingefaßt ist. Das Vorhaus mit der Küche ist dunkel, unansehlich und schmutzig. Die vornehmen Gäste werden in dem vorbildlich sauberen Hinterhaus bewirtet und untergebracht. Die Schlafkammern sind leer. Der Reisende hat von dem Wirt kein anderes Schlafzeug zu erwarten als die hölzernen Schlafklötze, die hier zu Lande als Kopfkissen gebraucht werden. Als Unterpfühl kann er eine der hart ausgestopften Bodenmatten verwenden, als Decke seinen Rock.

Die schlechteren Herbergen, Garküchen, Bierschenken, Kuchen- und Zuckerbuden sind unzählbar. Sie sind überall zu finden, auch in den Wäldern. Man findet dort für wenige Heller einen warmen, aber schlechten Anbiß. Ein armer Reisender kann aus seinem gedruckten Wegweiser ablesen, wo er die wohlfeilsten und besten Speisen bekommt. Tee ist überall zu haben. In den armseligen Buden bekommt der Gast freilich nur eine aus alten und jährigen Blättern abgekochte Teesuppe, die ziemlich herb und laugicht schmeckt. Die besseren Herbergen sind aber zu Zeiten restlos überfüllt.

Denn die Heerstraßen des Landes sind täglich mit einer unglaublichen Menge Menschen angefüllt. Zu bestimmten Jahreszeiten sind es so viele wie in den Gassen einer volkreichen europäischen Stadt. Die Ursachen dafür sind teils die starke Anzahl der Einwohner des Reiches, teils die vielen Reisen, die sie wider die Gewohnheit anderer Nationen anstellen. Ich will hier die merkwürdigsten Parteien der Reisenden anführen.

Zuerst nehme ich die großen und kleinen Landesfürsten, die hohen und niederen Gouverneurs der kaiserlichen Städte und Landschaften, nebst ihrem Gefolge, welche den Weg in einem Jahr hin und her, also zweimal, machen. Sie verrichten solches jedesmal in

Begleitung ihres ganzen Hofstaates mit einem so zahlreichen und kostbaren Aufzuge, als es ihr Stand und Vermögen nur immer erlauben, daher der Zug der größten Landesfürsten den Weg auf etliche Tagesreisen (lang) erfüllt. Uns ist begegnet, daß ihr Vortrab, der aus den geringeren Bedienten, Bagageführern und Troßknechten besteht, in zerteilten Haufen allemal zwei Tage lang an uns vorbei zog, ehe wir den Landesfürsten selbst mit seinem Hofschwarm in einer regelmäßigen Ordnung gesehen haben. Einen Zug der mächtigen Daimio (Landesfürsten) schätzt man mehr oder weniger auf 20.000, den eines Siomio (Feudalherrn) auf die Hälfte und den eines kaiserlichen Stadt- oder Landgouverneurs, je nach den verschiedenen Einkünften und Würden, auf ein- oder etliche hundert Köpfe. Wenn zwei oder mehrere solcher volkreichen Aufzüge auf einmal zugleich geschehen sollten, so würde einer dem anderen große Hindernisse und Ungelegenheiten veranlassen. Um dem zuvorzukommen, lassen die großen Herren, und zwar die größeren einen Monat, die geringeren ein oder zwei Wochen vorher, die Herbergen und Poststationen für gewisse Tage in Beschlag nehmen. Sie machen die Zeit ihres bevorstehenden Durchzugs in allen Dörfern, Flecken und Städten kund. Dies geschieht vermittels eines vor und hinter jedem Dorf und Flecken auf einer ziemlich hohen Bambusstange aufgerichteten schmalen, mit wenigen Worten beschriebenen kleinen Bretts, auf dem die Nachricht befindlich ist, an welchem Tag des Monats dieser oder jener Herr daselbst durchreisen, zu Mittag speisen oder das Nachtlager nehmen werde.

So sehr es übrigens bei einem fürstlichen Zuge zu verwundern und zu rühmen ist, wie alle Personen, außer den Piken- und Norimonträgern und anderen Livreebedienten, in nichts als in schwarze Seide gekleidet gehen; so auffällig es ist, in was für einer regelmäßigen schönen Ordnung eine so große Menge Volks ohne den geringsten Lärm – außer dem, der durch das Rauschen der Kleider und der Bewegung der Menschen und Pferde entstehen muß – einherzieht, so lachenswert ist es hingegen, daß die Piken- und Norimonträger sich hinten so hoch aufgeschürzt haben, daß sie alles preisgeben, was das Schamtuch nicht hinlänglich bedeckt. Noch mehr aber ist zum Lachen, daß die Heiducken, Prunkpiken-, Sonnenhut-, Schirm- und Kastenträger einen Narrengang annehmen, wenn sie durch bewohnte Straßen kommen oder andere Aufzüge passieren. Sie ziehen dann bei jedem Schritt den Fuß beinahe bis ans Kreuz hoch und werfen zugleich den einen Arm weit vor, so daß es scheint, als wenn sie durch die Luft schwämmen. Die Träger lassen in solcher Gangart auch die Prunkpiken, den Hut oder den Sonnenschirm mit jedem Tritt einigemal sich hin und her bewegen. Die Norimonträger haben ihre Ärmel mit einer Schnur aufgebunden und die Arme bloß. Sie tragen bald auf der Schulter, bald auf der einen über den Kopf erhobenen Hand und strecken den freien Arm mit der flachen Hand horizontal aus, womit sie samt kurzen Tritten und steifen Knien eine lächerliche Furcht und Vorsichtigkeit affektieren.

Will ein großer Herr hie und da einen Trunk Tee zu sich nehmen oder rauchen, oder tritt er zur Verrichtung seiner Notdurft in eine der grünen Hütten oder in ein Bauernhäuschen, so gibt er dem Wirt jedesmal einen Cobang (flaches Goldstück = 4 - 5 Dukaten) zur Belohnung, in den Mittags- und Nachtherbergen aber weit mehr.

Personen, die eine Betfahrt nach Isje (shintoistischer Wallfahrtsort) unternehmen, haben gleichfalls, aus welcher Provinz sie auch kommen mögen, einen Teil der großen Landstraßen zu berühren. Diese Betfahrten werden das ganze Jahr hindurch, fürnehmlich aber im Frühling, unternommen. Daher ist der Weg um diese Zeit vorzüglich von solchen Wandersleuten voll. Alte und junge, reiche und arme aus beiden Geschlechtern, machen sich eine Andacht und Verdienst aus dieser Reise. Sie suchen sich zu Fuß, so gut sie können, durchzubringen. Die Vielheit derer, die Kost und Zehrgeld unterwegs erbetteln müssen, fällt dann den zu Hofe Reisenden nicht wenig verdrießlich. Sogar Kinder, denen begangener Übeltaten halber eine Züchtigung bevorsteht, laufen nach ihrem eigenen Sinn oftmals von ihren Eltern weg, gehen nach Isje und holen dort Ablaß, der dann als Absolution gelten muß.

Da des Volks auf diesem Wege so viel ist, daß nicht alle in den Herbergen unterkommen können, so findet man viele (auch aus Armut) öfters im Felde übernachten, andere bisweilen krank und tot am Weg liegen. Die solchermaßen verlorenen Ablaßschachteln werden von den Findern aufgehoben und in die Zweige des nächsten Baumes oder Strauches gesteckt. Es gibt aber auch lose Vögel, die unter dem Schein der Wallfahrt den größten Teil des Jahres auf der

Heerstraße mit Betteln zubringen oder andere Bettelfahrer, die das Auge und Geld anderer Leute mit komischer Kurzweil und Singen an sich ziehen. Hie und da sieht man auch die sogenannten Sjunre, das sind Pilgrims, die die 33 vornehmsten Quanwon-Tempel in ganz Japan besuchen (Göttin der Barmherzigkeit, des Kindersegens und der Gesundheit). Zwei oder drei schweben immer umher, singen von Haus zu Haus erbärmlich ein Quamwon-Liedchen, spielen dazu auf einer Violine oder auf einer Zither, sprechen aber keinen Reisenden um einen Almosen an. Sie tragen ein Brettchen um den Hals, auf dem die Namen der Tempel stehen, die sie noch nicht besucht haben.

Sehr sonderbar kommt es einem vor, daß man zur Winterzeit manchmal Leute antrifft, welche zur Bedeckung der Scham mit einem Strohbusch umgürtet sind. Sie haben ein Gelübde getan, zu gewissen Tempeln und Abgöttern zu wallfahren, um die verlorene Gesundheit ihrer Eltern oder sonst etwas anderes für Blutsfreunde oder sich selbst zu erlangen. Sie leben sehr streng und armselig, suchen kein Almosen, gehen allzeit allein und setzen ihren Weg fort, ohne sich aufzuhalten.

Ferner sieht man auf unserer Landstraße vielerlei, mehrenteils junge und kahlgeschorene Bettler. Unter diesen Geschorenen befindet sich ein merkwürdiger Orden junger Dirnen, welchen man den Namen Bikuni oder Nonnen gibt, weil sie unter der Herrschaft und dem Schutz der Nonnenklöster Kamakura und Miaco stehen. Sie müssen an die Klöster und den Isjetempel nächst Khumano alljährlich Tribut von ihrem Erwerb entrichten, ganz gleich in welcher abgelegenen Gegend sie sich aufhalten. Zum Unterschied von den geistlichen Nonnen werden sie deshalb Khumano no bikuni genannt. Sie sind fast die schönsten Dirnen, die uns auf der Reise durch Japan vorgekommen. Die armen jungen Weibspersonen, welche gut und reizend aussehen, erhalten auch die Erlaubnis, als Nonnen zu betteln, ohne große Mühe, weil sie es eben sind, die den Reisenden die Almosen durch ihre anlockende Gestalt am besten abzwingen können. Manche von ihnen sind in den Bordells erzogen. Wenn sie da ihre Zeit gedient haben, kaufen sie sich alsdann frei und verbringen den Rest ihrer Jugend als Bikunis. Ihrer zwo oder drei gesellen sich zueinander, gehen täglich eine oder mehrere Meilen von ihrer Wohnung weg und warten die vornehmen Leute

Landstraße durch das Gebirge Sajono nahajama

ab, die in Cangos oder auf Pferden an ihnen vorbei reisen. Jede macht sich zu einem besonders auf und singt ein Bauernliedchen. Findet sie einen recht Freigebigen, so erlustiert sie ihn mit ihrer Begleitung mehrere Stunden lang. Nichts Geistliches und Armes ist an ihnen zu sehen; denn sie haben ihr geschorenes Haupt mit einer schwarzseidenen Kappe verhüllt, sich mit bürgerlichen Kleidern nett und sauber ausgeschmückt, die Hände mit Handschuhen ohne Finger bedeckt, das gewöhnlich geschminkte Angesicht mit einem breiten Sonnenhut vor der Luft beschützt. Sie führen dabei einen kleinen Reisestab, so daß sie romantische Schäferinnen vorstellen. In ihren Reden und Gebärden haben sie nichts Freches, Demütiges, Niederträchtiges und Affektiertes, sondern sie sind frei, aber mit Scham gemäßigt. Doch um die Bettlerinnen nicht über Gebühr zu erheben, muß ich sagen, daß ihre Schamhaftigkeit nicht viel auf sich habe, indem sie ihren Busen auf offenen Straßen den freigebigen Reisenden darhalten. Daher kann ich sie, so geistlich sie auch geschoren sind, von der Zahl leichtfertiger und unzüchtiger Weibspersonen nicht wohl ausschließen.

Aber ich will mich bei noch vielen anderen gemeinen Bettlern, die teils krank, teils gesund sind und mit Bitten, Singen, Violin- und Zitherspielen und sonst mancherlei kurzweiligen Possen und Künsten den Reisenden die Heller von der Schnur zu bringen wissen, nicht weiter aufhalten. Das Gewimmel auf unserem Wege wird ferner nicht wenig durch die geringen Krämer und Bauernkinder vergrößert, die bis in die Nacht umherlaufen und den Reisenden ihre armseligen Waren aufbetteln: allerlei Backwerk, worin der Zucker kaum zu schmecken ist, Mehlkuchen, allerhand in Wasser abgesottene Wurzeln, gedruckte Wegweiser oder Reisebücher, Strohschuhe für Menschen und Pferde, Seile und Stricke, Zahnstocher und andere aus Stroh, Bisam, Bambus und Holz gemachte Kleinigkeiten. An vielen Orten stehen auch eine Partei von Trägern mit Cangos oder Sänften, oder auch Knechte mit nachlässig und schlecht gesattelten Pferden. Sie bieten dem ermüdeten Fußgänger an, ihn für geringen Lohn bis zur nächsten Post zu bringen, oder, so weit sie wollen.

Schließlich gehören noch die unzüchtigen Weibspersonen in den großen und kleinen Herbergen, Teebuden und Garküchen, in den Dörfern und Flecken der großen Insel Nippon hierher, weil sie, sobald sie gegen Mittag gekleidet und geschmückt sind, von ihren Sitzen auf den Galerien vor den Häusern aus den Reisenden entgegenschauen, sie mit liebkosendem Geschrei zur Einkehr einladen und ihnen die Ohren vollschwatzen. In den Postflecken, wo verschiedene Herbergen nebeneinander stehen, ist es am schlimmsten. In den zwei nahe beieinander liegenden Flecken Akasaki und Goy befinden sich in jeder Herberge drei bis sieben solcher Menscher. Sie haben daher auch den Beinamen »Japanischer Hurenstapel« oder »Allgemeine Schleifmühle«. Die Japaner passieren hier selten, ohne mit diesem Gesindel Gemeinschaft zu machen, von welchem sie zu ihrem großen Verdruß öfters ein Denkmal mit nach Hause bringen.

Von der Reise der Holländer an den kaiserlichen Hof und der Begegnung, die sie auf derselben erfahren

Wie jedem Fürsten und Vasallen des Reiches ein gewisser Tag zum Aufbruch und Antritt der jährlich abzulegenden Hofreise vom Kaiser bestimmt ist, eben so wird es auch mit den Holländern gehalten, für welche der 15te und 16te Tag des japanischen ersten Monats, der bei uns in den Februarius fällt, durch alle Jahre dazu festgesetzt bleibt. Gegen diese Zeit macht man sich also reisefertig. Die Geschenke für den Kaiser und seinen Hof, Lebensmittel und Küchengerätschaften und mancherlei andere Sachen werden auf das Schiff gebracht, das drei bis vier Wochen vor dem Beginn der Landreise nach Somonoseki abgelassen wird. Drei oder vier Tage vor unserem Abzug begibt sich unser Resident zu den beiden Gouverneurs, nimmt von ihnen Abschied und empfiehlt die Zurückbleibenden in ihren Schutz. Den Tag danach werden die fertig gemachten Packen, die durch Träger und Pferde zu Lande mitgeführt werden, mit einem angehängten Brettchen versehen, auf denen der Name des Besitzers steht.

Am Reisetag finden sich frühmorgend allerhand Personen auf unserer Insel Deshima ein, die irgend etwas für uns zu tun oder zu sagen haben, fürnehmlich aber die, die uns zur Begleitung zugeordnet sind. Bald darauf erscheinen auch beide Gouverneure oder ihre Abgesandten im vollen Staate, um uns als Leuten, die der Ehre vor

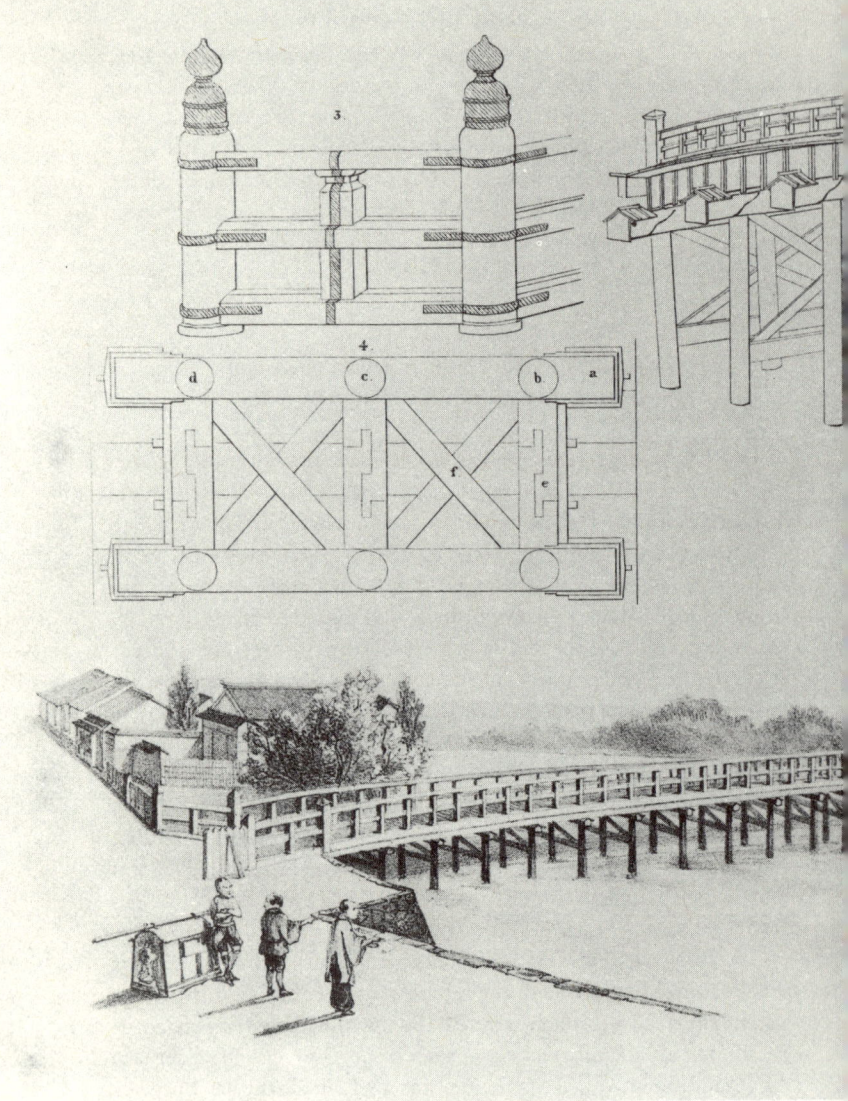

Die Jahaki-Brücke

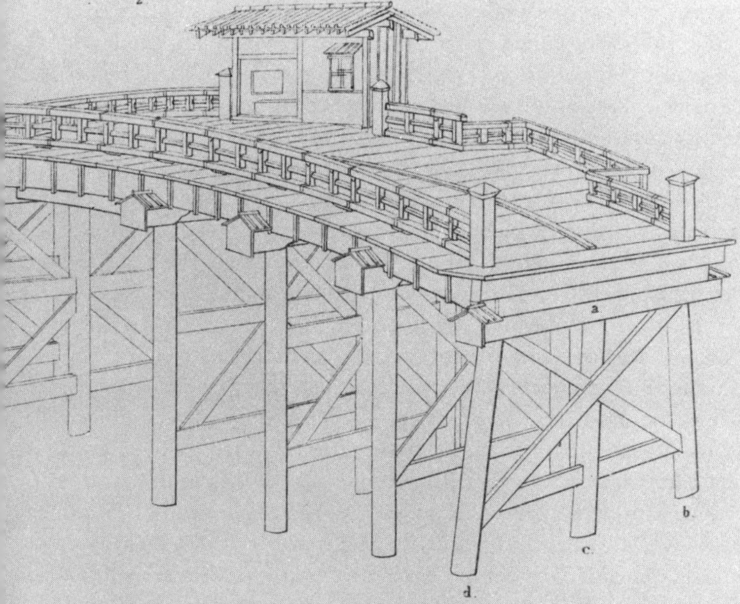

dem Kaiser zu erscheinen gewürdigt werden, einen Glückwunsch abzulegen. Sobald das Frühstück eingenommen ist, begleiten sie uns von unserer Insel und wir treten unseren Reiseweg sofort an. Der Bugjo und der Resident setzen sich jeder in seinen Norimon, der Oberdolmetscher, wenn er alt ist, in einen gemeinen Cango, andere besteigen ihre Lastpferde und die Diener gehen zu Fuß. Unsere japanischen Bedienten und die Freunde der mitreisenden Japaner begleiten uns bis zur nächsten Herberge.

Die Anzahl der Menschen ist bei unserem Train auf den drei verschiedenen Stationen nicht gleich stark. Auf der ersten Landstrecke sind wir an die hundert, auf der Wasserfahrt desgleichen, auf der dritten über die Insel Nippon etwa hundertfünfzig, weil dort die Güter aus der Barke von Menschen und Pferden getragen werden müssen. Was die Güter betrifft, so werden diese gemeiniglich eine Stunde zum voraus abgeführt, damit sie unserem Zug nicht hinderlich fallen, und auch die Wirte eben dadurch von unserer baldigen Folge Nachricht bekommen. Die Tagesreisen fallen ziemlich groß aus und währen, nebst der Ruhestunde zur Mittagsmahlzeit, vom frühen Morgen bis gegen Abend, auch bisweilen bis in die Nacht, so daß wir täglich 10 bis 13 japanische Meilen zurücklegen. Zu Wasser meidet man aus Vorsicht die Nacht und macht bei dem schnellsten Fortgang der Reise nicht mehr denn 40 Wassermeilen täglich.

Die Begegnung (der Empfang), die uns auf der Reise von den Japanern auf der Insel Kyushu widerfährt, und die wir anzunehmen genötigt sind, ist weit rühmlicher als auf Nippon. Sie ist im übrigen selbst bei den fremden Begleitern in den verschiedenen Provinzen mit mehr Aufrichtigkeit verbunden als bei unseren nagasakischen eigenen Leuten und Bedienten. Beim Zug durch die Insel Kyushu genießen wir auf Befehl des Gouverneurs einen großen Teil der Ehre, die man einem durchreisenden Landesfürsten zu erweisen gewohnt ist. Die Wege werden für uns mit Besen gekehrt und in den Städten und Dörfern wider das Stauben begossen. Der lärmende Pöbel, Arbeiter und müßige Zuschauer werden beiseite gejagt, und die Leute in den an der Straße gelegenen Häusern sitzen nur im Hinterteil ihrer Wohnungen oder im Vorderhaus hinter der Matte kniend, um uns in tiefer Stille vorbeiziehen zu sehen.

Sobald wir aus einem Gebiet in eine andere Landschaft treten, kommt uns ein von dessen Gouverneur abgeschickter Edelmann entgegen, um uns ein Bewillkommnungskompliment von seinem Herrn zu machen, das er denn bei unserem obersten Führer und Dolmetscher ablegt, weil ihm nicht erlaubt ist, selbst mit einem Holländer zu sprechen. Er bietet zugleich die zum Durchzug benötigten Pferde und Lastträger in überflüssiger Zahl an und läßt jedem Holländer vier Aufwärter und Trabanten zur Seite gehen, dem ganzen Train aber zwei ansehnliche in schwarze Seide wohl gekleidete Marschälle mit Stäben, die ihn bis zur Grenze führen, an der unsere Japaner mit Reiswein und einem kleinen Imbiß bewirtet werden.

Zur Überfahrt in die Häfen von Omura und Simabar leihen uns die Landesfürsten ihre eigenen Lustschiffe und Leibmatrosen, lassen uns auf dem Schiff auch warme Mahlzeiten auftragen, und zwar alles unentgeltlich, wiewohl uns deshalb die diebischen Dolmetscher eine Rechnung machen.

Auf dem Landweg über die Insel Kyushu von Nagasaki bis Kokura sieht man einen jeden, der uns begegnet, unserer Suite landesfürstlichen Respekt erweisen. Privatfußgänger oder Reiter müssen von dem öffentlichen Wege und ihren Pferden abtreten und mit entblößtem Haupt und niedergebogenem Leib unseren Vorbeizug abwarten. Wer dies nicht gutwillig und ungeheißen tut, wird von den vorangehenden Marschällen empfindlich dazu angewiesen, wiewohl es die Bauren und die gemeinen Fußgänger in den Orten dazu nicht kommen lassen, sondern aus eigener Höflichkeit aus dem Wege zur Seite ins Feld eilen und mit entblößtem Haupt kniend ihre Ehrerbietung zeigen. Wie in Indien und Siam die Edelen von den Unedelen dadurch in einem höheren Grade geehrt werden müssen, daß ihnen beim Niederknien der Rücken mit ausgestrecktem Hintern (als Zeichen der Unwürdigkeit, sie von Angesicht zu sehen) zugekehrt wird, so machen es hier auch oft die Bauren, sei es nun aus Respekt gegen die Majestät des Kaisers, zu dem wir reisen, oder wegen der Gegenwart des Statthalters, wie uns unsere Begleiter weis machen wollen. Immer bleibt es ein sehr schmeichelndes Kennzeichen ihrer großen Höflichkeit. Auf dem Weg über die große Insel Nippon hingegen habe ich solche Ehrfurcht weniger bemerkt.

Die übrige Bewirtung auf unserer Reise (die Versorgung unserer Pferde, Knechte, Träger, auch die Herbergen, Stuben, Speisen und

Aufwartung) ist gegen genugsame Bezahlung so gut wie man es sich wünschen kann. Sie wird aber dadurch verächtlich und schlecht, daß wir zu sehr eingeschränkt werden. Uns ist beinahe keine andere Freiheit vergönnt als die, mit den Augen von den Pferden und aus den Tragkörben umher zu sehen. Sobald ein Holländer vom Pferd steigt (welches ohne höchste Not nicht einmal gern gesehen wird), muß der Führer oder Vorreiter und darauf der ganze Zug stille halten, der Dosin samt den beiden Häschern auch absitzen und sich zu dem Holländer stellen. Diese bösen Geister umgeben und bewahren uns überhaupt auf der ganzen Reise dergestalt, daß sie auch da, wo uns die Natur hintreibt, nicht von uns weichen. Der Hauptführer unseres Trains studiert täglich die Artikel der ihm mitgegebenen Instruktion und die Journale mit den Aufzeichnungen über frühere Gesandtschaftsreisen, um sich in allem aufs pünktlichste danach zu richten. Verfährt nämlich einer noch genauer, dann wird es seinem klugen Betragen zugeschrieben. Manchmal gibt es Dummköpfe, die so eigensinnig sind, daß sie sich durch keine Macht der Natur oder andere Unfälle davon abhalten lassen, in andere Herbergen einzukehren als in die, die im vorigen Jahr bezogen worden sind; und das auch dann, wenn man auch wider Wind und Wetter mit großer Gefahr und Ungemach bis in die tiefste Nacht reisen muß.

Die Herbergen für uns sind dieselben, in denen die Landesfürsten bei ihrem jährlichen Durchzug Aufenthalt nehmen. Sie werden alsbald mit den Schanzkleidern und Wappen der edlen Holländisch-Ostindischen-Compagnie behangen, um durch die Livree den vornehmen Gast bekannt zu machen. Das für uns bestimmte Gemach ist allzeit das hinterste. Es liegt an einem artigen Hausgarten, ist das angenehmste und gilt als der fürnehmste Teil des Hauses, weil es von dem Pöbel, dem Geschrei auf den Gassen und dem Küchenlärm des Vorderhauses am weitesten entfernt ist.

So wie der Wirt die einheimischen großen Gäste zu empfangen gewohnt ist, so beobachtet er es auch bei uns. Er kommt nämlich mit einem Ehrenkleid und einem kurzen Säbel angetan unserem Train bis vor den Flecken oder gar bis auf das Feld entgegen, stellt sich vor einen jeden hin und legt seine Bewillkommnung mit demütiger Verbeugung ab. Dies geschieht vor dem Norimon des Bugjo und unseres Residenten so tief, daß er mit den Händen und beinahe auch mit dem Kopf die Erde berührt. Er eilt hierauf geschwind wieder zurück und empfängt uns ebenso zum andernmal vor seinem Haus.

Sobald wir ankommen, werden wir ohne die geringste Verweilung (dazu wir auch wegen des mutwilligen Zuschreiens der Gassenbuben eben keine Lust haben) von unsern Häschern durch das Haus in unser Gemach geführt, wo uns denn nichts als der kleine Hinterhof zum Austritt vergönnt ist, indem sie alles übrige, was sie nach dem Felde oder nach einer hinteren Gasse zu an Fenstern, Türen oder sonst finden zuschließen und vernageln lassen. Sie wollen uns, wie sie sagen, vor Dieben hüten, eigentlich aber wie Diebe und Ausreißer verwahren.

Der Bugjo bezieht die beste Kammer nach der unsrigen. Die Häscher, Dolmetscher und Dosen nehmen die uns zunächst gelegenen Vorkammern ein, um ein Auge auf uns zu haben und zu verhindern, daß ein Bedienter oder Fremder, ohne ihr Wissen und Erlaubnis, bei uns eintrete. Wenn wir die uns angewiesene Kammer in Besitz genommen haben, so erscheint alsbald der Wirt mit seinen nächsten männlichen Hausgenossen, jeder mit einer Schale gemahlenen Tee, welche er nach dem Rang mit der tiefsten Verneigung des Leibes und unter dem weit aus der Brust geholten und in einem ehrerbietigen Tone ausgesprochenen Worte: »ah, ah, ah!« herumreicht. Diese Leute legen ihre Ehrenkleider und die kurzen Säbel in ihrem Haus so lange nicht ab, solange Gäste vorhanden sind.

Hiernächst wird das Tabakgerät herbei gebracht, nämlich ein messingnes oder hölzernes Gefäß oder auch eine solche Platte, die nicht immer die gleiche Form hat. Sie ist versehen mit einem kleinen Becken glühender Kohlen, mit einem Speitopf, einem Schächtelchen voll fein geschnittenem Tabak und mit einigen langen Tabakspfeifen mit kleinen Messingköpfen. Zur gleichen Zeit bringt man eine spanhölzerne oder gefirnißte Platte mit Socano, das sind Anbisse: Kuchen und Früchte, inländische Feigen und Nüsse, warme Reiskuchen, in Salzwasser abgekochte Wurzeln verschiedener Art, Zuckerwerk und dergleichen Dinge mehr. Sie kommen zuerst in die Kammer des Bugjo und dann in die unsere. Die übrige Aufwartung für die inländischen Gäste geschieht durch die Hausmägde, die alles Benötigte bringen, bei der Mahlzeit einschenken, vorlegen, und eben dadurch zur näheren Bekanntschaft den Weg bahnen. Bei den

Holländern fällt eine solche Bedienung weg, ja selbst der Wirt und seine männlichen Hausgenossen dürfen, nachdem sie den Tee hereingebracht haben, nur bis an die Schiebetür an uns herantreten, weil unsere mitgebrachten Diener uns mit allem, was wir brauchen, an die Hand gehen müssen. Mehr Speitöpfe als auf der Platte stehen, werden den Gästen nicht gegeben. Sollten weitere gebraucht werden, so dienen dazu handbreit lange Stäbchen vom Bambus, die unter dem Gliede abgesägt sind.

Die Kerzen, die man uns zur Mahlzeit bringt, sind in der Mitte hohl; denn ihr papierener Docht wird um ein Stäbchen gewunden und dann in Fett getaucht. Die Leuchter sind darum mit einem Pfriem versehen, auf den die Kerzen gesteckt werden. Sie brennen schnell ab und geben viel Rauch und stinkenden Dunst, weil sie mit Lorbeer, Kampfer und anderen Fetten brennen müssen. Wenn man die brennende Kerze aus dem Leuchterpfriem hebt, ist es lächerlich zu sehen, wie der Rauch unten mit einem geschwinden Wirbel hervorbläst, den die brennende Flamme hinabtreibt. Als Nachtlampe dient ein plattes, irdenes Schüsselchen, worin ein Docht aus Bisammark in Walfisch- oder Baumöl aus den Samen der Baumwolle brennt. Es wird über ein Wassergefäß oder auch in eine viereckige Laterne gesetzt, damit es zu keiner Entzündung kommt; denn in diesen gleichsam papierenen Häusern kann sehr leicht ein Brand entstehen und sich zu einer allgemeinen Feuersbrunst ausbreiten.

Unsere Japaner halten auf der Reise dreimal täglich Tafel, ohne das, was sie dazwischen essen. Noch vor Tag, sobald sie aufgestanden und angekleidet sind, also vor dem Aufbruch die erste, zu Mittag die zweite und vor dem Schlafengehen die dritte. Sie lassen es sich sehr gut schmecken, singen auch wohl nach der Mahlzeit ein Liedchen beim Trinken oder machen sich (da ihnen das Kartenspielen verboten ist) durch andere Spiele, Rätselraten und anderes einen Zeitvertreib. Wer verliert, muß einen Trunk tun. Die Holländer müssen hingegen ihre Mahlzeit in der Stille einnehmen. Sie lassen sie von ihren japanischen Köchen auf europäische Manier zurichten und sich bisweilen eine japanische Schüssel vom Wirt dazu reichen. Dazu wird neben europäischen Weinen das einheimische warme Reisbier zur Genüge eingeschenkt. Im übrigen müssen sie bei Tage Abwechslung im Hausgärtchen, des abends aber in der Badestube suchen; denn sie dürfen sonst keinen Schritt tun, auch nicht zu den Bedienten, höchstens einmal (aus Nachsicht!) in die Nebenkammern zu den nagasakischen Reisegefährten.

Wenn unser Train die Herberge verläßt, wird der Wirt in Gegenwart beider Dolmetscher bezahlt. Das Geld wird ihm in Gold auf einer kleinen Platte von unserem Residenten gereicht. Der Wirt kriecht auf Händen und Knien mit großer Ehrerbietung herbei, übernimmt die Platte, neigt die Stirn bis zur Erde und gibt damit und dem Ausstöhnen der Worte »ah, ah, ah!« seine Danksagung ab. Der Dolmetscher hält ihn davon ab, den anderen Holländern in gleicher Weise zu danken, worauf er wieder auf allen Vieren zurück kriecht. In Herbergen, wo wir Mittag halten, werden zwei, wo wir zu Abend essen und schlafen aber drei Cobang bezahlt, wofür der ganze Train (ausgenommen die Pferde, Knechte und Träger) mit Speise und Trank versehen werden muß. Sowie ein Gast die Herberge verläßt, ist es eine hergebrachte Höflichkeit und ein Zeichen der Dankbarkeit, daß er in der Eile den Fußboden seiner Kammer durch seine eigenen Bedienten überfegen und vom Staube säubern läßt.

Diese höfliche Begegnung mit den Wirten ist nur ein Beispiel für die guten Umgangssitten der Japaner, wovon man aber das Geschmeiß unserer nagasakischen Gefährten ausschließen muß. Keine Nation in der Welt tut ihnen hierinnen etwas zuvor, wie wir das in allen auf der Reise vorfallenden Besuchen gefunden haben, ja ihre Lebensart vom geringsten Bauern bis zu dem größten Herrn ist so artig, daß man das ganze Reich eine hohe Schule aller Höflichkeit und guter Sitten nennen möchte. Da die Japaner als sinnreiche, neugierige Leute alles Ausländische hochachten, so ist zu glauben, daß sie uns als Fremdlinge auf den Händen tragen würden, wenn es ihnen erlaubt wäre. Die bösen Gassenbuben, deren es überall welche gibt, kommen zwar dabei in keinen Betracht. Sie haben uns in einigen Städten und Flecken mit schimpflichen Reimen und Sprichwörtern verfolgt, die aber eigentlich auf die Chinesen gemünzt waren.

Beschreibung der Stadt und des Schlosses Jedo.
Einige Vorfälle daselbst. Unsere Audienz und Abschied.

Unter den fünf kaiserlichen freien Handelsstädten ist Jedo die erste, die Residenz des Kaisers und wegen der großen Hofhaltung und der Anwesenheit aller auswärtigen fürstlichen Familien die größte und vornehmste des ganzen Reiches. Sie liegt in der Provinz Musasj in einer weiten Ebene. Der sich anschließende fisch- und muschelreiche lange Seebusen hat hier einen sumpfigen Grund und ist so untief, daß die Warenbarken ein bis zwei Stunden vor der Stadt ausladen und vor Anker liegen müssen. Das hohe Ufer gibt der Stadt die Form eines halben Mondes. Nach Aussagen der Japaner hat sie einen Umfang von 20 japanischen Meilen; sie ist sieben Meilen lang und fünf breit. Sie ist gleich anderen Städten mit keinen Mauern umgeben, wohl aber mit breiten Gräben und von hohen, mit Bäumen bepflanzten Wällen durchschnitten, wodurch die Ausbreitung von Feuersbrünsten gehemmt wird. Vielleicht dienen sie gleichzeitig als Befestigung. Zwei große Flüsse fließen durch die Stadt, der eine von Norden, der andere von Osten. Einer füllt die Schloßgräben und ergießt sich dann durch verschiedene andere Gräben der Stadt in den Seebusen.

Die vielen bürgerlichen und geistlichen Personen, einheimische und fremde, machen die Stadt sehr volkreich. Hierzu kommt noch die Menge der kaiserlichen Hofbedienten, und insonderheit noch der fürstlichen großen Familien aus allen Ländern und Provinzen des ganzen Reiches, die sich hier bei Hofe aufhalten und wohnen müssen. Die hohen Herren selbst bleiben für ihre Person freilich nur ein halbes Jahr, die übrige Zeit bringen sie in ihren Erbländern zu, um die Regierung ihrer Untertanen zu besorgen. Das Bild der Stadt Jedo mit ihren Bauten ist nicht sehr ordentlich. Sie ist nicht auf einmal gebaut, sondern allmählich zu ihrer Größe gediehen. So oft jedoch eine große Feuersbrunst – die hier nicht seltsam ist – Gelegenheit dazu gibt, werden die neuen Quartiere mit schnurgleichen Kreuzstraßen angelegt. Verschiedene abgebrannte Plätze waren noch leer. Man kann sie aber hier zu Lande nicht so bald wieder bebauen als in Moskau, wo man fertige Häuser feil findet, die gleich den andern oder den dritten Tag nach dem Brande, vors erste ohne Leim, Kalk und Nägel wieder dahin gesetzt werden. Wie in andern Städten des Reiches sind auch in Jedo die Häuser klein und niedrig, aus Tannenholz und dünnen Wänden gemacht, inwendig mit papiernen Schauben (Trennwänden) und Fensterjalousien, der Boden mit ausgestopften feinen Binsenmatten belegt, die Dächer mit Tannenschindeln gedeckt, und die ganze Maschine gleichsam aus der brennbarsten Materie zusammengefügt, so daß sie gar leicht Feuer fangen kann. Oben unter dem Dachgiebel hat man zwar fast durchgängig ein Gestell mit einem Zuber für Wasser und ein paar Besprengkolben, zu dem man von außen über eine Hängeleiter bequem hinaufsteigen kann. Dieses Mittel ist aber wider ein glimmendes schwelendes Feuer kaum hinreichend, weil sich dadurch die Gewalt einer um sich greifenden Glut keineswegs dämpfen läßt. Ihr muß durch Niederreißen der nächsten, noch unbeschädigten Häuser gewehrt werden, wozu sich alsdann die Feuerkompagnie einfindet, welche Tag und Nacht in der Stadt umherzieht.

Die überaus vielen Klöster und Wohnungen der Pfaffen, welche (wie es bei den christlichen und andern Völkern auch zu sein pflegt) die angenehmste Lage haben, sind mit einigen aufsteigenden Treppen angelegt und unterscheiden sich nicht viel von den bürgerlichen Häusern. Man findet dabei allemal entweder einen kleinen Nebentempel oder doch statt dessen einen ansehnlichen mit einem oder mehr Altären und verschiedenen Götzen ausgeschmückten Saal.

Daß man in Jedo nicht wenig Paläste antrifft, läßt sich nach dem großen Hofstaat des Kaisers und der vielen Landesfürsten leicht abnehmen. Sie sind durch ansehnliche Pforten und Vorhöfe von den gemeinen Häusern abgesondert. Vor dem Eingang liegt eine gefirnißte Treppe mit etlichen Stiegen. Die innere Einteilung mit vielen Kammern ist sehr kostbar. Sie haben jedoch auch nur ein Stockwerk, sind aber mit kleinen Türmen geziert.

Ohnerachtet des Flors aller Künste und Handwerke, des Handels und sonstiger Gewerbe, verursacht die große Menge müßiger Hof- und Klosterleute in allem mehr Teuerung als an irgend einem Ort des Reiches. Was die Regierung der Stadt betrifft, so ist solche mit der von Nagasaki und Osaka einerlei. Die Gassenrichter (Ottona) nämlich sind über einzelne Straßen, die Bürgermeister über Quartiere, und zwei jährlich abwechselnde Gouverneurs über die ganze Stadt gesetzt.

Typische japanische Festungsmauer

Das kaiserliche Schloß liegt im nördlichen Teil der Stadt und hat in einer etwas ungleichen Rundung einen Umfang von fünf japanischen Meilen. Es besteht aus einer doppelten Vorburg, einer großen Festung – der eigentlichen Residenz des Kaisers – und zwei befestigten Nebenschlössern, auch einigen großen Lustgärten hinter der Residenz.

Die erste und äußerste Burg ist mit Wällen, ausgemauerten Gräben und Pforten und innen mit einer ansehnlichen Wache versehen. Sie umgibt den großen halben Teil der kaiserlichen Residenz. Auf dem großen Platz, den diese Burg einnimmt, haben die landesfürstlichen Familien ihre Wohnungen, welche gassenweise angelegt, schön gebaut und mit schweren Pforten an den Vorhöfen verwahrt sind.

Die zweite, innere Burg, die von der ersten umschlossen wird, umschließt einen kleineren Platz und die Front der kaiserlichen Residenz. Sie ist aber besser als die erste mit Wällen, Gräben, Brücken und Pforten und auch mit einer größeren Wache besetzt. Die ältesten Reichsräte, Gouverneurs und einige der ansehnlichsten Landesherrn wohnen hier in schönen Palästen.

Die kaiserliche Residenz liegt auf einem etwas erhöhten, jedoch ebenen Hügel und wird von einem breiten, mit Quadersteinen aufgemauerten Graben umgeben. Die Grabenwand an der Schloßseite ist mit ungeheuer großen Werksteinen schräg in die Höhe geführt, dahinter mit Erde aufgefüllt und oben mit langen Gebäuden besetzt und mit gefachten turmförmigen viereckigen Wachthäusern befestigt. An der Mauer selbst sind vorstehende steinerne Bollwerke nach den Regeln der Kriegskunst angebracht. Die Werksteine sind aber nur übereinander gelegt und mit keinem Kalk oder sonst einer Klammer verbunden, weil man meint, daß sie bei einem Erdbeben auf solche Weise der Bewegung und Erschütterung eher nachgeben und also das Gemauer unbeschädigter erhalten könnten. Ein innen stehender, über alle anderen Gebäude hervorragender viereckiger weißer Turm mit vielen Stockwerken, Prunkdächern und Zieraten gibt dem Schloß das prächtigste Ansehen. Außerdem sind alle Gebäude mit gefachten, ausgebogenen und zu oberst und an den Enden mit Drachenköpfen gezierten Dächern kostbar belegt.

Das erste Nebenschloß ist klein, wie eine runde Zitadelle, ohne äußere Pracht. Es hat nur ein Tor, in das man aus dem Residenzschloß über eine hohe und lange Brücke hineingeht. Das zweite Nebenschloß liegt jenem zur Seite und ist von der nämlichen Beschaffenheit. Beide werden von hohen aufgemauerten Wällen und tiefen, sehr breiten Gräben (durch die der große Fluß geleitet ist) umgeben und wohl befestigt. In beiden werden die vorhandenen Prinzen und Prinzessinnen erzogen.

Die verschiedenen Lust-, Baum- und Blumengärten hinter der Residenz sind auf einem erhöhten Felsen nach japanischer Kunst sehr kostbar angelegt. Ein Bergwäldchen setzt ihnen Grenzen. In diesem findet man zweierlei Arten Ahorn, deren sternförmige, aus dem Grünen ins Gelbe und Rote spielenden Blätter sehr die Augen ergötzen. Die eine Art ist mehr im Frühling, die andere gegen den Herbst in der schönsten Farbe.

Die Residenz hat nur ein, freilich ziemlich hohes Stockwerk. Sie ist dagegen sehr weitläufig, mit vielen ledigen Gängen und zahlreichen Gemächern, die man durch Verschieben der Trennwände klein und groß machen kann. Die vornehmsten Gemächer haben eigene Namen. Sie sind alle nach den ausgesuchtesten Regeln der Baukunst im japanischen Geschmack angelegt: die Decken, Balken und Säulen aus Zedern-, Kampfer- oder Jeseriholz (schwarzem Eisenholz?), das von Natur Blumen oder andere sonderbare Figuren an sich hat. Sie werden deshalb nur dünn mit Firnis überstrichen oder mit Lack überzogen, zuweilen auch mit geschnitzten Vögeln und Laubwerk geschmückt und vergoldet. Die Zugtüren, Wandschirme und Wände sind sauber bemalt oder bunt vergoldet, die Fußböden mit feinen weißen, am Rand mit Goldbändern eingefaßten Matten ordentlich belegt. Man sagte mir, daß auch noch ein unterirdischer Saal oder Keller im Residenzschloß ist, dessen obere Decke aus einem platten, weiten, mit Wasser gefüllten Kessel besteht. Der Kaiser verfüge sich der Sicherheit halber zur Zeit eines Donnerwetters dorthin, weil dann der Blitz sich in dem Wasser verlöschen könne. Ferner gibt es allhier zwei vor Feuer und Raub wohl verwahrte Magazine mit den kaiserlichen Schätzen, deren Dächer aus schwerem Kupfer und deren Türen aus starkem Eisen gemacht sind.

Sobald wir in unserer Herberge angekommen, ließen wir den beiden Reichskommissaren, die zur Besorgung der auswärtigen Angelegenheiten die oberste Vollmacht haben, und dem hier anwesenden nagasakischen Gouverneur durch den Unterdolmetscher unsere Ankunft melden. Der Gouverneur liess noch am gleichen Abend unserem Bugjo befehlen, uns auf den Kammern wohl eingeschlossen zu halten und nicht zu erlauben, daß außer unseren eigenen Bedienten irgendeine Seele zu uns komme. Eigentlich war diese Vorsicht unnötig, denn unsere Kammern, die auf dem obersten Stockwerk eines Hinterhauses lagen und zu denen man von außen nur durch einen verschlossenen langen Gang gelangen konnte, waren an sich schon von allen Menschen abgesondert. Die Treppe selbst war unten und oben mit einer verschlossenen Tür, und das ganze Stockwerk zu drei Seiten mit Wänden verwahrt. Meine Kammer hatte nur ein kleines hohes Fenster, durch das ich mit genauer Not die Mittagssonne wahrnehmen konnte. Man sagte uns, daß vier Tage vor unserer Ankunft 40 Straßen mit an die 4.000 Häusern durch eine Feuersbrunst in Asche gelegt worden sind, wie denn auch selbst an diesem Abend anderthalb bis zwei Meilen von unserer Herberge gegen Osten ein Feuer ausbrach, das jedoch nur mit Verlust von einigen Häusern gelöscht wurde.

Den 14. März, mittwochs, ließen uns die Kommissare unter freundlicher Begrüßung wissen, daß sie unsere Ankunft den Reichsräten bekannt gemacht hätten. In Gegenwart unseres Bugjos und des kaiserlichen Gouverneurs öffneten wir heute die Pakete mit den für den Kaiser und die anderen bestimmten Geschenken und bestellten zu dem darunter befindlichen Calambak (Aloeholz, wohlriechendes Räucherwerk) und borneischen Kampfer die nötigen Kästchen.

Den 15. März, donnerstags, wurden von vier Schneidern die aus Europa mitgebrachten Laken für den Kaiser in Falten genäht und hölzerne Tafeln bestellt, um die Stoffe zum Geschenk darauf zu legen. Ferner wurden Gefäße bestellt, um die Tinto- und andere spanische Weine hineinzuzapfen. Zwei Meilen von unserer Herberge entstand diesen Abend wieder ein Brand, der aber wenig Schaden anrichtete.

Den 17. März, sonnabends, kam unser Bugjo mit der nagasakischen Neuigkeit zu uns, daß 15 Tage nach unserer Abreise schon 20 chinesische Dschunken mit Kaufgütern eingelaufen wären. Er verbot uns zugleich, beim Auskehren Papiere aus dem Fenster zu werfen, die mit europäischen Buchstaben beschrieben sind.

Ohnweit unserer Herberge sahen wir diesen Morgen abermals Brand.

Den 18. März, sonntags, brachten wir damit zu, die spanischen Weine in lange Flaschen abzuzapfen, den Calambak und den Kampfer in die Kästchen zu legen und überhaupt alles so in Ordnung zu bringen, wie es dem Kaiser bei der Audienz vorgesetzt werden sollte. Eine Meile nach Westen hin brach am Abend bei starkem Nordwind ein großes Feuer aus, das 25 breite Straßen und 600 Häuser verzehrte und erst in vier (europäischen) Stunden gelöscht wurde. Man sagte, es wäre von Mordbrennern, von denen zwei ertappt wurden, gelegt worden.

Den 20. März ließ uns des Kaisers Gouverneur durch einen seiner Bedienten auf den 28ten dieses Monats zur Audienz beim Kaiser Hoffnung machen, zugleich auch die Vorsorge für unsere Gesundheit empfehlen, damit wir rechtzeitig bereit seien.

Den 21. März, mittwochs, verfügte sich unser (kranker) Oberdolmetscher zu den Herrn Kommissaren und hielt um die Freiheit an, sich zu der bevorstehenden Audienz in einem Korb zu Hofe tragen lassen zu dürfen; er erlangte sie, mußte sich aber durch einen schriftlichen, mit seinem Blut unterzeichneten Eid verbürgen, daß keine andere Ursache als seine Unvermögenheit dabei obwalte.

Den 23. März, freitags, schickten wir durch den Unterdolmetscher einem jungen Herrn von Firando eine Flasche Aquavit zum Zeichen eines geringen Andenkens, weil unsere Nation vormals unter seines Herrn Vaters Schutz gestanden. Eine Stunde vor der Mittagszeit ereignete sich bei hellem und stillem Wetter ein schreckliches Erdbeben, das unser Haus mit großem Krachen erschütterte, aber nicht länger als man ungefähr bis 50 zählen kann währte. Ich wurde bei dieser Gelegenheit überzeugt, daß es in einer physikalischen Notwendigkeit gegründet ist, wenn die Reichsgesetze den niedrigen Bau der Häuser gebieten, und daß es nicht minder notwendig ist, sie aus leichtem Holz, Wänden, Brettern und Spänen zu machen, und schließlich einen schweren Balken unter dem Dach durchzuziehen, der durch sein Gewicht das ganze Gebäude zusammenhält.

Den 24. März, sonnabends, war ein mit Schnee und Regen vermischter kalter Tag, ob es gleich in der Nacht vorher schwül und heiß gewesen. Der Reichsrat und Liebling des Kaisers Makino

Bingo ließ heute unseren Kapitän um holländischen Käse bitten. Wir schickten ihm einen ganzen Edamer und einen halben Safrankäse von unserem eigenen Vorrat.

Den 25. März, sonntags, wurden die Geschenke für den Kaiser und für die Großen des Hofes verteilt und in bestimmte Ordnung gebracht, weil der 28te herannahte, da wir die Hoffnung zur Audienz hatten.

Den 26. März, montags, mußten wir vernehmen, daß, weil der Oberreichsrat Makino Bingo wegen erhaltener Trauer über seines Bruders Tod sich nicht eher als den 29ten wieder öffentlich sehen lassen könne, unsere Audienz also bis dahin, einen Tag weiter ausgesetzt worden sei.

Den 28. März, mittwochs, ließen uns die Kommissare durch ihre Sekretäre kund tun, daß wir morgen zur Audienz vor den Kaiser gelassen würden. Wir sollten uns daher frühzeitig nach Hofe verfügen und in dem kaiserlichen Wachtsaal ihrer zur weiteren Anführung warten. Der morgende Tag ist als letzter Tag des zweiten japanischen Monats für eine Audienz eigentlich ungewöhnlich. Der Makino Bingo aber hatte ihn gleichwohl, um sich von uns zu befreien, dazu ausersehen, weil er am 5ten des dritten Monats dem Kaiser ein Gastmahl zu geben willens war und zur nötigen Vorbereitung bis dahin nicht gern verhindert sein wollte.

Dieser Bingo vertrat ehemals bei dem Kaiser, als er noch Prinz war, die Stelle eines Aufsehers und Vormunds. Jetzt ist er der Liebling und vertrauteste Minister, den der Kaiser zugleich vor anderen würdig hält, die Worte aus dem majestätischen Munde bei unserer Audienz aufzunehmen und auf uns zu übertragen. Er ist ein beinahe 70jähriger Herr, etwas langer und hagerer Statur, mit einem länglichen alltäglichen Gesicht, das fast einem Deutschen gleicht, langsam in seinen Handlungen und von einem freundlichen Wesen. Man gibt ihm den Ruhm eines gerechten und uneigennützigen Mannes, der weder ehrgeizig noch rachsüchtig, also des vorzüglichen Ansehens beim Kaiser vollkommen wert ist. Als er vor drei Jahren den Kaiser zu traktieren die Ehre hatte, bekam er als Gnadenzeichen einen Säbel, den der Kaiser selbst von seiner Seite nahm und der auf 15.000 Tail (Währungseinheit, 37 g Gold oder Silber) geschätzt wurde. Dazu kamen noch 3.000 Stück Cobangs (flaches Goldstück im Wert von 10 Gulden), Silber, damastene und chinesische kostbare seidene Stoffe und eine jährliche Zulage von 300.000 Ballen Reis zu den 400.000, die er schon genoß, so daß er nunmehr 700.000 Ballen Reis Einkünfte hat. So unschätzbar man die Ehre achtet, dem Kaiser ein Gastmahl zu geben, so äußerst nachteilig ist es bisweilen für den Wirt, weil das Allerseltenste herbeigebracht und alles aufs teuerste bezahlt werden muß.

Den 29. März, donnerstags, also wurden die dem Kaiser zugedachten Geschenke in Begleitung der Deputierten der Oberkommissare und des kaiserlichen Gouverneurs nach Hof gebracht und allda im großen Audienzsaal, wo sie der Kaiser in Augenschein nimmt, nach der Ordnung, ein jedes auf einem besonderen Tischchen, ausgelegt. Wir folgten in einem geringen Aufzug, jeder in einem seidenen schwarzen Mantel als Ehrenkleid. Drei Hausbediente des nagasakischen Gouverneurs nebst unserem Dosin, zwei nagasakische Stadtboten und des Dolmetschers Sohn gingen mit uns zu Fuß, wir drei Holländer aber und der Unterdolmetscher ritten hintereinander her. Ein Diener führte bei jedem Pferde zur Rechten den Zaum. Ehedem hatte man es durch zwei, von beiden Seiten leiten lassen, aus welcher Prahlerei man aber jetzt nichts mehr macht. Hinter uns her wurden unser Resident in einem Norimon und der alte Oberdolmetscher in einem Cango getragen. Unsere Leibdiener folgten, so weit es ihnen erlaubt war, neben her. Nach einer Viertel- oder halben Stunde kamen wir zu der ersten mit Wall und Mauern befestigten Burg und daselbst über eine große mit Messingknöpfen gezierte Brücke. Unter dieser floß ein großer, mit vielen Fahrzeugen belegter Strom nach Norden um die Burg. Zwischen den beiden starken Pforten am Eingang befand sich eine kleine Wache und auf dem ersten Burgplatz, sobald die zweite Pforte passiert war, rechter Hand ein ansehnliches, mehr zum Prunk als zur Verteidigung eingerichtetes Wachthaus, außen mit schönen Schanzkleidern, Büschen und Piken, innen mit vergoldeten Schiebetüren und mit lackierten Waffen aller Art ausgeschmückt. Die Soldaten saßen hockend in guter Ordnung und hatten über ihren schwarzseidenen Kleidern zwei Säbel hängen. Sobald wir also quer über diesen mit landesherrlichen Häusern bebauten Platz gezogen waren, gelangten wir in die zweite, mit gleicher Festigkeit bewahrte Burg, deren Pforten, inwendige große Wachen und Paläste sich weit ansehnlicher ausnahmen als die vorigen. Unsere

Körbe, Pferde und Diener blieben hier zurück. Wir gingen mit unseren Führern quer über den Platz auf den kaiserlichen Palast zu. Erst kamen wir über eine lange steinerne Brücke durch ein doppelt verschlossenes Bollwerk, danach, etwa zwanzig Schritte aufwärts, durch eine krumme Gasse, die zu beiden Seiten eine unglaublich hohe Mauer umgab. Am Ende dieser Gasse lag die große Schloßwache, in der wir warten mußten bis der hohe Rat am Hofe zusammen wäre. Zwei Hauptleute dieser Wache empfingen uns inzwischen sehr höflich und setzten uns Tee und Tabak vor. Die beiden Kommissare und der kaiserliche Gouverneur kamen dazu, uns zu begrüßen, mehrerer anderer uns unbekannter neugieriger Hofkavaliere nicht zu gedenken. Nachdem denn die älteren und jüngeren Reichshofräte innerhalb einer Stunde, teils zu Fuß, teils in Norimons vorbei ins kaiserliche Schloß passiert waren, wurden wir abgerufen. Wir wurden über einige steinerne Tritte hinauf über den eigentlichen Residenzplatz geführt, der bis an die Front des kaiserlichen Palastes reicht und dort nur wenige Schritte breit ist. Er war mit wachthabenden Soldaten, Hofleuten und Pagen voll besetzt. Man stieg noch etwa zwei Treppen hinauf in den Palast und betrat zur rechten Hand den üblichen Wartesaal für alle, die vor den Kaiser oder vor die Reichsräte zur Audienz gelassen werden sollen. Dieser war mit vergoldeten Pfeilern, Wänden und Schiebetüren prächtig ausgeputzt, auch ziemlich hoch, aber bei geschlossenen Jalousien ziemlich finster. Aus einer kleinen Nachbarkammer fiel nur ein kleines Licht herein.

Als wir hier über eine gute Stunde gesessen, bis der Kaiser sich auf seinem gewöhnlichen Sitz eingefunden hatte, holten beide Kommissare und der kaiserliche Gouverneur unseren Residenten oder Kapitän und führten ihn in den Audienzsaal. Uns ließen sie zurück. Kaum war er eingetreten, da gab eine überlaute Stimme mit »Hollanda Kapitain« das Zeichen, daß er sich nähern und seine Ehrerbietung ablegen sollte. Worauf er zwischen dem Ort, wo die Geschenke lagen und dem hohen Sitzplatz der kaiserlichen Majestät auf Händen und Füßen herbeikroch, auf den Knien liegend das Haupt bis zum Boden neigte, und sich ganz stillschweigend ebenso, wie ein Krebs rückwärts kriechend zurückzog. Hierinnen besteht die ganze kurze Ceremonie bei der mit so vielen Umständen vorbereiteten Audienz. Bei den jährlichen Audienzen der Landesherren geht es nicht anders zu: ihre Namen werden ebenfalls aufgerufen, sie bezeugen sodann ihren demütigen und gehorsamen Respekt und kriechen rücklings wieder davon.

Vormals war es hinreichend, wenn der Kapitän bei der Audienz allein erschien. Er wurde dann nach wenigen Tagen, wenn er die ihm vorgelesenen Gesetze angehört und im Namen der holländischen Nation zu halten versprochen, von den Reichsräten wieder nach Nagasaki gelassen. Seit zwanzig Jahren hat man aber angefangen, die Holländer der Gesandtschaft nach der Audienz tiefer in den Palast zu führen und sie der Kaiserin, den dazu eingeladenen Prinzessinnen von Geblüt und den übrigen Hofdamen zum Vergnügen und zur Betrachtung vorzustellen, wobei der Kaiser nebst dem Frauenzimmer hinter Jalousien verdeckt sitzt, die Reichsräte und die übrigen zur Audienz befohlenen Bedienten aber öffentlich zugegen sind.

Sobald unser Resident seinen ehrerbietigen Respekt abgelegt und der Kaiser sich in sein Kabinett verfügt hatte, wurden wir drei Holländer auch herbeigerufen und samt unserem Kapitän durch verschiedene Gemächer in eine aus vergoldetem, künstlichem Schnitzwerk bestehende vortreffliche Galerie geleitet. Nachdem wir dort eine Viertelstunde verweilt, wurden wir wieder durch andere Gänge in einen Saal geführt, wo man uns zum Sitzen nötigte. Verschiedene der geschorenen Hofleute (geschoren sind nämlich die Tempelherren, Ärzte, Tafel- und Küchenbediente) kamen alsbald und stellten Fragen nach unseren Namen, nach dem Alter und anderen Kleinigkeiten. Vorgezogene vergoldete Schirmwände befreiten uns aber kurz darauf von ihnen und dem ganzen vorbeiziehenden Hofschwarm. Nach einer halben Stunde, während der sich der Hof in den Kammern, aus welchen wir sollten beschaut werden, eingefunden, brachte man uns durch einige finstere Gänge dorthin. Diese Gänge waren bis zu dem Schauplatz, auf welchem wir vorgestellt werden sollten, mit einer einfachen Reihe kaiserlicher Leibwächter und anschließend von Hofbedienten in ihren Staatsuniformen besetzt. Sie lagen alle niedergebückt auf ihren Knien. Um diesen Platz lagen teils offene, teils mit Jalousien geschlossene Kammern. Je nach dem Rang der darin sitzenden Personen lagen die Sitzmatten höher oder niedriger. Uns wies man den Mittelraum zum Sitzen an. Er war mit gefirnißten Brettern belegt und von

Wohlstandsbräuche in Japan Fragen nach dem Wohlbefinden
Begrüßung

Bewirtung mit Tee
Anbieten von Geschenken

Matten entblößt und lag deshalb am niedrigsten. Hinter einer Jalousiematte zur rechten Hand saß der Kaiser mit seiner Gemahlin. Ich sah ihr Gesicht ein paarmal, während ich auf kaiserlichen Befehl etwas tanzte. Ich konnte eine bräunliche runde schöne Gestalt wahrnehmen mit schwarzen europäischen Augen, voller Feuer und Leben.

Die Kommissare hatten uns bis vor die Galerie geleitet. Dort empfing uns ein Unterreichsrat. Jeder von uns mußte auf die Seite zu, wo sich der Kaiser aufhielt, eine Respektsbezeugung auf japanische Manier ablegen, d.h. mit bis zur Erde gebücktem Haupt herzukriechen. Darauf hieß uns der Bingo auf Befehl des Kaisers durch den Dolmetscher willkommen. Unser Kapitän stattete nun im Namen seiner Herren ein untertänigstes Kompliment und Danksagung für die Gnade ab, daß ihnen der freie Handel in Japan bisher vergönnt gewesen. Der Dolmetscher wiederholte solches mit auf der Erde liegendem Gesicht in japanischer Sprache, so daß es der Kaiser hören konnte. Des Kaisers Antworten und Reden mußte der Dolmetscher wieder aus dem Mund des Bingo annehmen, statt sie alsbald gerade vom Kaiser selbst an uns zu bringen. Ich glaube, daß dies darum geschieht, weil man die Worte, so warm sie aus des Kaisers Mund fließen, für zu heilig und majestätisch hält, um sogleich von Personen niederen Ranges wiederholt zu werden.

Diese erste Szene verwandelte sich nun weiter in ein wahres Possenspiel. Zuerst kamen noch mancherlei läppische Fragen, wie alt ein jeder sei und wie sein Name sei. Man gab uns europäisches Schreibzeug und ein jeder mußte die Antwort aufzeichnen und dem Bingo hinreichen. Der reichte dem Kaiser den Zettel mit dem Schreibzeug unter der Decke hin. Unser Kapitän wurde gefragt, wie weit es von Holland bis Batavia sei und wie weit von Batavia bis Nagasaki? Ob der General auf Batavia oder der Prinz in Holland mächtiger sei? Und ich: welche innerlichen und äußerlichen Gebrechen ich für die schwersten hielte? Wie ich mit den Krebsschäden und innerlichen Geschwüren zu Werke ginge? Ob ich nicht auch, wie die chinesischen Ärzte seit vielen Jahrhunderten getan, einem Mittel zum langen Leben nachgespürt, oder ob nicht andere europäische Ärzte bereits eins gefunden? Ich antwortete, daß unsere Ärzte noch täglich studierten, das Geheimnis zu entdecken, wie der Mensch seine Gesundheit bis zu einem hohen Alter erhalten möchte. Man fragte weiter: welches denn für das beste gehalten würde? Antwort: das letzte sei allezeit das beste, bis die Erfahrung ein anderes lehre. Frage: welches denn das letztere sei? Antwort: ein gewisser Spiritus, der bei mäßigem Gebrauch die Feuchtigkeiten flüssig erhalte und die Lebensgeister aufmuntere und stärke. Frage: wie selbiger genannt werde? Antwort: sal volatile oleosum Sylvii. Da ich wußte, daß alles, was bei den Japanern Achtung erwerben soll, einen langen Namen und Titel haben muß, so wählte ich diese Benennung um so eher, als ich sie etliche mal wiederholen mußte, weil man sie hinter der Matte nachschrieb. Frage: wo er denn zu bekommen und wer ihn erfunden? Antwort: in Holland der Professor Sylvius. Frage: ob ich ihn auch zu machen wüßte? Hier befahl mir der Kapitän mit einem Wink »nein« zu sagen. Ich antwortete aber: »ja, aber nicht hier«. Frage: ob er auf Batavia zu bekommen? Antwort: ja. Womit denn der Kaiser verlangte, daß mit dem nächsten Schiffe eine Probe überschickt werden sollte, die auch unter dem Namen im folgenden Jahr wirklich überkommen ist. In der Tat war es nichts anderes als ein unlieblicher Spiritus Salis Ammoniaci mit Gewürznelken abgezogen. Der Kaiser wechselte nun seinen Platz und setzte sich hinter den Hängematten näher zu uns. Er hieß uns unsere Mäntel und Ehrenkleider ablegen und aufrecht sitzen, damit er uns besser ins Gesicht sehen könne. Dieses war es aber nicht allein, was der Kaiser verlangte, sondern wir mußten uns gefallen lassen, ordentliche Affenpossen auszuüben, die mir nicht einmal alle mehr erinnerlich sind. Bald mußten wir nämlich aufstehen und hin und her spazieren, bald uns untereinander komplimentieren, dann tanzen, springen, einen betrunkenen Mann vorstellen, japanisch stammeln, malen, holländisch und deutsch lesen, singen, die Mäntel bald um- und wieder wegtun und dergleichen mehr. Ich zu meinem Teil stimmte eine deutsche Liebesarie an:

> »... Zeitlich kann mich nichts ergötzen,
> als die keusche Lieblichkeit
> meiner edlen Florimenen,
> meiner einzigen Begier,
> die wir uns so herzlich sehnen,
> sie nach mich und ich nach ihr.«

Unser Kapitän blieb jedoch von diesen Sprüngen verschont, weil man darauf sah, daß das Ansehen unserer Oberherren in seiner Person ungekränkt bleiben mußte. Er hätte sich auch seines ernsthaften und empfindlichen Gemüts wegen gar schlecht dazu geschickt. Nachdem wir solchermaßen zwei lange Stunden zur Schau gedient hatten, wurde jedem von geschorenen Dienern ein kleiner Tisch mit japanischen Anbissen vorgesetzt. Statt Messer und Gabeln lagen ein paar Stöckchen dabei. Es war wenig, was wir davon aßen. Das Übriggebliebene mußte der alte Dolmetscher vor sich mit beiden Armen davon tragen, ob er gleich kaum die Macht hatte, sich selbst auf seinen Füßen fortzubringen. Man hieß uns darauf die Mäntel anlegen und Abschied nehmen, dem wir denn auch unverzüglich nachkamen und hiermit unseren zweiten Auftritt beschlossen. Unsere Führer begleiteten uns wiederum in den Wartesaal, woselbst sie uns entließen. Als der Gouverneur von uns Abschied nahm, wünschte er uns Glück zu der außerordentlich gnädigen Aufnahme durch den Kaiser, indem solche, solange man denken könne, den Holländern niemals in dem Maße widerfahren sei.

GEORG HEINRICH FREIHERR VON LANGSDORFF
(1774 - 1852)

Langsdorff wurde am 18.4.1774 in Wöllstein im linksrheinischen Hessen geboren. Sein Vater war zuletzt Vizekanzler des Oberhofgerichts in Karlsruhe. Der Neunzehnjährige zog zum Studium der Medizin und der Naturwissenschaften nach Göttingen und hörte dort unter anderen den »Nestor« der Naturforscher Johann Friedrich Blumenbach (1752 - 1841), der dort Professor der Medizin war, und dem auch Alexander von Humboldt wesentliche Anregungen verdankt. 1797 begleitete der 23jährige Doktor der Medizin den Prinzen Christian von Waldeck als Leibarzt nach Lissabon und führte dort die Kuhpockenimpfung ein. Nach dem Tod des Prinzen ließ er sich in Lissabon als Arzt nieder, stand vorübergehend im Dienst der britischen Landungsarmee in Spanien und fand gleichzeitig Gelegenheit, seine wissenschaftlichen Arbeiten so zu fördern, daß ihn die Wissenschaftliche Akademie in Petersburg zum auswärtigen Mitglied ernannte. Trotzdem bewarb er sich zunächst vergeblich um die Teilnahme an der russischen Expedition nach Ostasien, die unter dem Kommando von Krusenstern 1803 von Kronstadt absegelte. Er traf Krusenstern aber noch rechtzeitig in Kopenhagen und erhielt dort von dem für Japan vorgesehenen russischen Gesandten Resanow die Erlaubnis zur Mitreise. Die Forscher und Diplomaten hatten den Auftrag, die Westküste des damals noch russischen Alaska zu erkunden und den Handel mit China und Japan anzuknüpfen. Rußland hatte sich rund hundert Jahre zuvor Kamtschatka einverleibt und suchte nun einen Seeweg nach seinen fernöstlichen Küsten, weil der Landweg für den Gütertransport zu beschwerlich und zu zeitraubend war. Nach dem vergeblichen Besuch in Nagasaki trennte sich Langsdorff in Petropawlowsk (Kamtschatka) von der Expedition, reiste die Aleuten entlang

Bai und Hafen Nagasaki Im Vordergrund die halbmondförmige Insel Deshima mit der holländischen Faktorei

bis zur Nordwestküste von Amerika und kehrte 1808 über Sibirien nach Petersburg zurück. Der folgende Bericht ist seinem zweibändigen Werk über diese Reise entnommen: »Bemerkungen auf einer Reise um die Welt in den Jahren 1803 - 1807« (Frankfurt 1812). Langsdorff reiste später in Südamerika, war 1810 bis 1820 russischer Geschäftsträger in Brasilien, wollte in Brasilien eine Kolonie gründen, die nicht zustande kam, weil die kaiserliche Regierung in Rio die Ansiedlung der 1822 dort eingetroffenen Auswanderer selbst übernahm. Die russische Regierung ernannte ihn zum Staatsrat und förderte eine zweite Expedition in das Marangebiet, das Quellgebiet des Amazonas in den peruanischen Anden. Dort holte er sich das Fleckfieber, von dem er sich nicht mehr ganz erholte. Er kam 1830 nach Deutschland zurück und starb 1852 in Freiburg i.B. Seine Erlebnisse in Nagasaki sind charakteristisch für das Verhalten der Japaner gegenüber Fremden in den 220 Jahren der Abgeschlossenheit. Engelbert Kämpfer, Gontscharow, Siebold und alle nichtdeutschen Seefahrer haben dort dasselbe erlebt.

Aufenthalt in Megasaki und »Audienz«
beim Gouverneur von Nagasaki

Der russische Gesandte Resanov hatte nach Monaten erreicht, daß die Japaner ihm ein Haus an Land zur Verfügung stellten, so daß er das Schiff endlich verlassen konnte. Es lag in Megasaki, einem Vorort von Nagasaki.

Am 15. Dezember 1804 erhielten wir durch die Dolmetscher die Nachricht, daß das Haus fertig sei und der Ambassadeur übermorgen am Lande erwartet werde, daß sie aber vorher wissen möchten:

1. Ob der Gesandte in seiner eigenen Schaluppe fahren oder das Fahrzeug des Landesfürsten von Fisen annehmen wolle?
    Antwort: Letzteres würde vorgezogen.

2. Wie viele Offiziere und andere Personen den Gesandten an das Land begleiten würden? Antwort: etwa zehn Offiziere und fünfzehn andere Personen, unter denen sich sieben Soldaten und die vier mitgebrachten Japaner befänden.
3. Ob und was für Waren und andere Sachen man mit an das Land nehmen wolle? Antwort: gar keine, ausgenommen Kleidungsstücke und die für Japan bestimmten Geschenke.
4. Wann die Geschenke an Land gebracht werden sollten? Antwort: sogleich nachdem man die Wohnung bezogen habe.
5. Mit welchen Fahrzeugen? Antwort: man bäte um den Beistand der japanischen.

Nachdem alles dieses beendigt war, machte von Resanow den Vorschlag, einigen Offizieren seines Gefolges zu erlauben, morgens zuvor den für ihn bestimmten Platz in Augenschein zu nehmen, um zu wissen, ob dieser so beschaffen sei, daß er ihn beziehen könne, oder ob die Wohnung vielleicht einige Ähnlichkeit mit der chinesischen Dschunke habe. Von den Soldaten wurde keine weitere Erwähnung mehr getan, als daß sie mitkommen würden.

Nachmittags sahen wir mehrere hundert Menschen auf einem Hügel, der dicht an die uns bestimmte Wohnung grenzte, beschäftigt, kleine Häuser aufzuschlagen, die mit Vorhängen bedeckt wurden. Dies sind die Festungen hierzuland, und hierher, vermuteten wir, würde wahrscheinlich die für uns bestimmte japanische Ehrenwache zu Lande verlegt werden.

Versprochenermaßen kamen gegen Mittag (am 16.12.) die Dolmetscher und brachten die Antwort, daß es morgen früh um sieben Uhr einigen Offizieren erlaubt sei, die Wohnung in Augenschein zu nehmen, und daß der Gesandte, wenn sie alles gut fänden, nachmittags dort erwartet würde. Hierauf machte von Resanow den Einwurf, daß er morgen wohl schlecht den Wohnort beziehen könne, weil zuvor, wenn auch alles noch so gut wäre, Tisch, Stühle, Küchengeräte usw. dahin gebracht werden müßten. Er könne erst, wenn alles in Ordnung sei, umziehen.

Diese Bemerkung befremdete die Dolmetscher nicht wenig. Sie sagten, der Gouverneur habe alle Vorkehrungen für den Empfang des Gesandten für morgen getroffen, alle Herren des Landes und die Stadt Nagasaki benachrichtigt. Er würde sehr in Verlegenheit sein, wenn der Gesandte seine Landung verschieben wolle. Der Einwurf, daß der Ambassadeur auch schon längst in Verlegenheit gewesen und schon seit langer Zeit auf die Erlaubnis habe warten müssen, an Land zu gehen, dieser Einwurf wurde so lebhaft empfunden, daß die Dolmetscher zuletzt inständig baten und es als eine besondere Nachsicht und Gefälligkeit anzusehen versprachen, wenn er morgen nachmittag nach Megasaki fahren wolle, zu welchem Ende ein Fahrzeug mit 60 Ruderern und einer Menge Bugsierboote von dem Gouverneur beordert sei.

Mit Tagesanbruch sahen wir eine Menge großer und kleiner japanischer Fahrzeuge, die sich um uns her versammelten. Gegen acht Uhr kamen zwei Oberbanjos und die Dolmetscher. Ersteren wurden wie gewöhnlich die Honneurs gemacht. Sie wurden in die Kajüte gebracht, wo sie sich förmlich an den Gesandten wandten und sagten, daß der Gouverneur auf eigene Verantwortung, ohne Briefe von Jedo erhalten zu haben, und aus besonderer Achtung dem russischen Bevollmächtigten gegenüber, auch weil er sich nicht wohl befände, eine Wohnung und für die Geschenke einige Packhäuser oder Magazine habe zurecht machen lassen. Der Ort sei zwar klein und läge am Wasser, dieses könne jedoch nicht abgeändert werden, weil der Wohnplatz aller fremden Nationen, die sich in Japan befänden (nämlich der Holländer und Chinesen), auch am Wasser läge. Sobald aber die Antwort aus Jedo ankomme, würde er eine bessere und geräumigere Wohnung erhalten.

Einige Offiziere, die ich begleitete, wurden nun abgeschickt, um der gestrigen Verabredung gemäß das für den Gesandten bestimmte Haus zu besehen. Wir fuhren in unserer Schaluppe, von japanischen Fahrzeugen begleitet, nach Megasaki, wo wir von mehreren Dolmetschern empfangen wurden, die uns sogleich mit unserer neuen Wohnung bekannt machten.

Wir fanden ein einstöckiges Haus mit neun Zimmern, alle mit neuen Strohmatten belegt und ohne alle Möbel, mehrere große, aus Kupfer gefertigte Kohlenbecken ausgenommen, die als Öfen dienten. Die Fensterscheiben bestanden aus einem dünnen, mit Öl getränkten Papier, das über ein niedlich gearbeitetes Fachwerk ausgespannt war. Die Packhäuser schienen so geräumig, daß die Hälfte des einen den Soldaten und den mitgebrachten Japanern zum bequemen Aufenthaltsort dienen konnte. Nachdem wir alles sehr gut gefunden und zwei Oberbanjos gegenüber im Namen des Gesandten unsere Zufriedenheit bezeugt hatten, begaben wir uns wieder auf das Schiff. Hier wurden nun alle mitzunehmenden Sachen aufgeschrieben und nach Megasaki geschickt. Sogleich nach Tisch begab sich der Gesandte mit seinem Gefolge und der militärischen Ehrenwache auf das Fahrzeug des Landesfürsten von Fisen, auf welchem er, obgleich es für 60 Ruderer eingerichtet war, doch nicht weggerudert, sondern von vielen kleinen Booten wegbugsiert wurde, welches nach Landessitte vornehmer sein soll.

Das äußerst prachtvolle, 120 Fuß lange Fahrzeug hatte zwei Stockwerke, deren unteres von außen mit lilaseidenen Zeugen behangen und mit dem fürstlich-fisenschen Wappen geziert war; das obere prangte mit Vorhängen aus Atlas in mancherlei Farben, die dem Ganzen ein buntes und eigenes Ansehen gaben. Die inneren Wände der verschiedenen Zimmer und Abteilungen waren sehr schön lackiert und der Fußboden teils überfirnißt, teils mit kostbaren Fußteppichen belegt. Das Hauptzimmer befand sich im unteren Stockwerk, etwa in der Mitte des Bootes. Hier sah man das fürstlich-fisensche Wappen an den spiegelglatt schwarzlackierten Wänden, mit Gold mosaikartig eingelegt, und Schirme, mit kostbaren, geschmackvollen Tapeten überzogen. In diesem Zimmer saß der Gesandte auf einem vom Schiff mitgebrachten Lehnsessel, und vor ihm stand ein Tischchen, auf welchem das Kreditivschreiben lag. Die russischen Soldaten, deren einer die kaiserliche Standarte hielt, befanden sich auf dem oberen und hinteren Teil des Fahrzeuges, wo eine Art von Galerie oder von Verdeck war.

Auf diese Weise traten wir, von einer unglaublichen Menge japanischer Fahrzeuge umringt, unseren Zug nach Megasaki an. Als wir die japanischen Wachthäuser und kaiserlichen Festungen, vor denen wir bisher vor Anker lagen, passierten, bemerkten wir diese mit Tüchern behangen und die gewöhnliche Anzahl der Vorhänge noch vermehrt. Die Hügel vor den Wachen hatte man alle mit Soldaten besetzt, von denen einige Flinten, andere Fahnen, Standarten und kostbare Ehrenzeichen in der Hand hatten. Die Dolmetscher machten den Gesandten darauf aufmerksam und erklärten, daß dieses alles ihm zu Ehren veranstaltet worden. Das nahe Ufer war von vielen tausend Menschen bedeckt, die dem Fahrzeug bis zum Ort unserer Bestimmung folgten, von wo sie sorgfältig abgehalten wurden.

In der Nachbarschaft von Megasaki wurde das Wasser sehr seicht. Daher mußte der Gesandte ein kleineres Fahrzeug besteigen, welches ebenfalls sehr fein und schön gebaut und auf das prächtigste lackiert war.

Die Ehrenwache und die Offiziere der Gesandtschaft stiegen zuerst aus, diesen folgte der Gesandte, der von mehreren Oberbanjos, Dolmetschern, einer Menge Japaner, die den kleinen Platz füllten, und von einer Ehrenwache, die ihm die Honneurs machte, empfangen wurde. Der Gesandte fand die Wohnung ziemlich gut und ließ dem Gouverneur dafür danken.

Die Küche war bei unserer Ankunft aufs beste bestellt, das Feuer brannte, das Wasser kochte, und Rindfleisch, Hühner, Enten und Reis standen in Bereitschaft.

Als uns nach einer Stunde die japanischen großen Herren und die Dolmetscher verlassen hatten und auch einige Seeoffiziere, die uns begleitet hatten, nach dem Schiff zurückkehrten, wurden die Tore unserer neuen Wohnung von innen und außen verriegelt und verschlossen und wir von allen Seiten bewacht.

Unsere Gesellschaft ist nun geteilt. Der Platz, den wir bewohnen, ist an drei Seiten von Wasser umgeben, an der vierten hängt er mit dem Lande zusammen und bildet auf diese Weise eine kleine viereckige Halbinsel. Der innere, kleine, etwa 40 Schritt lange und 30 Schritt breite Hof ist von drei Seiten von Gebäuden eingeschlossen, von dem Wohnhaus des Gesandten und von zwei Packhäusern. Die vierte, die uns eine schöne Aussicht auf das Wasser hätte gewähren können, war durch eine hohe, doppelte Reihe von Bambusrohr gesperrt, die alle Aussicht unmöglich machte.

Zwei Tore führten zu diesem Hof, das eine öffnete sich nach der Wasserseite; dieses war von den Wachtbooten des Fürsten von Fisen bewacht. Das andere, welches nach der Stadt führte, war durch eine doppelte Wache, nämlich eine kaiserliche Zivil- und eine Militärwache des Fürsten von Omura besetzt. Erstere saß drei Schritte vor dem Eingang zu unserem Hof und hatte auch noch eine andere, entferntere Pforte besetzt. Letztere bewachte einen Hügel, der sich unmittelbar hinter der Zivilwache erhebt, und war imstande, unseren ganzen Hof, der etwa einen Steinwurf weit davon entfernt war, von oben herab wie von einem Turm zu überschauen.

Beide Tore unserer Wohnung wurden morgens und abends regelmäßig mit Schloß und Riegel versehen.

Bis zum 21. fiel nichts besonderes vor. Die Geschenke wurden nach und nach vom Schiff, das immer noch vor den kaiserlichen Wachen vor Anker lag, nach den Magazinen in Megasaki gebracht. Bei dieser Gelegenheit waren jedesmal mehrere Banjos und Dolmetscher bei uns, die genaue Aufsicht hielten und die Listen der vom Schiff gesandten Sachen nachsahen, damit kein Unterschleif geschehen oder irgend etwas entwendet werden konnte.

Den 22. brachten die Dolmetscher die Nachricht, daß man gestern eine Antwort von Jedo erhalten habe und daß heute ein großer Herr im Namen des Gouverneurs kommen würde, um dieses dem Gesandten bekannt zu machen. Man hatte lange verhandelt, wie der Gesandte diesen Mann empfangen sollte, weil er, wie die Dolmetscher vorgaben, die Worte des Kaisers mitteilen würde. Von Resanow schlug alle Vorschläge für ein besonderes Zeremoniell ab und erklärte, daß er diesem Oberbanjo mit der größten Höflichkeit und Ehrenbezeigung begegnen und nicht von den bisher befolgten freundschaftlichen Gebräuchen abgehen werde.

Am Ende willigte man ein, daß der Gesandte den großen Herrn auf europäische Weise empfangen und jener während der Unterhandlungen auf einem großen Lehnsessel, dieser aber auf einem Sofa sitzen solle.

Zu gleicher Zeit sprachen die Dolmetscher vorläufig und gleichsam wie von ungefähr von der Zeremonie, die der Gesandte bei der Audienz des Gouverneurs würde zu beobachten haben, indem sich alle Gesandten von den ältesten Zeiten an bei dem Gouverneur der orientalischen Sitte unterworfen und in der Audienz gekniet hätten. Sie brachten als Beweis Kopien der Aktenstücke von den ältesten portugiesischen Gesandtschaften, worauf von Resanow erwiderte, daß er alle Höflichkeiten, die ihm der Gouverneur bezeige, auf gleiche Art erwidern und sich folglich nach den Landessitten richten werde.

Der große Herr erschien endlich mit einer bedeutenden Miene und verkündete im Namen des Gouverneurs die Ankunft eines Kuriers von Jedo, der die wichtige Erlaubnis des Kaisers von Japan mitgebracht habe, daß das aus Rußland angelangte Schiff die Erlaubnis habe, nach Nagasaki zu kommen. Demzufolge wurde das Schiff am nächsten Tag in den Hafen bugsiert und in einer Entfernung von 1 1/2 Werst von unserer Wohnung vor Anker gelegt. Zu gleicher Zeit wurden die mit Vorhängen versehenen Wachen auf dem Berg niedergerissen. Wie wir in der Folge erfuhren, geschah dies auf ausdrücklichen Wunsch des Kaisers.

Ungeachtet der Menge von Wachen und Wachschiffen machte man uns doch viele Schwierigkeiten. Man wollte nicht einmal eine freie Kommunikation der Russen unter sich, nämlich zwischen dem Schiff und Megasaki, gestatten und hatte die Anordnung getroffen, daß wir jedesmal zuvor dem Gouverneur anzeigen sollten, wenn jemand vom Schiff ans Land oder wieder zurück fahren wolle. Wir machten ernstliche Vorstellungen und Einwendungen gegen solche zweckwidrigen Vorkehrungen und erhielten am anderen Morgen die Einwilligung einer freien Verbindung. Man hatte nun die Anordnung getroffen, daß die wachthabenden Offiziere durch eine rote Flagge von der Absicht, ans Land oder aufs Schiff gehen zu wollen, benachrichtigt werden sollten. Diese stellten sich nach einem solchen Zeichen sofort ein, um die doppelt verschlossenen Tore aufzuschließen. Dabei wurde zur ausdrücklichen Bedingung gemacht, daß die Anzahl der einmal an Bord und auf dem Lande wohnenden Personen nicht geändert werden sollte, weswegen wir alle Abend Revue passieren mußten; und da Leutnant Koscheleff am 25. einige Geschäfte an Bord hatte und die Nacht über dort schlafen wollte, waren wir genötigt, am Abend vor Torschluß einen Matrosen vom Schiff holen zu lassen, um die Anzahl der Personen am Lande vollständig zu machen.

Den 30. ließ der Gesandte einen Dolmetscher rufen und machte ihm bekannt, daß wir zur Ausbesserung des Schiffes Kupferplatten, Nägel, Bretter, Balken usw. nötig hätten und den Gouverneur um irgendeinen kleinen Platz am Ufer bäten, woselbst die Barkasse ausgebessert werden könne. Die Dolmetscher versprachen uns schon im voraus die Zusage und sagten, die Regierung halte es für ihre Schuldigkeit, uns alles, was wir nötig hätten, unentgeltlich zu liefern.

Am 31. abends feierten die Holländer den Jahreswechsel, die Dolmetscher schmausten fast alle in Deshima, wo wir eine große Illumination gewahr wurden. In Megasaki verhielten wir uns leidend und ließen uns heute wie alle Tage bei einem philosophischen Gläschen Punsch die Türen verriegeln und das Schloß vorhängen.

Den 3. brachten uns die Dolmetscher Muster von Kupferplatten und kupfernen Nägeln, die wir zur Reparatur des Schiffes gefordert hatten und unserem Wunsch entsprechend fanden. Sie erzählten uns im Vertrauen, daß der Gouverneur gestern eine Verordnung habe ergehen lassen, kraft welcher alle Fahrzeuge des Fürsten Tschingodsin nach ihrer Provinz zurückkehren könnten, weil Japan mit Rußland im besten Einvernehmen stünde; auch sahen wir wirklich, daß wenigstens an vierzig Fahrzeuge, die vor dem Hafen lagen, heute unter Segel gingen und daß die Waffen von den Fisenschen Booten weggenommen wurden.

Auf die Frage, warum es denn so lange dauere, ehe wir eine Audienz oder eine Antwort, die Gesandtschaft betreffend, erhielten, sagten sie, daß der weltliche Kaiser in Absicht unserer Gesandtschaft nichts allein beschließen wolle und daß er deshalb den Dairi oder geistlichen Kaiser zu Rat gezogen, dieser aber noch nicht geantwortet habe.

Die Hälfte des Monats verstrich wieder, ohne daß wir irgendeine Nachricht oder eine Hoffnung in betreff der Annahme der Gesandtschaft bekamen. Die kalte, unangenehme Witterung hatte einen nachteiligen Einfluß auf die Gesundheit des Gesandten von Resanow. Herr Doeff, der dies erfuhr, ließ daher einen schönen japanischen wattierten Schlafrock anfertigen. Als er ihn aber dem Ambassadeur schicken wollte, verweigerte der Gouverneur die Erlaubnis dazu, weil es ein japanisches Produkt sei. Indessen erstattete er Herrn Doeff die Auslage und ließ dem Gesandten den Schlafrock in seinem eigenen Namen übermachen.

Am frühen Morgen des 16. war ein ungewöhnlicher Aufstand bei uns. Einer der von uns mitgebrachten Japaner hatte den Versuch gemacht, sich den Hals aufzuschneiden. Er hatte sich durch den Mund ein Rasiermesser in den Hals gestoßen, wurde aber noch beizeiten durch die Umstehenden an seinem Vorhaben gehindert. Dem Verwundeten strömte viel Blut aus dem Munde, die wachhabenden japanischen Ziviloffiziere wollten aber nicht zugeben, daß ich die Wunde untersuche oder medizinische Hilfe leiste. Der Vorfall wurde bei der Zivilwache angezeigt. Die schickte nach einem Banjo und einem Arzt, die beide erst am Nachmittag kamen, den ganzen

Verlauf der Sache niederschrieben und den Prozeß verbal untersiegelten. Die Wunde schien nicht gefährlich zu sein. Dem Arzt wurde ein schön lackiertes Kästchen mit Medizin vorangetragen. Er gab verschiedene Kräuter zu einem Gurgelwasser und ein niederschlagendes Pulver.

Die Banjos und die japanischen Offiziere stellten in den nächsten Tagen weitläufige Untersuchungen an, von denen wir nur erfuhren, daß der Japaner – der vor Jahren an der russischen Küste gestrandet und nun von den Russen in seine Heimat zurückgebracht worden war – sich das Leben rauben wollte, weil er glaube, daß er nach seiner Auslieferung für immer seine Freiheit verliere. Er bekam aber täglich Besuch von einem Arzt, einem Wundarzt und ihrem Gehilfen. Seit dem 18. ließ man das zweite Tor der Zivilwache offen, das auf einen etwa hundert Schritt langen Platz führte, der mit Bambusrohr begrenzt war. Die Wachhabenden widersetzten sich nicht, als wir die Gelegenheit benutzten, auf diesem öden Plätzchen spazieren zu gehen, das wenigstens eine freie Aussicht nach der Wasserseite gewährte. Wir schrieben diese »Freiheit« dem Vorwurf zu, den der Gesandte einige Tage vorher den Banjos gemacht hatte, daß unsere Wohnung eher einem Gefängnis ähnlich sei als dem Aufenthalt eines bevollmächtigten Gesandten. Als wir den Dolmetschern gelegentlich sagten, wie sehr wir uns freuen, daß wir seit einigen Tagen wenigstens frische Luft schöpfen können, versicherten sie uns, daß dies ohne die Einwilligung des Gouverneurs geschehe und daß diese Freiheit ihnen und den Wachhabenden großen Nachteil bringen könne. Der Gouverneur gab aber nachträglich seine Erlaubnis mit der Einschränkung, daß nur der Gesandte und seine Offiziere den kleinen Platz betreten dürften, nicht die Bedienten und die Soldaten. Bald sahen wir jenseits der Bambuseinfassung unseres neuen Spazierweges viele Personen, Männer, Weiber und Kinder von allen Ständen, besonders viele Bettelmönche von den verschiedenen Sekten, die uns begafften wie wilde Tiere.

Am 24. sagten uns einige Dolmetscher im Vertrauen, daß die Antwort aus Jedo deswegen so lange ausbleibe, weil die beiden Kaiser wegen der Entscheidung über die Gesandtschaft uneinig seien. Sie glaubten aber, daß die endgültige Antwort in 15 bis 20 Tagen ankommen müsse. Daraufhin ließ der Gesandte am 27. einige Dolmetscher zu sich rufen und beauftragte sie, dem Gouverneur bekanntzugeben, daß seine Geduld und Ausdauer den höchsten Grad erreicht habe und er nun eine bestimmte Antwort haben oder doch wenigstens die Ursache wissen wolle, warum man ihn so lange warten lasse; warum man ihn mit leeren Versprechungen von einem Tag, von einer Woche, von einem Monat zum anderen vertröste. Die Dolmetscher teilten uns daraufhin als großes Geheimnis mit, daß man in Jedo einen Reichsrat versammelt habe, um sich über die Handelsverbindung mit Rußland zu beratschlagen, wodurch ein solches Zögern entstünde.

Da morgen (am 29.) der japanische Neujahrstag eintritt, wurden heute an jede Pforte zwei Tannenbäume gepflanzt. Über dem Eingang einer jeden Tür wurde eine Trophäe angebracht, die aus einem Strohflechtwerk mit einem abgesottenen Krebs, einer Apfelsine, einer Kohle, vielen auf Stöckchen gespießten getrockneten Früchten, zwei Tütchen mit Salz und Reis, einem Stückchen Seekraut und Bambusrohr mit Blättern und Farnkraut bestand. Der Krebs, dessen Reproduktionskraft so stark ist, daß ganze Glieder (Scheren und Füße) wieder wachsen, ist bei den Japanern nebst der schönen roten Farbe das Sinnbild der Gesundheit. Die Apfelsine heißt Dai-Dai. Das nämliche Wort bedeutet auch Nachkommenschaft, auf deren Vermehrung im neuen Jahr angespielt wird. Die Kohle heißt auf japanisch Sumi. Dieses Wort bedeutet auch Reichtum, der hierdurch vorgestellt wird. Das übrige sind unentbehrliche Bedürfnisse der Japaner, die wahrscheinlich alle ähnlich anspielende Bedeutung haben.

Gegen Abend kam ein Dolmetscher mit der Antwort des Gouverneurs, der dem Gesandten sagen ließ, daß er es unendlich bedaure, sich so sehr in seinen Erwartungen getäuscht zu sehen, und daß er den einzigen Grund der Verzögerung nur darin suchen könne, daß der Oheim des regierenden Kaisers, des Kaisers Bruder und noch ein dritter naher Verwandter desselben über 200 Meilen von Jedo dahin berufen worden seien, um wegen der Annahme der Gesandtschaft zu beratschlagen. Er brachte diese unerwartete Verzögerung als ein Zeichen des guten und erwünschten Ausgangs der Sache, weil eine abschlägige Antwort wahrscheinlich schon längst angekommen sein würde.

Auf diese Art lebten wir mehrere Monate auf dem uns angewiesenen Platz von Megasaki, eingesperrt, unter Schloß und Riegel. Wir standen beinahe in keiner Verbindung mit den Japanern; denn selbst die Dolmetscher konnten uns nur vermittels eines besonderen Erlaubnisscheines vom Gouverneur besuchen. Sie kamen selten und nur, wenn sie durch Geschäfte dazu gezwungen waren. Unsere Hauptbeschäftigung während dieser Zeit war, das Schiff zu räumen, die Geschenke an Land zu bringen, auszupacken und zu reinigen. Dann nahmen die Reparaturen des Schiffes ihren Anfang, und sonderbar genug, man mochte in dieser Absicht fordern, was man wollte, es wurde uns zugestanden. Die geringste Kleinigkeit aber, die man außer den Eßwaren verlangte, wurde entweder gar nicht oder nur mit der größten Schwierigkeit gewährt. Als Gegenstände des Vergnügens verweigerte man uns sogar einen lebendigen Vogel oder eine Tabakspfeife. Provisionen, die wir gefordert hatten, wurden uns dagegen jederzeit geliefert.

Man vertröstete uns von einem Monat zum anderen und versprach uns alle möglichen Freiheiten, sobald nur die Antwort von Jedo und die Erlaubnis zu einer Verbindung der beiden Nationen gestattet würde. Nach einem etwa zweimonatigen Aufenthalt kündigte man uns die Ankunft eines großen vornehmen Herrn oder eines Botschafters von Jedo an, der die Antwort des Kaisers bringen würde.

Die ganze Sache schien nun eine andere Wendung zu nehmen. Unsere Hoffnung, die Reise nach Hof zu machen, schwand von Tag zu Tag mehr. Die Dolmetscher erkundigten sich nur allzu oft nach dem Fortgang der Reparatur des Schiffes, und zuletzt blieb uns bloß noch die Hoffnung einer anzuknüpfenden Handelsverbindung übrig.

Wer sich nur etwas in unsere Lage versetzen kann, der muß wenigstens ein dunkles Gefühl der in den letzten Monaten von uns ausgestandenen Unannehmlichkeiten jeder Art empfinden. Nach vielen Stürmen und Ungemächlichkeiten hatten wir ein fremdes, interessantes Land erreicht und wurden nicht, wie wir hofften, als Freund, nicht als Fremdlinge von Ansehen und Wichtigkeit, sondern gleichsam als Verbrecher oder Staatsgefangene in einen Platz von höchstens hundert Schritten im Geviert auf unbestimmte Zeit eingesperrt und von allen Seiten bewacht. Dies war hart und unbillig. Der Frühling war herangenaht, die ganze Natur lebte auf, und man hatte uns sogar die Aussicht auf die reizenden Gefilde durch die hohen Einfassungen von Bambus versperrt.

Von allem Umgang mit den Eingeborenen abgeschnitten und waffenlos in der Gewalt einer äußerst mißtrauischen Nation, waren uns auch alle Mittel, für Wissenschaften zu arbeiten, entzogen und der Geist durch den ungewohnten Verlust der Freiheit abgespannt. Bloß die Fische, welche man uns als Provision für die Küche brachte, gewährten uns einen Gegenstand der wissenschaftlichen Beschäftigung, und durch heimliche Versprechungen brachten wir es endlich dahin, daß der japanische Provisionsmeister jedesmal verschiedene Arten von Fischen brachte, welche dem Herrn Hofrat Tilesius und mir lehrreiche und angenehme Unterhaltung verschafften.

Man ging so weit, daß man uns nicht einmal gegen bare Bezahlung irgend etwas zu kaufen oder einem Japaner auch nur das Geringste zu schenken gestattete. Einige Kleinigkeiten, z.B. Tusche, ein paar Bilder, Fächer, Tabakspfeifen usw. wurden uns heimlich von vertrauten Dolmetschern gebracht, die jedesmal einer Untersuchung ausgesetzt waren und sich durch die Entdeckung eines solchen Unterschleifes wohl die Todesstrafe würden zugezogen haben.

Am 27. März kündigte man uns zu unserer großen Freude ganz förmlich von seiten des Gouverneurs an, daß man in zwei Tagen die Ankunft eines großen Staatsbeamten von Jedo mit der Antwort des Kaisers in Nagasaki erwarte. Am 30. erfuhren wir durch unsere Wachen, daß dieser Abgesandte wirklich tags zuvor angekommen war. Am 3. April erschienen endlich die Dolmetscher, um dem Ambassadeur die Ankunft des großen Herrn von Jedo bekannt zu machen und ihn zugleich zu einer Audienz in das Haus des Gouverneurs auf den folgenden Tag einzuladen, zuvor aber eine Verabredung in Absicht des Empfangs und der dabei notwendigen Zeremonien zu treffen.

Als der Gesandte hierauf fragte, wie und auf welche Weise er empfangen werden sollte, antworteten sie: morgen früh gegen acht solle ein Oberbanjo kommen, um den Gesandten nach der Wohnung des Gouverneurs abzuholen. Da der Weg zu Wasser der kürzeste sei, würde man ihn in einem großen Fahrzeug des Fürsten von Fisen bis zu seiner Anfahrt, die man die Muscheltreppe oder die

Große Treppe (Ochatto) nennt, bringen, wo er von Militär- und Zivilwachen empfangen und von da in einem großen Norimon oder einer Sänfte nach der Wohnung des Gouverneurs, von vielen großen Herren begleitet, getragen würde. Nur er hätte diese Auszeichnung, die übrigen Offiziere müßten zu Fuß gehen.

Sie versicherten, der Norimon sei sehr geräumig und bequem und für einen Großen des Reiches bestimmt. In der Wohnung des Gouverneurs würde er nach seiner Ankunft in einem abgesonderten Zimmer und die Gesandtschaftskavaliere in einem anderen, diesem nahegelegenen bis zur Eröffnung der Audienz ausruhen (sie wollten nicht sagen: warten!). Dies alles geschehe aus besonderer Achtung, indem es Landessitte sei, daß große Herren allezeit von den übrigen, niedrigeren Staatsdienern getrennt würden. Diese Auszeichnung verbat sich der Gesandte, der sogleich darauf bestand, daß seine Offiziere mit ihm in ein und demselben Zimmer bleiben dürften.

In den Audienzsaal selbst, fuhren die Dolmetscher fort, könnte nur der Ambassadeur allein gelassen werden, denn dies sei ein Ort, zu welchem bloß die Großen des Reiches Zutritt hätten, und die Holländer dürften nicht einmal bis in das für die Offiziere bestimmte Vorzimmer kommen. Der Gesandte machte mehrere Einwendungen, und nach vielem Wortwechsel wurden die beiden letzten Punkte aufgeschrieben und der Entscheidung des Gouverneurs überlassen.

In Absicht des Kompliments verlangten die Japaner, daß der Ambassadeur nach japanischer Art vor dem Botschafter des japanischen Kaisers knien und dann ebenso wie diese eine Kopfbewegung machen sollte. Dieses verweigerte von Resanow und erklärte, daß er diese Herren nach europäischer Sitte ebenso begrüßen wolle, wie er es seinem Monarchen, dem Kaiser von Rußland, zu tun verbunden sei. Mit vieler Mühe und nach mancherlei Wortwechsel wurde ihm dieser Punkt endlich zugestanden.

Ferner wünschten die Dolmetscher zu wissen, auf welche Art und in welcher Stellung der Ambassadeur während der Audienz bleiben würde. Da man in Japan nach orientalischer Sitte den Gebrauch von Stühlen nicht kennt, sondern sich auf Teppiche und Matten setzt oder vielmehr kniet, sollte sich der Ambassadeur bequemen, diejenige Höflichkeit zu beachten, zu der die ersten Prinzen des Reichs verbunden sind, nämlich, ebenso wie der jedosche Abgesandte und die Gouverneure, auf die weichen gepolsterten Strohmatten zu knien.

Dies schlug von Resanoff ab. Anfänglich wollte er auf europäische Weise, ebenso wie vor seinem Kaiser, stehen. Auf wiederholtes Zureden aber und die Versicherung, daß dieses die allerunanständigste Weise sei, in welcher er sich zeigen könnte, entschloß er sich, sich mit seitwärts ausgestreckten Füßen hinzulegen. Auch baten die Dolmetscher sehr, daß der Ambassadeur den Degen nicht mit in den Audienzsaal bringen möchte, und versicherten, daß alle großen Herren, ungeachtet sie, wie bekannt, gewöhnlich zwei Säbel tragen, doch bei solchen Gelegenheiten ohne alles dieses Seitengewehr erscheinen. Nach mehreren Einwendungen von der einen und der anderen Seite sagte der Ambassadeur, daß er diese Forderung, bloß zum Beweis der Achtung gegen den japanischen Kaiser, zugestehen wolle.

Die zur Audienz bestimmten Personen waren: der Ambassadeur von Resanoff, Major Friderice, Hofrat von Fosse, Kapitän Feodoroff, Leutnant Koscheleff und ich. Die Begleitung der Ehrenwache mit Flinten wurde von den Japanern nochmals verweigert; indes erlaubte man, daß ein Soldat die Kaiserlich-russische Standarte dem Ambassadeur als Ehrenzeichen nachtragen und noch ein Bedienter bei dem morgigen Einzug in Nagasaki sein könne. Am Abend kamen die Dolmetscher mit der Antwort des Gouverneurs, daß die Gesandtschaftskavaliere im Vorzimmer mit dem Gesandten bleiben und zwei derselben mit in den Audienzsaal kommen dürfen.

Am 4. April morgens um acht Uhr erschienen die Banjos und Dolmetscher. Ein prachtvolles fürstlich-fisenisches Boot, mit Flaggen, baumwollenen und seidenen Vorhängen geschützt und geschmückt, empfing den Gesandten und sein Gefolge. Eine Menge kleiner Fahrzeuge, alle unter der fisenschen Flagge, umgaben dasselbe. Wir wurden bei der breiten und bequemen Treppe ausgeschifft und von vielen vornehmen Japanern empfangen. Der Treppe gegenüber war eine große kaiserliche Zivilwache, vor welcher viele Ehrenzeichen aufgestellt waren. Die Offiziere knieten hier in mehreren Reihen hintereinander. Die Häuser nach der Wasserseite und rings um den Platz waren alle, ebenso wie die Festungen und Wachthäuser, mit übereinanderhängenden Reihen fürstlich-fisenischer und kaiserlicher Vorhänge bedeckt. Dadurch wurde bezweckt, daß wir nichts von den Häusern, nichts von der Stadt und dem Volk, und dieses nichts von uns sehen konnte. Nur hin und wieder bemerkte man hinter den Vorhängen einige neugierige Köpfe. Im Grunde aber wurden wir ungesehen von den Eingeborenen und gleichsam mit verbundenen Augen durch einen sehr beträchtlichen Teil der Stadt geführt; denn in allen Straßen, durch welche wir kamen, hatte man dieselbe Vorrichtung getroffen, und da, wo die Vorhänge nicht hinreichten, wurden die Häuser und Querstraßen mit Strohmatten und Bambusgittern verdeckt. Die Ursache dieses Verfahrens war, wie die Dolmetscher sagten, um das gemeine Volk abzuhalten, welches nicht würdig sei, einen so vornehmen Mann wie den Ambassadeur von Angesicht zu Angesicht zu schauen.

Sobald wir auf dem großen Platz von Ochatto angekommen waren, wurde unser Zug auf folgende Weise geordnet: zuerst waren etwa 40 Personen verschiedener Qualität, worunter mehrere Banjos, jeder mit den ihm folgenden Bedienten und Leuten, dann sechs kaiserliche Soldaten, die keine Flinten, sondern lange Stäbe in den Händen hatten. Hierauf folgte der Norimon, worin der Gesandte von vier Personen getragen wurde, unmittelbar hinter ihm ein russischer Soldat mit der kaiserlich-russischen Standarte, dann die Gesandtschaftskavaliere, von einer Menge Zivilbeamten und Dolmetschern umgeben; nach diesen ein Kommando japanischer Soldaten nebst einem Offizier zu Pferde und einer großen Menge Staatsdiener, Unterbeamten und Bedienten. Dieser Zug ging durch eine Menge Straßen, an deren Ende das Haus des Gouverneurs lag. In allen Straßen waren bald größere, bald kleinere Wachthäuser, einige mit Zivil-, andere mit Militär-Wachen besetzt. Die Straßen sind weit und reinlich, auf beiden Seiten mit breiten Gassen zum Ablauf des Wassers versehen, aber nicht alle gepflastert.

Vor der Haustüre des Gouverneurs mußten wir alle, der Gesandte nicht ausgenommen, die Schuhe ausziehen, um den schön lackierten Fußboden und die Strohteppiche nicht zu beschmutzen. Es ist allgemeine Sitte, vor dem Eintritt in ein Haus die Strohschuhe auszuziehen. Die Wohnung des Gouverneurs war von außen und innen mit einer großen Anzahl Offizieren besetzt. Wir wurden durch einen langen, breiten Korridor mit köstlich lackiertem Fußboden in ein Zimmer gebracht, das mit feinen Strohmatten belegt war. Die Wände waren mit recht artigen Tapeten geziert, die Landschaften vorstellten. Alles Holzwerk war fein poliert und gefirnißt. Licht fiel durch den daranstoßenden Korridor ins Zimmer. In der Mitte des Raumes standen schön gefirnißte Tabaksgerätschaften, Pfeifen, Spuckbecher, Kohlenpfanne und Tabaksbüchse. In einer Zimmerecke stand noch eine große Spuckvase aus Porzellan. Man setzte uns Tee ohne Zucker vor, in massiven, schweren Tassen aus Porzellan, die eine schlechte Fasson und noch schlechtere Malereien hatten. Auch der Tee war nicht sonderlich gut.

Nach einer guten halben Stunde wurde der Gesandte mit Major Friderici und Leutnant Koscheleff in den Audienzsaal gerufen. Der Abgesandte von Jedo und die beiden Gouverneure knieten etwa in der Mitte des Saales. Hinter ihnen hoben andere Personen die Degen über die Köpfe der drei Herren. (Man hatte also den Gesandten belogen). Der Gesandte und seine Offiziere machten ein europäisches Kompliment. Sie legten sich in einem Abstand von sechs Schritten vor den Gouverneuren auf die Matten. Die Dolmetscher knieten zu beiden Seiten. Rings im Saal saßen Vornehme des Reiches.

Die erste Frage des Gouverneurs an den Gesandten war, warum und in welcher Absicht er nach Japan gekommen sei und warum der Kaiser von Rußland an den von Japan geschrieben habe, obwohl man ihm (durch den Leutnant Laxman) mitgeteilt habe, daß dies streng verboten und gegen japanische Gebräuche, Gesetze und Anständigkeit sei. Hierauf fragte er, ob der Leutnant Laxman den Auftrag nicht ausgerichtet habe. Dann erklärte der Gouverneur, daß in dem Erlaubnisschein, mit welchem wir nach Japan gekommen, zwar einem Handelsschiff erlaubt sei, in Nagasaki einzulaufen, daß darin aber nichts von einer Gesandtschaft erwähnt werde. Gegen ein Uhr war die Audienz zu Ende, und wir zogen wieder in derselben Ordnung nach Megasaki zurück.

Abends kamen die Dolmetscher, um dem Ambassadeur zu sagen, daß er, wenn er wolle, morgen eine zweite Audienz haben könne. Der Vorschlag wurde angenommen. Am nächsten Morgen regnete es so stark, daß man glaubte, die Audienz aufschieben zu müssen. Als sich das Wetter gegen 9 Uhr aufklärte kamen die Oberbanjos und die Dolmetscher, um uns abzuholen. Von Resanoff erklärte aber, daß seine Offiziere bei dem Schmutzwetter nicht wieder zu

Fuß gehen könnten. Schließlich schickte der Oberbanjo Leute ab, die für die notwendigen Sänften sorgen sollten. Als wir mit dem Schiff an der großen Treppe anlegten, mußten wir noch zwei Stunden auf die Transportmittel warten. Inzwischen regnete es stark, das Schiff war aber gut abgedeckt und wir konnten bei Tee und Tabak in Ruhe warten. Der Kapitän des fürstlichen Fahrzeuges war sehr gefällig. Er schrieb sich die Namen seiner seltenen Gäste auf, um sie als Andenken aufzubewahren.

Gegen 12 Uhr standen die Norimons bereit und wir brachen auf. Wir hatten das Haus des Gouverneurs kaum betreten, da wurde von Resanoff schon zur Audienz gebeten. Er kam sehr schnell mit einer großen Papierrolle zurück. Der Dolmetscher hob die Rolle mit Ehrfurcht und einer Verbeugung an die Stirn, öffnete sie feierlich und sagte: »Dies ist eine groote Beleftheit (Wohlgewogenheit) des japanischen Kaisers gegen den russischen Ambassadeur. Das Papier enthält nichts als Freundschaft. Da es in japanischer Sprache geschrieben ist, haben wir den Auftrag, einstweilen die Hauptpunkte des Inhalts dem Herrn Gesandten bekanntzugeben und zu erklären. Wir werden aber alles auch schriftlich übersetzen. Das ist keine geringe und leichte Arbeit, denn das Papier ist sehr tiefsinnig, d.h. mit vielem Bedacht und mit vieler Gelehrsamkeit geschrieben.«

Hierauf machten uns die Dolmetscher mit folgenden Hauptpunkten bekannt: In den ältesten Zeiten wäre es fremden Schiffen aller Nationen erlaubt gewesen, ungehindert in Japan einzulaufen, und japanische Einwohner und Schiffe hätten dazumal auch fremde Länder besuchen dürfen. Seit etwa 150 Jahren aber hätten die vorigen Kaiser allen ihren Nachfolgern ein schweres Verbot auferlegt, vermöge dessen kein Japaner das Land verlassen dürfe und es bloß den Holländern, den Chinesen, den Bewohnern der Insel Riukiu und den Koreanern erlaubt worden sei, nach Japan zu kommen. Schon seit vielen Jahren höre mit letzteren der Handel auf, der nun nur noch den beiden zuerst genannten erlaubt sei. Seitdem hätten schon mehrere Male fremde Mächte versucht, Handel und Freundschaft mit Japan anzuknüpfen, sie wären aber jedesmal sogleich ohne alle Rücksicht, zufolge des schweren, seit langen Zeiten bestehenden Verbots, zurückgeschickt worden, weil es gefährlich sei, mit unbekannten und ungleichen Mächten eine Freundschaft zu schließen.

Vor 13 Jahren sei das erste russische Schiff mit Leutnant Laxmann und nun das zweite mit einem Ambassadeur von einem großen Kaiser nach Japan gekommen; daß man jenes gut aufgenommen und dieses freundschaftlich empfangen habe, das sei erlaubt, und der Kaiser von Japan wolle alles tun, was möglich und den Gesetzen seines Reiches nicht entgegen sei. Er könne und wolle also auch die Ankunft des zweiten russischen Schiffes als einen Beweis der großen Freundschaft des russischen Kaisers gegen ihn ansehen.

Dieser reiche Monarch habe ihm einen bevollmächtigten Gesandten und viele kostbare Geschenke zugeschickt. Bei Annahme derselben müßte nun auch der Kaiser von Japan nach Landessitte, die für Gesetz gelte, einen Ambassadeur und Gegengeschenke an den russischen Kaiser schicken. Da nun aber ein schweres Verbot darauf läge, daß weder Personen noch Schiffe außerhalb Japan gehen dürfen, und Japan selbst so arm sei, daß es keine ähnlichen Geschenke aufzuweisen oder zu geben habe, so könne es auch weder den Gesandten noch die Geschenke annehmen.

Japan habe keine großen Bedürfnisse und leide an nichts Mangel, es brauche also auch nur sehr wenige Produkte; und diese wenigen, die ihm zur Gewohnheit geworden oder woran es ihm zuweilen mangele, würden schon hinreichend durch die Chinesen und Holländer zugeführt. Luxus wolle man nicht einführen, und es würde auch sehr schwer sein, einen größeren Handel zu übersehen, weil man dem durch eine Handelsverbindung entstehenden Verkehr der gemeinen Leute mit den fremden Matrosen nicht genug vorbeugen könne und dieser Umgang streng verboten sei.

Der Ambassadeur machte mancherlei Einwendungen und versicherte, nicht gekommen zu sein, um Gegengeschenke zu verlangen. Da aber alles nichts half, bestand er darauf, die Provisionskosten und alle Materialien für die Ausbesserung des Schiffes bezahlen zu wollen. Darauf erwiderten die Japaner, daß dies keine Geschenke, sondern das eine Mundvorrat, das andere Beistand in der Not sei. Beides zu bewilligen wäre Schuldigkeit der Regierung.

Zugleich benachrichtigten sie uns, daß der Kaiser außerdem den besondern Befehl erteilt habe, das Schiff auf zwei Monate mit allen Arten von Provisionen, die wir nötig hätten oder verlangten, zu versehen und uns 2.000 Säcke Salz, jeder Sack zu 30 Pfund,

100 Säcke Reis, jeden von 150 Pfund und 2.000 Gebinde der feinsten japanischen rohen Seide zu geben, erstere für die Mannschaft, letztere für die Offiziere. Dieses alles verweigerte der Gesandte und sagte, im Fall die Geschenke seines Kaisers ausgeschlagen würden, könne er auch die Zuwendungen der Japaner nicht annehmen.

Nachdem die Dolmetscher den Willen des Kaisers erklärt hatten, brachten sie noch eine kleine Papierrolle, die der Gouverneur für den Gesandten bestimmt hatte. Er gab den »Rat«, daß sich unser Schiff, sobald es den Hafen verlassen habe, von der japanischen Küste entfernen solle, weil es der vielen Stürme und Felsen wegen sehr gefährlich sei, sich ihr zu nähern. Ferner schlug er vor, Japanern, die in Zukunft an den russischen Küsten scheitern sollten und die in ihr Vaterland zurückkehren wollten, in Europa den Holländern zu übergeben, die sie über Batavia nach Japan transportieren könnten.

Damit war unsere Audienz beendet. Am 6. kamen die Dolmetscher noch einmal zum Gesandten, um mit ihm über die Annahme der Provisionen und der Seide zu sprechen. Sie versicherten, daß der Gouverneur den Befehl des Kaisers ausführen und nicht selber entscheiden könne. Er müsse deshalb einen Kurier nach Jedo schicken. Das würde den Aufenthalt des Schiffes in Nagasaki um mindestens zwei weitere Monate verlängern. Der Gesandte mußte also annehmen, wenn er bald wieder in Freiheit gesetzt werden wollte. Schon am 7. April zogen wir zur Abschiedsaudienz durch die dekorierten Straßen. Man wechselte Komplimente und Danksagungen. Die Dolmetscher versicherten uns, daß sie in großes Unglück gekommen wären, wenn wir die Geschenke nicht angenommen hätten, weil man unterstellt hätte, daß sie die Befehle des Kaisers schlecht übersetzt hätten. Auf diese Weise endigte unsere seltene Gesandtschaft nach Japan.

Während der Vorbereitungen zur Rückreise nach Kamtschatka baten wir nochmals um die Erlaubnis, die Holländer auf Deshima und irgendeinen Tempel besuchen zu dürfen. Es war alles umsonst. Am 16. April 1805 waren wir zur Abfahrt bereit.

PHILIPP FRANZ VON SIEBOLD (1796 - 1866)

Auch der bedeutendste und erfolgreichste Japanforscher des 19. Jahrhunderts stand im Dienste der Niederländer. Philipp Franz von Siebold (geboren am 17.2.1796) entstammt einer alten Gelehrten- und Arztfamilie, die übrigens schon 1817 die (wahrscheinlich) erste weibliche Ärztin stellt, der die medizinische Fakultät der Universität Gießen die Doktorwürde in der Entbindungskunst verliehen hat. Er besuchte das Gymnasium und die Universität in Würzburg, der Heimatstadt seiner Familie, und studierte dort neben der Medizin Naturgeschichte, Länder- und Völkerkunde. Der 24jährige erwarb 1820 die medizinische Doktorwürde, schiffte sich 1822 als Sanitätsarzt 1. Klasse und Mitglied der niederländisch-indischen Gesandtschaft nach Batavia ein, ging dort schon am 28. Juni 1823 wieder unter Segel und erreichte nach einer gefahrvollen Reise am 12. August 1823 die Reede von Nagasaki. Siebold arbeitete wie Engelbert Kämpfer unter den von den Japanern beschränkten Verhältnissen in der Faktorei auf Deshima als Arzt und Naturforscher. Mit seiner ärztlichen Kunst erwarb er sich sehr bald einen bedeutenden Ruf, der japanische Wissenschaftler und einflußreiche Persönlichkeiten nach Nagasaki zog, die seinen Unterricht oder seine ärztliche Hilfe suchten. Er tauschte mit seinen japanischen Freunden und Schülern seine in Europa erworbenen wissenschaftlichen Erkenntnisse und Erfahrungen gegen Nachrichten über Japan aus. Er führte in Japan die Impfung mit Vaczinen ein und führte neue chirurgische Techniken vor, die zum Teil von den Chirurgen seiner Familie an den Universitäten Würzburg und Marburg entwickelt worden waren. Siebold war der erste Europäer, der einigermaßen freizügig mit seinen Schülern und Patienten umgehen konnte, die ihm reiches Material für seine botanischen, zoologischen, geologischen und kulturhistorischen Sammlungen brachten. Als er im Februar 1825 die für ihn erste Gesandtschaftsreise nach Jedo

*Der holländische Segler
»De Drie Gezusters«,
auf dem
Siebold nach Japan reiste*

antrat, waren seine Beziehungen zu einigen Fürsten und einflußreichen Wissenschaftlern schon so gut, daß sie ihn unterwegs aufsuchten und ihm die Genehmigung für einen längeren Studienaufenthalt in der Kaiserstadt verschaffen wollten. Dieser Plan wurde dadurch vereitelt, daß der niederländische Gesandte die Hofsitte verletzte, so daß die Gesandtschaft unverrichteter Dinge nach Batavia zurückkehren mußte. Siebold blieb weiter in Deshima, um seine völkerkundlichen Sammlungen und Forschungen zu einem ersten Abschluß zu bringen. Nebenbei wirkte er weiter als Lehrmeister der japanischen Ärzte, die ihn »Meester« nannten. Als er mit seinen Sammlungen nach Europa zurückkehren wollte, wurde bekannt, daß der kaiserliche Hofbibliothekar ihm die Kopie einer Karte überlassen hatte, durch welche die bisherigen Vorstellungen der Europäer von den nordostasiatischen Küstengebieten (Amurgebiet, Ochotskisches Meer, Sachalin) umgestoßen wurden. Der Oberbibliothekar wurde als Staatsverbrecher eingesperrt, Siebold hielt man für einen russischen Spion. Aufgrund seiner guten Verbindungen bekam er nur Hausarrest und den Befehl, bis zum Abschluß des Prozesses Japan nicht zu verlassen. Freunde hatten ihn gewarnt, so daß er einen Teil seiner Sammlungen noch rechtzeitig nach Europa abschicken konnte. Im übrigen war er entschlossen, seine japanischen Freunde zu retten. Er war zu keinem Geständnis bereit und erklärte, daß er nie von seinem Vorsatz abgehen werde, keinen Namen zu nennen; er sei aber bereit, als »Unterpfand für seine verhafteten Freunde und zur Versicherung gegen alle nachteiligen Folgen, welche aus seiner Handlung und aus seinen Nachforschungen in politischer Hinsicht für Japan je entstehen könnten, lebenslang und unter jedem dem Kaiser beliebigen Verhältnis in Japan zu bleiben.« Seine Haltung machte einen guten Eindruck. Er wurde aber mit einem Urteil vom 22.10.1829 für immer aus Japan verbannt. Die niederländische Vertretung unternahm bezeichnenderweise kaum etwas für ihren Arzt. Sie hatte Angst, ihre Kon-

zessionen zu verlieren. Siebold segelte nach einem längeren Krankenaufenthalt in Batavia (= Djakarta) 1830 nach Europa. Dort widmete er sich – unter lebhafter Anteilnahme der wissenschaftlichen Welt – der Auswertung seiner Sammlungen. Er schrieb seine großen Japan-Werke, gab Bücher über die japanische Sprache, die Fauna und Flora des Landes und »Über den Ursprung der Japaner« heraus. Als endlich ein Handelsvertrag zwischen den Niederlanden und Japan zustande kam, hoffte Siebold vergeblich, als diplomatischer Vertreter Hollands nach Nippon zurückkehren zu können. Die Niederlande hatten wohl durchgesetzt, daß die Japaner in dem Handelsvertrag die Verbannung Siebolds aufhoben, sie schickten ihn aber nur als Berater der Handelsagentur hinaus. Er traf im August 1859 in Nagasaki ein, arbeitete dort bis 1861 ohne großes Aufsehen zu erregen, wurde dann aber – nicht zur Freude des holländischen Gesandten – vom Shogun als Berater nach Jedo berufen, bis ihn der holländische Generalgouverneur für Niederländisch-Indien als »politischen Ratgeber« nach Batavia befahl. Siebold kehrte 1862 verbittert nach Würzburg zurück, arbeitete dort wissenschaftlich und starb am 18.10.1866 in München, mitten in den Vorbereitungsarbeiten für eine dritte Japanreise.

Um uns thematisch nicht zu wiederholen, bringen wir nur kurze Proben aus seinen Japanbüchern, die für seine Art das Land zu sehen und mit den Japanern umzugehen, charakteristisch sind.

Einleitung zur Reise nach Jedo (1826)

Von der Reise nach Jedo, welche auf das Jahr 1826 anberaumt war, ließen sich bei meiner Sendung nach Japan interessante Ergebnisse für die Naturwissenschaften wie für die Länderkunde und Völkerkunde erwarten, um so mehr, da mir ein mehr als zweijähriger Aufenthalt auf Deshima Zeit und Gelegenheit zu all den Vorbereitungen gab, die zur Lösung einer solchen Aufgabe nötig

Auf der Landstraße nach Jedo

waren. Es galt, von der bevorstehenden Reise jeden nur möglichen Vorteil zu ziehen, und mein ganzes Streben ging nun dahin, mich im voraus mit allem, was das Interesse eines Reisenden in Anspruch nimmt, bekannt zu machen.

Von der Geographie des Landes, von der Sprache der Einwohner, von ihren Sitten und Gebräuchen verschaffte ich mir Kenntnis durch den Umgang mit gebildeten Japanern; und erstreckten sich meine eigenen Exkursionen vorerst nur über die Umgebung von Nagasaki, so machten mich mit den Naturerzeugnissen der entferntesten Provinzen kundige Ärzte bekannt, die, meinen Unterricht in den Natur- und Heilwissenschaften zu genießen, aus allen Gegenden des Reiches herbeikamen und ihren Lehrer mit Naturalien und mit Abbildungen naturhistorischer Gegenstände und mit Büchern beschenkten. Meine Schüler beeiferten sich, Sammlungen von lebenden und getrockneten Planzen, Tiere und Mineralien aus allen Teilen des Reiches herbeizuschaffen, und Hunderte von Kranken, die der Ruf des neu angekommenen holländischen Arztes nach Nagasaki lockte, suchten sich durch Überreichung seltener oder in ihren Augen merkwürdiger Naturerzeugnisse der tätigen Hilfe zu versichern.

Zum Sammeln der Seetiere bot der Hafen von Nagasaki eine Gelegenheit, wie man sie kaum besser wünschen kann. Was sich nur immer an Fischen, Krabben und dergleichen auf den Fischmärkten vorfand, wurde Gegenstand meiner Beobachtungen und der Untersuchung meiner wißbegierigen Schüler. Auch einige Jäger hatte ich in Dienst genommen, um Vögel und Säugetiere für mich zu schießen, und andere Leute zum Aufsuchen der Insekten abrichten lassen. Auf Deshima legte ich einen botanischen Garten an, der infolge meiner vielseitigen Verbindungen bald an tausend Arten japanischer und chinesischer Gewächse zählte. So kam ich zur Kenntnis der Fauna und der Flora der japanischen Inseln, und selbst von Jedo und von den Kurilen erhielt ich durch einen vornehmen Japaner, den ich von einer gefährlichen Krankheit heilte, eine bedeutende Sammlung naturhistorischer und ethnographischer Gegenstände.

Die erlangten Kenntnisse vom Lande und dessen Erzeugnissen sowie meine Erfahrungen über den Kulturzustand des Volkes, über Handel und Gewerbe, Staats- und bürgerliche Einrichtungen usw., nach allen Seiten zu erweitern, war jetzt mein allgemeiner Zweck der bevorstehenden Reise nach Jedo. Da jedoch meine Beschränkungen auf derselben meinen Forschungen nicht die Ausdehnung und Freiheit versprachen, die ich in ihrem Interesse wünschen mußte, so faßte ich den Plan, nach Ablauf unserer Gesandtschaft einige Zeit länger, und zwar auf Reichskosten, in Jedo zu bleiben, unter dem Vorwand, den kaiserlichen Ärzten Unterricht in der Natur- und Heilkunde zu erteilen, um dann unter günstigeren Verhältnissen das Innere des Reiches zu bereisen. Der Einfluß des Statthalters von Nagasaki und einiger hoher Gönner in Jedo sowie der günstige Ruf, der mir als Arzt und Naturforscher vorausgegangen, ließen mich um so zuverlässiger erwarten, die Regierung in Jedo werde in diesen Plan eingehen, da die Vorteile, die den Japanern daraus zuflossen, von zu hoher Wichtigkeit für sie selbst waren.

Die niederländisch-indische Regierung, der ich dieses Vorhaben mitteilte, willigte nicht nur darin ein und erteilte mir Verhaltungsbefehle, worin die Gegenstände meiner Forschungen näher bezeichnet waren, sondern ermächtigte selbst den Vorsteher der Faktorei und Gesandten, Joh. Willem de Stürler, die Kosten meines etwaigen Aufenthaltes in Jedo und meiner weiteren Reisen aus der indischen Kasse zu bestreiten. Auch ersuchte sie den Gesandten, mich in diesem Plane sowohl als in meinen wissenschaftlichen Untersuchungen überhaupt durch seinen Einfluß kräftig zu unterstützen.

Einer ähnlichen großmütigen Entschließung der niederländisch-indischen Regierung hatte ich die Bewilligung meines Gesuches um einen Gehilfen und einen Zeichner zu danken; und die Herren Heinrich Bürger und Karl Hubert de Villeneuve wurden nach Japan gesendet. Herrn Bürger, früher Apotheker bei unseren Hospitälern auf Java, trug ich nun die Fächer der Physik, Chemie und Mineralogie, die er mit besonderer Vorliebe betrieb, auf, während Herr de Villeneuve, der zugleich als Beamter bei der Faktorei angestellt war, sich mit Zeichnen begnügte.

Die niederländischen Schiffe – es dürfen jährlich, wie bekannt, nur zwei zum Handel kommen – waren im Dezember 1825 mit ihrer Rückladung nach Batavia abgegangen, und Deshima und seinen Bewohnern die eintönige Ruhe wiedergegeben, die zur Handelszeit, gewöhnlich von August bis Dezember, noch durch mancherlei

Japanische Krieger aus alter Zeit

Arbeiten und Geschäfte unterbrochen wird, als wir mit den Anstalten zu unserer Hofreise begannen.

Mit unseren japanischen Reisegefährten war ich gut bekannt und mit einigen sogar befreundet. Kleine Gefälligkeiten, die ich ihnen gerade jetzt, wo sie sich auch zur Reise zu rüsten hatten, erwies, machten sie noch freundlicher, und ich täuschte mich nicht, wenn ich mir von ihrer Dienstfertigkeit vieles für die bevorstehende Reise versprach. Auch bei dem Kuinin, der bereits im August von Jedo nach Nagasaki gekommen war, suchten mich meine japanischen Freunde von einer guten Seite bekannt zu machen. Als sie ihn bei mir im Hause einführten, bot ich alles auf, auch sein Interesse für meine Person und mein wissenschaftliches Unternehmen zu gewinnen. Von Seiten der Japaner also, unter deren Geleit wir die Reise machten, fand ich Anlaß, mir das Beste zu versprechen – Erweiterung der beschränkten Verhältnisse, Gelegenheiten zu naturhistorischen und anderweitigen Forschungen und, soviel sie vermochten, selbst eine hilfreiche Hand.

Nicht so waren die Erwartungen, die ich mir von seiten unseres Gesandten, des Colonel Herrn Johan Willem de Stürler machen konnte; denn, ich muß es mit Wehmut gestehen, gerade der Mann, der auf Java so warmen Anteil an meiner Sendung genommen und sie mit so viel Eifer unterstützt hatte, zeigte sich jetzt, in Japan selbst, nicht bloß gleichgültig oder kalt gegen alles, was mein Unternehmen betraf, sondern suchte es geradezu durch eine Kette von Hindernissen zu lähmen oder doch zu erschweren. Ob die Ursache dieser ungünstigen Stimmung in den Anordnungen unserer Regierung zu suchen war, die, meinen Wirkungskreis erweiternd und mir mehr Selbständigkeit in meinen wissenschaftlichen Forschungen gebend, vielleicht seinem Interesse zu nahe traten, wenn nicht seine eigenen Pläne durchkreuzten, oder ob Kränklichkeit und Mißmut über den minder günstigen Ausschlag seiner zur Verbesserung des Handels gemachten Projekte diese Veränderung hervorrief, darüber vermag ich nicht zu entscheiden. Wie dem auch sei: es bleibt ihm das Verdienst unbenommen, welches er um meine Sendung und Ausrüstung zu einer Untersuchung Japans hatte, und dieses erkenne ich hier mit Dankbarkeit an. Hätte Herr von Stürler das schöne Ziel seiner eigen Bestimmung, die weise Absicht, welche die Regierung damit verband, unverrückt im Auge behaltend, mit Ausdauer verfolgt, so würden sein Aufenthalt in Japan, seine Sendung an den Hof zu Jedo wie auch seine übrigen Schritte zur Förderung des Handels und Erlangung größerer Freiheit mit dem Erfolg gekrönt worden sein, den sie unstreitig verdienten, und in der Geschichte des niederländischen Handels mit diesem seltsamen Lande eine glänzende Epoche gemacht haben.

Aus der vorausgeschickten Skizze haben wir ersehen, daß das Personal der Hofreise unsererseits nur aus dreien besteht, aus dem Vorsteher der Faktorei als Gesandten, aus einem Sekretär und dem Arzte. Es wäre sehr zu wünschen gewesen, daß mich die Herren Bürger und de Villeneuve beide hätten begleiten dürfen. Aber für diesmal war es unmöglich, und nur mit vielen Umständen brachte ich es noch dahin, daß es Herrn Bürger gestattet wurde, die Reise unter dem Titel des Sekretärs mitzumachen. Vom Personalstand unserer japanischen Begleiter möchte ich nur einige persönlich vorstellen.

Wenn die Skizzen, mit denen ich meinem Leser die Dolmetscher vorstelle, nicht sonderlich viel Einnehmendes an sich tragen, so will ich im voraus bemerken, daß man Leute einer Klasse, die seit Generationen im Umgang mit Europäern manches Gute, aber bei weitem mehr Schlechtes übernommen haben, nicht mit den eigentlichen Japanern verwechsle, wie er, außer dem Verkehr mit Fremden, seiner Landesart getreu erzogen und gebildet dasteht. Ein Unterschied, den wir immer ins Auge fassen mögen, wenn die Rede ist von Dolmetschern und solchen Japanern, die mit uns auf Deshima verkehren.

Als Oberdolmetscher, welcher eine Hauptperson auf dieser Reise spielt, die Kasse führt und gemeinschaftlich mit den Kuinin die politischen und diplomatischen Angelegenheiten betreibt, folgte uns Sujenaga Sinsajemon, ein hoher Fünfziger, von guter Erziehung und einiger wissenschaftlicher Bildung. Er war sehr erfahren in den Handelsgeschäften mit den Niederländern, mehr noch in den damit verbundenen Mißbräuchen, gewandt im japanischen Geschäftsgang, klug, ja selbst pfiffig, dabei höflich bis zur Schmeichelei, fein in Manieren und Gesprächen und nett im Äußeren; übrigens sparsam, ohne karg zu sein, und eitel ohne Anmaßung. Sinsajemon hatte die Dolmetscherbahn wie die meisten seiner Kollegen auf Deshima als Knabe betreten, sich an ausländische Sitten gewöhnt und sprach

Einer der Offiziere

Einer der Dolmetscher

und schrieb ein gutes Dolmetscherholländisch. Zur Zeit der russischen Gesandtschaft unter von Resanoff und von Krusenstern (1804 bis 1805) hatte er seiner Regierung gute Dienste geleistet, stand bei den Statthaltern in Nagasaki in Ansehen und lebte in recht guten häuslichen Verhältnissen. Er war von kleiner Gestalt und hager; bei einer etwas gebogenen Nase, ungewöhnlich großen Augen und spitzem Kinn traten seine scharf gezeichneten Gesichtszüge um so auffallender hervor, da sich auch bei dem ernstesten Gespräch sein Mund zu jenem Lächeln verzog, womit sich gewöhnlich erkünstelte Freundlichkeit zeigt. Seine gelbliche Gesichtsfarbe spielte ins Erdfahle, und der geschorene Scheitel war zur glänzenden Glatze geworden, auf der das nach oben gerichtete Zöpfchen dünn und steifgesalbt ruhte.

Der Unterdolmetscher hieß Iwase Jasiro. Er war ein angehender Sechziger und glich in Gestalt und Manieren viel unserem Sinsajemon. Eine stark gebogene Nase, kleine, mit schlaffen Augenlidern bedeckte Augen, ein langes Kinn, der Mund gleichsam durch eine Lähmung des linken Lachmuskels zu einem beständigen Lachen verzerrt, große Ohren und eine Anschwellung des Kehlkopfes machten die charakteristischen Züge seiner Gesichtsbildung aus. Er verstand seinen Dienst, hatte viel Dienstgehorsam und hielt streng am alten Herkommen fest. Er war kriechend höflich, dabei schlau bis zur List, die er hinter der Maske der Redlichkeit barg, machte die tiefsten Bücklinge und beschleunigte seinen Schritt im Dienst- und Komplimentseifer bis zum Trab.

Iwase Jasitsiro, sein Sohn, hatte viel Ähnlichkeit mit dem Vater; nur daß dieser schwach aus Krankheit und Alter und jener ein greisender Jüngling war. Er war übrigens, wie man sagt, ein guter Mensch, der seinem Vater im Komplimentemachen wenig nachgab und auf alles mit dem Ja-Wort »He« antwortete. Er wußte zu leben und war kein Verächter des weiblichen Geschlechts, in dessen Gesellschaft er immer noch launige Einfälle hatte. Gegen uns zeigte er sich sehr dienstfrig und ließ sich im täglichen Leben gut brauchen. Er reiste diesmal auf seines Vaters Kosten, um dessen Handelsgeschäfte zu besorgen.

Als Privatdolmetscher des Gesandten begleitete uns ein gewisser Nomura Hatsutaro, unstreitig einer der talentvollsten und geschicktesten unter den damals mit uns in Berührung stehenden

Japanern. Er besaß gründliche Kenntnisse in seiner Muttersprache und im Chinesischen und Holländischen, kannte sein Land, dessen Verfassung, Sitten und Gebräuche gut und war sehr gesprächig und munter. Sein Vater war Oberdolmetscher außer Dienst; und da der Sohn, solange der Vater lebt und vom Staate Besoldung bezieht, unentgeltlich dienen muß, so hatte Hatsutaro wenig Einkommen, wiewohl er dessen umso mehr bedurfte, da er ein ziemlich lockerer Geselle war. Kredit hatte er wenig, Schulden viel; kleine Handelsspekulationen mit einzelnen niederländischen Beamten gaben ihm noch einiges Bestehen. Er selbst kannte den Wert des Geldes nicht und für Geld tat er doch alles. Mit seiner Anstellung bei uns war er sehr zufrieden und ließ sich zu allem gebrauchen, wenn er nur seinen Vorteil dabei sah. Er war von großer, hagerer Statur, blatternarbig, hatte ein breites, rundes Gesicht, eingedrückte Nase, ein krankhaft verkürztes Kinn und großen Mund mit aufgeworfener Oberlippe, wobei die hervorstehenden Zähne die Häßlichkeit seiner Gesichtsbildung vollendeten.

Die angesehenste Person des japanischen Geleits ist der Kuinin, auch Gobansjosi genannt und auf Deshima unter dem Namen Opperbanjoost bekannt. Unter seinem Befehl stehen drei Offiziere niederen Ranges, nämlich ein Funaban oder Schiffswächter, so genannt, weil er, wenn die holländischen Schiffe in der Bai von Nagasaki vor Anker liegen, die Wache hat, und zwei Tsjosi, d.h. Straßenmeister, welche eigentlich die Dienste unserer Polizeidiener versehen. Letztere sind den Bewohnern Deshimas unter dem Namen Banjoosten bekannt, während dort für die genannten Schiffswächter der Titel Onderbanjoost gang und gäbe ist.

Der Statthalter von Nagasaki hat gewöhnlich zehn Kuinin, meistens Polizeioffiziere aus Jedo, in seinen Diensten und läßt die amtlichen Geschäfte durch sie versehen. Sie werden nicht vom Staate bezahlt, und die Besoldung, die sie von ihrer Behörde beziehen, ist ganz gering; umso reichlicher aber sind die Nebeneinkünfte, die sie per fas und nefas genießen. Während der Handelszeit versehen sie abwechselnd den Dienst auf Deshima; und da sie in wichtigen Angelegenheiten die Person des Statthalters vertreten, so haben sie viel Einfluß auf unsere persönliche Freiheit sowie die des Handels. Über die Ein- und Ausfuhr habe sie gleiche Vollmacht wie unsere Obermautbeamten und somit den Schlüssel zum Schleichhandel in Händen, den sie denn auch im Einverständnis mit dem Sekretär des Statthalters und den sogenannten Herren Oberbürgermeistern nicht wenig begünstigen.

Ein solcher Beamter des Statthalters war der Kuinin, der uns auf dieser Reise folgte. Seine Behörde erteilte ihm strenge Verhaltungsbefehle, für deren Vollziehung verantwortlich, er ein Tagebuch führen und bei der Zurückkunst seinem Herrn vorlegen mußte. Auch die übrigen uns begleitenden Offiziere sowie die Dolmetscher sind verpflichtet, Tagebücher zur gegenseitigen Kontrolle zu halten. Sie führen daher, als Muster und um ja im alten Gleise zu bleiben, die Journale von früheren Hofreisen mit sich, die, in zweifelhaften Fällen zu Rate gezogen, Aufschluß und Entscheidung geben.

Unseren Kuinin – sein Name war Kawasaki Genso – lernten wir als einen einsichtsvollen, wackeren Mann kennen, und die untergeordneten Offiziere benahmen sich nach seinem Beispiel. Außer den genannten Dolmetschern und Offizieren folgten uns vier Schreiber (Hisja), zwei Troßmeister (Saijo), ein Aufseher der Träger, sieben Bediente und zwei Köche in unserem Dienste und einunddreißig Bediente und ein Koch im Dienste der japanischen Beamten, also zusammen ein Geleit von 57 Japanern.

Unsere Bedienten waren treue und zuverlässige Leute. Sie hatten von Jugend auf auf Deshima gelebt, und die älteren von ihnen, die mehrmals unter früheren Vorstehern diese Reise gemacht hatten, besaßen einen bewunderungswürdigen Takt in Reisen und waren mit allem, was den Haushalt und das Zeremoniell dabei angeht, sehr bekannt, auch sprachen und schrieben sie ein verständliches Holländisch.

Zum Behufe unserer Untersuchungen nahm ich noch einige Personen mit, an deren Spitze ich Ko Riosai anführe, den ich seit zwei Jahren unter meine eifrigsten Schüler zählte. Er war ein junger Arzt aus Awa auf der Insel Sikolu und befliß sich vorzüglich der Augenheilkunde. Was mich jedoch zu seiner Wahl bestimmte, waren seine ebenso gründlichen und ausgebreiteten Kenntnisse in der japanischen Pflanzenkunde, seine Bewanderung in der chinesischen und holländischen Sprache und seine Anhänglichkeit und Treue. Er leistete mir große Dienste, und ich habe ihm viele und wichtige Mitteilungen zu danken. Als Maler folgte mir Tojoske, ein sehr geschickter Künstler aus Nagasaki, der besonders im Pflanzenzeichnen eine ungemeine Fähigkeit besaß und auch im Porträt- und Landschaftsmalen angefangen hatte, der europäischen Weise zu folgen. Hunderte seiner Zeichnungen sprechen in meinem Werke für sein Verdienst. Zum Pflanzentrocknen, zum Bereiten der Tierfelle und dergleichen brauchte ich Benoske und Komaki, zwei meiner Bedienten, die ich zu derartigen Arbeiten abgerichtet hatte. Ich nenne sie hier mit Namen, weil ihre Dienste sowohl als die Proben ihrer Treue an einem anderen Orte Gegenstand meines Dankes und der allgemeinen Bewunderung sein werden.

Außer diesen Leuten folgten mir noch ein Gärtner und drei meiner Schüler, die Ärzte Kesaku, Sjogen und Keitaro, welche, da sie keine Erlaubnis erhalten konnten, mich als Gehilfen zu begleiten, unter dem Namen von Bedienten der erwähnten Dolmetscher die Reise mitmachten. Sie waren arm, und ich unterstützte sie nach Maßgabe ihrer Dienste. Gern hätte ich einige Jäger mitgenommen, da ich deren mehrere in der Gegend von Nagasaki geheim im Dienst hatte; aber Jagen und Schießen ist uns auf der Reise streng verboten.

Bei einem so gebildeten Volk wie den Japanern, wo man so viel auf Förmlichkeit und äußeren Glanz sieht, ist es unstreitig notwendig, daß eine Gesandtschaft mit Würde und europäischer Pracht auftrete und so nicht allein ihre Nation vergegenwärtige, sondern auch deren Sittenverfeinerung und Fortschritte in Kunst und Wissenschaft in sprechenden Bildern zur Schau bringe; um so mehr wenn außer ihrer Nation keiner anderen der Zutritt im Reiche gestattet ist. Aber gerade das Zusammentreffen zwei zivilisierter Nationen, die einander mehr aus politischen als kommerziellen Interessen entgegenkommen, macht bei dem auffallenden Gegensatze ihrer Sitten und Gebräuche die Stellung und jeden Schritt des Abgeordneten um so bedenklicher. Seine Handlungen, sobald sie auf Volkstümlichkeit und Nationalcharakter Bezug haben, kann er nicht vorsichtig genug erwägen, nicht klug genug gestalten, ehe sie einer öffentlichen Kritik ausgesetzt werden.

Überfahrt von Kokura nach Shimonoseki (von der nördlichen Spitze der Insel Kyushu auf die Westspitze von Honshu)

Die Versandungen an der Mündung des Siwo gawa gestatten bloß kleinen Fahrzeugen, und dann nur bei hohem Wasser, in den Hafen von Kokura ein- und auszulaufen. Heute, den 22. Februar (1826), war nach 12 Uhr hohes Wasser. Wir verließen darum gegen Mittag unsere Herberge und zogen mit unserem Gefolge, und von einigen Offizieren des regierenden Fürsten und unserem Wirt begleitet nach dem Hafen, wo einige kleine Fahrzeuge für uns und unser Gepäck bereit lagen.

Bei günstiger Witterung setzt man geradezu von Kokura nach Shimonoseki über, eine Entfernung von 3 Ri (rund 12 km), welche man in einigen Stunden zurücklegt. Bei stürmischem Wetter zieht man die kürzere und leichtere Überfahrt vom Städtchen Dairi aus, das 2 Ri östlich von Kokura dicht am Strande liegt, vor. Es führt eine Tannenallee dahin durch die Fischerdörfer Akasagamura und Sinmats, ein sehr angenehmer Spaziergang. Das Städtchen Dairi hat seinen Namen, der eigentlich den Mikadopalast bezeichnet, einem historischen Ereignis zu verdanken, das sich im Jahr 1185 zugetragen und die Gegend von Kokura und Shimonoseki berühmt gemacht hat (Seeschlacht von Dannoura in der Nähe von Shimonoseki, die die Vorherrschaft der Shogune zur Folge hatte). Deshalb besuchten auch die niederländischen Gesandten gewöhnlich Dairi und benutzten die Gelegenheit, ihre japanische Begleitung an einem so hoch gefeierten Ort zu bewirten. Der Japaner ist Enthusiast für sein Vaterland und stolz auf die Großtaten seiner Ahnen; der gebildete wie der gemeine Mann hat eine unbegrenzte Anhänglichkeit an die alte Dynastie der Mikados und hält viel auf den alten Kultus, Sitten und Gebräuche. Der Fremdling empfiehlt sich daher ungemein, wenn er der Volkstümlichkeit der Japaner schmeichelt, ihre alte Religion, Sitten und Gebräuche in Ehren hält und den Sagen der Vorzeit, den Lobpreisungen ihrer vergötterte Helden ein gefälliges Ohr leiht.

Diese schwache Seite des Japaners kannten unsere alten Niederländer sehr gut und sie wußten sie zu nutzen. Herr Colonnel de Stürler handelte nach anderen Maximen. Diesmal hatten unsere japanischen Reisegefährten eine trockene Überfahrt.

Herr Bürger und ich hatten uns zu den Dolmetschern und Offizieren gesellt, welche auf dem Vorteil des Schiffes Platz genommen hatten. Die Dolmetscher wußten nur zu gut, was wir mit unseren Beobachtungen, mit Kompaß und Senkblei beabsichtigten. Sie stellten sich aber gegenüber dem Kuinin, der sich von amtswegen nach unserer Beschäftigung erkundigte, recht unwissend. Sie bezeichneten unsere Tätigkeit als unschädliche Neugier. Auch der Kuinin begriff, was wir verrichteten, begnügte sich jedoch mit diesem Bescheid, wodurch er einer weiteren Untersuchung überhoben wurde.

Auskundschaftung des Landes, Nachforschungen über Staats- und Kirchenverfassung, Kriegswesen und andere politische Verhältnisse und Einrichtungen sind Fremdlingen aufs strengste untersagt, und die schärfsten Gesetze verbieten den Untertanen, ihnen darüber Mitteilungen zu machen oder ihnen gar auf irgendeine Weise bei ihren Nachforschungen behilflich zu sein. Unsere japanischen Begleiter auf der Reise nach dem Hof werden zur genauen Beobachtung solcher Verordnungen eidlich verpflichtet, und streng genommen dürfen und können sie uns keinen Schritt über die Schranken des buchstäblichen Gesetzes erlauben, ohne selbst ihre eigene Existenz mit aufs Spiel zu setzen. Diese Leute jedoch, welche durch die Berührung mit gebildeten Europäern den Kreis ihrer politischen Ansichten erweitert haben und nur zu gut die Engherzigkeit solcher Vorkehrungen von seiten ihrer Regierung einsehen lernten, halten sich in den meisten Fällen bloß an die Form des Gesetzes und sehen uns, wo es nur immer möglich ist, durch die Finger. Ohne eine solche Nachsicht würde dem Fremden auf Japan jede wissenschaftliche Forschung rein unmöglich; denn streng genommen ist ihm jede Berührung mit Land und Volk untersagt. Unser Kuinin hatte jedoch seine Pflicht getan, und die Erklärung seiner Kollegen konnte ihm genügen und zur Beruhigung dienen.

Mittlerweile waren wir über die Bank gerudert, welche sich vor der Mündung des Siwa gawa in einem Halbzirkel ausbreitet. Das Senklot zeigte stellenweise nur einen Faden Wasser; weiter in den Kanal hinein fanden wir 3, 5, 7 und 8 Faden. Wir waren jetzt ungefähr in der Mitte der Durchfahrt zwischen Kokura und der Insel Hikushima und bekamen die Südostspitze von Shimonoseki zu Gesicht. Vor uns lag in einer Entfernung von einer halben Seemeile

Kokura

der Felsen Josibe-se mit einer Gedächtnissäule, welche den Namen Josibe verewigt. So hieß ein Schiffer, welcher den berühmten Daiko Hidejosi auf der Überfahrt hier in Lebensgefahr brachte und der verdienten Strafe dadurch entging, daß er sich durch Bauchschneiden (Harakiri) das Leben nahm. (Der Daiko Hidejosi gilt als der große Einiger Japans. Er riß um 1582 die Macht an sich.) Diese freiwillige Todesart, kühn und auf frischer Tat gewählt, sühnt im Auge der Japaner die schwersten Verbrechen und bringt dem Täter Ruhm statt Schande.

Ein Windstop brachte uns dem Felsen näher. Eine Menge Seevögel, meistenteils Möwen und Seeraben, umschwärmten das Felsendenkmal, das eben, von einer dunklen Wolke beschattet, aus der schäumenden Brandung hervorragte. Ein schauerlicher Anblick, besonders wenn man daran die Sage knüpft, daß sich hier zuzeiten der Geist des hochherzigen Seemanns zeigt.

Kleine Fahrzeuge lassen den Josibe-se rechts liegen und halten auf das niedrige, dicht mit Gebüsch bewachsene Inselchen Funashima (auch Ganriu shima genannt) zu. Sobald man an ihm vorbeirudert erweitert sich der Gesichtskreis, und die Küste von Buzen vereinigt sich gleichsam mit der von Nagato und Hikushima zu einem herrlichen Panorama. Im Norden breitet sich die freundliche Hafenstadt Shimonoseki mit ihren tempelreichen Hügeln aus, und im Nordosten, wo das Vorgebirge Jajatomo den Eingang der Straße zeigt, schimmern die rot bemalten Dächer der Kamihalle Me karino jasiro. Den östlichen Strand, der sich stufenweise bis zu den Dairi jama erhebt, schmücken niedliche Dörfer und einzelne Fischerwohnungen, und im Westen unterbricht die felsige, zerrissene Küste von Hiku shima, im Hintergrunde von blauen Gebirgen der Landschaft Nagoto begrenzt, den Gesichtskreis. Ringsum tragen terrassenförmig angebaute Stellen der Hügel und Berghänge das Gepräge alter Kultur, und weiß und blau gestreifte Segel und zahlreiche Fischerkähne beleben den Spiegel des weiten Seebeckens.

Das »Kaze josi«, der muntere Refrain einer japanischen Barkarole, ertönt nah und fern, und auch unsere Seeleute stimmen mit ein. Jetzt erschallt das dumpfe Geläute des Amida-Tempels, es schlägt die vierte japanische Stunde, zwei Uhr Nachmittag. Noch einige Ruderschläge, und es öffnet sich der Eingang der Straße, den zwei kleine Eilande, Mansju und Kansju, gleichsam als Lotsen bezeichnen. Aller Aufmerksamkeit war nun auf die vor uns liegende Hafenstadt gerichtet. Gruppen von Masten zeigten den Ankerplatz der japanischen Fahrzeuge, während der Gesandtschaft die bei einer hohen Treppe auf dem Kai aufgepflanzte niederländische Flagge den Ort verkündete, wo der Bürgermeister mit anderen Freunden der Niederländer sie erwartete, um sie gastfreundlich in seine Behausung einzuladen.

Während ihres Aufenthaltes zu Shimonoseki wird die Gesandtschaft in der Wohnung eines der beiden Bürgermeister beherbergt, und diese Herren teilen sich wechselweise in diese Ehre. Diesmal wohnten wir bei Sahosama, dessen geräumiges Hotel sich in der Straße Nabe Matsi, dicht an dem Kai, wo wir ausstiegen, befindet. Wir wurden vom Hausherrn und seiner Familie sehr freundschaftlich aufgenommen und anständig logiert. Bald nach unserer Ankunft ließ sich bei dem Gesandten der andere Bürgermeister anmelden, ein enthusiastischer Anhänger der Niederländer, der sich als solcher gleich durch seine Visitenkarte ankündigte, denn sie führte die Aufschrift: »Van den Berg«.

(23. Februar) Bereits in der Frühe besuchten mich einige meiner Schüler, darunter der Arzt Kosai. Dieser junge Mann, welcher sich seit einiger Zeit auf die holländische Sprache und das Studium der Medizin nach der europäischen Schule verlegte, hatte, um sich unter Leitung einiger meiner tüchtigsten Schüler, namentlich des Arztes Minato Tsjoan aus Jedo und Mima Zunso aus der Landschaft Awa und des gelehrten Dolmetschers Josiwo Gonoske, auszubilden, im vorigen Jahr sich zu Nagasaki aufgehalten und sich wirklich schöne medizinische Kenntnisse erworben. Kosai und meine übrigen Schüler brachten mir nach Landessitte Willkommgeschenke, welche in einigen ihnen merkwürdigen Naturalien und sonstigen Erzeugnissen des Landes bestanden. Mein Gegengeschenk bestand heute in einer guten Gabe Geduld, womit ich die Krankengeschichten anhörte, welche einige meiner Schüler zu Papier gebracht hatten und nun im Beisein der Patienten ablasen.

(24. Februar) Auf Nachmittag wurde ein Spaziergang in Gesellschaft unseres Gastherrn nach dem berühmten Tempel des Amida besprochen, und wir erhielten von unserem Kuinin die Erlaubnis, von dort nach dem Kap Hajatomo, dem nördlichsten Punkt von Kjushiu, überzusetzen, jedoch unter der ausdrücklichen Bedin-

gung, daß nichts davon in dem Tagebuch des Gesandten erwähnt werde; denn es sei gegen seine (des Kuinin) Instruktion, wenn er die ihm anvertrauten Niederländer ohne Auftrag und besondere Erlaubnis auf das vom Wege abgelegene, fremde Gebiet eines Fürsten bringe. Diese Gefälligkeit hat später unserem Kuinin große Unannehmlichkeiten verursacht. Unser Besuch zu Hajatomo erregte Aufsehen und wurde vom Fürsten von Buzen so übel aufgenommen, daß, wie wir später erfuhren, unser braver Gastherr, weil er Bürgermeister (Tosijori) und also eine wichtige Amtsperson zu Shimonoseki war und uns dahin begleitet hatte, mit einem Jahr Hausarrest bestraft worden ist.

Unser Gesandter war mit seinem Gefolge und Herrn Bürger nach dem Tempel vorausgegangen, während ich absichtlich mit dem Maler Tojoske und einigen Schülern und Vertrauten zurückblieb, um Beobachtungen zur Bestimmung der wichtigsten Punkte des Planes der Straße anzustellen. Dazu bot sich auf der großen Steintreppe, welche zum Tempelhof führte und von wo aus man eine freie Aussicht auf die Straße und die Bai hat, die schönste Gelegenheit.

Der Amida-Tempel, nebst einigen anderen Kapellen und dem Kloster liegt auf einer Anhöhe am östlichen Ende der Stadt, und man gelangt dahin durch eine meistens von Fischern und Landleuten bewohnte Straße, welche Amida matsi heißt. Zwei breite steinerne Treppen und eine schmale Stiege führen zum geräumigen Tempelhof, worin der dem Amida geweihte Haupttempel, einfach von Holz erbaut und mit einem Strohdach gedeckt, die Kapelle des Mikado Antok und einige andere Mijas, das Kloster, ein Glockenhaus, Laternen und Denkmäler stehen, überschattet von alten hohen Tannen und Fichten, Lorbeerbäumen, süßen Kastanien und immergrünen Eichen. Ein anmutiges Wäldchen schließt sich dem Tempelhain an und zieht sich die im Hintergrund desselben gelegene Anhöhe hinan.

Vom Tempelhof aus genießt man die herrlichste Aussicht auf die von Fahrzeugen belebte Bai und die Gestade des Fürstentums Buzen, das mit dem Bezirk Kiku die Nordspitze der Insel Kjushiu ausmacht. Die mit Klippen und Felsen besäte Küste zieht von Dairi an in nordöstlicher Richtung hin, macht beim Dorf Monsi oder Monsu eine tiefe Bucht gleichen Namens und läuft in das Vorgebirge Jajatomo aus, welches mit dem gegenüberliegenden Kap Majeta den Eingang in die Straße von der Capellen bildet. Es war gerade Flut, und die Ostsee stürzte mit reißendem Strom herein. Die Gegend zwischen Dairi und Monsi heißt nicht mit Unrecht Kusawara, die Kräuterau, denn es ist eine reizende Landschaft selbst im Winterkleid, worin wir sie erblicken. Uns gegenüber breitet sich das Dorf Monsi im Grunde der Bucht aus, und am Fuß des Vorgebirges erhebt sich auf zyklopischen Felsenmauern die Kamihalle, Me karino jasiro, von alten Zedern und immergrünen Eichen überschattet.

Auf unserer Seite hatten wir zur Linken die Fischerdörfer Danowura und Majetamura, welche sich längs dem Strande hinziehen, und zur Rechten die Stadt mit ihren vielen mit Tempeln und Tempelhainen geschmückten Hügeln. Einer dieser Hügel, der Kameja, macht einen bedeutenden Vorsprung gerade an der Mündung des Mimosusa gawa und gewährt kleinen Fahrzeugen einen sicheren Ankerplatz. Auf diesem Hügel steht der Kamihof des Fatsiman Daimjozin (Tempel des Kriegsgottes) und am Fuß desselben, dicht am See, ein Wachthaus (Bansjo), wo Reisende und Schiffer, wenn sie kommen und gehen, ihre Pässe vorzeigen müssen. Dieser Punkt beherrscht die ganze Stadt, das Flüßchen und die Bai.

Wir suchten nun unseren Gesandten auf und kamen noch zur rechten Zeit, um die Heiligtümer und denkwürdigen Schätze des Tempels, welche in einem eigenen Gebäude aufbewahrt werden, mit ihm zu sehen. Nachdem wir den Haupttempel, worin man Amida (Erscheinungsbild des Buddha) verehrt, und die Kapelle Tsinzjuno mija, worin Pilger ihr Gebet zu Fatsiman Mjozin (ein Kriegsgott) verrichten, besichtigt hatten, führte man uns in die Kapelle, die dem Mikado Antok heilig ist. Ein junger, sehr gesprächiger Priester enthüllte hier die Bildsäule des siebenjährigen (Mikados) Antok, welche, mit zwei anderen Statuen in Hoftracht zur Seite, hinter dem Vorhang auf einem Altar stand. Er zündete Lampen und Räucherwerk an und las uns nun das tragische Ende des Hauses Feike vor, das mit der Seeschlacht von Dannoura 1185 die Macht an die Shogune verlor. (Die Witwe des letzten Herrschers stürzte sich mit dem siebenjährigen Thronerben ins Meer.)

Die Wasserstraße van der Capellen

Unsere Japaner, welche die Heiligtümer und Reliquien ihrer Mikados und Kriegshelden mit tiefer Ehrfurcht begrüßt, besehen und bewundert hatten, waren sichtbar ergriffen. Wurde doch mit Antoks Sturz und der Erhebung Joritomos zum Shogun die Macht ihrer vergötterten Mikados wohl auf immer vernichtet und die Regierung des Reiches bis auf den heutigen Tag der Gewalt der Oberfeldherren, der Shogunherrschaft, überlassen, die sich gleich mächtig unter Religions- und Bürgerkriegen wie in der nachfolgenden zweihundertjährigen Friedenszeit zu erhalten und das alte Mikadohaus in einen politischen Schlummer einzuwiegen wußte.

Wir besuchten nun den Oberpriester des Tempelhofes, der uns in einem geräumigen Saal des Klostergebäudes empfing und mit Tee und Tabak bewirtete. Er war ein guter Fünfziger, von kleiner Statur, rundem, blatternarbigem Gesicht, freundlich wie alle Mönche, aber offenherzig und gemütlich. Die Priester dieses Tempelhofes gehören zur buddhistischen Sekte Sjoto, und ihre Revenuen betragen jährlich 70 kok, ungefähr 800 Gulden – wohlverstanden das stiftungsmäßig vom Staate ausgesetzte Einkommen; denn die milden Gaben von Pilgern und Reisenden und andere fromme Beiträge belaufen sich viel höher. Auch unser Gesandter brachte ein Opfer, er gab ein Itsib, d.i. drei Gulden, auf ein Papierchen geklebt und sauber eingewickelt.

Einige kleine Kähne erwarteten uns am Seestrand, und wir setzten damit nach Hajatomo über. Es ging ein schneller Strom, jetzt nach Nordnordost, denn es begann zu ebben, und in wenigen Minuten waren wir am jenseitigen Ufer. Der Strand war mit Seetang, Seesternen, Seeigeln, Krabben und Muscheln besät, unter letzteren die sehr schmackhafte Steckmuschel, welche Iniogai heißt.

Herrn Bürger und meinen Schülern überließ ichs heute, Naturalien zu sammeln. Ich benutzte die Gelegenheit, durch eine Reihe Kompaßobservationen die wichtigsten Punkte des Einganges der Straße zu bestimmen.

Unser Tagewerk war vollbracht, wir besuchten die Kamihalle des Me karino Mjozin, wurden vom Oberpriester mit geweihtem Reis, als einem Talismann gegen Unfälle und Reisen, beschenkt und gingen längs dem Strand nach Monsi, von wo wir uns wieder nach Shimonoseki übersetzen ließen.

Beim ersten Bürgermeister, einem eifrigen Freund der Niederländer, waren wir zu Abend eingeladen. Van den Berg (so hatte ihn Herr Doeff getauft) empfing uns in einem ganz nach europäischem Geschmack möblierten Zimmer und bewirtete uns nicht allein auf holländisch, sondern erschien, um uns womöglich ganz in unsere Heimat zu versetzen, sogar selbst in holländischer Tracht. Er präsentierte sich in einem roten Samtrock mit goldenen Tressen, einer goldgestickten Weste, kurzen Beinkleidern, seidenen Strümpfen, Pantoffeln, Hut und sogar einem Stock mit großem vergüldetem Knopf – das ist der Reichszepter unserer Oberhäupter auf Deshima. Dies ganze Kostüm hatte übrigens noch die historische Bedeutsamkeit, daß es ein Geschenk seines Herrn Paten (des Gesandten Doeff) und derselbe Aufzug war, worin dieser am Hofe zu Jedo seine Aufwartung gemacht hatte.

Die Gesellschaft bestand diesmal in einem engeren Familienkreis, worin außer einigen Dolmetschern auch einige meiner vertrautesten Schüler zugelassen waren. Unsere japanische Ehrenwache oder die Spione, wie wir sie auch nennen wollen, denn sie begleiteten uns überallhin, benahm sich bei Gelegenheiten, wo leicht Anstoß gegen ihre Instruktion stattfinden kann, ungemein bescheiden und klug. Sie vermieden daher, Augenzeugen von Handlungen zu sein, die sie den ihrer Aufsicht anvertrauten Niederländern nicht wohl erlauben, aber auch nicht geradezu verbieten können. Unser Kuinin war also heute zuhause geblieben und ließ seine Stelle durch den Funaban (Schiffswächter) und die beiden Tsjosi vertreten, recht wackere Leute, die sich im Vorzimmer den Sake und die Zugerichte trefflich schmecken und uns ungestört unser holländisches Lustspiel aufführen ließen.

Van den Berg spielte die Rolle eines Paten vortrefflich und gab mitunter auch einen derben Matrosenspaß zum besten. Van den Berg fühlte sich heute recht glücklich. Seine hübsche Frau und einige andere japanische Frauenzimmer zierten unsere Gesellschaft, und Mädchen in geschmackvoller, reicher Kleidung bedienten die fremden Gäste. Zitherspielerinnen, Tänzerinnen und Gaukler traten später auf, und die holländische Soiree endigte als eine japanische Lustpartie. Bald war ich der Freund und Vertraute unseres Gastherren geworden; ich mußte nun auch Zeuge seines Geschmacks an holländischen Sachen werden und sein Raritätenkabinett besehen. In einem kleinen Kämmerchen, wohin keine Tür, sondern ein Loch zum Durchkriechen führte, war ein Mischmasch von europäischen Dingen aufgehäuft.

(25. Februar) In aller Frühe kamen meine Schüler und andere Ärzte aus der Gegend mit ihren Kranken und fragten mich um Rat und Hilfe. Es waren wie gewöhnlich chronische, vernachlässigte und unheilbare Krankheiten, und die umständlichen Konsultationen kosteten Zeit und Geduld. Ich tat alles meinen Schülern zuliebe, deren guter Ruf darunter gelitten hätte, wenn ihre Patienten, die sie auf mich vertrösteten und oft aus entfernten Orten angebracht hatten, rat- und hilflos wieder von hier gegangen wären. So mußte ich oft gegen meinen Willen den Scharlatan mitspielen.

Ein heiterer Himmel begünstigte die Längenbeobachtungen, welche wir, Herr Bürger und ich, fast täglich hier anstellten. Gegen Mittag erhielten wir einen Besuch von unserem Kuinin unter dem Vorwand, unsere Instrumente und Naturalien zu besichtigen, doch wahrscheinlich aus Dienstpflicht oder Besorgnis; denn die vielen Fremden, welche den holländischen Arzt besuchten, waren seiner Aufmerksamkeit nicht entgangen, aber auch mir nicht die Absicht seines Besuches. Es wurden also, als man seine Visite ansagte, die etwa anstößigen Sachen aus dem Wege geräumt (es waren deren viele), und an ihre Stelle setzte ich gelehrtes Spielzeug, Mikroskope und andere physikalische Instrumente.

Vor unserer Abreise, noch auf Deshima, hatte ich dem Kuinin, der nicht ohne naturhistorische Kenntnisse war, die Naturaliensammlung und andere Merkwürdigkeiten, welche ein Europäer auf Japan sammeln darf, gezeigt und ihn in mein Interesse gezogen. Die dem Japaner eigene Wißbegierde und ihre Passion für Naturseltenheiten kam mir jedesmal zustatten, wenn ich einen geheimen Zweck zu erreichen strebte. Heute ließ ich den Kuinin Moos- und Farnblüten und dergleichen unter dem Mikroskop sehen, was seine Neugierde und Teilnahme an meinen Untersuchungen, die ihm ganz unschuldig vorkamen, aufs neue weckte, und er versprach mir, soviel an ihm läge, alle Hilfe und Gelegenheit dazu.

So wurde denn auch mein Gesuch, nachmittags smit Herrn Bürger und einigen wenigen Japanern eine naturhistorische Exkursion nach Dannowura zu machen, bewilligt. Die weitere Aufnahme der Straße war meine Absicht. Van den Berg, sein Söhnchen, der

Maler Tojoske und meine vertrauten Schüler Riosai und Kosai begleiteten uns. In einer kleinen Fischerhütte vor dem Dorfe fanden wir freundliche Aufnahme, Erfrischungen und die Instrumente, welche wir voraus geschickt hatten. Unser Maler entwarf eine Skizze der Ansicht der Straße mit der Fischerhütte im Vordergrund, während wir uns mit Kompaßobservationen beschäftigten und aus dem Munde unseres erfahrenen Van den Berg einige wichtige Mitteilungen über diese Straße niederschrieben.

Der Japaner hängt sehr an Vergnügungen in freier Natur, welche auch im Winterkleid noch Reize genug hat, seine lebhafte Phantasie zu begeistern. Dabei läßt er auf seinen Ausflügen keine Gelegenheit ungenutzt, die Freuden der Natur durch religiöse Erbauung und geschichtliche Erinnerungen zu erhöhen. Da unsere Arbeit vollbracht war, ließen wir uns vor der anmutigen Fischerhütte zur Seite eines Bergbaches nieder. Es war Frühlingsanfang. Hier und da blühte schon die geliebte Baimo- und Mumepflaume, und die wilden Kamillen öffneten bereits ihre dicken Blumenknospen. Und gegenüber, jenseits des schnell strömenden Engpasses, erhob sich das schroffe Vorgebirge mit der Kamihalle, und zur Rechten, auf dem Felsenvorsprung ragten die Ruinen der Burg Akamagaseki, die Kapelle des Kamejama Fatsiman und dicht dabei der Amida-Tempel.

Inmitten so trefflicher Naturszenen und von solchen Denkmälern umringt, kann der gemütliche Japaner nicht verweilen, ohne den Freund bei einer Schale Sake zu begrüßen und seinen Gefühlen für Natur, Vaterland und Freundschaft Luft zu machen. Auch wir wechselten mit unserem biederen Van den Berg und anderen Vertrauten ein Gläschen Madeira mit einer Schale Sake unter traulichen und gelehrten Gesprächen. Der Sohn meines Freundes, ein liebenswürdiger Knabe von fünf Jahren schmiegte sich an meine Seite und teilte die Aufmerksamkeit seines Vaters, der in seiner Begeisterung den Wunsch äußerte, ich möchte seinem einzigen Sohn meinen Namen zum Beinamen geben. Es wurde auf die Gesundheit meines kleinen Adoptivsohnes getrunken, den ich in meine Arme schloß. Unsere Stimmung war fröhlich und herzlich, und wir zogen unter Anstimmung eines deutschen Liedes nach der Stadt zurück.

Hier sprachen wir bei Kosai ein, um eine Mineraliensammlung zu besehen. Auch hier warteten unsere Freunde und Kranken, unter

Auf der Landstraße nach Jedo

ersteren der Bruder eines sehr reichen Kaufmanns, Kamaja aus Nagato, welcher mich im vorigen Jahre auf Deshima konsultiert und zu Nagasaki einige Zeit unter meiner Behandlung zugebracht hatte. Er ließ sich nun durch seinen Bruder zu einem Besuch auf morgen anmelden, in der Absicht, mir für seine Wiederherstellung Dank zu sagen.

Kamaja war einer der reichen Kaufleute, deren es namentlich zu Osaka und zu Jedo viele gibt. Wie er mir selbst sagte, hatte er jede Stunde ein Kok (oder einen Koban) Einkünfte, also ungefähr eine Tonne Goldes im Jahr. Wohl als Bürger geachtet, aber ohne alles öffentliches Ansehen, würde der japanische Kaufmann selbst dem, der die Scholle bebaut, nachstehen und als Krämer den Übergang zur ehrlosen Volksklasse machen, wäre ihm nicht die Gelegenheit gegeben, sich, es sei vom Shogun oder von einem Landesfürsten, einen Titel und damit die Erlaubnis, ein Seitengewehr zu tragen, gegen eine geringe Taxe zu kaufen.

Wir wollen hier erinnern, daß wohl der Landbebauer, aber nicht der Kaufmann ein Seitengewehr zu tragen berechtigt ist. Letzterer steckt an die Ehrenseite seines Gürtels gewöhnlich bloß einen Fächer. Erst mit dem Titel, woran sich ein Jahrgehalt, gleich unbedeutend wie die Taxe, knüpft, erhalten die Geldmänner ein Ansehen, übernehmen nun aber auch unter dem Siegel des Staatsschutzes eine für Staat und Volk höchst wichtige Verbindlichkeit, nämlich im Falle der Not Geld vorzuschießen. Sie sind die Hofbankiers des Shoguns und der Landesfürsten. In Osaka und Jedo werden jährlich Listen dieser reichen Ehrenmänner im Druck ausgegeben, welche das Eigentümliche haben, daß die Namen der reichsten mit den größten Buchstaben obenan stehen, während die minder bemittelten in fast unlesbarer Kursivschrift die Liste schließen. Die japanischen Rothschilds figurieren in zollangen Buchstaben.

(26. Februar) Aus Nagato und der angrenzenden Landschaft besuchen mich Schüler und Bekannte und bringen Freunde und Kranke, Geschenke und Naturseltenheiten mit. Das Zusammentreffen mit den fähigsten meiner Schüler war ganz unserer Verabredung gemäß. Sie hatten bei ihrer Entlassung von ihrem holländischen Meister ein stattliches Doktor-Diplom erhalten mit der Bedingung, in ihrer Heimat eine Dissertatio inauguralis zu schrei-

ben und sie ihm auf seiner Reise nach Jedo einzuhändigen. Das Thema war ihnen angewiesen und bestand jedesmal in einem noch wenig bekannten, wissenswerten Gegenstand aus dem Gebiete der Länder- und Völkerkunde oder der Naturgeschichte mit Bezug auf Japan und seine Neben- und Schutzländer.

Die Anhänglichkeit und der Eifer, womit diese wackeren Leute meine Aufträge besorgt hatten, brachten mich zur Rührung. In einer kurzen Rede ermutigte ich sie zur Beförderung meiner naturhistorischen und anderweitigen Forschungen sowie zur Ausbreitung europäischer Wissenschaften in ihrem Lande und versprach ihnen meine tätige Mitwirkung und Unterstützung.

Wie gesagt, jeder von den Ärzten hatte aus seinem Lande Kranke mitgebracht, und ihre Zahl war so groß, daß, um keinen Anstoß zu geben, das Los über die Ordnung der Konsultationen und Operationen entscheiden mußte. Schauderhafte Fälle von Syphilis, Lepra, veralteten und vernachlässigten Krebsgeschwüren und Fisteln, Augenkrankheiten und Kachexien (Kräfteverfall) aller Art waren an der Tagesordnung, und mehrere Operationen wurden mit Erfolg zur Belehrung meiner Schüler und zum Erstaunen der Anwesenden verrichtet.

Wir haben uns schon einige Male unserer Schüler gerühmt und von ihnen mit Lob gesprochen. Häufig werden wir mit ihnen noch auf dieser Reise zusammentreffen und Gelegenheit haben, ihre Anhänglichkeit und treuen Dienste zu erwähnen. Den Lesern, die unsere Stellung und Verhältnisse auf Deshima nicht kennen und von unserer Verbindung mit Ärzten und anderen japanischen Gelehrten und Freunden europäischer Wissenschaften sich keine deutliche Vorstellung machen können, sind wir einige nähere Aufklärung schuldig.

Gleich nach unserer Ankunft auf Deshima im Jahre 1823 wurden wir durch die Vermittlung des mehrgenannten Ritters J. Cock Blimhoff mit den vorzüglichsten damals zu Nagasaki anwesenden Ärzten bekannt, worunter sich auch Minato Tsjoan, ein vornehmer Arzt aus Jedo, und der junge Mima Zunso aus Awa, ferner Firafi Kaiso aus Mikawa, Oka Kenkai und viele andere fremde Ärzte und Gelehrte befanden, welche der Ruf des aus Holland neu angekommenen Arztes und Naturforschers nach Nagasaki gezogen hatte.

Durch eine ungewöhnliche Begünstigung von seiten des kaiserlichen Statthalters, Fudsivara Takahasi, Fürst von Jetsizen, erhielten diese wißbegierigen Leute die Erlaubnis, bei uns auf Deshima Unterricht zu nehmen, und uns wurde gestattet, mit ihnen zu Nagasaki Kranke zu besuchen und in der Umgegend der Stadt Arzneikräuter zu suchen. So war der Weg zu unseren ausgebreiteten Forschungen und Verbindungen mit Japanern geöffnet. Tüchtige Dolmetscher erteilten diesen Leuten Unterricht in der holländischen Sprache, der für sie der Schlüssel zu gründlichen Studien war. Der würdige Greis Sige Dennozin und Sugavara Sekisiro, der erste Bürgermeister der Stadt, wurden die Beschützer europäischer Gelehrsamkeit und begünstigten unseren Verkehr mit japanischen Gelehrten. Einige glückliche Kuren und Operationen befestigten den Ruf des Meisters, und die Zahl seiner Schüler wuchs mit jedem Tage.

Unter diesen waren auch manche talentvolle junge Leute aus fernen Landschaften, aber zu arm, um in Nagasaki leben zu können. Überzeugt, daß von ihnen viel für unsere naturhistorischen und anderweitigen Forschungen zu erwarten stand, nahmen wir daher einige der tüchtigsten, deren Namen wir noch mit Stillschweigen übergen müssen, geheim in unseren Dienst und ließen sie auf unserem Landgütchen, einer romantisch gelegenen Villa im Tale Narutaki, in der Nachbarschaft des alten Dennozin wohnen. Bald ward Narutaki der Sammelplatz japanischer Freunde europäischer Wissenschaft und Zunso und Kenkai die ersten Lehrer des durch uns gestifteten Athenäums. Von diesem kleinen Punkte breitete sich allmählich ein neuer Lichtstrahl wissenschaftlicher Bildung und mit ihm unsere Verbindung über das japanische Reich aus. Die wir von nun an unsere Schüler nennen, sie haben hier den ersten Grundstein zu ihrer europäischen Bildung gelegt und vieles zu unseren seitherigen Forschungen beigetragen.

(27. Februar) Wir erhielten die Erlaubnis zu einem Spaziergang nach Takesaki (so heißt der westliche Teil der Stadt) und in die Umgebung. In kleiner Gesellschaft durchzogen wir die Straßen und ruhten bei einem Zollhaus auf dem Kai von Takesaki aus, wo wir die Aussicht auf die vor uns sich ausbreitende Insel Hikushima, auf das Inselchen Funashima und auf die Küste von Buzen hatten. Es lagen hier kleine Handelsschiffe vor Anker, und auf dem Kai war man mit

Ein- und Ausladen beschäftigt. Unsere Ankunft erregte Aufsehen, und bei dem Zulauf der neugierigen Volksmasse war es nicht rätlich, hier Observationen anzustellen, auch Tojoske machte keinen Abriß der Gegend. Wir zogen nach Imawura, wo wir in einem Fischerhaus am Strand einkehrten, um unsere japanischen Offiziere, die uns weiter zu begleiten Anstand nahmen, bei einem Gläschen Wein und Sake in eine günstige Stimmung zu versetzen. Das Dorf Imawura gehört nämlich nicht mehr zum Gebiet von Shimonoseki, und wir befinden uns in einem ähnlichen Falle wie bei unserem Abstecher nach Hajatomo. Das Verbot, Fremdlinge aufzunehmen, ist der gesamten japanischen Bevölkerung mit so furchtbarem Nachdruck eingeprägt, daß es, wie sich aus allem, was wir davon erfahren haben, einsehen läßt, einem Fremdling nicht mehr möglich ist, nur einen Tag auf japanischem Boden zu verweilen, ohne entdeckt zu werden.

Wir rieten unseren Aufsehern, sich aus dem Spiele zu ziehen und unsere Zurückkunft von Woto hier abzuwarten, wozu sie sich auch verstanden. Sobald wir ihnen aus dem Gesichte waren, machten wir uns an die Arbeit und bestimmten durch eine Reihe von Peilungen die noch ganz unbekannte Ostküste von Hikushima und berichtigten viele andere Punkte des Wasserbeckens, welches sich hier einem Landsee gleich ausbreitet. Zu Imawura trafen wir unsere Offiziere, welche sich auf unsere Kosten ein Gutes getan hatten, und kamen mit dem Abend von unserer hydrographischen Expedition nach Shimonoseki zurück.

Hier warteten unser viele Kranke, darunter ein Pächter des Walfischfanges von Firato, dem der oben erwähnte Arzt Taka Tsjoje die Abhandlung von den Walfischen größtenteils zu verdanken und den er in der Absicht mitgebracht hatte, um uns aus seinem Munde einige nähere Mitteilungen über diesen wichtigen Gegenstand verschaffen zu können. Der ergiebigste Walfischfang ist bei der Insel Firato, bei den Goto- und Meashima-Gruppen und bei der Insel Iki. Die günstigste Zeit dazu ist von Dezember bis zu Anfang April. Auf diese Monate wird daher auch der Walfischfang, welcher ein Regal des Fürsten von Firato ist, verpachtet, und zwar an zwei Kompanien. Im verflossenen Jahr belief sich die Pacht für den Winterfang auf 90.000 Tail oder etwa 180.000 Gulden. Für die außer der Zeit gefangenen Walfische wird eine Taxe bezahlt, welche

Walfang

sich nach der Größe der Tiere richtet. Zu bemerken ist, daß man die Länge dieser Tiere bloß vom Luftloch bis zur Schwanzflosse rechnet. Die japanischen Walfischfänger unterscheiden mehrere Arten von Walfischen, worauf sie sämtlich Jagd machen. Am häufigsten kommt der Sebi kuzira in der japanischen See vor. Er ist seines schmackhaften Fleisches wegen am beliebtesten.

Wie bekannt, wird Walfischfleisch allgemein auf Japan gegessen, überhaupt alles vom Walfisch zur Speise und anderem Gebrauche benutzt, woran man in Europa noch nicht gedacht hat. Ein großer Sebi wird daher auch mit 3.600 bis 4.000 Tail – sieben- bis achttausend Gulden – bezahlt, und da im Durchschnitt jährlich an 250 bis 300 Walfische gefangen werden, so läßt sich daraus auf die Wichtigkeit dieses Zweiges der Urproduktion in Japan schließen. Man kann ihn, sehr mäßig berechnet, auf eine Million Gulden schätzen.

Der Walfischfang in Japan wird somit in einer ganz anderen Absicht, aber auch auf andere Weise als bei uns betrieben. Schiffe in der Art und Absicht wie unsere Walfischfänger ausgerüstet, daß sie alles, was zum Fange, zum Transieden und zur übrigen Nutzung der Walfische erfordert wird, in sich vereinigen und einzeln auf den Fang ausgehen, gibt es in Japan nicht. Hier geht man in Gesellschaft, gewöhnlich mit 25 kleinen und 8 größeren Fahrzeugen, auf den Fang aus. Die kleinen Fahrzeuge, welche Kuzirafune heißen und offene, 9 bis 11 Meter lange Boote sind, mit 8 Rudern versehen und mit 11 bis 13 Mann bemannt, dienen zur eigentlichen Jagd. Man geht damit, sobald ein Walfisch ins Gesicht kommt, darauf los und wirft die Harpune. Die größeren Schiffe, welche nach Art der Kauffahrteischiffe gebaut sind (gewöhnlich nimmt man hierzu auch Holzschiffe), dienen zum Transport der ungeheuren Walfischnetze, womit man das verwundete Tier umstreckt oder ihm den Weg abschneidet. Ein solches Netz, aus Reisstroh, seltener vom Gewebe der Besenpalme verfertigt, ist oft 38 Meter tief und 300 Meter lang, so daß es allein eine Schiffsfracht ausmacht. Der gefangene und getötete Walfisch wird mit Netzen umstrickt, oft bis zum Fischerdorf selbst ans Land geschleppt, an einer eigens dazu eingerichteten Stelle des Kais ausgehauen und das Fleisch, Speck und andere eßbare Teile von Fischhändlern aufgekauft, die es frisch nach allen Höfen von Japan befördern. Nur was nicht eßbar ist, wird, wie auch die ungenießbaren Meerschweine, Delphine und dergleichen zu Tran verarbeitet.

Am gesuchtesten ist das Fleisch des Sebi und des Kokuzira. Wir haben oft davon gegessen. Es schmeckt wie zähes Bullen- oder Büffelfleisch und wird sowohl frisch als eingesalzen verspeist; letzteres ist schmackhafter. Eingesalzen und in dünne Scheiben geschnitten, ist der Speck ein japanischer Leckerbissen und schmeckt wie gesalzene Oliven. Auch die Eingeweide, Finnen und Barten werden verspeist, letztere feingeraspelt zu Salaten. Aus den Speckabfällen und den zerstoßenen Knochen wird Tran gesotten, den man seiner hellen Flamme wegen dem Rüböl vorzieht, und endlich werden die ausgebratenen Grieben noch von armen Menschen gegessen und die Knochen als Dünger benutzt. Der gesalzene Speck wird gegen chronische Durchfälle und als ein Magen und Milz stärkendes Mittel gerühmt. Gepulverte Barten werden als Stipticum (gegen Verstopfung) und der Tran gegen Flechten empfohlen. Auch gießt man Tran in die Reisfelder, wenn der Wurm ins Getreide kommt. Aus den Sehnen verfertigt man Saiten für die Fachbögen zum Fachen der Baumwolle.

(1. März) Auf heute ist unsere Abreise von hier festgesetzt. Mit frühem Morgen kommen unsere Schüler und Bekannte, Abschied zu nehmen. Zu dem frühzeitigen Besuch trieb sie diesmal auch etwas eigenes Interesse. Hatten sie ihrem Meister und Freund nach Landessitte mit Geschenken bewillkommnet, so war nun an ihm die Reihe, beim Abschied Gegengeschenke zu geben. Darauf waren wir denn auch ganz vorbereitet, und jeder erhielt eine gleich anständige und nützliche Gabe. Arzeneien, Medizinflaschen, holländische Bücher und chirurgische Instrumente wurden unter die Ärzte verteilt und Bijouterien, Glaswaren, Stückchen vom sogenannten Goldleder und dergleichten unter die übrigen Bekannten, wobei wir die liebenswürdigen Familien der beiden Gastherren und unseren Paten gut bedachten.

Gegen Mittag waren wir reisefertig, nahmen noch eine Sonnenhöhe und begaben uns in Begleitung der beiden Gastherren, unserer Schüler und Bekannten an Bord der Barke, welche dicht vor der Treppe unseres Gasthofes, da, wo die holländische Flagge wehte, vor Anker lag.

REINHOLD VON WERNER

Dramatisches Ende der preußischen Expedition nach China, Japan und Siam in den Jahren 1860 bis 1862

35 Jahre nach Siebold reiste der preußische Gesandte Graf zu Eulenburg mit großem Gefolge nach Jedo, um im Namen des preußischen Königs und der Mitgliedstaaten des Zollvereins einen Handelsvertrag mit Japan abzuschließen. Das Geschwader bestand aus drei Segelschiffen und einer Dampfkorvette. Der Schoner Frauenlob ging in einem Taifun in unmittelbarer Nähe der japanischen Küste mit 44 Mann verloren. Die Dampfkorvette Arkona lief am 4. September 1860 mit der Gesandtschaft und einer Besatzung von 355 Mann in den Hafen von Jedo ein. Die beiden Segelschiffe folgten später. Der Graf wurde von den Japanern mit kühler Zurückhaltung empfangen. Die Chefs der amerikanischen, französischen und englischen Vertretungen stellten ihm ihre Wohnungen zur Verfügung. Eulenburg lehnte dieses Angebot ab und bat den japanischen Außenminister schriftlich, ihm für seine Gesandtschaft eine passende Wohnung anzuweisen. Am 8. September fand der feierliche Einzug statt, in den darauf folgenden Tagen lud man sich gegenseitig zu offiziellen Empfängen ein, schon am 14. September fand die erste dreistündige Konferenz mit dem japanischen Außenminister statt, der am 19. eine umfangreiche Niederschrift der Japaner folgte, feierlich überreicht durch zwei Gouverneure. Dann erfolgte drei lange Monate lang nichts mehr. Anfragen des Gesandten wurden ausweichend beantwortet. Der Kapitän zur See Reinhold Werner, Kommandant des (zum Geschwader gehörenden) Transportschiffes Elbe berichtet darüber:

»Es war klar zu durchschauen, daß man den Gesandten durch Hinhalten zu ermüden und auf diese Weise sich seiner zu entledigen hoffte. Graf Eulenburg setzte indessen allen Winkelzügen und Machinationen eine unerschütterliche Ruhe entgegen. Gleich bei seiner Ankunft erklärte er den japanischen Behörden, er habe gar keine Eile, könne acht bis zehn Monate in Jedo bleiben und erwarte ein Transportschiff, um das Geschwader für diese Zeit mit den notwendigen Bedürfnissen zu versehen. Die Japaner beharrten trotzdem in ihrer angenommen Stellung, bis etwa Mitte Dezember ein unerwarteter Umschwung erfolgte. Die Sache wurde auf einmal mit aller Energie betrieben, die einem so umständlichen Volk wie den Japanesen überhaupt möglich war. Ob man aus der »Elbe« entnehmen zu müssen glaubte, daß die Geduld des Gesandten wirklich unerschöpflich sei, oder ob ein Ministerwechsel andern Ansichten Eingang verschaffte, vermag ich nicht zu entscheiden – genug die Sache ging vorwärts.«

Die Ermordung des Sekretärs der amerikanischen Gesandtschaft

Werner schreibt weiter: Mitte Januar 1861 waren die Verhandlungen ihrem Abschluß nahe, als plötzlich wieder ein Umstand eintrat, der nicht allein für uns, sondern auch für die übrigen Vertragsmächte und sämtliche Fremden unheilvoll zu werden drohte. Der freisinnige Hori-noribé-no-cami hatte sich den Bauch aufschlitzen müssen und war durch einen reaktionären, fremdenfeindlichen Kommissar ersetzt. Wie es schien, hatte er dem Einfluß der Daimiopartei (der Fürsten und des Besitzadels), die mit ihren Feindseligkeiten gegenüber den Fremden wieder offener auftrat, weichen müssen und war wegen seiner liberalen Ansichten ihrem Haß zum Opfer gefallen. Zugleich ereignete sich wenige Tage später ein Vorfall, der darauf schließen ließ, daß von jener Partei ein Katastrophe vorbereitet wurde, die nichts weiter als die Vertreibung sämtlicher Gesandten aus Jedo und die Ermordung aller Europäer in Japan zum Ziel hatte.

Herr Heusken, der Sekretär der amerikanischen Gesandtschaft, der zugleich unser Dolmetscher war, ein Holländer, gleich beliebt bei Europäern und Japanern, ritt abends gegen 9 Uhr von Akabani, der Wohnung des Grafen Eulenburg, in Begleitung von drei japanischen Polizeioffizieren nach Hause. Unterwegs stürzten sich plötzlich sieben bis acht Männer auf ihn, jagten die Polizisten in die Flucht und hieben auf den unbewaffneten Heusken ein, der unter ihren Streichen zusammenbrach und drei Stunden später eine Leiche war. Der Mord geschah aus politischen Motiven. Heusken hatte keine Privatfeinde. Seine Leiche war nicht beraubt. Es konnte sich also weder um eine Privatrache noch um Raub handeln. Die Haltung der Regierung bestätigte diese Meinung. Bei dem Polizeisystem in Japan kann den Behörden nicht das Geringste entgehen. Aber es geschah nichts, um der Mörder habhaft zu werden. Entweder wollte man das nicht, oder man fürchtete sich, etwas zu unternehmen, obwohl man wußte, woher der Schlag kam. Der Zweck des Mordes war offenbar, die Gesandten einzuschüchtern und sie zu veranlassen, ihrer eigenen Sicherheit wegen Jedo freiwillig zu räumen.

Am nächsten Abend erschienen noch sehr spät zwei der Gouverneure von Jedo in Akabani und ersuchten in scheinbar großer Aufregung unseren Gesandten, Akabani zu verlassen und sich in den Schutz eines kaiserlichen festen Schlosses zurückzuziehen, da man eine Verschwörung entdeckt habe, deren Zweck sei, sämtliche Fremde mit Feuer und Schwert zu vertilgen, die Regierung den Grafen aber in seiner Wohnung nicht zu schützen vermöge. Es ist wahrscheinlich, daß dies eine andere Finte war, um die Gesandten zum freiwilligen Abzug zu bewegen, und ich habe mich des Eindrucks nicht erwehren können, daß die Regierung in dieser ganzen Angelegenheit falsches Spiel trieb. Nach den Angaben der Gouverneure sollen 500 entlassene Jakonins des Prinzen Mito die Verschwörer sein und sich verkleidet in Jedo eingeschlichen haben. Wenn die Regierung dies aber wußte, weshalb bemächtigte sie sich nicht der wenigen Leute, nachdem ihr doch so viel Militär und Polizei zu Gebote stand und nachdem ihr nicht unbekannt sein sollte, welche furchtbaren Folgen eine solche gewaltsame Verletzung des Völkerrechts für sie und das ganze Land haben mußte?

Wie dem aber auch sei: der beabsichtigte Zweck wurde nicht erreicht. Graf Eulenburg erklärte den Gouverneuren ruhig, er werde Akabani nicht verlassen. Da die Regierung die Existenz und den Zweck der Verschwörung kenne, hege er das feste Vertrauen zu ihrer Kraft und ihrem guten Willen, den Ausbruch derselben zu hindern. Sollte sie sich aber nicht stark genug fühlen, so sei er gerne erbötig, ihr eine geeignete Unterstützung aus den Mannschaften des Geschwaders zu Hilfe zu geben. Dies wurde natürlich abgelehnt, und die Gouverneure verabschiedeten sich. Die übrigen Gesandten hatten gleichfalls erklärt, ihre Hotels nicht verlassen zu wollen, und es blieb alles beim Alten. Die Verschwörung aber kam nicht zum Ausbruch.

Mit gefälltem Bajonett zur Beerdigung

Die Vertreter der fremden Mächte hatten beschlossen, dem Leichenzug zu folgen. Dieser sollte ein Geleit von preußischen Seesoldaten und Matrosen erhalten; denn unsere Kriegsschiffe waren die einzigen, die vor Jedo lagen. Demgemäß wurden 50 Seesoldaten und 50 Matrosen, sämtlich mit Zündnadelgewehren, die Matrosen auch mit Revolvern bewaffnet, an Land beordert. Am Morgen des Begräbnistages war jedoch noch die holländische Kriegsbrigg Kaschelot auf der Reede eingetroffen. Auch sie schickte 20 Seesoldaten zur Bestattung. Alle Mannschaften waren mit scharfen Patronen versehen. Außerdem beteiligten sich etwa 50 Offiziere, Kadetten und Angehörige der verschiedenen Gesandtschaften an dem Zuge. Auch diese waren mit Revolvern und Säbeln bewaffnet. Wir waren eben auf dem Hof von Akabani zum Abmarsch nach dem amerikanischen Gesandtschaftsgebäude angetreten (wo sich die Leiche befand), als von dort plötzlich die Botschaft gebracht wurde, daß von Seiten der Daimiopartei ein Angriff auf den Leichenzug beabsichtigt sei. Die Gouverneure hatten den amerikanischen Geschäftsträger soeben davon in Kenntnis gesetzt und ihn ersucht, die übrigen Gesandten von der Begleitung des Zuges abzuhalten. Herr Harris hatte jedoch, obwohl Energie sonst nicht zu seinen Vorzügen zu gehören scheint, diesmal geantwortet, der Leichenzug würde, wie er angeordnet, stattfinden; zugleich aber könne sich die Regierung versichert halten, daß von Jedo kein Stein auf dem anderen bleiben solle, wenn eine so schreiende Verletzung des Völkerrechts begangen und auch nur einer der an der Feierlichkeit beteiligten Personen ein Haar gekrümmt werde. Diesem Ausspruch stimmten die übrigen Gesandten bei; es wurde scharf geladen, und der Zug, vollkommen militärisch geordnet, Musik, Sarg,

Geistliche, die Flaggen der fünf Vertragsmächte und die Gesandten in der Mitte, setzte sich in Bewegung.

Der Begräbnisplatz war draußen vor der Stadt etwa eine halbe Stunde weit entfernt, und wir passierten die Stelle, wo der Mord geschehen und das Straßenpflaster noch von Blut gerötet war. Dem Zug voran ritten die fünf Gouverneure der Stadt, welche sich angeboten hatten, selbst den Zug zu begleiten und durch ihre Anwesenheit die möglichste Sicherheit zu gewähren. Anfänglich wollten sie sich in Sänften tragen lassen. Dies wurde jedoch als unpassend erachtet, da die fremden Gesandten zu Fuß folgten, und so kam man schließlich überein, daß sie zu Pferd erscheinen sollten.

Selten wohl ist eine Leiche unter so eigentümlichen Verhältnissen zur Erde bestattet worden. Das Gewehr fertig zum Anschlag, die Hand am Revolver, so marschierten wir unter den Klängen des Trauermarsches mitten durch eine unbekannte, von Millionen bewohnte Stadt. Eine unabsehbare Menschenmenge füllte die Straßen, Tausende und Abertausende drängten sich heran, um das wunderbare, nie erblickte Schauspiel mit anzusehen. Oft war das Gedränge so stark, daß der den Nachtrab befehligende Offizier: »Halt! Kehrt! Fällt's Gewehr!« kommandieren mußte und jeder unwillkürlich seine Waffe fester ergriff. Aber augenblicklich wogte die Menge zurück, nicht wild und schreiend, sondern ruhig, friedlich und anständig. Wir sahen keinen Bewaffneten, die Neugierde allein hatte die Tausende auf die Straße gelockt.

Der Sarg wurde nach dem Ritus der katholischen Kirche (der Verstorbene war Katholik) vom Kaplan der französischen Gesandtschaft eingesegnet und in das Grab gesenkt, und wir traten auf dieselbe Weise wie vorher unseren Rückzug an, ohne die geringste Störung, ohne das leichteste Anzeichen von Feindseligkeiten. Überall wich man uns ehrerbietig aus und erwiderte freundlich unsere Grüße.

Es ist möglich, daß unsere Zahl und unsere Bewaffnung und die von allen Gesichtern abzulesende Entschlossenheit, unser Leben so teuer als möglich zu verkaufen, die Verschwörer (wenn solche existierten) von dem beabsichtigten Angriff abgehalten haben. Ich glaube aber, daß auch dies wieder ein Manöver der Regierung war, um die Gesandten zu terrorisieren.

Am folgenden Tag wurde der Offizier der japanischen Jakoninwache, die zum Schutz des amerikanischen Gesandten in dessen Wohnung postiert war, abends beim Rondegehen ermordet, und an jedem der beiden folgenden Abende wurde einer der wachhabenden Jakonins umgebracht, ohne daß die Regierung der Täter habhaft geworden wäre; zugleich wurden wieder Drohungen gegen die Fremden laut. Der französische, englische und holländische Gesandte fürchteten nun für ihr Leben. Sie zeigten der Regierung ihren Entschluß an, Jedo zu verlassen und nach Yokohama überzusiedeln. Zugleich schrieb jedoch (der englische Ministerresident) Herr Alcock eine sehr energische Note, in welcher er die Regierung geradezu der Mitwisserschaft an den vorgefallenen Morden bezichtigte und mit der Herbeirufung englischer Kriegsschiffe zum Schutz der Gesandtschaft drohte.

Bis die Dampfkorvette Encounter eintraf, mit der sich der englische und der französische Geschäftsträger nach Yokohama einschifften, während der holländische an Bord des Kaschelot ging, erhielt (der Franzose) Herr von Belcourt eine Schutzwache von 12 unserer Seesoldaten. Am 22. Januar 1861 segelten die drei Herren von Jedo ab. Nur Herr Harris erklärte, seinen Platz nicht verlassen zu wollen, und ebenso blieb Graf Eulenburg ruhig in Akabani.

Ob die Note des Herrn Alcock die Regierung einschüchterte oder sonst Gründe vorlagen, sie anders zu stimmen, weiß ich nicht. Genug, unsere Vertragsverhandlungen wurden plötzlich wieder aufgenommen und so schnell zu Ende geführt, daß am 25. Januar 1861 der Vertrag zum Abschluß gedieh und unterzeichnet wurde. Seinem Hauptinhalt nach denen der übrigen Mächte gleichlautend, tritt der preußische Vertrag am 1. Januar 1863 in Kraft, gestattet jedoch schon früher die Zulassung von Konsuln und gilt für die im Lande lebenden Preußen bereits vom Tage der Unterzeichnung an. Leider konnte Graf Eulenburg nur einen Abschluß für Preußen und nicht, wie er beauftragt war, für den Zollverein und die Hansestädte erlangen. Um die Verhandlungen nicht ganz und gar scheitern zu lassen, mußte er sein Programm modifizieren, da die japanische Regierung von einem Vertrag mit einem Staatenverband, der kein sichtbares und machthabendes Oberhaupt aufzuweisen vermochte, durchaus nichts wissen wollte.

Soweit der Augenzeugenbericht von R. Werner. Die Vertragsabschlüsse von Jedo werden der Regierung von den politischen Gegnern als Nachgiebigkeit ausgelegt. Sie fordern die Wiederherstellung der kaiserlichen Herrschaft und nach wie vor die Vertreibung der verhaßten Fremden. Die Auseinandersetzung zwischen den Anhängern des Shogunats und der kaiserlichen Partei hat schwere, blutige Kämpfe und schließlich (1867) den Sturz der feudalen Militärherrschaft zur Folge. Der junge Kaiser erkennt, daß Japan sich nicht von aller Welt isolieren kann, wenn es nicht von anderen, moderner ausgerüsteten Staaten unterjocht und ausgebeutet werden will. Er hebt das Lehenssystem der Shogune auf. Die 271 Daimios (Fürsten) verzichten zu Gunsten des Kaisers (und gegen eine Entschädigung) auf ihre Befugnisse als Landesherren. Der Staat wird nach europäischem Vorbild in einen Beamtenstaat mit monarchischer Spitze umgebaut. Der Kaiser gibt seinem Volk 1889 die Verfassung einer konstitutionellen Monarchie nach dem Beispiel der preußischen Könige. Bis 1945 verfügt die heilige Person des Kaisers allein über die ganze Staatsgewalt. Parlament und Kabinett haben nur beratende Funktionen. Der mit aufwühlenden inneren Umwälzungen verbundene Umbau des verarmten Landes in einen modernen Rechtsstaat kostete viel Zeit und Geduld. Die Empörung gegen die Fremden flammte immer wieder auf, zuletzt 1877 unter Führung des mächtigen Satsuma-Klans. Die Erlasse gegen das Christentum wurden erst 1872 aufgehoben. Das mittelalterliche Japan lebte in zahlreichen Kompromissen und halben Maßnahmen weiter. Es ging erst 1945 unter, um unter dem Befehl MacArthurs wieder in eine neue Isolation gezwungen zu werden: Japan als Vorposten der westlichen Welt gegen die Ostfront der Sowjetunion und Chinas, streng abgeschirmt gegen seine naturgegebenen Nachbarn. Erst seit 1952 hat das Land die Handlungsfreiheit gegenüber anderen Staaten gewonnen, die es seit 1861 anstrebt.

QUELLEN

Quellen der Texte

Marie von Bunsen:
Im fernen Osten. – Leipzig 1934
Der Abdruck erfolgt mit freundlicher Genehmigung des K. F. Köhler Verlags, Stuttgart.

China und die Chinesen (Scheible).
Stuttgart 1859

Karl Joseph Futterer:
Durch Asien.
Erfahrungen, Forschungen und Sammlungen während der von Amtmann Holderer unternommenen Reise. – Berlin 1901

Norbert Jacques:
Im Kaleidoskop der Weltteile. – Berlin 1921

Engelbert Kämpfer:
Geschichte und Beschreibung von Japan. Aus den Originalschriften des Verfassers herausgegeben von Christian Wilhelm Dohm. –
Lemgo 1777 - 1779

Georg Heinrich Freiherr von Langsdorff:
Bemerkungen auf einer Reise um die Welt in den Jahren 1803 - 1807.
2 Bände. – Frankfurt am Main 1812

Hieronymus Münzer:
Zitiert nach Hennig, Richard:
Terrae incognitae. Band 4. –
Leiden 1956

Gerhard von Mutius:
Ostasiatische Pilgerfahrt. –
Berlin 1921

Ernst Oppert:
Ein verschlossenes Land.
Reisen nach Corea. –
Leipzig 1880.

Joseph Maria von Radowitz:
Briefe aus Ostasien. –
Stuttgart 1926

Ferdinand Freiherr von Richthofen:
China. Ergebnisse eigener Reisen und darauf gegründeter Studien. –
Berlin 1877

Karl Ritter von Scherzer:
Reise der österreichischen Fregatte Novara um die Erde. 3 Bände. –
Wien 1864 - 1866

Philipp Franz von Siebold:
Nippon, Archiv zur Beschreibung von Japan und dessen Neben- und Schutzländern. – Leiden 1832 - 1851

Gustav Spieß:
Die preußische Expedition nach Ostasien
während der Jahre 1860 - 1862. –
Berlin 1864

Joseph Stoecklein S. J.:
Der neue Welt-Bott. (10 Bände mit Briefen von Missionaren aus aller Welt.) –
Augsburg-Wien 1726 - 1758

Reinhard von Werner:
Die preußische Expedition nach Ostasien 1860 - 1862. –
Leipzig 1863

Bildquellen

A. Berg (Kunstmaler):
Die preußische Expedition nach Ostasien 1860 - 1862. 4 Bände — Berlin 1864 - 1873

China und die Chinesen.
Scheible, Stuttgart 1859

Martin Martini:
Atlas. — Amsterdam 1655

Philipp Franz von Siebold:
Nippon, Archiv zur Beschreibung von Japan ... — Leiden 1832 - 1851